Reinhard Jung

Architekturen zur Datenintegration

WIRTSCHAFTSINFORMATIK

Reinhard Jung

Architekturen zur Datenintegration

Gestaltungsempfehlungen auf der Basis fachkonzeptueller Anforderungen

Deutscher Universitäts-Verlag

Bibliografische Information Der Deutschen Bibliothek
Die Deutsche Bibliothek verzeichnet diese Publikation in der Deutschen Nationalbibliografie;
detaillierte bibliografische Daten sind im Internet über <http://dnb.ddb.de> abrufbar.

Habilitationsschrift Universität St. Gallen, 2005

1. Auflage Januar 2006

Alle Rechte vorbehalten
© Deutscher Universitäts-Verlag/GWV Fachverlage GmbH, Wiesbaden 2006

Lektorat: Ute Wrasmann / Britta Göhrisch-Radmacher

Der Deutsche Universitäts-Verlag ist ein Unternehmen von Springer Science+Business Media.
www.duv.de

Umschlaggestaltung: Regine Zimmer, Dipl.-Designerin, Frankfurt/Main
Druck und Buchbinder: Rosch-Buch, Scheßlitz
Gedruckt auf säurefreiem und chlorfrei gebleichtem Papier
Printed in Germany

ISBN 3-8350-0243-0

Vorwort

Gegenwärtig ist in der Praxis zu beobachten, dass anstelle von Individualsoftware immer häufiger Standardsoftwaresysteme oder zumindest standardisierte Komponenten beschafft und eingesetzt werden. Gleichzeitig existieren in den Unternehmen aber auch „alte" Softwaresysteme, die aus vielerlei Gründen kurzfristig nicht ersetzt werden können.

Die Integration ist zwar eines der zentralen Forschungsgebiete der Wirtschaftsinformatik und Informatik, sicherlich aber kein neues. Bereits 1966 stellte Professor Dr. Dr. h.c. mult. Peter Mertens, "Gründer" und einer der prominentesten Vertreter der Wirtschaftsinformatik, Fragen der Integration in den Mittelpunkt seiner Habilitationsschrift. Der Trend zu standardisierten Softwaresystemen und -komponenten hat dem Thema in den letzten Jahren neue Facetten verliehen und es nachhaltig wiederbelebt. Die Tatsache, dass Standardsoftware und auch Altsysteme nicht beliebig modifiziert werden können, erzeugt einen Bedarf an Integrationsdiensten und -werkzeugen. Die grosse Beachtung, der sich beispielsweise der (durchaus schillernde) Begriff „Enterprise Application Integration" erfreut, kann nicht nur als Resultat geschickter Software-Vertriebsstrategien abgetan werden.

Das vorliegende Buch will die Integration auf einer konzeptionellen Ebene erfassen und operationalisierbar machen. Konkret wird untersucht, nach welchen Grundmustern (Datenintegrationsarchitekturtypen) Integration erreicht werden kann und für welche Anforderungen welche Grundmuster geeignet sind. Die Einschränkung auf „Datenintegration" erfolgt nicht nur aufgrund wissenschaftsökonomischer Überlegungen, sondern auch mit Blick auf logische Abhängigkeiten zwischen den Integrationsstufen: Nur wenn die Datenintegration in komplexen Anwendungsarchitekturen beherrscht wird, sind weitere Stufen, beispielsweise die Prozessintegration, erreichbar.

Forschungsarbeiten wie die vorliegende entstehen nicht als Einzelleistung der jeweiligen Verfasser. Ich bin einer Reihe von Personen für viele Fachdiskussionen und Anregungen zu grossem Dank verpflichtet, allen voran den Professoren Dr. Robert Winter und Dr. Gerhard Knolmayer, sowie insbesondere meiner Partnerin PD Dr. Ulrike Baumöl, mit der ich viele Aspekte dieses Textes in detaillierten Diskussionen erörtern konnte. Ein weiterer Dank geht an meine (teilweise ehemaligen) Mitarbeiter, die mich in unterschiedlichen Phasen der Forschungsarbeit in vielfältiger Weise unterstützt haben: an die Dres. Gunnar Auth, Thorsten Frie, Markus Helfert, Stefan Schwarz, Bernhard Strauch und Andreas Voss sowie lic. rer. pol. Tobias Nussbaumer und lic. rer. pol. Philippe Droz.

Ferner konnte ich viele Kontakte in die Praxis nutzen, um auf Basis wertvoller Diskussionen Lösungen zu finden und Ergebnisse zu überprüfen. Den folgenden Personen danke ich deshalb herzlich dafür, dass sie mir geholfen haben, den Praxisbezug dieser Arbeit zu vertiefen: Dieter Alich, Rudolf Baumgartner, Rolf Bischofberger, Michael Fritz, Thomas Fuhrer, Bernd Granacher, Dr. Roman Gross-Brunschwiler, Dominik Haitz, Norbert Hoffmann, Urs Joseph, Dr. Wolfgang Luef, Dr. Markus Meyer, Dr. Jörg Rothermel und Marco Tagliaferro.

Mein herzlicher Dank geht nicht zuletzt auch an Frau Göhrisch-Radmacher vom Deutschen Universitäts-Verlag (DUV). Durch eine sehr professionelle und effiziente Zusammenarbeit mit ihr wurde es möglich, das Manuskript in kürzester Zeit zur Druckreife zu bringen.

Reinhard Jung

Inhaltsübersicht

Inhaltsverzeichnis

Abkürzungsverzeichnis

API	Application Programming Interface
ASCII	American Standard Code for Information Interchange
AwS	Anwendungssystem
BSD	Business System Domain
BSP	Business Systems Planning
BTC	Business Technology Center
CLI	Call Level Interface
CORBA	Common Object Request Broker Architecture
CSF	Critical Success Factors
CRM	Customer Relationship Management
DB	Datenbank
DBMS	Datenbankmanagementsystem
DCOM	Distributed Component Object Model
DWH	Data Warehouse
EAI	Enterprise Application Integration
EDRM	External Data Resource Manager
ERM	Entity-Relationship-Modell
ERP	Enterprise Resource Planning
FORWIN	Bayrischer Forschungsverbund Wirtschaftsinformatik
IBM	International Business Machines Corporation
IM	Informationsmodell
IP	Internet Protocol
IT	Informationstechnologie
Java RMI	Java Remote Method Invocation
LAN	Local Area Networks
MAN	Metropolitan Area Networks
o.O.	ohne Ort

ODBC	Open Database Connectivity
ODS	Operational Data Store
OMG	Object Management Group
ORB	Object Request Broker
PPS	Produktionsplanung und -steuerung
PROMET	Prozess Methode
SCM	Supply Chain Management
SQL	Structured Query Language
XML	Extensible Markup Language
VSAM	Virtual Storage Access Method
WAN	Wide Area Networks

Abbildungsverzeichnis

Tabellenverzeichnis

1 Einleitung

1.1 Problemstellung

Das *Informationssystem* stellt bezogen auf das System „Unternehmen" das Subsystem dar, mit dessen Hilfe informationelle Prozesse abgewickelt werden. Das Informationssystem selbst ist ein sozio-technisches System, denn es besteht sowohl aus nicht-technischen als auch aus technischen Aufgabenträgern; bei diesen Aufgabenträgern handelt es sich zum einen um Personen und zum anderen um technische Systeme. Der Bereich der technischen Systeme dient der weitgehenden Automatisierung des Informationssystems; er umfasst im Wesentlichen computergestützte Systeme, die aus Anwendungen (Software) und zugehörigen Anwendungsdaten bestehen.

Das Informationssystem eines Unternehmens ist im günstigsten Fall optimal auf die bestehenden Prozesse abgestimmt. Optimalität bedeutet hier, dass die informationellen Prozesse anforderungskonform unterstützt werden (Effektivität) und dass das Informationssystem gleichzeitig mit minimalem Ressourceneinsatz betrieben wird (Effizienz). In der betrieblichen Praxis verändern sich die Prozesse und damit die Anforderungen an das Informationssystem allerdings mit einer beachtlichen Dynamik, so dass vielfach von einer suboptimalen Unterstützung auszugehen ist.

Unternehmen müssen nicht nur in kontraktiven ökonomische Situationen Anpassungsfähigkeit und Flexibilität beweisen, sondern auch in expansiven. Während im ersten Fall vordringlich Kostensenkungen bei gleichzeitiger Erhaltung des Leistungs- und Qualitätsniveaus geboten erscheinen, sind es im zweiten Fall eher Innovationen im Bereich der angebotenen Leistungen und Produkte. Das bedeutet, dass ein Unternehmen in der Lage sein muss, seine Geschäftsstrategie flexibel an die aus dem Markt kommenden Anforderungen anzupassen und dabei leistungsfähig zu bleiben[1]. Beispiele für Anforderungen, die sich einem Unternehmen stellen, sind zahlreich. Nachfolgend wird daher nur eine Auswahl dargestellt:

- Implementierung neuer Geschäftsmodelle und -prozesse:

  Hier ist erstens die Einführung oder Optimierung des Kundenbeziehungsmanagements zu nennen, das teilweise erheblichen Diskontinuitäten unterworfen ist. Ein Beispiel aus den Life Sciences im Markt Deutschland zeigt das eindrücklich. Die durch den Gesetzgeber ausgelöste Veränderung der Marktbedingungen erfordert eine radikale Anpassung der Art

---

[1] Vgl. dazu auch Maier, Hank (2004), S. 33.

und Weise, wie Kundenbeziehungen geführt werden[2]. Der steigende Kostendruck führt zu einem wachsenden Preisbewustsein bei Patienten und Versicherungen und verändert damit die Verschreibungspraxis der Ärzte und die Beratungsleistung der Apotheker. Ein Pharma-Unternehmen muss diese Veränderungen erkennen und das Kundenbeziehungsmanagement entsprechend anpassen. Der Kostendruck macht es insbesondere erforderlich, die Personalkosten des Pharma-Aussendienstes durch Einsatz computergestützter Systeme für das Kundenbeziehungsmanagement zu senken.

Ein zweites Beispiel ist das so genannte „Mass Customization", bei der eine aus Kundensicht individualisierte Leistungserstellung erfolgt. Aus Unternehmenssicht werden verfügbare Standardkomponenten genutzt, die in späten Produktionsschritten kundenindividuell zusammengestellt werden[3].

Drittens sind Entwicklungen im Bereich der Geschäftsprozesse zu beobachten, die eine enge unternehmensübergreifende Zusammenarbeit erforderlich machen und somit Geschäftsnetzwerke („Netzwerkunternehmen") entstehen lassen, wo vorher eher bi- oder allenfalls trilaterale Kooperationen möglich waren[4]. Eng verbunden mit dem Konzept der Netzwerkunternehmen sind die so genannten Virtuellen Unternehmen, bei denen einerseits die Leistungsbündelung und andererseits die Interaktion mit den Kunden nicht mehr einem physisch lokalisierbaren Unternehmen obliegt, sondern einer Menge von kooperierenden, juristisch voneinander unabhängigen Organisationen[5].

- Fusionen und Akquisitionen:

   Die Zusammenführung zweier zuvor unabhängiger Unternehmen, aber auch der umgekehrte Weg der Herauslösung von Unternehmensteilen hat fundamentale Auswirkungen auf die Geschäftsstrategie sowie auf die Ablauf- und Aufbauorganisation des Unternehmens. Hier ist eine lange „Lähmung" und Inflexibilität zu vermeiden, damit die Leistungserstellung und damit auch das Image am Markt nicht nachhaltig negativ beeinflusst werden[6].

- Veränderungen der gesetzlichen Rahmenbedingungen:

   Die „Neue Basler Eigenkapitalvereinbarung" („Basel II")[7] des Basler Ausschusses für Bankenaufsicht beispielsweise verlangt von Banken zunächst auf freiwilliger Basis (der

---

2 Vgl. Phillips, Lerer (2002), S. 11 ff.; zu weiteren Beispielen aus diesem Bereich vgl. Vervest, Dunn (2000), S. 51.
3 Vgl. Winter (2002) und Turowski (1999).
4 Vgl. Fleisch (2001), S. 1 ff.
5 Vgl. Mertens et al. (1998), S. 3, Mertens (1994), S. 171.
6 Vgl. Schäfer (2001), S. 1 ff.
7 Bank for International Settlements (2001).

Erlass von entsprechenden Gesetzen ist ab dem Jahr 2006 vorgesehen), dass bankweit Kredit- und Marktrisiken sowie operationelle Risiken mit Blick auf eine adäquate Eigenkapitalausstattung ermittelt und bewertet werden. Auch wenn die Ermittlung und Bewertung dieser Risiken nur in die Kategorie der Unterstützungsprozesse fällt, wird an diesem Beispiel doch deutlich, wie umfangreich die Anpassungen sind, die vorzunehmen sind: Die Banken müssen nicht nur neue Prozesse der Bewertung, Interpretation und adressatengerechten Verteilung der Daten entwickeln, sondern sie müssen auch ihre technologische Infrastruktur anpassen, was von der Integration bestehender Anwendungen bis zur Integration vollkommen neuer Anwendungen in die bestehende Infrastrukturlandschaft reicht. Die so genannte Informationslogistik, d.h. die Bereitstellung der richtigen Informationen, in der richtigen Qualität, Menge und Aufbereitung aus den richtigen Kanälen für die Adressaten, ist also umfassend anzupassen.

- Einführung neuer Steuerungskonzepte:
  Die Entwicklung und Diffundierung neuer Steuerungskonzepte, wie z.B. der Balanced Scorecard, stellen für Unternehmen ebenfalls umfassende Anforderungen einerseits an die flexible Entwicklung neuer, angepasster Geschäftsprozesse und andererseits an die resultierende Informationslogistik. In einem Unternehmen, das zuvor hauptsächlich auf Basis der finanziellen Perspektive geführt worden ist, müssen, um auf der Grundlage der Kundenperspektive und der Perspektive der „lernenden Organisation" steuern zu können, entsprechende Geschäftsprozesse entwickelt und implementiert sowie die erforderliche Datenbasis bereitgestellt werden. Dabei ist u.a. eine Integration der verschiedenen Datenquellen unumgänglich, damit die Informationslogistik reibungslos verläuft und die Prozesse effektiv und effizient unterstützt[8].

Aus den vorhergehenden Beispielen wird deutlich, dass die Implementierung neuer Geschäftsmodelle, die Veränderung der Unternehmensstrategie oder auch der Neuentwurf und die Optimierung von Geschäftsprozessen zum Teil umfangreiche Anpassungsaktivitäten erfordern, die sich letztlich immer in der Veränderung bestehender Prozesse niederschlagen. Eine Folge davon ist eine veränderte Informationsnachfrage, die sich nicht ohne Modifikation des vorhandenen Informationssystems decken lässt. Bei Fokussierung auf den computergestützten Teil des Informationssystems ergeben sich aus ökonomischer Sicht zwei zentrale Aspekte:

- Effektivität des Informationssystems: Die Anwendungen unterstützen den „alten" Kontext, d.h., es ist zunächst zu prüfen, inwieweit sich die Anforderungen durch den

---

[8]   Für eine ausführliche Erörterung des Aspekts der Datenintegration vgl. Holten et al. (2001), S. 51 ff.

neuen Kontext verändert haben. Die Effektivität des Informationssystems ist durch Anpassung an die neuen Anforderungen wieder herzustellen. Bei langfristigerem Betrachtungshorizont ist das Informationssystem darüber hinaus für mögliche weitere Veränderungen vorzubereiten.

▪ Effizienz des Anpassungsprozesses: Die Anpassung des Informationssystems sollte dem Wirtschaftlichkeitsprinzip folgend in einer effizienten Weise erfolgen. Aus dem Effizienzprinzip ist hier neben der Forderung nach Kostenminimalität auch die Forderung nach Zeiteffizienz abzuleiten, denn eine schnelle Anpassung des Informationssystems dient der Wirtschaftlichkeit des Unternehmens und unter Umständen sogar seiner Überlebensfähigkeit. Kostenminimalität und Zeiteffizienz können durchaus einen Zielkonflikt darstellen.

Die Modifikation von Prozessen bedingt, dass zuvor voneinander isolierte Anwendungen miteinander integriert werden müssen. Dabei entsteht ein integriertes Informationssystem oder es entstehen – bei einer Partialbetrachtung einzelner Unternehmensbereiche – mehrere integrierte Informationssysteme. *Kurbel und Rautenstrauch* nennen drei Wege, wie ein integriertes Informationssystem (IIS) erreicht werden kann[9]:

▪ „durch vollständige Neuentwicklung eines umfassenden IIS,

▪ durch nachträgliche Integration bestehender Informationssysteme,

▪ durch Entwicklung integrationsfähiger Einzelsysteme, die schrittweise zusammengeführt werden."

In der Praxis ist zu beobachten, dass Unternehmen aus Gründen der Risikobegrenzung, des Investitionsschutzes und der starken Gewichtung des Zeitfaktors den Austausch des gesamten Informationssystems nicht in Erwägung ziehen, sondern statt dessen eine auf Wiederverwendung vorhandener Anwendungen basierende Weiterentwicklung bevorzugen[10]. Implizit wird davon ausgegangen, dass auf diese Weise auch dem Wirtschaftlichkeitsprinzip besser Rechnung getragen werden kann.

Bei Einführung neuer Prozesse oder auch bei der Veränderung und Integration bestehender Prozesse stellt sich folglich die Frage, welche Komponenten des Informationssystems sich be-

---

9 Kurbel, Rautenstrauch (1996), S. 170; die Autoren beziehen den Begriff IIS auf den computergestützten Teil des betrieblichen Informationssystems.
10 Vgl. Marti (2003), S. 559, Mertens, Holzner (1992), S. 24, sowie die Ergebnisse einer empirischen Untersuchung von *Kromer und Stucky* zur Integration der Informationsverarbeitung nach Fusionen und Akquisitionen (Kromer, Stucky (2002), S. 528). Bei Fusionen wird beispielsweise empfohlen, keine umfassenden Neuentwicklungen durchzuführen, sondern Bestehendes weiterzuentwickeln, vgl. Penzel (1999), S. 107.

sonders effizient wiederverwenden lassen. Da die Datenstrukturen und mit ihnen die vorhandenen Daten - im Gegensatz zu den Programmen, die ja eine Abbildung von (Teil-)Prozessen sind - eine grosse Stabilität aufweisen[11], bieten sie sich für eine Wiederverwendung besonders an. Ausgangspunkt dieser Wiederverwendung ist die Daten- oder auch Informationsnachfrage der neuen oder modifizierten Prozesse. Es ist davon auszugehen, dass die Integration der Daten eine zentrale Voraussetzung für die erfolgreiche Prozessintegration darstellt[12].

Ein Indiz für die grosse Bedeutung der Datenintegration im Kontext von Prozessreorganisation und -neugestaltung ist neben Berichten über negative Auswirkungen nicht integrierter Datenbestände[13] auch in dem aktuell entstandenen Markt für Integrationstechnologien zu sehen, der stark auf die Nutzung von vorhandenen Datenquellen und Daten fokussiert. Anwendungsgebiete sind aus primär innerbetrieblicher Perspektive beispielsweise das Kundenbeziehungsmanagement sowie das Data Warehousing und aus überbetrieblicher Sicht beispielsweise das Supply Chain Management.

Selbst bei der Einführung von Standardsoftware ist die Datenintegration eine zentrale Herausforderung. *Gerard* veranschlagt bei der Einführung von Standardsoftware bei der Deutschen Bank die Kostenverteilung zwischen Datenintegration einerseits und Zukauf/Customizing andererseits auf 80 % zu 20 %[14].

1.2 Forschungsziel und Forschungsfragen

Das Ziel der vorliegenden Arbeit liegt in der Untersuchung des Zusammenhangs zwischen dem Informationsbedarf und der Auswahl geeigneter Integrationsarchitekturen, wobei die Eigenschaften einer bereits vorhandenen Anwendungsarchitektur zu berücksichtigen sind. Im Einzelnen lassen sich aus dem Ziel der Arbeit die folgenden Forschungsfragen (Teilziele) ableiten:

1. *Informationsbedarf*: Wie lässt sich aus dem speziellen Blickwinkel der Integration der Informationsbedarf für eine Aufgabe oder eine Menge von Aufgaben spezifizieren?

2. *Anwendungsarchitektur*: Inwiefern beeinflusst die in einem Unternehmen vorhandene Anwendungsarchitektur das Integrationsvorhaben?

---

11 Vgl. Dippold et al. (2001), S. VII, Heinrich (1999), S. 72, Heine (1999), S. 16, Jung (1998), S. 4; Indizien für die Gültigkeit dieser Annahme finden sich auch bei Spitta und Werner, vgl. Spitta, Werner (2000), S. 51.
12 Vgl. Lehner, Bauer (2002), S. 78.
13 Vgl. Aiken et al. (1999).
14 Vgl. Gerard (1998), S. 464.

3. *Integrationstechnologien*: Welche Integrationstechnologien können zur Befriedigung des Informationsbedarfs eingesetzt werden? Worin unterscheiden sie sich in technischer Hinsicht?

4. *Lösungskonzept*: Wie lässt sich mit Blick auf einen bestimmten Informationsbedarf, auf verfügbare Integrationstechnologien und auf eine vorhandene Anwendungsarchitektur ein geeignetes Lösungskonzept für das Integrationsvorhaben ableiten?

Aufbauend auf den Forschungsfragen lässt sich das *Betrachtungsobjekt* der vorliegenden Arbeit identifizieren: es handelt sich um das betriebliche Informationssystem. Als *Gestaltungsobjekt* wird nur ein Teil des betrieblichen Informationssystems gewählt, nämlich der aus technischen Komponenten bestehende.

1.3 Empirische Fundierung des Erkenntnisgewinnungsprozesses

Die Beantwortung der im vorhergehenden Abschnitt aufgeworfenen Forschungsfragen besteht aus wissenschaftlicher Perspektive in der Formulierung von Hypothesen (als mögliche Antworten) und der Überprüfung dieser Hypothesen. Da keine anerkannte Theorie über den zugrunde liegenden Zusammenhang verfügbar ist, aus der sich Aussagen zu den Forschungsfragen deduktiv ableiten liessen, sind in dem hier vorliegenden Kontext Hypothesen anhand von Beobachtungen induktiv herzuleiten. Diese Beobachtungen stellen damit die empirische Basis der Arbeit dar.

Die Beobachtungen, die der vorliegenden Arbeit zugrunde liegen, entstammen den folgenden Quellen:

- Literaturbasis: Innerhalb der beteiligten Disziplinen (Betriebswirtschaftslehre, Wirtschaftsinformatik und Informatik) existiert eine breite Literaturbasis[15].

- Kompetenzzentrum Data Warehousing Strategie (CC DWS): In diesem Forschungsprojekt des Instituts für Wirtschaftsinformatik der Universität St. Gallen wurden in den Jahren 1999 und 2000 von insgesamt zwölf Grossunternehmen gemeinsam mit einer Forschergruppe spezifische Lösungsansätze für Fragestellungen auf dem Gebiet des „Data Warehousing" entwickelt[16].

---

15 An dieser Stelle sei auf die in den Kapiteln 2 bis 5 zitierte Literatur verwiesen.
16 Vgl. Jung, Winter (2000a), Jung, Winter (2000b) sowie auch von Maur, Winter (2003), von Maur, Winter (2002),.

- Explorative Interviews: Eine Reihe von explorativen Interviews, die der Verfasser im Jahr 2001 mit Vertretern verschiedener Unternehmen durchgeführt hat, diente dazu, eine der Ausgangshypothesen zu überprüfen[17].

- Studie: Im Rahmen einer im Jahr 2001 durchgeführten Studie entwickelte der Verfasser eine Strategie zur unternehmensweiten Datenintegration für ein Finanzdienstleistungsunternehmen[18]. Erkenntnisse dieser Studie fliessen in die Herleitung der Hypothesen ein.

- Konfirmatorische Interviews: Zwei Interviews mit Experten wurden durchgeführt, um einzelne Hypothesen zu überprüfen[19].

- Überprüfung des Ansatzes: Anhand von drei Fallstudien wurden die Hypothesen gesamthaft angewendet und dadurch überprüft[20].

1.4 Einordnung der Arbeit zwischen Betriebswirtschaftslehre und Informatik

Sowohl in der Betriebswirtschaftslehre als auch in der Informatik werden Fragestellungen diskutiert, die hier Relevanz besitzen, allerdings typischerweise isoliert von der jeweils anderen Disziplin: In der Betriebswirtschaftslehre einerseits stellt die effektive Informationsversorgung eine zentrale Voraussetzung für verschiedenste Aufgaben dar. Genannt seien exemplarisch die Unternehmensführung, für deren Zwecke unter anderem Führungskennzahlen erforderlich sind[21], und das Kundenbeziehungsmanagement, das ebenfalls auf Daten aus verschiedenen Quellen angewiesen ist. In der Informatik andererseits ist die verteilte Datenhaltung eines der zentralen Forschungsthemen (Stichworte „Verteilte Datenbanksysteme", „Multidatenbanksysteme", „Data-Warehouse-Systeme" usw.[22]). Eine gemeinsame Betrachtung der Informationsversorgung aus betriebswirtschaftlicher Sicht und aus Sicht der Informatik mit dem Ziel, effektive und effiziente Integrationslösungen zu identifizieren, ist in der Literatur bisher selten[23].

---

17 Konkret wurde in den Interviews überprüft, ob sich Integrationsarchitekturen mit einer bestimmten Merkmalsmenge beschreiben lassen; die Ergebnisse der Interviews wurden in Kapitel 4 verwendet.
18 Vgl. die unveröffentlichte Studie Jung (2001a) und die daraus hervorgegangene Publikation Jung (2001b).
19 Die konfirmatorischen Interviews dienten der Überprüfung der Ergebnisse aus Kapitel 3 hinsichtlich Vollständigkeit und Plausibilität.
20 Vgl. Kapitel 6.
21 Vgl. Reichmann (2001), Horváth (1996), S. 323 ff.
22 Vgl. Lehner (2003), Elmagarmid (1999).
23 In diesem Zusammenhang sei auf die verwandten Arbeiten hingewiesen (vgl. Abschnitt 2.6).

Die Wirtschaftsinformatik ist als Wissenschaftsdisziplin zwischen ihren Mutterdisziplinen Betriebswirtschaftslehre und Informatik eingeordnet[24]. Die Integration bezogen auf unterschiedliche Integrationsgegenstände ist eines der zentralen Erkenntnisgebiete der Wirtschaftsinformatik[25] und gleichzeitig ein bis heute hochaktuelles Thema in der Praxis[26]. Die in der vorliegenden Arbeit bearbeiteten Forschungsfragen bzw. die zu erarbeitenden Ergebnisse berühren zudem die Mehrheit der von *Heinzl et al.* identifizierten, aktuellen Erkenntnisziele der Wirtschaftsinformatik[27]. Eine Positionierung innerhalb der Wirtschaftsinformatik mit Bezügen sowohl zur Betriebswirtschaftslehre als auch zur Informatik (vgl. Abbildung 1-1) scheint also gerechtfertigt zu sein.

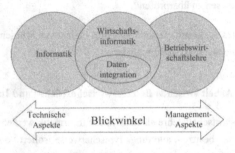

Abbildung 1-1: Einordnung der Arbeit zwischen Informatik und Betriebswirtschaftslehre[28]

1.5 Gang der Untersuchung

Abbildung 1-2 veranschaulicht den Aufbau der vorliegenden Arbeit. Im zweiten Kapitel werden die Grundlagen der vorliegenden Arbeit präzisiert. Zunächst wird dort mit dem betrieblichen Informationssystem das Betrachtungsobjekt unter besonderer Berücksichtigung von Daten untersucht. Daran anschliessend wird ein Überblick über die so genannte „Integrierte Informationsverarbeitung"[29] gegeben, die innerhalb der Wirtschaftsinformatik die Grundlage der Integrationsforschung darstellt. Nach einer Klärung der zentralen Begriffe im Bereich der Integration erfolgt die Festlegung eines Bezugsrahmens für die vorliegende Arbeit und die Ableitung eines Integrationsmodells, das der gesamten Arbeit für Zwecke der Einordnung dient. Basierend auf dem Bezugsrahmen und dem Integrationsmodell wird dann die Problem-

---

24   Vgl. Österle, Winter (2003), S. 14.
25   Vgl. Becker (2001), Heilmann (1989), S. 46.
26   Vgl. Bange (2004), Lüders (2003), Wodtke (2003).
27   Vgl. Heinzl et al. (2001).
28   Die Abbildung ist qualitativ zu verstehen, d.h. weder Objektgrössen noch Überlappungsgrade sind interpretierbar.
29   Vgl. Mertens (2001a).

stellung aus diesem Kapitel genauer spezifiziert, indem die Forschungsfragen konkretisiert werden. Den Abschluss des zweiten Kapitels bildet eine Darstellung der mit Blick auf die konkretisierte Problemstellung als „verwandt" einzustufenden Forschungsarbeiten und -ergebnisse.

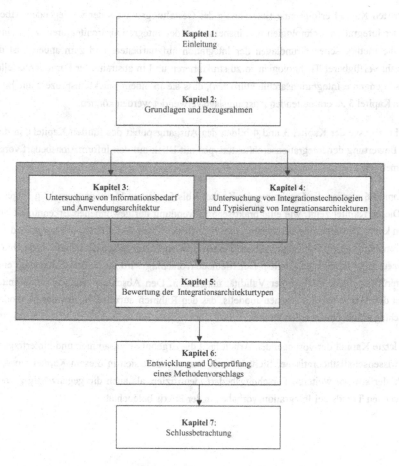

Abbildung 1-2: Aufbau der Arbeit[30]

Das dritte Kapitel widmet sich mit der Untersuchung von Informationsbedarf und Anwendungsarchitektur den aus Sicht dieser Arbeit nicht gestaltbaren Komponenten des betrachteten

---

Gesamtsystems, d.h. des technischen Teils des betrieblichen Informationssystems. Konkret stehen die ersten beiden Forschungsfragen im Zentrum der Untersuchung, d.h. die Fragestellung, welche Eigenschaften des Informationsbedarfs einerseits und der Anwendungsarchitektur andererseits die Realisierung einer Integrationsarchitektur beeinflussen.

Im vierten Kapitel erfolgt eine Betrachtung des Gestaltungsobjekts der vorliegenden Arbeit, d.h. der Integrationstechnologien und insbesondere der Integrationsarchitekturen. Zum einen sind die methodischen Grundlagen der Integration aufzuarbeiten, und zum anderen ist die Vielzahl verfügbarer Technologien so zu strukturieren und in abstrahierter Form darzustellen (als so genannte Integrationsarchitektur*typen*), dass sie in einem Selektionsprozess auf Basis der in Kapitel 3 zu erarbeitenden Ausgangslage verwendet werden können.

Die Ergebnisse der Kapitel 3 und 4 bilden den Ausgangspunkt des fünften Kapitels, in dem eine Bewertung der Integrationsarchitekturtypen mit Blick auf den Informationsbedarf vorgenommen wird.

In Kapitel 6 werden die Ergebnisse der Kapitel 3 bis 5 in einen Methodenvorschlag eingebettet. Dieses Kapitel zeigt, wie eine praktische Anwendung der gewonnenen Erkenntnisse aussehen kann. Die Methode beschreibt grob die erforderlichen Aktivitäten, um ausgehend von der Erhebung eines Informationsbedarfs einen oder mehrere geeignete Integrationsarchitekturtypen identifizieren zu können. Der Methodenvorschlag wird durch drei Fallstudien einer Überprüfung hinsichtlich seiner Validität unterzogen. Den Abschluss des sechsten Kapitels bildet die Skizze eines Vorgehensmodells, das den Rahmen aufzeigt, in den der Methodenvorschlag eingebettet werden könnte.

Das letzte Kapitel der vorliegenden Arbeit fasst die Ergebnisse zusammen und hinterfragt sie aus wissenschaftstheoretischer Sicht kritisch. Ferner findet sich in diesem Kapitel ein Ausblick, der sowohl weiteren Forschungsbedarf identifiziert als auch die gegenwärtig zu beobachtenden Trends bei Integrationsvorhaben in der Praxis beleuchtet.

2 Grundlagen und Bezugsrahmen

Dieses Kapitel dient einer zweckorientierten Strukturierung des Untersuchungsfeldes, die durch eine Erarbeitung der Grundlagen und die Definition einer betriebswirtschaftlich ausgerichteten Analysestruktur (Bezugsrahmen) erreicht werden soll. Als zentrale Grundlage wird in diesem Kapitel zunächst das betriebliche Informationssystem untersucht (Abschnitt 2.1), da mit der Datenintegration informationsverarbeitende Prozesse innerhalb dieses Systems betroffen sind. In diesem Zusammenhang wird auch dargestellt, auf welche Weise und aus welchen Gründen in der Praxis typischerweise der Bedarf nach Datenintegration entsteht. In Abschnitt 2.2 wird die von *Mertens* geprägte „Integrierte Informationsverarbeitung" mit Blick auf die gegebene Problemstellung dargestellt. Ein weiterer Abschnitt (Abschnitt 2.3) analysiert – ebenfalls als Grundlage – die Bedeutungen zentraler Integrationsbegriffe aus der Literatur.

In Abschnitt 2.4 wird anschliessend aufbauend auf den Grundlagen ein Bezugsrahmen für die vorliegende Arbeit entwickelt, der auch Definitionen der zentralen Begriffe einschliesst. Aufbauend auf dem Bezugsrahmen wird in Abschnitt 2.5 die im ersten Kapitel zunächst nur grob umrissene Problemstellung konkretisiert. Den Abschluss des vorliegenden Kapitels bildet Abschnitt 2.6, in dem Ergebnisse aus Arbeiten mit einem wesentlichen Bezug zu der hier verfolgten Zielsetzung („verwandte Arbeiten") zusammenfassend dargestellt werden.

2.1 Betriebliches Informationssystem

Für die Durchführung einer Bedeutungsanalyse zu den verschiedenen Integrationsbegriffen und auch als Grundlage für die Schaffung eines Bezugsrahmens ist es zunächst erforderlich, die Ausgangssituation bei der Integration zu beschreiben und dabei verschiedene Betrachtungsobjekte der Integrationsforschung einzuführen. Im Mittelpunkt der Überlegungen steht das betriebliche Informationssystem, das nach *Sinz* wie folgt definiert ist: „Das IS [Informationssystem; Anmerkung des Verfassers] eines Gegenstandsbereichs (eines Unternehmens, eines Unternehmensbereichs, einer Behörde) ist dessen gesamtes informationsverarbeitendes Teilsystem"[31]. Das betriebliche IS ist damit ein Teil des Organisationssystems; eine Aussage zum Grad der Automatisierung des IS ist mit dieser Begriffsabgrenzung nicht verbunden[32].

---

31 Ferstl, Sinz (2001), S. 2.
32 In vielen Publikationen der Wirtschaftsinformatik wird der Begriff „Informationssystem" im Sinne eines technischen Systems zur Informationsverarbeitung verwendet; vgl. dazu das Stichwort „Informationssystem" in Stickel et al. (1997), S. 336 f., sowie die Begriffsanalyse in Ferstl, Sinz (2001), S. 8 f.

Das Gegenstück zum Informationssystem, dessen Aufgabenobjekte ausschliesslich Daten und Informationen[33] sind, bildet das so genannte Basissystem. Aufgabenobjekte des Basissystems sind die Objekte, die im Wertschöpfungsprozess des Unternehmens be- und verarbeitet werden. Dabei kann es sich beispielsweise um Rohstoffe, Halb- und Fertigfabrikate handeln[34].

In den folgenden Abschnitten werden – nach einer kurzen Einführung von Darstellungshilfsmitteln in Abschnitt 2.1.1 – aus Sicht des IS

- eine Strukturierung der betrieblichen Ebenen „Aufgaben" und „Aufgabenträger" vorgestellt (Abschnitt 2.1.2),
- die Verarbeitung von Daten durch Anwendungen untersucht (Abschnitt 2.1.3) und
- Anwendungen als zentraler maschineller Aufgabenträger analysiert (Abschnitt 2.1.4).

2.1.1 Darstellungshilfsmittel

Um die Erläuterungen in diesem und weiteren Kapiteln kompakt und anschaulich gestalten zu können, werden ausgewählte Zusammenhänge mit Hilfe von Informationsmodellen dargestellt; zu diesem Zweck wird ein Entity-Relationship-Modell (ERM) genutzt. Da es diverse Erweiterungen gegenüber dem ursprünglichen Vorschlag von *Chen*[35] gibt, sind einige Darstellungskonventionen zu erläutern. *Entitätstypen* sind durch beschriftete Rechtecke symbolisiert, *Beziehungstypen* – abweichend – durch Linien, welche die beteiligten Entitäts- und Beziehungstypen verbinden. *Kardinalitäten* der Beziehungstypen werden in der so genannten Min/Max-Schreibweise dargestellt, d.h., die beiden, bei einem Entitätstyp in Klammern dargestellten Werte geben jeweils an, wie viele Instanzen dieses Entitätstyps über Beziehungen des dargestellten Beziehungstyps mit einer Instanz des anderen Entitätstyps verbunden werden müssen („Min") und können („Max"). Attribute werden nur abgebildet, wenn ihre Darstellung für den jeweiligen Sachverhalt von Bedeutung ist; ansonsten werden sie zur Verbesserung der Übersichtlichkeit nicht dargestellt. Als Symbol für Attribute wird ein Kreis verwendet, der über eine Linie einem Entitätstyp zugeordnet wird.

Die Beziehungstypen werden – wie die Entitätstypen – mit einer Bezeichnung versehen. Ein Beziehungstyp, der zwei andere Modellelemente verbindet, kann in zwei Richtungen interpretiert werden. Da eine Bezeichnung nur für eine Richtung angegeben wird, ist für die korrekte

---

33 Eine Abgrenzung zwischen „Daten" und „Information" erfolgt in Abschnitt 2.4.1, S. 44 ff.
34 Der Sonderfall, bei dem die Aufgabenobjekte des Basissystems ebenfalls Daten bzw. Informationen sind (beispielsweise bei einem Informations-Broker), weist aus Sicht der vorliegenden Arbeit keine untersuchungsrelevanten Besonderheiten auf und wird deshalb nicht explizit betrachtet.
35 Vgl. Chen (1976).

Interpretation die „Leserichtung" zu definieren: In den hier verwendeten Diagrammen werden die Bezeichnungen der Beziehungstypen abhängig von der Orientierung der entsprechenden Linie von links nach rechts und von oben nach unten interpretiert. Bei gewinkelten Linien, die damit sowohl horizontal als auch vertikal ausgerichtet sind, ist die Bezeichnung des Beziehungstyps immer von links nach rechts zu interpretieren. In einigen Fällen ist es erforderlich, dass neben Entitätstypen auch Beziehungstypen an Beziehungstypen „teilnehmen" können. Aus formaler Sicht müssten diese Beziehungstypen in Entitätstypen umgewandelt werden; um die Übersichtlichkeit der Diagramme zu erhalten, wird davon allerdings abgesehen.

Neben Entitäts- und Beziehungstypen wird in dieser Arbeit auch das Konzept der *Generalisierung/Spezialisierung* eingesetzt. Bei der Spezialisierung wird ein allgemeines Konzept in Form eines Entitätstyps (z.B. „Kunde") in detailliertere Konzepte bzw. Entitätstypen (z.B. „Privatkunde" und „Geschäftskunde") verfeinert. Wenn dieser Zusammenhang aus der Sicht der detaillierenden bzw. spezialisierenden Entitätstypen betrachtet wird, ist der allgemeine Entitätstyp als Generalisierung zu bezeichnen (generalisierender Entitätstyp). Spezialisierende Entitätstypen beinhalten („erben") die Attribute des generalisierenden Entitätstyps und besitzen eigene, spezifische Attribute. Im Diagramm wird als Symbol ein Dreieck verwendet, dessen Spitze auf den generalisierenden Entitätstyp gerichtet und mit diesem durch eine Linie verbunden ist. Die spezialisierenden Entitätstypen sind hingegen bei der Basis des Dreiecks angeordnet und mit dieser durch Linien verbunden. Bezogen auf die spezialisierenden Entitätstypen sind zwei Eigenschaften von Bedeutung, deren konkrete Ausprägungen als Buchstaben innerhalb des Dreiecks dargestellt werden:

- *Disjunktheit*: Eine disjunkte Spezialisierung (abgekürzt: „D"; disjunkt) liegt dann vor, wenn eine Entität nicht gleichzeitig eine Ausprägung von mehreren der spezialisierenden Entitätstypen sein kann. Andernfalls wird von einer nicht disjunkten Spezialisierung (abgekürzt: „N"; nicht disjunkt) gesprochen.

- *Vollständigkeit*: Eine vollständige Spezialisierung (abgekürzt: „T"; total) ermöglicht die Zuordnung einer Entität (des generalisierenden Entitätstyps) zu mindestens einem der spezialisierenden Entitätstypen. Wenn dies nicht für jede Entität gilt, wird von einer partiellen Spezialisierung (abgekürzt: „P"; partiell) gesprochen.

2.1.2 Aufgaben- und Aufgabenträgerebene eines Informationssystems

In Abbildung 2-1 ist links ein Ansatz von *Ferstl und Sinz* dargestellt, der das betriebliche Informationssystem anhand der Ebenen „Aufgaben" und „Aufgabenträger" strukturiert[36]. Die Aufgabenebene dient zur Darstellung der Aufgaben (A), die zur Erreichung der betrieblichen Zielsetzungen auszuführen sind; zwischen den Aufgaben bestehen Informationsbeziehungen. Der Aufgabenträgerebene sind die menschlichen Aufgabenträger (Personen; P) sowie die maschinellen Aufgabenträger (Rechner bzw. Rechnersysteme; R) zugeordnet, die für die Ausführung der Aufgaben der Aufgabenebene zuständig sind; zwischen Aufgabenträgern erfolgt die Kommunikation über Kommunikationskanäle, die von Kommunikationssystemen bereitgestellt werden. Da ein Rechnersystem erst nach Ergänzung um Software zur Durchführung von Aufgaben geeignet ist, nutzen *Ferstl und Sinz* in ihren weiteren Ausführungen nicht den Begriff „Rechnersystem", sondern den Begriff „Anwendungssystem". Ein Anwendungssystem setzt sich aus Anwendungssoftware (kurz: Anwendung), Systemsoftware und Hardwaresystemen zusammen. In den weiteren Ausführungen wird von der Systemsoftware und den Hardwaresystemen abstrahiert und von „Anwendung" gesprochen.

Neben der Zuordnung von Aufgabenträgern zu Aufgaben ist aus der Abbildung auch ersichtlich, dass eine Informationsbeziehung zwischen zwei Aufgaben eine Kommunikationsbeziehung zwischen den zugeordneten Aufgabenträgern bedingt.

Im unteren Bereich von Abbildung 2-1 ist der Sachverhalt mit Hilfe des im vorhergehenden Abschnitt vorgestellten Darstellungshilfsmittels (Entity-Relationship-Modell) in abstrahierter Form als Informationsmodell dargestellt. Dabei wird zusätzlich abgebildet, dass eine Verfeinerung einer Aufgabe durch (Teil-)Aufgaben erfolgen kann (Beziehungstyp „besteht aus").

Prinzipiell ist aus der Kardinalität des Beziehungstyps „ausgeführt von" ersichtlich, dass eine Aufgabe mehreren Aufgabenträgern zugeordnet werden kann. Typischerweise wird aber die Verfeinerung von Aufgaben in Teilaufgaben genutzt, um Teilaufgaben zu erhalten, die eindeutig einem Aufgabenträger zugeordnet werden können. Die Verfeinerung einer Aufgabe in Teilaufgaben macht typischerweise eine Kommunikationsbeziehung zwischen den Aufgabenträgern der entstehenden Teilaufgaben erforderlich. *Ferstl und Sinz* unterscheiden als Aufgabentypen

- *nicht-automatisierte* Aufgaben (es werden ausschliesslich Personen als Aufgabenträger zugeordnet),

---

36   Vgl. hier und im Folgenden Ferstl, Sinz (2001), S. 1 ff.

- *teilautomatisierte* Aufgaben (es werden Personen sowie Anwendungs- und Kommunikationssysteme als Aufgabenträger zugeordnet) und
- *vollautomatisierte* Aufgaben (es werden ausschliesslich Anwendungs- und Kommunikationssysteme als Aufgabenträger zugeordnet).

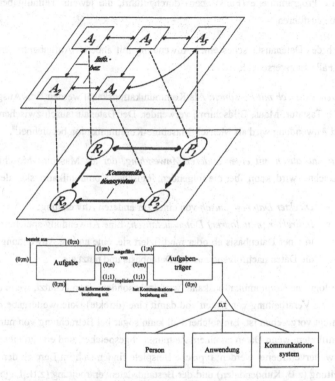

Abbildung 2-1: Aufgaben und Aufgabenträgerebene eines IS nach *Ferstl und Sinz*
und abstrahierende Darstellung des Sachverhalts als Informationsmodell

2.1.3 Verarbeitung, Speicherung und Weitergabe von Daten durch Anwendungen

Eine Anwendungssoftware (kurz: Anwendung) als innerer Kern eines Anwendungssystems[37]
wird in der vorliegenden Arbeit als zentraler maschineller Aufgabenträger betrachtet; die weiteren Komponenten Systemsoftware und Hardwaresysteme werden als technische Basis von
Anwendungen aufgefasst und daher in den folgenden Ausführungen vernachlässigt.

---

37 Vgl. Seibt (2001), S. 46 f.

Als zentraler maschineller Aufgabenträger des betrieblichen Informationssystems obliegt einer Anwendung die Verarbeitung von Daten, die damit die Aufgabenobjekte von Anwendungen darstellen. Eine Anwendung bezieht – aus Aussensicht betrachtet – Daten als Input und erzeugt Daten als Output. Innerhalb einer Anwendung wird die Verarbeitung von Daten durch spezialisierte Programmteile (Funktionen) durchgeführt, die jeweils Teilaufgaben der Gesamtaufgabe ausführen.

Hinsichtlich des Datenaustausches einer Anwendung mit anderen Aufgabenträgern sind die folgenden Fälle zu unterscheiden:

- *Datenaustausch mit Personen*: Als Kommunikationskanal werden Ein-/Ausgabegeräte (z.B. Tastatur, Maus, Bildschirm) verwendet. Der Datenaustausch zwischen Personen und Anwendung wird als Mensch-Maschine-Kommunikation bezeichnet[38].

- *Datenaustausch mit einer anderen Anwendung*, der als Maschine-Maschine-Dialog bezeichnet wird, kann über die folgenden, logischen Kommunikationskanäle erfolgen:

  - *Direkter Datenaustausch* von einer zur anderen Anwendung;
  - *Indirekter (mittelbarer) Datenaustausch*: Eine Anwendung speichert die Daten in einer Datenbasis ab oder modifiziert sie, eine andere Anwendung extrahiert die Daten nachfolgend aus der Datenbasis und nutzt sie.

Der zweite logische Kommunikationskanal wird insbesondere dann genutzt, wenn eine unterbrechungsfreie Verarbeitung von Daten und damit eine (direkte) Datenweitergabe nicht möglich oder nicht vorgesehen ist. Ein solcher Fall kann sogar bei Betrachtung von nur einer Anwendung auftreten, wenn Daten zu einem Zeitpunkt abgespeichert und erst zu einem späteren Zeitpunkt weiterverarbeitet werden; typische Beispiele finden sich im Bereich der Stammdatenverarbeitung (z.B. Kundendaten) und der Bestandsdatenverarbeitung (z.B. Lagerbestände) sowie bei asynchron verbundenen Prozessen (z.B. unternehmensinterne Prozesse und Kundenprozesse).

Konsistenz und Transaktionen

Eine zentrale Anforderung an eine Datenbasis besteht in der Widerspruchsfreiheit (Konsistenz) ihrer Daten, worunter die logische und sachliche Richtigkeit im Sinne des konzeptuellen Schemas zu verstehen ist[39]. Das Transaktionskonzept basiert auf der Konsistenzforderung. Unter einer Transaktion wird eine Folge von Datenbankoperationen verstanden, die vollstän-

---

38   Vgl. Lehner et al. (1995), S. 142.
39   Vgl. Stickel et al. (1997), S. 173.

dig und fehlerfrei ausgeführt werden muss[40], um die Datenbasis von einem konsistenten Zustand in einen anderen ebenfalls konsistenten Zustand zu überführen. Eine nur teilweise Ausführung der Datenbankoperationen würde hingegen Inkonsistenz bedingen.

Die Überwachung von Transaktionen und damit die Sicherstellung der Konsistenz wird von dem maschinellen Aufgabenträger gewährleistet, der die Datenbasis verwaltet. Hierbei kann es sich zum einen um eine auf Datenverwaltungsoperationen spezialisierte Software handeln (Datenbankverwaltungssystem) oder aber um die Anwendung, der die Datenbasis direkt zugeordnet ist. Die zweite Variante wird im Software Engineering nicht mehr favorisiert, da sie durch die starke Interdependenz zwischen Anwendung und Datenbasis (Daten-Programm-Abhängigkeit) den externen Zugriff auf die Datenbasis und auch die separate Modifikation von Anwendung und/oder Datenbasis erschwert[41].

Datenobjekttypen und Datenobjektinstanzen

Um die Beschreibung verschiedener Aspekte des betrieblichen Informationssystems möglichst präzise halten zu können, ist es erforderlich, einige Begriffe im Kontext „Daten" zu definieren.

Definitionen „Datenelementtyp", „Datenelementinstanz" und „Datenobjekttyp"

Ein *Datenelementtyp* ist ein mit einem Namen versehenes Merkmal einer Menge von Realweltobjekten. Eine *Datenelementinstanz* (kurz: ein *Datenelement)* ist eine in einer Datenbasis persistent gespeicherte Ausprägung eines Datenelementtyps, die eine Eigenschaft eines Realweltobjekts repräsentiert. Ein *Datenobjekttyp* ist eine mit einem Namen versehene Menge von benannten Datenelementtypen, mit deren Hilfe eine Menge von Realweltobjekten abstrakt (typisierend) beschrieben werden kann.

Ein Beispiel für einen Datenobjekttyp ist „Kunde" mit den *Datenelementtypen* „Kundennummer", „Name" und „Familienstand". Unter einer *Datenobjektinstanz* (kurz: *Datenobjekt)* wird entsprechend eine Ausprägung (Instanz) eines Datenobjekttyps verstanden, also die Beschreibung eines Realweltobjekts durch *Datenelemente.* Die Datenelemente „123" (Kundennummer), „Meier" (Name) und „ledig" (Familienstand) bilden beispielsweise gemeinsam eine Datenobjektinstanz. Der Zusammenhang zwischen Datenobjekttypen und Datenelementtypen ist in Abbildung 2-2 dargestellt.

---

40 Vgl. Pernul, Unland (2001), S. 12.
41 Vgl. Stucky, Krieger (1990), S. 840 f.

Das in der Abbildung dargestellte Informationsmodell sagt aus, dass zwei oder mehr Datenelementtypen zu genau einem Datenobjekttyp zusammengefasst werden; die Minimalkardinalität „2" ergibt sich, da ein Datenobjekttyp mindestens einen identifizierenden Datenelementtyp (Identifikator) enthalten muss, und für diesen alleine ist keine sinnvolle Verwendung denkbar.

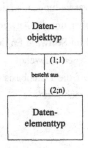

Abbildung 2-2: Zusammenhang zwischen Datenobjekttypen und Datenelementtypen

2.1.4 Aufgabenverteilung und Koordination

Ein betriebliches Informationssystem dient letztlich der Koordination eines Unternehmens. Diese Koordination ist erforderlich, weil die unternehmerische Gesamtaufgabe typischerweise auf verschiedene Organisationseinheiten verteilt ist[42]. In diesem Abschnitt wird deshalb zunächst kurz dargestellt, wie die Definition der Aufbauorganisation erfolgt und insbesondere nach welchen Kriterien Organisationseinheiten voneinander abgegrenzt werden (Abschnitt 2.1.4.1). Daran anschliessend wird untersucht, wie sich organisatorische Rahmenbedingungen auf die Ausgestaltung und Abgrenzung von Anwendungen als maschinelle Aufgabenträger auswirken (Abschnitt 2.1.4.2).

2.1.4.1 Organisationsgestaltung

Im Rahmen der Organisationsgestaltung liegt ein Schwerpunkt in der *Aufgabenzerlegung*; sie dient dazu, die unternehmerische Gesamtaufgabe zunächst in Teilaufgaben zu zerlegen (Bildung von Teilaufgaben) und die so entstandenen Teilaufgaben anschliessend so zusammenzufassen, dass sie einer organisatorischen Einheit als Aufgabenträger zugeordnet werden können (Aufgabensynthese)[43]. Das Ergebnis der Aufgabensynthese ist die Aufbauorganisation. Die

---

42   *Picot et al.* sprechen in diesem Zusammenhang vom Organisationsproblem; vgl. Picot et al. (1999), S. 5 ff.
43   Vgl. hier und im Folgenden Picot et al. (1999), S. 73 ff. und S. 217 ff.

Aufgabenzerlegung und -synthese erfolgt anhand von Aufgabenmerkmalen, wie beispielsweise Art der Verrichtung, Aufgabenobjekt und zu verwendende Arbeitsmittel. Die Bildung von Organisationseinheiten und die Zuordnung von in der Regel mehreren Teilaufgaben zu diesen Aufgabenträgern erfolgt mit Blick auf die folgenden Optimierungskriterien:

1. Vermeidung von Aufgabenzuordnungen, die eine simultane Bearbeitung von interdependenten Aufgaben in verschiedenen Organisationseinheiten bedingen („teamorientierte Interdependenz").

2. Vermeidung von Aufgabenzuordnungen, die einen bidirektionalen Austausch von Aufgabenobjekten zwischen Organisationseinheiten bedingen („reziproke Interdependenz").

3. Vermeidung von Aufgabenzuordnungen, die einen unidirektionalen Austausch von Aufgabenobjekten zwischen Organisationseinheiten bedingen („sequentielle Interdependenz").

4. Vermeidung von indirekten Abhängigkeiten zwischen Organisationseinheiten („gepoolte Interdependenz"), wie sie beispielsweise bei Konkurrenz um knappe Ressourcen wie etwa Betriebsmittel entsteht.

5. Vermeidung aufwändiger Transfers von implizitem Wissen zwischen Organisationseinheiten. *Picot et al.* sprechen in diesem Zusammenhang von der „Aufgabenteilung in den Stadien wissensökonomischer Reife". Es soll der Austausch von Aufgabenobjekten zwischen Organisationseinheiten vermieden werden, der eine explizite Übermittlung des durch ein Aufgabenobjekt verkörperten impliziten Wissens erforderlich macht. Der Grund für diesen Aspekt der Optimierung liegt in den hohen Transaktionskosten, die mit der Übermittlung verbunden wären.

6. Vermeidung der Bildung von Organisationseinheiten, die eine Verteilung zusammengehörigen, impliziten Wissens auf verschiedene Organisationseinheiten bedingt. Derartiges Wissen soll in einer Organisationseinheit konzentriert werden, so dass es dort erhalten oder ausgebaut werden kann. Ein Negativbeispiel ist die Verteilung der Funktion „Unternehmensentwicklung" auf mehrere Organisationseinheiten.

Letztlich zielt die geschilderte Optimierung darauf ab, durch eine geeignete Gestaltung der Aufbauorganisation einen Beitrag zur transaktionskostenminimalen Lösung des Koordinationsproblems[44] zu leisten; ein wesentlicher Schritt ist darin zu sehen, die erforderliche Koordination zwischen den Organisationseinheiten und damit zwischen den Aufgabenträgern zu minimieren. Gleichzeitig werden Aufgaben in einer Organisationseinheit zusammengefasst, die starke Interdependenzen aufweisen und hohe Anforderungen an die Koordination stellen. Die Ziele der Organisationsgestaltung liegen also bezüglich der Koordinationserfordernisse in einer losen Kopplung zwischen den Aufgaben unterschiedlicher Organisationseinheiten und in einer starken Kohäsion zwischen den Aufgaben innerhalb der Organisationseinheiten.

Schliesslich werden die Leitungsaufgaben mehrerer Organisationseinheiten in Leitungsstellen bzw. Instanzen zusammengefasst; untergeordnete Organisationseinheiten und die zugehörigen Instanzen werden zusammen als Abteilungen bezeichnet. Da die maximal mögliche Führungs- bzw. Leitungsspanne, d.h. die Anzahl der einer Instanz unterstellbaren Organisationseinheiten bzw. Stellen mit Blick auf die Effektivität begrenzt ist, wird dieses Prinzip mehrstufig angewendet. Auf diese Weise entsteht eine Hierarchie, an deren Spitze die Unternehmensleitung steht.

Die definierte Organisationsstruktur wird durch Zuweisung von spezifischen Kompetenzen (Rechte und Pflichten) zu den Organisationseinheiten vervollständigt. Die Aufteilung der grundsätzlich bei der Unternehmensleitung angesiedelten Entscheidungskompetenz an nachgeordnete Organisationseinheiten (Delegation) beinhaltet typischerweise auch die Zuweisung von Ressourcen einschliesslich der Entscheidungskompetenz zur Verfügung über diese Ressourcen. Unter diese Zuweisung fallen insbesondere finanzielle Mittel (Budgets), die von der Organisationseinheit im Rahmen der Aufgabenerfüllung eingesetzt werden können.

In der Literatur zur Organisationslehre wird im Zusammenhang mit der Organisationsgestaltung auch der Begriff „Integration" genutzt. *Müller-Stewens und Lechner* unterscheiden einerseits die vertikale Integration, die sich auf Leitungsbeziehungen zwischen über- und untergeordneten Organisationseinheiten einer Hierarchie sowie auf Standardisierung und Delegation beziehen, und andererseits die horizontale Integration, die sich auf die Partizipation und Selbstabstimmung zwischen nebengeordneten Organisationseinheiten bezieht[45].

Eine sehr ähnliche Sichtweise bezüglich der Integration vertritt *Hatch*; um logisch zusammengehörende Aufgaben, die durch Arbeitsteilung quasi verteilt werden, zielentsprechend integrieren zu können, sieht sie – neben der Schaffung einer Aufbauorganisation im Sinne einer Hierarchie – die Notwendigkeit, Koordinationsmechanismen zu etablieren. *Hatch* verweist auf verschiedene empirische Studien, in denen nachgewiesen wurde, dass mit zunehmender

---

44 Vgl. Picot et al. (1999), S. 7 f.
45 Vgl. Müller-Stewens, Lechner (2001), S. 332 ff.

Komplexität, gemessen durch die Grade der vertikalen und horizontalen Differenzierung (Arbeitsteilung), die Notwendigkeit der Koordination durch Kommunikation steigt[46].

Zum Zusammenhang zwischen Organisationsgestaltung und der Datenintegration im Sinne der Wirtschaftsinformatik und Informatik können zusammenfassend die folgenden Aussagen festgehalten werden:

- Die Organisationsgestaltung nimmt auf den Grundlagen der Transaktionskostentheorie eine Strukturierung der betrieblichen Aufgaben vor und sorgt für eine Zusammenfassung von besonders koordinationsintensiven Aufgaben *innerhalb* von Organisationseinheiten; zwischen den so entstandenen Organisationseinheiten besteht dennoch ein Koordinationsbedarf, der sich teilweise durch Kommunikationsvorgänge decken lässt.

- In der Unterstützung der Koordination durch Datenkommunikation liegt die „Schnittstelle" zwischen Organisationsgestaltung und Datenintegration im Sinne der Wirtschaftsinformatik und Informatik, denn in der integrierten Datennutzung und Datenkommunikation ist der automatisierbare Teil der zu Koordinationszwecken erforderlichen Kommunikation zu sehen.

2.1.4.2 Auswirkungen organisatorischer Rahmenbedingungen auf das Informationssystem

Im vorhergehenden Abschnitt wurde untersucht, anhand welcher Prinzipien bei der Organisationsgestaltung Aufgaben gebildet und zusammenfasst sowie anschliessend Aufgabenträgern zugewiesen werden. In diesem Abschnitt wird nun analysiert, wie sich derartige organisatorische Vorgaben auf die Abgrenzung von Anwendungen auswirken.

Organisationseinheiten verfügen – wie oben dargestellt – über eigene Ressourcen, um die ihnen zugewiesenen Aufgaben möglichst selbständig bearbeiten zu können. Insofern ist es prinzipiell folgerichtig, wenn eine Organisationseinheit für die ihr zugewiesene Aufgabenmenge eine (Teil-)Automatisierung durch eigene Anwendungen anstrebt. Die Anwendungen, die auf diese Weise entstehen, weisen spezielle Eigenschaften auf. Bereits bei der Bildung der Organisationseinheiten wurde das Ziel einer möglichst minimalen Koordination zwischen den Organisationseinheiten verfolgt. Bei einer auf das Informationssystem beschränkten Betrachtung äussert sich Koordination im Austausch von Datenelementen, also in einem Transfer dieser speziellen Aufgabenobjekte. Die Anwendungen einer Organisationseinheit gruppieren sich

---

46   Vgl. Hatch (1997), S. 168.

daher „um" die Datenelemente als Aufgabenobjekte, wobei Datenaustauschbeziehungen mit Aufgabenträgern aus anderen Organisationseinheiten von eher untergeordneter Bedeutung sind.

Die im Rahmen der Organisationsgestaltung angewendete Transaktionskostenminimierung führt also zur Herausbildung von bereichsorientierten oder abteilungsbezogenen Anwendungen mit minimalen Datenaustauschbeziehungen zu Anwendungen anderer Abteilungen.

2.1.4.2.1 Überlappung von Aufgabenobjekten

Die Überlappung von Aufgabenobjekten ist ein Zustand, der sich verbal nur äusserst schwierig fassen lässt. Er soll daher durch ein Beispiel illustriert werden. Wenn der Name und die Anschrift einer Person verschiedene Repräsentationen z.B. in Datenverwaltungssystemen haben, handelt es sich um überlappende Aufgabenobjekte. Die Überlappung führt dazu, dass eine gleichzeitige Bearbeitung, beispielsweise die Modifikation der Anschrift, an mehreren verschiedenen Orten möglich ist. Eine Überlappung von Aufgabenobjekten ist offenbar nur bei immateriellen Aufgabenobjekten möglich, denn die gleichzeitige Bearbeitung beispielsweise ein und desselben Werkstücks an zwei verschiedenen Orten ist nicht möglich.

Datenelemente sind die Aufgabenobjekte des Informationssystems, so dass der Begriff „Datenredundanz" als Überlappung des Aufgabenobjekts „Datenelement" interpretiert werden kann. In der Literatur wird entsprechend unter Datenredundanz das mehrfache Vorhandensein identischer Datenelemente verstanden[47]. *Österle* ergänzt dazu, dass sich Redundanz daran erkennen lässt, dass redundante Datenelemente ohne Informationsverlust weggelassen werden können[48].

Innerhalb eines Informationssystems ist die Entstehung von Datenredundanz gemäss zwei Varianten denkbar:

- In *einem* Datenverwaltungssystem wird ein bereits vorhandenes Datenelement (z.B. die Adresse eines bestimmten Kunden) erneut und damit redundant abgespeichert. Diese Entstehungsvariante der Datenredundanz kann in der Regel durch die Verwendung von Identifikatoren (im genannten Beispiel ist es typischerweise die Kundennummer) vermieden werden, da die Datenredundanz bereits bei der Datenerfassung ersichtlich wird.

---

47   Vgl. Hansen, Neumann (2001), S. 1055.
48   Vgl. Österle (1995), S. 196.

- Ein Datenelement, das in *einem* Datenverwaltungssystem bereits vorhanden ist, wird zusätzlich in einem *anderen* Datenverwaltungssystem und damit redundant abgespeichert.

Die zweite Variante *kann* auftreten, wenn zwei oder mehr Datenverwaltungssysteme identische Datenelementtypen (also z.B. Adressen von Kunden) verwalten. Allerdings besteht dann zunächst nur die Gefahr der Datenredundanz; man könnte von latenter Datenredundanz sprechen. Erst wenn sich tatsächlich zwei Datenelemente (also Ausprägungen der Datenelementtypen) in diesen Datenverwaltungssystemen entsprechen, ist effektiv Datenredundanz gegeben.

In Abbildung 2-3 ist die Überlappung von Aufgabenobjekten des Informationssystems (Daten) unter Rückgriff auf die weiter vorne eingeführte Darstellung als Informationsmodell visualisiert. Die Darstellung ist als abstrakte Beschreibung des computergestützten Teils eines betrieblichen Informationssystems zu verstehen. Die beiden Entitätstypen dienen damit der abstrakten Darstellung der verfügbaren Aufgabenobjekte, d.h. von *vorhandenen* Datenobjekt- und Datenelementtypen.

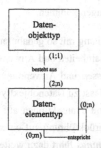

Abbildung 2-3: Überlappung von Aufgabenobjekten des Informationssystems,
dargestellt als Informationsmodell

Die Überlappung von Aufgabenobjekten entspricht aus technischer Sicht der Datenredundanz. Von latenter, also „drohender" Datenredundanz ist zu sprechen, wenn sich Datenelementtypen logisch entsprechen. Faktisch ist Datenredundanz erst gegeben, wenn zu einem Realweltobjekt zwei Datenelemente desselben Typs oder zweier sich entsprechender Typen existieren.

Zu unterscheiden sind zwei Arten der Datenredundanz, die kontrollierte und die unkontrollierte:

- Bei der *kontrollierten Datenredundanz* ist bekannt, dass sich mehrere Datenelementtypen entsprechen; der Beziehungstyp „entspricht" aus Abbildung 2-3 ist in diesem

Fall instanziiert. So kann bei der Modifikation eines Datenelements überprüft werden, ob an anderer Stelle ein redundantes Datenelement existiert und ob zur Vermeidung einer Inkonsistenz eine Aktualisierung dieser Instanz erforderlich ist. Eine Automatisierung der Konsistenzsicherung ist mit Hilfe von Datenbanktriggern[49] möglich, die bei der Modifikation eines Datenelements Aktualisierungsvorgänge anstossen.

▪ Bei der *unkontrollierten Datenredundanz* werden einseitige Modifikationen von redundanten Datenelementen nicht erkannt (denn der oben genannte Beziehungstyp ist nicht instanziiert), so dass es zu Inkonsistenzen kommen kann. In der Folge ist dann nur mit grossem Aufwand zu ermitteln, welches der Datenelemente „korrekt" ist.

Mit Blick auf die Rahmenbedingungen, welche die Organisationsgestaltung setzt, kann angenommen werden, dass die unkontrollierte Datenredundanz eine Folge von unkoordiniert entworfenen und realisierten Anwendungen ist. Das Aufgabenobjekt „Datenobjekttyp" wird - parallel zur Aufgabenzerlegung – unkoordiniert in sich überlappende Teile zerlegt und an unterschiedlichen „Orten" angesiedelt. Wenn dann an diesen unterschiedlichen Orten konkrete Ausprägungen des Aufgabenobjekts in Form von Datenelementen bearbeitet und/oder gespeichert werden, kann es zu widersprüchlichen Zuständen (Inkonsistenzen) der eigentlich identischen Aufgabenobjektausprägungen kommen.

Cummings beschreibt im Zusammenhang mit so genannten Business System Domains (BSD) die Relation zwischen Organisationseinheiten und Anwendungen[50]. Unter einer BSD versteht er eine Gruppe von Geschäftsprozessen und Anwendungen, die eine Menge von Datenelementtypen „besitzen" (zusammengefasst zu Datenobjekttypen) und deren Konsistenz sichern; darunter ist auch die Ausführung von Transaktionen auf Datenelementen und – bei fehlgeschlagenen Teiloperationen – die Zurückführung auf einen vorhergehenden konsistenten Zustand (Rollback) zu verstehen. *Cummings* führt dazu weiter aus, dass eine BSD typischerweise an einem Ort, d.h. nicht verteilt implementiert wird, um Verzögerungen aufgrund gestörter Kommunikationsverbindungen zu vermeiden. Unter Integration versteht er in diesem Zusammenhang die Verbindung verschiedener BSD, die (aufgrund der zu verwendenden Kommunikationsverbindungen) grundsätzlich mit Hilfe einer losen Kopplung zu realisieren ist. Unter einer losen Kopplung ist dabei ein Nachrichten- bzw. Datenaustausch zu verstehen, bei dem die sendende Komponente die Nachricht abschickt oder an einem dedizierten Ort ablegt und anschliessend mit der Verarbeitung fortfährt, ohne auf eine Reaktion der empfangenden Komponente zu warten (store-and-forward). Es handelt sich folglich um eine asynchrone

---

49 Vgl. z.B. Pernul, Unland (2001), S. 427 ff.
50 Vgl. Cummings (2002), S. 51 ff.

Kommunikation. Im Rückschluss kann gefolgert werden, dass die verschiedenen BSD (und damit die eingeschlossenen Geschäftsprozesse und Anwendungen) untereinander möglichst unabhängig sein müssen. In Anlehnung an Modularisierungsprinzipien beim Softwareentwurf könnte man auch von einer hohen Kohäsion innerhalb von BSD sprechen und von einer losen Kopplung zwischen BSD. Der Betrachtung der Schnittstellen und Kommunikationsverbindungen zwischen BSD kommt folglich eine besondere Bedeutung zu. Das Konzept der BSD lässt sich auch anwenden, wenn eine Datenintegration zwischen zwei Unternehmen in Betracht gezogen wird.

Zusammenfassend lässt sich festhalten, dass die Überlappung von Aufgabenobjekten und damit die Datenredundanz eine Folge der Autonomie von Organisationseinheiten ist.

2.1.4.2.2 Überlappung von Aufgaben

Aufgaben werden häufig auch als Funktionen bezeichnet[51]. Eine Funktion ist aus Aussensicht dadurch beschreibbar (vgl. Abbildung 2-4), dass

- sie durch bestimmte *Vorereignisse* ausgelöst wird,
- bei der Aufgabendurchführung, die sich auf ein *Aufgabenobjekt* richtet, ein *Lösungsverfahren* unter Beachtung von *Sach- und Formalzielen* angewendet wird und
- die abgeschlossene Aufgabenausführung bestimmte *Nachereignisse* bedingt.

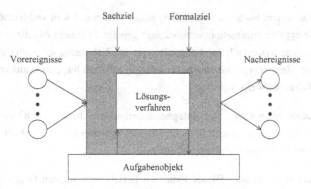

Abbildung 2-4: Allgemeine Struktur von Aufgaben[52]

---

51   Vgl. Ferstl, Sinz (2001), S. 56.
52   Ferstl, Sinz (2001), S. 90.

Die Grundgesamtheit der Aufgaben, die innerhalb des Informationssystems auszuführen sind, lässt sich mit Hilfe des Aufgabenobjekts definieren: Aufgaben des Informationssystems beziehen sich auf das Aufgabenobjekt „Datenelement"[53]. Von einer Überlappung von Aufgaben (des Informationssystems) kann gesprochen werden, wenn Lösungsverfahren verschiedener Datenverarbeitungsaufgaben Ähnlichkeiten aufweisen oder wenn sie sogar identisch sind. Sofern es sich um Überlappungen der Lösungsverfahren automatisierter Aufgaben (Funktionen) handelt, wird von Funktionsredundanz gesprochen.

Funktionsredundanz entsteht – im Gegensatz zur Datenredundanz – bereits in der Entwicklungsphase von Anwendungen, wenn nämlich die Lösungsverfahren implementiert werden. Auch Funktionsredundanz ist nicht grundsätzlich als nachteilig einzustufen, denn auch hier sind positive Effekte durchaus möglich. Die Verteilung eines Lösungsverfahrens bzw. einer Funktion auf zwei verschiedene Rechnersysteme beispielsweise stellt sicher, dass bei Ausfall eines der Systeme das Lösungsverfahren weiterhin eingesetzt werden kann. Erst wenn die Funktionsredundanz unkoordiniert entsteht und damit nicht kontrolliert werden kann, besteht auch hier die Gefahr der Inkonsistenz. Funktionsinkonsistenz ist der Zustand, in dem von der Zielsetzung her ähnliche oder identische Funktionen Lösungsverfahren einsetzen, die voneinander abweichende Resultate (insbesondere Nachereignisse und Zustandsübergänge des Aufgabenobjekts) bedingen.

2.2 Integrierte Informationsverarbeitung

Mertens hat mit seinem bis heute regelmässig aktualisierten und weit verbreiteten Lehrbuch den Begriff „Integrierte Informationsverarbeitung" geprägt. In diesem Abschnitt wird die von ihm vorgeschlagene Systematik der Integration mit der Zielsetzung der vorliegenden Arbeit verknüpft. Nach *Mertens* (vgl. dazu auch Abbildung 2-5)[54] kann Integration aus verschiedenen Perspektiven betrachtet werden:

- *Integrationsperspektive*: Die Integrationsperspektive bezieht sich darauf, welche grundsätzliche Sichtweise (z.B. technisch oder betriebswirtschaftlich) der Betrachtung der Integration zugrunde gelegt werden soll.

- *Integrationsgegenstand*: Dieses Kriterium bezieht sich auf den Gegenstand, dessen vollständige oder teilweise Dispersion durch die Integration kompensiert werden soll. Aus der Menge möglicher Integrationsgegenstände wurden im Rahmen der Problem-

---

53 Auf Basis des vollständigen Begriffsapparats dieser Arbeit, der erst in Abschnitt 2.4.3 festgelegt wird, wäre exakter vom Aufgabenobjekt „Informationsobjekt" zu sprechen.
54 Vgl. Mertens (2001a), S. 1 ff.

stellung die Daten ausgewählt. Die spezifischen Merkmale von Datenelementen, die bei Integrationsvorhaben von Bedeutung sind, werden in einem späteren Kapitel[55] genauer untersucht.

- *Integrationsbereich*: Diese Dimension bezieht sich auf den Bereich, innerhalb dessen bezogen auf den Integrationsgegenstand eine Integration erreicht oder zumindest geplant werden soll. Dieser Aspekt wird im folgenden Abschnitt (Abschnitt 2.2.1) unter dem etwas präziseren Begriff „Integrationsreichweite" thematisiert.

- *Integrationsrichtung*: Innerhalb des Integrationsbereichs lässt sich anhand von genauer festzulegenden Kriterien eine quasi geometrische Ordnung definieren, auf deren Basis dann von einer Integrationsrichtung (z.B. „horizontal" und „vertikal") gesprochen werden kann. Die Integrationsrichtung wird in Abschnitt 2.2.2 im Detail thematisiert.

- *Automationsgrad*: Als Automationsgrad wird die Art und Weise bezeichnet, in der die bei einer Integration beteiligten Anwendungen zusammenarbeiten. Sofern im Rahmen der betrachteten Aufgabe ein menschlicher Aufgabenträger tätig wird, beispielsweise durch die Bedienung einer Anwendung, wird von Teilautomation gesprochen. Wenn die Anwendungen direkt miteinander kommunizieren und die Aktionen der jeweils anderen Anwendungen unmittelbar auslösen, wird von Vollautomation gesprochen.

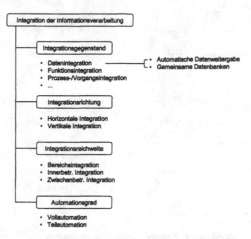

Abbildung 2-5: Ausprägungen der Integrierten Informationsverarbeitung[56]

---

55 Vgl. Kapitel 3.1.1, S. 102 ff.
56 In Anlehnung an Mertens (2001a), S. 2.

2.2.1 Integrationsreichweite

Die Integrationsreichweite definiert, welche „organisatorische Entfernung" zwischen den Organisationseinheiten vorhanden ist, die bei der Integration miteinander verbunden werden. Mit Blick auf die historische Entwicklung der Datenverteilung in Organisationen ist hier insbesondere von Bedeutung, welche Arten von Organisationsgrenzen bei der Integration „überbrückt" werden müssen.

Brenner nennt in seinem Vorschlag für dieses Merkmal vier „Fälle", die in Abbildung 2-6 visualisiert sind[57]:

- Fall 1: Betrachtung eines organisatorischen Bereichs oder eines Geschäftsprozesses;
- Fall 2: Gemeinsame Betrachtung von Führungs- und Geschäftsprozessen;
- Fall 3: Betrachtung von Geschäftsprozessen verschiedener Unternehmen;
- Fall 4: Betrachtung eines ganzen Unternehmens oder einer eigenständigen dezentralen Einheit.

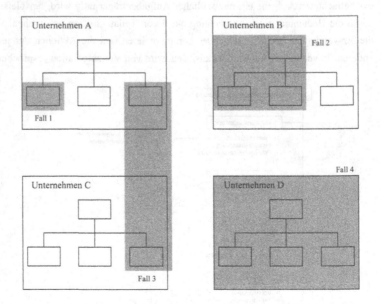

Abbildung 2-6: Ausprägungen von Integrationsbereichen[58]

---

57   Vgl. Brenner (1993), S. 138 ff.
58   Abbildung modifiziert nach *Brenner*, vgl. Brenner (1993), S. 139.

In der später erschienenen Literatur zu diesem Thema werden die Fälle nach *Brenner* aufgegriffen als Bereichsintegration (Fall 1), innerbetriebliche Integration (Fälle 2 und 4) und zwischenbetriebliche Integration (Fall 3)[59]. In der Literatur wird die Unterscheidung zwischen „innerbetrieblich" und „zwischenbetrieblich" typischerweise nicht genau operationalisiert[60]. Es stellt sich allerdings die Frage, wie der häufig auftretende Fall von juristisch selbständigen Unternehmen, zwischen denen eine Kapitalverflechtung besteht, einzuordnen ist.

Aus Sicht der Datenintegration sind nicht die Eigentumsverhältnisse der beteiligten Unternehmen von Bedeutung, sondern die Art der Kooperation. Denn bei Abhängigkeiten in Form von Beherrschungsverhältnissen gestaltet sich die Datenintegration mit hoher Wahrscheinlichkeit grundlegend anders als beispielsweise im Fall einer gleichberechtigten Zusammenarbeit. Im ersten Fall besteht eher die Möglichkeit, Rahmenbedingungen (für die Datenintegration) beispielsweise in Form von zu berücksichtigenden Standards vorzugeben. Im Gegensatz dazu müssen derartige Rahmenbedingungen bei einer gleichberechtigten Zusammenarbeit auf dem Verhandlungsweg vereinbart werden.

Aus den genannten Gründen erfolgt die Abgrenzung zwischen „innerbetrieblich" und „zwischenbetrieblich" mit Hilfe der zugrunde liegenden Koordinationsform. Als „innerbetrieblich" werden Integrationsmassnahmen nur dann aufgefasst, wenn zwischen den beteiligten Unternehmen eine durch Hierarchien und Weisungen gekennzeichnete Koordination stattfindet. Im Gegensatz dazu setzt zwischenbetriebliche Integration das Vorhandensein einer durch marktartige Koordination oder Gleichberechtigung gekennzeichneten Zusammenarbeit voraus.

Das Merkmal „Integrationsreichweite" besitzt für die Zwecke der vorliegenden Arbeit drei Ausprägungen, die im Detail wie folgt definiert sind:

- „bereichsbezogen" bedeutet, dass Datenintegration nur innerhalb einzelner Organisationseinheiten eines Unternehmens (z.B. innerhalb des Produktionsbereichs) erfolgt;
- „innerbetrieblich" bedeutet, dass Datenintegration innerhalb einer Organisation bereichsübergreifend durchgeführt wird;
- „überbetrieblich" bedeutet, dass Datenintegration zwischen Organisationen stattfindet.

Ein überbetrieblicher Integrationsbereich liegt damit nicht nur dann vor, wenn eine Integration beispielsweise mit einem Lieferanten realisiert wird, sondern auch bei der Einbindung von Endkunden (Konsumenten). Diese zweite Variante gewinnt durch zunehmende Vernetzung,

---

59 Vgl. Kromer (2001), S. 37, Mertens (2000), S. 5.
60 Vgl. Scheer (1990a), S. 34, Heilmann (1989), S. 49.

insbesondere auf Basis elektronischer Kommunikationskanäle, in vielen Geschäftsmodellen stark an Bedeutung und muss deshalb ebenfalls berücksichtigt werden.

Da ein Unternehmen prinzipiell immer mit Lieferanten und Kunden „in Verbindung" steht, ist allerdings eine Abgrenzung vorzunehmen, wann im Sinne der hier betrachteten Integrationsmassnahmen in solchen Fällen von einem überbetrieblichen Integrationsbereich gesprochen werden soll: In die Betrachtung einbezogen werden nur solche Kooperationen, bei denen Kommunikationskanäle zum Austausch von Datenelementen zum Einsatz kommen. Diese Beschränkung erfolgt, weil sich Datenelemente – im Gegensatz beispielsweise zur Tonübertragungen etwa bei Telefonaten - zur automatisierten Weiterverarbeitung eignen.

Von einem überbetrieblichen Integrationsbereich wird also beispielsweise nicht gesprochen, wenn ein Kunde das Call Center des Unternehmens nutzt. Der Grund liegt darin, dass ein Call-Center-Mitarbeiter die Angaben des Kunden in verbaler Form telefonisch entgegennimmt und diese anschliessend erfasst; die Überführung der gesprochenen Nachricht in Datenelemente erfolgt also erst innerhalb des Unternehmens.

2.2.2 Integrationsrichtung

In der betriebswirtschaftlichen Literatur gibt es in Abhängigkeit vom Integrationsgegenstand ein breites Bedeutungsspektrum des Begriffs „Integrationsrichtung". Wird beispielsweise der Produktionsprozess betrachtet, so bezieht sich die Integration in vertikaler Richtung auf die Integration von vorgelagerten oder nachgelagerten Produktionsstufen der betrachteten Organisation; der erste Fall wird Rückwärtsintegration genannt, der zweite Vorwärtsintegration[61].

In der Wirtschaftsinformatik-Literatur wird die Aufbauorganisation und das Zusammenwirken der betrieblichen Anwendungen oft durch eine Pyramide symbolisiert, und diese Pyramide wird als Bezugssystem für die Integrationsrichtung verwendet[62] (vgl. Abbildung 2-7). Diese Betrachtungsweise ist für die Zwecke der vorliegenden Arbeit zu erweitern, denn

- es sind – neben der in der Literatur typischerweise als Pyramide dargestellten Funktionsbereichsorganisation – weitere Makroorganisationsformen (z.B. eine Prozessorganisation und eine Geschäftsbereichsorganisation)[63] möglich;

---

61   Vgl. Scheer (1990b), S. 57.
62   Vgl. Mertens (2001a), S. 4 f., Hansen, Neumann (2001), S. 142, Mertens, Griese (2000), S. 1, Scheer (1990), S. 34, Thierauf (1988), S. 36.
63   Vgl. Picot et al. (1999), S. 263 ff.

- die Verwendung der Aufbauorganisation als Bezugssystem für die Unterscheidung von horizontaler und vertikaler Integration fokussiert auf interne Aspekte einer Organisation[64]; organisationsübergreifende Aspekte werden auf diese Weise nicht ausreichend berücksichtigt.

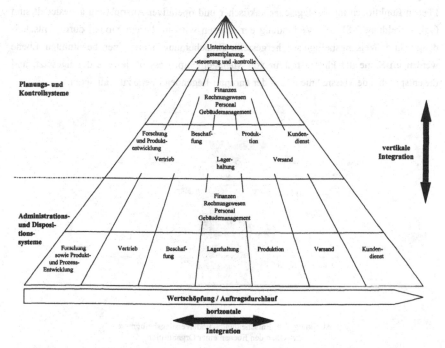

Abbildung 2-7: Integrierte Informationssysteme im Industriebetrieb[65]

Eine wesentliche Voraussetzung zur Bestimmung der Integrationsrichtung ist offenbar die Definition eines Bezugssystems, das eine spätere Interpretation der beobachteten Integrationsrichtung(en) zulässt. Für die vorliegende Arbeit wurden die Daten als Integrationsgegenstand festgelegt. Die wesentlichen Defizite im Bereich der Datenintegration liegen darin, dass innerhalb von Organisationseinheiten eigene, voneinander isolierte Datenbestände entstanden und gewachsen sind[66]. Das zu wählende Bezugssystem sollte deshalb die Datenverteilung in-

---

64 So bezieht sich z.B. *Wöhe* in seiner Definition auf die „Verknüpfung der organisatorischen Grundelemente (Stelle, Instanz und Abteilung) zu einer organisatorischen Struktur"; Wöhe (1990), S. 180.
65 Vgl. Mertens (2000), S. 6.
66 Vgl. Schierenbeck (2000), S. 41, Bauer (1997), S. 32 ff.

nerhalb des Integrationsbereichs bezogen auf die organisatorischen Gegebenheiten fokussieren.

Um ein für die vorliegende Arbeit geeignetes Bezugssystem definieren zu können, wird der Integrationsbereich abstrakt als geschichtetes Gebilde aufgefasst, wobei auf den einzelnen Ebenen Funktionen mit strategischer, taktischer und operativer Ausrichtung angesiedelt sind (vgl. Abbildung 2-8). Die Verbindung der Ebenen wird in diesem Modell durch Entscheidungs- und Weisungsbefugnisse hergestellt. Entscheidungen auf einer bestimmten Ebene werden im Sinne der Phasenstruktur von Managementprozessen[67] jeweils durchgesetzt, und die entsprechende Massnahme ist auf der darunter liegenden Ebene zu realisieren.

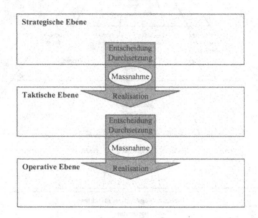

Abbildung 2-8: Entscheidungs- und Weisungsbefugnisse
zwischen den Ebenen einer Organisation

Die Integrationsrichtung gibt – orientiert an der Schichtungsstruktur innerhalb des Integrationsbereichs – an, in welcher „Lage" sich die involvierten Organisationseinheiten zueinander befinden. Etwas konkreter lassen sich die beiden Integrationsrichtungen wie folgt voneinander abgrenzen:

- Bei der „Horizontalen Integration" befinden sich die Organisationseinheiten auf *einer* Stufe. Das bedeutet, dass Aufgabenträger und Datenquellen (Datenbasen) eine identische oder zumindest sehr ähnliche Nähe zu den operativen Wertschöpfungsprozessen aufweisen. Ein Beispiel für die horizontale Integration ist die Integration zwischen

---

67   Vgl. Schierenbeck (2000), S. 87.

Funktionen der operativen Geschäftsprozesse (z.B. Einkauf, Produktion, Verkauf, Service).

▪ „Vertikale Integration" bedeutet, dass sich die Organisationseinheiten auf *verschiedenen* Stufen befinden. Ein Beispiel für vertikale Integration ist die Verdichtung und Weitergabe von Absatzzahlen (aus der operativen Funktion „Verkauf") an die Unternehmensleitung.

Die beiden Integrationsrichtungen können gleichzeitig auftreten. Entgegen der in der Literatur gängigen Beschränkung der Betrachtung auf *ein* Unternehmen, lässt sich das dargestellte Konzept der Integrationsrichtung auch auf den überbetrieblichen Fall anwenden. In Abbildung 2-9 sind beispielhaft mehrere Unternehmen dargestellt, wobei zwei in eine Konzernstruktur mit übergeordneter Finanzholding eingebettet sind. Zusätzlich sind Endkunden (Konsumenten) dargestellt, da sie auf der Ebene der operativen Wertschöpfungsprozesse im Rahmen einer horizontalen Integration eingebunden werden können.

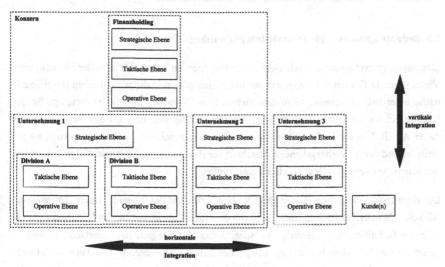

Abbildung 2-9: Schematische Visualisierung der möglichen Integrationsrichtungen

Es ist – beispielsweise in Virtuellen Unternehmen oder in Supply Chains – gängige Praxis, dass eine horizontale Integration zwischen Unternehmen stattfindet. Horizontale Integration wird in der Literatur allerdings in der Regel auf die operative Ebene beschränkt[68]. In der vor-

---

68 Vgl. z.B. Heine (1999), S. 147 f.

liegenden Arbeit wird diese Beschränkung nicht übernommen; es wird bewusst allgemeiner auf Organisationseinheiten derselben Stufe abgestellt[69], um beispielsweise auch die (horizontale) Integration zwischen Organisationseinheiten unterschiedlicher Unternehmen auf strategischer Ebene erfassen zu können. Darüber hinaus ist eine vertikale Integration zwischen Unternehmen möglich (vgl. dazu die Ausführungen zur Integrationsreichweite im vorhergehenden Abschnitt), beispielsweise in einem Konzern. Auch die Integration zwischen Unternehmen und Behörden ist denkbar, etwa zwischen einem Unternehmen und der zuständigen Finanzbehörde zum Zweck der Abwicklung von Umsatzsteuermeldungen und -zahlungen.

Die explizite Abgrenzung der gewählten Interpretation der Integrationsrichtung von der eingangs erwähnten Integrationsrichtung bezogen auf Produktionsstufen ist besonders wichtig, da die hier als horizontal bezeichnete Integration (beim Spezialfall der Integration auf operativer Ebene im überbetrieblichen Fall) weitgehend der vertikalen Integration von Produktionsstufen entspricht und somit zu Verwechslungen führen könnte.

2.3 Bedeutungsanalyse für zentrale Integrationsbegriffe

„Datenintegration" ist der zentrale Begriff der vorliegenden Arbeit. Da es in der Literatur eine Vielzahl von Definitionen im Kontext der Integration gibt, sind die wesentlichen Begriffe zunächst einer Bedeutungsanalyse zu unterziehen. Diese Vorarbeit bildet die Grundlage für die Bildung eines spezifischen Begriffsverständnisses und für den Entwurf des Bezugsrahmens dieser Arbeit. Um die Definitionen aus der Literatur vergleichen zu können, werden sie jeweils anhand der im vorhergehenden Abschnitt zur Beschreibung des betrieblichen Informationssystems verwendeten Begrifflichkeit eingeordnet.

Die allgemeinste Definition für den Begriff „Integration" ist die folgende: Unter „Integration" wird die „(Wieder)Herstellung eines Ganzen oder einer Einheit" verstanden[70]. In dieser grundlegenden Definition fehlt allerdings die Spezifikation des Integrationsgegenstands. In diesem Abschnitt werden – dem Fokus der vorliegenden Arbeit entsprechend - die Daten als Integrationsgegenstand in den Vordergrund gestellt. Unter dieser Prämisse wird untersucht, welche relevanten Begriffe die verschiedenen Wissenschaftsdisziplinen im Bereich Integration herausgebildet haben. Diese Grundlagen werden dann in einem späteren Abschnitt verwendet, um eine hier gültige Definition für den Begriff „Datenintegration" festlegen zu können.

---

69   Eine vergleichbare Interpretation findet sich in Mertens (2000), S. 4, und Baumöl (1998), S. 90 ff.
70   Lehner et al. (1995), S. 134.

Bereits im einleitenden Kapitel wurde ausgeführt, dass es sich bei der Integration um eines der zentralen Gebiete der Wirtschaftsinformatik als Wissenschaftsdisziplin handelt. Integration lässt sich unter zwei unterschiedlichen Blickwinkeln betrachten, nämlich einerseits als Vorgang („integrieren") und andererseits als Zustand (Resultat des Integrierens)[71]. Die Definitionen für verschiedene Integrationsbegriffe aus der Literatur fokussieren fast ausschliesslich auf die Integration als Zustand.

Mertens differenziert im Rahmen der Integration der Informationsverarbeitung nach dem Integrationsgegenstand (dieser ist jeweils kursiv dargestellt) die

- *Daten*integration,
- *Funktions*integration,
- *Programm*integration,
- *Prozess-/Vorgangs*integration sowie die
- *Methoden*integration[72].

Im Folgenden werden nur die ersten drei Begriffe untersucht, da sie unmittelbar mit der Datenintegration in Beziehung stehen und sich insbesondere auf Aspekte der Automatisierung des betrieblichen Informationssystems (Datenelemente als Aufgabenobjekte sowie Funktionen und Programme als maschinelle Aufgabenträger) beziehen.

Die Prozess- bzw. Vorgangsintegration betrifft hingegen die Aufgabenebene, die bereits im einleitenden Kapitel als Ausgangspunkt von Datenintegrationsaktivitäten identifiziert und diskutiert wurde. Die Methodenintegration, die nach *Mertens* auf die Kombination bzw. Abstimmung absatz- und produktionswirtschaftlicher Verfahren abzielt[73], wird ebenfalls ausgeklammert, da sie bei einem weiten Begriffverständnis unter dem Begriff „Funktionsintegration" subsumiert werden kann (vgl. dazu die Definition von *Stickel* in diesem Abschnitt).

Ein zusätzlich zu betrachtender Integrationsgegenstand sind Objekte im Sinne der objektorientierten Programmierung, d.h. Einheiten, die aus einem Datenobjekt und den darauf ausführbaren Methoden bestehen; der zugehörige Integrationsbegriff ist die Objektintegration. Schliesslich ist noch ein weiterer Begriff relevant, der in jüngerer Zeit in der Informatik-Literatur immer häufiger genannt wird, nämlich die „Informationsintegration"[74].

---

71 Vgl. Rosemann (1999), S. 5.
72 Vgl. Mertens (2000), S. 1 f.
73 Vgl. Mertens (2000), S. 3.
74 Vgl. Sattler, Leymann (2003), Roth et al. (2002), Jhingran et al. (2002).

Im Folgenden werden nun die oben als relevant identifizierten Begriffe daraufhin untersucht, mit welcher Bedeutung sie in der Literatur belegt sind. In den sich anschliessenden Abschnitten wird dann darauf aufbauend ein Begriffsverständnis für die vorliegende Arbeit entwickelt.

Datenintegration

Der Begriff „Datenintegration" wird in vielen Publikationen benutzt. Häufig geben aber selbst Autoren, welche die Datenintegration in den Mittelpunkt ihrer Arbeit stellen, keine genaue Definition an. Beispiele sind die Arbeiten von *Welte* („Holistische Rahmenkonzeption zur Datenintegration"), *Conrad* („Föderierte Datenbanksysteme – Konzepte der Datenintegration") sowie *Ehrenberg und Heine* („Konzept zur Datenintegration für Management Support Systeme auf der Basis uniformer Datenstrukturen")[75].

Die Definitionen für den Begriff „Datenintegration" die sich in der Literatur finden, variieren hinsichtlich der gesetzten Schwerpunkte. Im Folgenden findet sich eine kommentierte Auflistung von Definitionen.

- *Brenner*: „Die Datenintegration verbindet Anwendungen durch die Nutzung gemeinsamer Datenbestände."[76]

In der Definition von *Brenner* wird unterstellt, dass bei der Datenintegration eine gemeinsame Nutzung von zentralisierten Datenbeständen erfolgt. Es wird also davon ausgegangen, dass die Überlappung von Aufgabenobjekten (Datenelementen) durch eine zentralisierte Ablage verhindert wird, auf die wiederum alle maschinellen Aufgabenträger zurückgreifen.

- *Goodhue und Wybo*: Datenintegration ist die Nutzung gemeinsamer Felddefinitionen und Codes zwischen unterschiedlichen Bereichen der Organisation.[77]

Der Datenintegrationsbegriff nach *Goodhue et al.* legt lediglich fest, dass Datenelementtypen unternehmensweit in identischer Form zu definieren sind; dabei müssen insbesondere die Wertebereiche identisch sein. Die Datenelemente aus unterschiedlichen Bereichen der Organisation werden dadurch zwar syntaktisch vergleichbar, die Definition fordert allerdings keine faktische Integration.

---

75   Vgl. Welte (1995), Conrad (1997), Ehrenberg, Heine (1998).
76   Brenner (1994), S. 66.
77   Vgl. Goodhue, Wybo (1992), S. 294 (vom Verfasser aus dem Englischen übersetzt).

- *Hergula und Härder:* „Ausgehend von einem Szenario, in welchem es mehrere Datenbanken mit den darauf arbeitenden Anwendungsprogrammen gibt, möchte man [durch Datenintegration] einen einheitlichen Zugriff auf alle Datenbanken erreichen, ohne die Autonomie der zu integrierenden Datenbanksysteme einzuschränken."[78]

Der einheitliche Zugriff auf alle Datenbanken ist als neue Aufgabe zu interpretieren, die auf vorhandenen Aufgabenobjekten (Datenelementen) auszuführen ist. Eine eventuell vorhandene Datenredundanz wird nicht kompensiert.

- *Ives et al.* bzw. *Halevy:* Der Zweck eines Datenintegrations-Systems ist die Bereitstellung einer einheitlichen Abfrageschnittstelle für eine Menge von Datenquellen.[79]

Diese Definition ist der Definition von *Hergula und Härder* sehr ähnlich. Mit dem Datenintegrations-System wird zusätzlich ein dedizierter Aufgabenträger für den zentralen Zugriff auf verteilte Datenelemente eingeführt.

- *Koch:* Datenintegration ist das Forschungsgebiet, das sich mit der Gewährleistung von Interoperabilität zwischen Informationssystemen durch die Auflösung von Heterogenität auf der Datenebene beschäftigt.[80]

Koch stellt seine Definition auf den Datenaustausch zwischen Anwendungen und die dazu erforderliche Vereinheitlichung der Datenelementtypen ab, bleibt aber durch die Einordnung der Datenintegration als „Forschungsgebiet" zu allgemein.

- *Lenzerini:* Datenintegration ist das Problem der Kombination von Daten aus unterschiedlichen Quellen und der Bereitstellung einer einheitlichen Sicht (für die Benutzer) auf diese Daten.[81]

Abgesehen von der unzweckmässigen Klassifikation der Datenintegration lediglich als Problem (und nicht als Lösungsansatz) ist die Begriffsauslegung von *Lenzerini* im Vergleich zu den anderen Definitionen sehr konkret und weitgehend. Datenelemente aus unterschiedlichen Quellen werden kombiniert (Adressierung der Datenredundanz) und in einer bereinigten Form („einheitliche Sicht") an die Benutzer weitergegeben. Die Definition geht also implizit von Anforderungen bezüglich des Datenzugriffs aus, die über die Verbindung der vorhandenen Anwendungen hinausgeht.

---

78 Hergula, Härder (1999), S. 2.
79 Vgl. Halevy (2001), S. 270, Ives et al. (1997), S. 299 (vom Verfasser aus dem Englischen übersetzt).
80 Vgl. Koch (2001), S. 39 f. (vom Verfasser aus dem Englischen übersetzt).
81 Vgl. Lenzerini (2002), S. 233 (vom Verfasser aus dem Englischen übersetzt).

- *Liessmann et al.*: „Ziel der Datenintegration ist es, die benötigten Informationen an-
wendungsübergreifend zur Verfügung zu stellen. Dazu werden in der Regel Schnittstellen entwickelt, die es ermöglichen, Daten zwischen den verschiedenen Applikationen auszutauschen."[82]

Diese Definition fokussiert auf die Weitergabe von Aufgabenobjekten (Datenelementen) zwischen maschinellen Aufgabenträgern (Anwendungen). Datenintegration im
Sinne dieser Definition dient dazu, manuelle Interventionen bei der Interaktion der betroffenen Anwendungen zu eliminieren.

- *Picot et al.*: „Die Zusammenfassung von Daten aus unterschiedlichen betrieblichen
Funktionsbereichen, aber auch in vertikaler Richtung innerhalb und ausserhalb des
Unternehmens, bezeichnet man als Datenintegration."[83]

Die Definition von *Picot et al.* lässt durch Verwendung des Begriffs „Zusammenfassung" (von Daten) einen zu grossen Interpretationsspielraum, um eindeutige Rückschlüsse auf die Bedeutung des Begriffs „Datenintegration" ziehen zu können. Das
Besondere an dieser Definition ist, dass die zu integrierenden Datenelemente nicht
Anwendungen, sondern inner- und ausserbetrieblichen Bereichen zugeschrieben werden. Die Aufgabenobjekte werden also Organisationseinheiten zugeordnet.

In der Literatur finden sich für die Datenintegration ausserdem stark übereinstimmende Differenzierungen, die darauf fokussieren, wie eine Integration erreicht werden kann. Die Differenzierungen lassen sich unter den verallgemeinernden Bezeichnungen von *Becker* – „Integration durch Verbinden" und „Integration durch Vereinigen"[84] – zusammenfassen (vgl. Tabelle
2-1). Bei der Variante „Integration durch Verbinden" bleiben die Datenelementtypen und damit auch die (möglicherweise redundanten) Datenelemente erhalten. Logische Beziehungen
zwischen den Datenelementtypen werden allerdings dokumentiert, so dass bei einem Zugriff
auf ein Datenelement zumindest überprüfbar ist, ob es weitere und ggfs. widersprüchliche Datenelemente gibt. Die Integration durch Verbinden wird also durch eine Dokumentation von
Überlappungen der Aufgabenobjekte (Datenredundanz) erreicht.

Bei der Variante „Integration durch Vereinigen" werden die Datenelementtypen miteinander
vereinigt (verschmolzen), sofern logische Entsprechungen vorliegen; dadurch werden redundante Datenelemente eliminiert. Bei dieser Variante werden also sich überlappende Aufga-

---

82 Liessmann et al. (1999), S. 12.
83 Picot et al. (2001), S. 181.
84 Becker (2001).

benobjekte (Datenobjekttypen) konsolidiert, in dem die Datenelementtypen in *einem* Datenverwaltungssystem redundanzfrei abgelegt werden.

Autor(en)	Integration durch Verbinden	Integration durch Vereinigen
Dippold et al. (2001), S. 68 ff.	Datenaustausch zwischen Anwendungen über Schnittstellen.	Nutzung gemeinsamer Datenbestände in zentralen oder verteilten konsistenten Datenbanken.
Ferstl, Sinz (2001), S. 223 ff.	Lose Kopplung (globales Kommunikationssystem).	Enge Kopplung (gemeinsamer Speicher).
Heine (1999), S. 65	„Die logische [Daten]Integration bringt die Datenstrukturen von Teilsystemen in Übereinstimmung".	„Bei der physischen [Daten]Integration existiert eine Datenbank, mit der alle Anwendungen arbeiten."
Mertens (2000), S. 1	Datenintegration durch automatische Datenweitergabe.	Datenintegration durch gemeinsame Datenbanken.
Österle (1995), S. 242 ff.	Integration über Replikation (auch Integration über Daten).	Integration der Daten (gemeinsame Datenbank oder Zugriff auf „fremde Daten").
Stickel (2001), S. 139	Datenintegration durch Transferprogramme für den bilateralen Datenaustausch.	Datenintegration durch eine unternehmensweite Datenbasis.

Tabelle 2-1: Differenzierungen der Datenintegration aus der Literatur

Tabelle 2-2 zeigt eine mögliche Klassifikation der vorgestellten Begriffsdefinitionen sowie
der beiden Varianten „Integration durch Verbinden" und „Integration durch Vereinigen". Die
Klassifikation wurde anhand der Aspekte durchgeführt, nach denen sich die Definitionen unterscheiden. Die Übersicht verdeutlicht, dass die Definitionen uneinheitliche Festlegungen
treffen.

Funktionsintegration

Für den Begriff „Funktionsintegration" zeigt sich ein noch heterogeneres Bild als für den
Begriff „Datenintegration". *Mertens* versteht unter Funktionsintegration allgemein die informationstechnische Verknüpfung von Funktionen[85], ohne dabei auszuführen, ob auch die Beseitigung von Funktionsredundanz unter die Extension des Begriffs fällt. *Ferstl und Sinz* und
Rosemann differenzieren hingegen zwei Formen der Funktionsintegration[86]:

---

85   Vgl. Mertens (2000), S. 1.
86   Vgl. Ferstl, Sinz (2001), S. 221 ff., Rosemann (1999), S. 7 f.

- Bei der aufgabenträgerorientierten Funktionsintegration (*Ferstl und Sinz*) und bei der Funktionsintegration im Sinne des Vereinigens (*Rosemann*) steht die Zusammenfassung von Aufgaben bzw. Funktionen, die durch einen Aufgabenträger (Stelle) wahrgenommen werden oder künftig wahrgenommen werden sollen, im Vordergrund. Es steht also eine Neuzuordnung von Aufgaben zu Aufgabenträgern im Vordergrund. *Ferstl und Sinz* gehen dabei grundsätzlich von einer informationstechnischen Unterstützung durch ein Mensch-Computer-Interface aus, das die Zusammenfassung der zuvor isolierten automatisierten Teilaufgaben (Funktionen) sicherstellt. *Mertens* definiert die Begriffe Vorgangs- bzw. Prozessintegration in ähnlicher Weise wie *Ferstl und Sinz* und *Rosemann* die aufgabenträgerorientierte Funktionsintegration, fokussiert dabei allerdings auf die Verbindung von Vorgängen oder Prozessen unabhängig davon, welchen Aufgabenträgern diese zugeordnet sind[87].

- Die datenflussorientierte Funktionsintegration (*Ferstl und Sinz*) und die Funktionsintegration im Sinne des Verbindens (*Rosemann*) basiert auf der Vernetzung von logisch miteinander verbundenen Funktionen durch automatisierte Kommunikationskanäle, die für die Übertragung der Datenelemente genutzt werden. Diese Form der Funktionsintegration weist starke Überlappungen mit den Definitionen zum Begriff „Datenintegration" auf, die den Austausch von Datenelementen zwischen Anwendungen in den Vordergrund stellen.

Aspekt / Autor(en)	Einheitlicher Zugriff auf verteilte Datenelemente	Austausch von Datenelementen zwischen Anwendungen	Konsolidierung von (zuvor verteilten) Datenelementen	Standardisierung der Datenelementtypen
Brenner			x	
Goodhue et al.				x
Hergula und Härder	x			
Ives et al., Halevy	x			
Koch		x		x
Lenzerini	x		x	
Liessmann et al.		x		
Picot et al.			x	
Becker (Integration durch Verbinden)		x		
Becker (Integration durch Vereinigen)			x	

Tabelle 2-2: Klassifikation der vorgestellten Datenintegrationsbegriffe

---

87 Vgl. Mertens (2000), S. 1.

Stickel vertritt eine grundsätzlich andere Sichtweise. Nach seiner Auffassung hat die Funktionsintegration die Aufgabe „Funktionen an mehreren Stellen im Unternehmen verfügbar zu halten, Funktionsredundanz einzuschränken beziehungsweise zu kontrollieren und damit eventuelle Inkonsistenzen zu vermeiden"[88]. Die Definition von *Stickel* basiert – im Gegensatz zu den Vorschlägen von *Ferstl und Sinz* sowie *Rosemann* – auf dem gleichen Prinzip wie die Definitionen zum Begriff „Datenintegration": Die Überlappung von Aufgaben bzw. die Funktionsredundanz (bei Datenintegration: Überlappung von Aufgabenobjekten bzw. Datenredundanz) wird durch Integration beherrschbar gemacht.

Eine im Vergleich zu dem Vorschlag von *Stickel* etwas techniknähere, aber vergleichbare Definition liefert *Brenner*: „Die Funktionsintegration verbindet Anwendungen durch die Verwendung derselben Programme innerhalb verschiedener Anwendungen"[89]. Die Definitionen von *Stickel* und von *Brenner* ähneln der Interpretation von *Mertens* für den Begriff „Methodenintegration"[90], der allerdings nicht auf die informationstechnische Unterstützung, sondern auf die Methoden selbst ausgerichtet ist.

Insgesamt zeigt auch die Begriffsanalyse zum Begriff „Funktionsintegration", dass in der Literatur stark voneinander abweichende Vorschläge existieren.

Objektintegration

Daten- und Funktionsintegration sind Integrationskonzepte, die sich implizit auf Anwendungen beziehen, die mit *klassischen* Methoden des Software Engineerings entwickelt wurden. Auch beim Software Engineering nach dem neueren objektorientierten Paradigma kann es zu Redundanzen von Datenelementen und Funktionen kommen. In der Objektorientierung wird unterschieden in konzeptuelle Objekte und Vorgangsobjekte. Ein konzeptuelles Objekt besteht aus Datenelementtypen (z.B. zusammengefasst durch ein Datenobjekttyp) und den darauf zulässigen Methoden; ein Objekt ist also eine Zusammenfassung von Aufgabenobjekten (Datenelementen) und Aufgaben (Funktionen). Der Datenzugriff ist nur mit Hilfe der Methoden möglich. Ein Vorgangsobjekt dient im Gegensatz dazu nicht der Datenverwaltung, sondern der Vorgangssteuerung. Es kann zu diesem Zweck andere Vorgangsobjekte aktivieren und konzeptuelle Objekte als Datenressourcen nutzen.

---

88   Stickel (2001), S. 139.
89   Brenner (1994), S. 66.
90   Vgl. Mertens (2000), S. 3.

Wenn Vorgangsobjekte und konzeptuelle Objekte hinsichtlich der Datenelementtypen oder der Methoden Überlappungen aufweisen, kann von Objektredundanz gesprochen werden. Nach *Ferstl und Sinz* ist Objektintegration erreichbar, indem

- Objekte, zwischen denen bzgl. der Datenelemente Abhängigkeiten bestehen, Zustandsänderungen mit Hilfe von Nachrichten abgleichen und
- Funktionen bzw. Lösungsverfahren mit möglichen Überlappungen in Vererbungshierarchien (so genannte Klassenhierarchien) eingebunden werden[91].

Informationsintegration

Sattler und Leymann definieren Informationsintegration als „Verbindung von Daten- und Funktionsintegration", wobei sie Datenintegration vage als „Zusammenführung von heterogenen Datenbeständen" und Funktionsintegration als „das Verfügbarmachen lokaler Funktionen bzw. Dienste aus den einzelnen Systemen in einer einheitlichen Form" interpretieren[92]. Etwas detaillierter ist die Definition von *Dessloch et al.*, die unter Informationsintegration die logische oder physische Zusammenführung verschiedener Arten von Daten aus verschiedenen Quellen mit dem Ziel verstehen, auf die Daten in einer integrierten und vereinheitlichten Form zugreifen sowie sie verarbeiten und analysieren zu können[93]. Die zweite Definition weist insofern eine gegenüber den Definitionen für den Begriff „Datenintegration" erweiterte Perspektive auf, als sie den Zweckbezug von Integrationsmassnahmen explizit berücksichtigt.

Relevanz der untersuchten Begriffe für die vorliegende Arbeit

Mit Blick auf die in dieser Arbeit im Vordergrund stehende Betrachtung der Datenintegration, die bereits bei den fachlichen Anforderungen ansetzt, sind die folgenden Begriffe bei den weiteren Ausführungen zu berücksichtigen:

- *Datenintegration*: Die unterschiedlichen Begriffsdefinitionen zur Datenintegration decken mit fachlich-betriebswirtschaftlichen Aspekten einerseits und technischen Aspekten andererseits bereits ein breites Spektrum dessen ab, was gemäss der Problemstellung Relevanz besitzt.

- *Datenflussorientierte Funktionsintegration*: Die datenflussorientierte Funktionsintegration ist ebenfalls zu berücksichtigen, da sie auf den dynamischen Aspekt (Datenfluss) bei der Verbindung zuvor separierter Bereiche und Anwendungen abhebt.

---

91   Vgl. Ferstl, Sinz (2001), S. 227 ff., Rosemann (1999), S. 9.
92   Vgl. Sattler, Leymann (2003), S. 5, Leymann, Roller (2002), S. 732.
93   Vgl. Dessloch et al. (2003), S. 7 (vom Verfasser aus dem Englischen übersetzt).

▪ *Funktionsintegration*: Die Definition nach *Stickel* wird berücksichtigt, da insbesondere die Redundanz von Funktionen zur Datenverwaltung nicht losgelöst von der Datenredundanz und damit von der Datenintegration betrachtet werden kann.

▪ *Informationsintegration:* Da in den vorgefundenen Definitionen auch ein Zweckbezug zum Ausdruck kommt, eignen sie sich gut für eine Berücksichtigung in der vorliegenden Arbeit.

Von den in diesem Abschnitt ausführlicher dargestellten Begriffen sind die folgenden für die weitere Betrachtung nicht von besonderer Bedeutung:

▪ Die Hauptzielrichtung der *aufgabenträgerorientierten Funktionsintegration* ist vergleichbar mit der Integration (Aufgabensynthese) im Sinne der Organisationslehre[94] verbunden mit der anschliessenden Abbildung der zusammengefassten Aufgaben in entsprechenden Anwendungen. Die aufgabenträgerorientierte Funktionsintegration ist damit nur mittelbar, nämlich als Auslöser eines veränderten Informationsbedarfs, mit der Datenintegration in Verbindung zu bringen.

▪ Die *Objektintegration* schliesst Aspekte anderer Integrationskonzepte (Daten- und Funktionsintegration), die hier betrachtet werden sollen, ein. Die Objektintegration wird daher nicht explizit, aber in Form dieser Konzepte implizit in den weiteren Ausführungen berücksichtigt.

Die Begriffsanalyse bestätigt die Aussage von *Lehner et al.*, dass im Kontext der Integration die „sprachliche und definitorische Differenzierung nicht hinreichend klar ist"[95]. Im folgenden Abschnitt, welcher der Festlegung eines Bezugsrahmens dient, ist daher auch eine geeignete Definition für den Begriff „Datenintegration" festzulegen.

2.4 Bezugsrahmen

Gegenstand dieses Abschnitts ist die Festlegung eines Bezugsrahmens, der den nachfolgenden Ausführungen als Basis dient. Dazu gehören auch Definitionen für zentrale Konzepte und Begriffe.

---

94 Vgl. dazu die Ausführungen in Abschnitt 2.1.4.1, S. 18 ff.
95 Lehner et al. (1995), S. 135.

2.4.1 Datenintegration als betriebswirtschaftliches Konzept

Als Basis für den Bezugsrahmen der Arbeit soll hier zunächst ein betriebswirtschaftlich orientiertes Begriffsverständnis begründet und skizziert werden. Der Begriff „Datenintegration" kann – das zeigen auch die zitierten Definitionen aus der Literatur[96] – unter zwei Blickwinkeln expliziert werden:

▪ Datenintegration als Zustand bzw. als Ziel;
▪ Datenintegration als Prozess, d.h. als Vorgang, bei dem Daten integriert werden.

Der Problemstellung der vorliegenden Arbeit entsprechend ist die Datenintegration als Zustand zu untersuchen. Ausgehend von einem fachlichen Auslöser, der bei einem Aufgabenträger einen Bedarf an bestimmten Informationen bedingt, lässt sich die Datenintegration als (Ziel-)Zustand interpretieren.

Bevor eine Definition des Begriffs „Datenintegration" angegeben werden kann, sind zunächst zwei grundlegende Begriffe zu klären: „Informationselementtyp" und „Informationsobjekttyp". Daten erlangen erst in einem Kontext Bedeutung (Semantik); beispielsweise ist die Semantik einer Umsatzgrösse erst dann erkennbar, wenn zusätzlich weitere Daten berücksichtigt werden, z.B. die Region, in welcher der Umsatz realisiert wurde. Daten, die in diesem Sinne eine Semantik aufweisen, werden schliesslich zu Informationen, wenn sie von einer Person in einem bestimmten Kontext empfangen und interpretiert werden[97]. Basierend auf diesen Überlegungen lassen sich die Begriffe „Informationselementtyp" und „Informationsobjekttyp" für die vorliegende Arbeit definieren.

Definitionen „Informationselementtyp" und „Informationsobjekttyp":

Ein *Informationselementtyp* ist ein mit einem Namen versehenes Merkmal einer Menge von Realweltobjekten. Ein *Informationsobjekttyp* ist eine zweckbezogene Zusammenfassung von miteinander in Beziehung stehenden Informationselementtypen.

Die Definition des Begriffs „Informationselementtyp" weicht nur in einem Detail von der Definition des Begriffs „Datenelementtyp" ab: Bei einem Datenelementtyp wird zusätzlich vorausgesetzt, dass seine Instanzen in einer Datenbasis persistent gespeichert werden. Ausprägungen von Informationselementtypen (Informationselementinstanzen oder kurz: Informationselementen) und von Informationsobjekttypen (Informationsobjektinstanzen oder kurz:

---

96   Vgl. Abschnitt 2.2, S. 26 ff.
97   Vgl. dazu z.B. Picot et al. (2001), S. 91, Hesse et al. (1994), S. 41 f.

Informationsobjekten) beziehen sich in analoger Weise wie Datenelementinstanzen und Datenobjektinstanzen auf konkrete Realweltobjekte. Zur Illustration dient folgendes Beispiel: Informationselementtypen sind „Umsatz", Produkt" und „Region". Ein Informationsobjekttyp wird etwa mit Blick auf Marketingkampagnen durch Zusammenfassung dieser drei Informationselementtypen gebildet. Bei einer bestimmten Marketingkampagne werden Informationselementinstanzen (Umsätze für bestimmte Produkte nach Regionen aufgeschlüsselt) in einem Bericht bzw. einer Informationsobjektinstanz zusammengefasst.

Aufgrund der Fokussierung auf die Datenintegration als Zustand erscheint es sinnvoll, eine Definition für den Terminus „Datenintegration" zugrunde zu legen, die einerseits bezüglich der Begriffsinhalte sehr präzise ist und andererseits keine Aussage über die konkrete Umsetzung (z.B. Vorgehensweise und Technologieauswahl) trifft. Letzteres ist insbesondere mit Blick auf die Optimierung der Datenintegration erforderlich, denn nur eine analytische Trennung von Leistung (Datenintegration als erreichter oder angestrebter Zustand aus fachlicher Sicht) und Kosten (im Wesentlichen beeinflusst durch die Vorgehensweise bei der Implementierung, mithin die Datenintegration als Prozess) ermöglicht eine nachvollziehbare und auf Optimierung gerichtete betriebswirtschaftliche Betrachtung. Sehr deutlich wird die Bedeutung dieser Sichtweise in Datenintegrationsszenarien ohne Computerunterstützung. Man denke beispielsweise an ein Unternehmen, das alle vorhandenen Daten zentral auf Karteikarten mit Querverweisen vorhält; intuitiv müsste hier Datenintegration sicherlich als gegeben betrachtet werden, allerdings in einer für heutige Verhältnisse ineffizienten Umsetzungsform.

Die weiter vorne wiedergegebenen Definitionen[98] erfüllen die genannten Anforderungen jeweils nur teilweise, einige sind bezüglich der Begriffsinhalte unpräzise, andere hingegen stellen technische Aspekte zu stark in den Mittelpunkt. Den weiteren Ausführungen der vorliegenden Arbeit wird deshalb die folgende, betriebswirtschaftlich-fachlich ausgerichtete Definition zugrunde gelegt.

Definition „Datenintegration":

Datenintegration ist der Zustand, bei dem Aufgabenträger innerhalb eines Untersuchungsbereichs Zugriff auf die Informationsobjekte haben, die für die Aufgabenerfüllung erforderlich sind. Die Informationsobjekte müssen dabei den aufgaben- und aufgabenträgerspezifischen Qualitätsanforderungen genügen.

Die genannte Definition basiert auf bestimmten impliziten Annahmen und enthält explizite Forderungen, die im Folgenden kurz erläutert werden:

---

98   Vgl. Abschnitt 2.2, S. 26 ff.

- *Abstraktion von der Art der Realisierung*: Die Definition umschreibt die Datenintegration technikneutral und damit unabhängig davon, wie der beschriebene Zustand erreicht werden soll.

- *Implizite Verteilungsannahme*: Datenintegration impliziert rein begrifflich betrachtet, dass die Daten in verteilter Form vorliegen. Aus der Abstraktion von der Art der Realisierung folgt aber unmittelbar auch, dass möglicherweise vorhandene Umgebungsbedingungen, insbesondere die Verteilung der Daten, nicht Bestandteil der Definition sein sollten. Auf diese Weise kann auch einen Zustand als Datenintegration bezeichnet werden, bei dem bereits alle für eine bestimmte Aufgabe erforderlichen Informationsobjekte in einer Datenquelle verfügbar sind; man könnte eine solche Situation als den „trivialen Fall" der Datenintegration bezeichnen.

- *Implizite Transparenzforderung*: Grundsätzlich ist auch ohne Integrationsmassnahmen ein Zugriff auf verteilte Daten möglich. Aus ökonomischen Gründen (insbesondere Effizienz) ist aber implizit zu fordern, dass die Verteilung der Daten mit allen möglichen Konsequenzen (z.B. Widersprüchlichkeit redundanter Daten) für die Aufgabenträger nicht sichtbar ist. Durch Integrationsmassnahmen ist also dafür zu sorgen, dass sich die eigentlich verteilten Daten „verhalten", als würden sie sich in konsistenter, d.h. widerspruchsfreier Form in einer Datenquelle befinden (Verteilungstransparenz).

2.4.2 Business Engineering als Strukturierungsmittel des Bezugsrahmens

Eine wichtige Anforderung an ein Modell zur Einordnung der vorliegenden Arbeit liegt darin, dass alle Ebenen eines Unternehmens, die hier berührt werden, berücksichtigt sein müssen. Gemäss den Ausführungen im einleitenden Kapitel wird von Auslösern eines Handlungsbedarfs auf fachlicher Ebene ausgegangen. Ein solcher Auslöser bzw. eine erforderliche Änderung kann direkt auf der Ebene der *Organisation* (Aufbau- und/oder Ablauforganisation) anzusiedeln sein oder aber auf der Ebene der *Geschäftsstrategie*; bei Auslösern auf der Geschäftsstrategieebene ist davon auszugehen, dass sich daraus Auslöser und damit Veränderungen auf der Organisationsebene ableiten lassen. Es liegen also im Regelfall Veränderungen auf der Organisationsebene vor. Diese Veränderungen sind schliesslich durch entsprechende Modifikationen auf der Ebene der *technischen Systeme* nachzuvollziehen, damit das betriebliche Informationssystem seine Effektivität behält.

In der neueren betriebswirtschaftlichen Literatur finden sich verschiedene Analyseraster, die hinsichtlich der Ebenen Geschäftsstrategie und Organisation geeignet wären[99]; ihnen fehlt allerdings die explizite Berücksichtigung von Veränderungen auf der Ebene der Anwendungen. Eine Ausnahme bildet das St. Galler Business Engineering[100], das daher als Komponente des Bezugsrahmens ausgewählt und im Folgenden detailliert vorgestellt wird.

Die wesentlichen Komponenten des Business Engineering, einer methoden- und modellbasierten Konstruktionslehre für Unternehmen des Informationszeitalters, sind die Business-Engineering-Landkarte, die Business-Engineering-Prinzipien und das Methoden-Engineering[101]. Das Business Engineering ist ein Ansatz, der zur ganzheitlichen Transformation eines Unternehmens einsetzbar ist.

Business-Engineering-Landkarte

Die Business-Engineering-Landkarte (vgl. Abbildung 2-10) stellt die Gestaltungsebenen eines Unternehmens (Geschäftsstrategie, Geschäftsprozesse, Informations- und Kommunikationssysteme[102]) sowie deren Basis bzw. verbindende Grundstruktur (Führung, Verhalten, Machtstrukturen, Unternehmenskultur) aus Sicht des Business Engineering dar. Der überlagerte Pfeil in der Abbildung deutet an, dass externe Treiber bzw. Auslöser (im Beispiel: Informationstechnologie und neue Wirtschaft) eine Transformation des Unternehmens auf allen Ebenen bedingen können.

Ausgangspunkt eines Transformationsprozesses im Sinne des Business Engineerings ist ein Auslöser auf einer der genannten Gestaltungsebenen. Dabei ist unter einem Transformationsprozess ein ingenieurmässig durchgeführter Prozess zur Umgestaltung des Unternehmens zu verstehen, bei dem Wissen aus der Betriebswirtschaftslehre, der Wirtschaftsinformatik, dem Technologiemanagement und weiteren Disziplinen zum Einsatz kommt. Als Auslöser können einerseits Innovationen in der Informationstechnik angesehen werden, die eine neue Geschäftsstrategie und/oder neue Geschäftsprozesse möglich machen. Andererseits nennen *Österle und Winter* Veränderungen von Rahmenbedingungen, in Branchen und auf Märkten und des Kundenverhaltens sowie den Wertewandel als Auslöser.

---

99 Vgl. Rüegg-Stürm (2002), Hahn, Hungenberg (2001), Müller-Stewens, Lechner (2001), S. 20 ff., Chakravarthy, Lorange (1991), Peters, Waterman (1982).

100 Vgl. dazu die nachfolgenden Ausführungen zur so genannten Business-Engineering-Landkarte.

101 Die Ausführungen zum Business Engineering basieren auf den folgenden Arbeiten: Österle, Winter (2003), Baumöl (2003), Österle (1995).

102 Aufgrund der weiter oben vorgenommenen Definitionen entspricht der Begriff „Informationssystem" aus den Originalquellen zum Business Engineering dem in der vorliegenden Arbeit verwendeten Begriff „Anwendung"; vgl. Abschnitt 2.1.3, S. 15 ff.

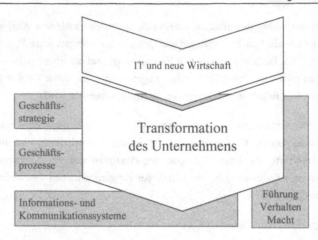

Abbildung 2-10: Business-Engineering-Landkarte[103]

Business-Engineering-Grundannahmen und -Prinzipien

Business-Engineering-Prozesse basieren nach *Österle und Winter* auf den folgenden Business-Engineering-Grundannahmen und -Prinzipien:

- „Die Transformation von Unternehmen erfordert ein ingenieurmässiges, methodisches und modellbasiertes Vorgehen.

- In erster Linie Informationstechnologie(IT)-Innovationen, aber auch veränderte Umweltbedingungen (z.B. Deregulierung) oder veränderte Kundenbedürfnisse bieten erhebliche Potenziale für neue, wirtschaftliche attraktive Geschäftslösungen.

- Die Transformation zum Informationszeitalter ist durch vernetzte Geschäftsarchitekturen geprägt, die konsequent auf den Kunden ausgerichtet sind. Kunden können sowohl Endverbraucher wie auch andere Unternehmen sein.

- Innovationen werden erst wirksam, wenn sie auf Strategie-, Prozess- und Systemebene umgesetzt wurden.

- Die Informations- und Kommunikationstechnik setzt Restriktionen, die bei der Strategieentwicklung (und natürlich auch auf nachfolgenden Gestaltungsebenen) beachtet werden müssen."[104]

---

103 Österle, Winter (2003), S. 12.

Methoden-Engineering

Die Grundphilosophie des Methoden-Engineerings basiert auf den Prinzipien der Informationssystementwicklung und -anpassung. Im Kern liefert es in Form eines Metamodells einen Beschreibungsrahmen für Methoden, wobei neben Methoden zur Informationssystementwicklung und -anpassung auch solche mit anderen Zielsetzungen beschrieben werden können[105]. Die im Rahmen des Business Engineering zu entwickelnden Methoden dienen dazu, auf den verschiedenen Gestaltungsebenen eines Unternehmens (vgl. nochmals Abbildung 2-10) sowie in ihrer Grundstruktur (Führung, Verhalten, Machtstrukturen, Unternehmenskultur) Veränderungen zu bewirken.

In Abbildung 2-11 sind die grundlegenden Elemente einer Methode nach dem Ansatz des Methoden-Engineerings in Form eines Metamodells dargestellt. Von rechts oben nach links unten gelesen, beschreibt das Modell folgende Sachverhalte: Eine Rolle fasst Aktivitäten zusammen, die durch eine Person oder Personengruppe ausgeführt werden. Diese Aktivitäten erfolgen in einer logischen Sequenz, die einerseits Ergebnisse verwenden und andererseits wiederum Ergebnisse erzeugen. Die Ergebnisse werden durch Techniken erstellt, die durch Werkzeuge unterstützt werden können. Der Zusammenhang zwischen den Ergebnissen wird mit Hilfe eines Informationsmodells dargestellt. *Gutzwiller* bezeichnet das konzeptionelle Datenmodell der (Entwurfs-)Ergebnisse nicht als Informationsmodell, sondern als „Metamodell"[106] und widerspricht damit üblichen Definitionen für diesen Begriff, die unter einem Metamodell den formalen Beschreibungsrahmen für eine bestimmte Klasse von Modellen verstehen[107].

Einordnung der Datenintegration in das Business Engineering

Die Datenintegration im Sinne der weiter vorne genannten Definition stellt aus mehreren Gründen ein Betrachtungsobjekt des Business Engineerings dar:

- Innovationen im Bereich der Informationstechnik werden als möglicher Auslöser von Business-Engineering-Prozessen angesehen. Im Bereich der Datenintegration werden gegenwärtig eine Fülle neuer technologischer Optionen propagiert[108], die daraufhin zu überprüfen sind, ob sie die Effektivität und Effizienz der Geschäftsstrategien und -prozesse positiv beeinflussen können; insofern können Datenintegrations-Technolo-

---

104 Ebenda, S. 12 f.
105 Vgl. Brenner (1995), S. 10.
106 Vgl. Gutzwiller (1994), S. 14.
107 Vgl. Ferstl, Sinz (2001), S. 122, Holten (2001), S. 300.
108 Vgl. dazu insbesondere auch die Ausführungen in Abschnitt 4.2.2, S. 176 ff.

gien als Auslöser von Veränderungsprozessen wirken, für die das Business Engineering eine Strukturierungshilfe bietet.

- Auf den Ebenen der Geschäftsstrategie und der Geschäftsprozesse gibt es Veränderungen, die Datenintegrationsmassnahmen erforderlich machen; man denke beispielsweise an Fusionen und Akquisitionen oder an veränderte Anforderungen hinsichtlich einer integralen Bearbeitung der Kundenbeziehungen in diversifizierten Unternehmen. In diesem Fall wäre Datenintegration im Rahmen eines Business-Engineering-Projekts als Teil des Lösungskonzepts einzustufen.

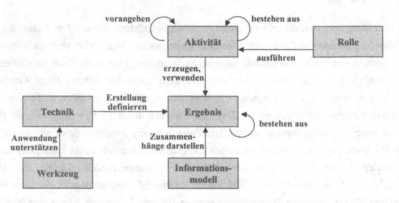

Abbildung 2-11: Das Metamodell für eine im Rahmen des Methoden-Engineering konstruierte Methode[109]

Das Business Engineering ist aufgrund seiner Ausrichtung und seiner Ganzheitlichkeit geeignet, um die Erkenntnisse der vorliegenden Arbeit einzuordnen. Die Business-Engineering-Landkarte gibt eine gute Strukturierung vor, und die Business-Engineering-Grundannahmen und -prinzipien lassen sich auf den spezifischen Kontext übertragen.

2.4.3 Definition zentraler Begriffe

Architekturen spielen in der vorliegenden Arbeit eine zentrale Rolle, z.B. in Form des im Mittelpunkt stehenden Gestaltungsobjekts (Integrationsarchitektur) und in Form von einschränkenden Rahmenbedingungen (Prozessarchitektur, Anwendungsarchitektur). Daher sind hier

---

109 Vgl. Gutzwiller (1994), S. 13; ein marginal aktualisiertes Modell findet sich in Österle, Blessing (2003), S. 80 f.

– ausgehend von der oben vorgenommenen Definition des Begriffs „Datenintegration" – die genannten sowie weitere grundlegende Begriffe zu definieren.

Informationsbedarf

Nach einer Definition von *Picot et al.* ist der Informationsbedarf „die Art, Menge und Qualität der Informationen, die eine Person zur Erfüllung ihrer Aufgaben in einer bestimmten Zeit benötigt"[110]. Die genannten Autoren differenzieren in zwei Arten des Informationsbedarfs, den subjektiven und den objektiven Informationsbedarf. Der *subjektive Informationsbedarf* ist dabei der Bedarf, den der Aufgabenträger für relevant hält[111]. Der *objektive Informationsbedarf* hingegen ist der aus Sicht der Aufgabenerfüllung erforderliche Informationsbedarf[112]. Eine Gegenüberstellung der beiden Arten hat beispielsweise *Strauch* vorgenommen (vgl. Abbildung 2-12). Anhand der Abbildung wird deutlich, dass die beiden Arten sich zwar überlappen, aber nicht deckungsgleich sind. Eine weitere Differenzierung des Informationsbedarfs ergibt sich aus einer genaueren Betrachtung der Informationsobjekte selbst. *Horváth* unterscheidet einerseits *Informationsinhalte* und andererseits Merkmale des Informationsbedarfs, wobei er sich mit letzterem auf die *Merkmale der Informationsinhalte* bezieht[113].

Mit Blick auf die weiteren Ausführungen wird nun eine geeignete Definition für den Begriff „Informationsbedarf" vorgestellt, die auf den weiter vorne gewählten Definitionen für die Begriffe „Datenintegration" und „Informationsobjekttyp" sowie dem Vorschlag von *Picot et al.* aufbaut.

Definition „Informationsbedarf":

Der *Informationsbedarf* bezeichnet die für die Aufgabenausführung eines menschlichen Aufgabenträgers erforderliche Menge von Informationsobjekten und deren Qualität. Dabei kann die Spezifizierung der Informationsobjekte auf Typ- oder Instanzebene durchgeführt werden.

---

110 Picot et al. (2001), S. 81.
111 *Koreimann*, der 1975 eine der ersten Arbeiten zum Thema „Informationsbedarfsanalyse" vorlegte, betrachtet den Informationsbedarf ausschliesslich aus Sicht eines Bedarfs- bzw. Aufgabenträgers, vgl. Koreimann (1975), S. 65.
112 *Heinrich* verwendet die Begriffe „Informationsbedürfnis" (subjektiver Informationsbedarf) und „Informationsbedarf" (objektiver Informationsbedarf); vgl. Heinrich (1999), S. 349.
113 Vgl. Horváth (1996), S. 344.

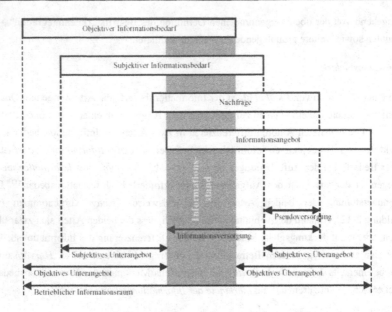

Abbildung 2-12: Informationsteilmengen nach *Strauch*[114]

Abbildung 2-13 zeigt eine Gegenüberstellung des Informationsbedarfs („Fachliche Sicht")
und des Datenangebots („Technische Sicht") in Form eines Informationsmodells.

Ein Informationsobjekttyp (z.B. ein betriebswirtschaftlicher Bericht) ist eine Zusammenfassung von mindestens zwei miteinander in Beziehung stehenden Informationselementtypen
(z.B. „Umsatz", „Verkaufsdatum", „Produktbezeichnung", „Region"). Im Idealfall können
diese Informationselementtypen in Form von entsprechenden Datenelementtypen aus den
vorhandenen Datenbasen bezogen werden; dort sind diese Datenelementtypen Bestandteile
von Datenobjekttypen, wobei sich ein Datenobjekttyp aus mindestens zwei Datenelementtypen zusammensetzt. Während es sich bei Informations- und Datenelementtypen um eine direkte Korrespondenz zwischen gewünschten Informationen und vorhandenen Daten handelt,
besteht zwischen Informations- und Datenobjekttypen ein wesentlicher Unterschied: Die Zusammenfassung von Datenelementtypen zu Datenobjekttypen erfolgt mit Blick auf operative
betriebliche Vorgänge (z.B. eine Verkaufstransaktion), während die Zusammenfassung von
Informationselementtypen zu Informationsobjekttypen mit Blick auf beliebige Informationsbedarfe vorgenommen wird. Dabei kann es sich ebenfalls um operative betriebliche Vorgänge

---

114 Strauch (2002), S. 70.

handeln, denkbar sind aber auch Informationsbedarfe im dispositiven Bereich (Unterstützung von Prozessen des Managements). Die Zusammenfassung der oben beispielhaft genannten Informationselementtypen „Umsatz", „Verkaufsdatum", „Produktbezeichnung" und „Region" zu einem Informationsobjekttyp könnte beispielsweise der Analyse dienen, wie sich die Nachfrage nach bestimmten Produkten in unterschiedlichen Regionen im Zeitablauf entwickelt hat, um darauf aufbauend Prognoserechnungen durchführen zu können.

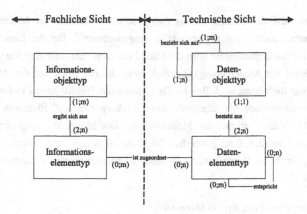

Abbildung 2-13: Abgrenzung zwischen Informationen und Daten
anhand eines Informationsmodells

Die Minimalkardinalität des Beziehungstyps „ist zugeordnet" auf der Seite des Entitätstyps „Datenelementtyp" zeigt an, dass auch der Fall eintreten kann, dass zu einem Informationselementtyp kein korrespondierender Datenelementtyp existiert.

Modell

Umfangreiche und insbesondere immaterielle Artefakte entziehen sich der direkten Betrachtung[115]; eine Architektur beispielsweise ist ganz allgemein ein Objektsystem, d.h. ein Teilausschnitt der Realität, das einer zweckorientierten Betrachtung nicht direkt zugänglich ist[116]. Ein adäquates Hilfsmittel zur Darstellung, Analyse und Gestaltung quasi unter Laborbedingungen ist ein Modell.

---

115 Vgl. Ferstl, Sinz (2001), S. 18 ff.
116 Vgl. ebenda, S. 120 ff.; *Holl* hebt hervor, dass Modelle in der Wirtschaftsinformatik ganz allgemein eine bedeutende Rolle spielen, vgl. Holl (1999), S. 169.

Definitionen „Objektsystem", „Modell" und „Modellierung":

Ein *Objektsystem* ist ein Ausschnitt der realen oder der gedachten Welt (Urbild, Ursystem). Ein *Modell* ist ein Abbild eines Objektsystems. Die Spezifizierung des Objektsystems (Auswahl des Ausschnitts) und dessen Abbildung in ein Modell wird als *Modellierung* bezeichnet. Der Modellierung liegt ein bestimmter Zweck (Modellierungszweck) zugrunde, nach dem sich der geeignete Abstraktionsgrad des Modells bestimmt.

Mit dem Einschluss der Zielorientierung (pragmatisches Merkmal der Modellierung) wird hier eine konstruktionsorientierte Perspektive eingenommen[117]. Bei der Einschränkung der Betrachtung auf das Objektsystem wird das Urbild um nicht relevante Aspekte verkürzt (Verkürzungsmerkmal der Modellierung), nämlich jene, die mit Blick auf den Modellierungszweck nicht von Bedeutung sind. Bei der Darstellung des Objektsystems in Form eines Modells werden schliesslich die Elemente des Objektsystems auf Elemente des Modells abgebildet (Abbildungsmerkmal der Modellierung). Die Menge der möglichen Modellelementtypen einschliesslich ihrer grafischen Repräsentation und ihrer Bedeutung (Semantik) sowie die Regeln für die Kombination von Modellelementen werden zusammen als Metamodell bezeichnet[118].

Architektur, Architekturtyp, Architekturmodell

Diskussionen zur Bedeutung des Architekturbegriffs werden in der Wirtschaftsinformatik-Literatur seit geraumer Zeit geführt[119], zu einem einheitlichen Begriffsverständnis haben sie jedoch bisher nicht geführt. *Heinrich* definiert den Begriff „Architektur" kurz als „Ergebnis der gemeinsamen Betrachtung von Zweck und Form eines Objekts"[120] und führt weiter aus, dass im Kontext des Informationsmanagements nicht eine, sondern mehrere Architekturen betrachtet werden, die sich durch ihren Gegenstand (z.B. Daten und Technologien) und durch die Sichtweise auf den Gegenstand (z.B. Anwendersicht und Entwicklersicht) unterscheiden. Aus Sicht der Anwendungsentwicklung verstehen *Foegen und Battenfeld* unter einer Architektur allgemein die Dinge, „welche die Struktur eines Systems definieren. Mit Struktur sind dabei nicht nur die statischen Aspekte eines Systems gemeint, wie z.B. Komponenten, ihre

---

117 Zur Abgrenzung von abbildungsorientierten und konstruktionsorientierten Modellbegriffen vgl. Ahlemann (2002), S. 18 f.
118 Vgl. Ferstl, Sinz (2001), S. 122 f.
119 Vgl. z.B. Hildebrand (1992), S. 6.
120 Heinrich (1999), S. 63.

Schnittstellen und Beziehungen untereinander, sondern auch dynamische Aspekte wie etwa die Kommunikation zwischen den Komponenten."[121]

Den hier gewählten Begriffsdefinitionen für „Architektur" und „Architekturtyp" liegt die folgende, induktiv abgeleitete Hypothese zugrunde: Jedes System (z.B. ein Gebäude) besitzt eine individuelle Architektur; eine solche Architektur entsteht in der Regel in zwei Schritten: Zunächst wird im Rahmen eines Konstruktionsprozesses ein Modell erstellt, das anschliessend als Input (Soll-Modell) in den Realisierungsprozess eingeht. Aufbauend auf dieser Hypothese ergeben sich die folgenden Definitionen.

> Definitionen „Architekturtyp" und „Architektur":
>
> Ein *Architekturtyp* umfasst die Komponententypen sowie die Regeln, die zur Konstruktion von Architekturen mit vorgegebenen Eigenschaften anzuwenden sind (Konstruktionsregeln). Die Konstruktionsregeln geben vor, wie Komponenten (Ausprägungen von Komponententypen) mit Blick auf die angestrebten Eigenschaften miteinander in Beziehung zu setzen sind. Als *Architektur* werden die Komponenten eines Systems und ihre Beziehungen zueinander bezeichnet, wobei die verwendeten Konstruktionsregeln Bestandteil der Architektur sein können.

Durch den Einschluss von „vorgegebenen Eigenschaften" in die Definition des Begriffs „Architekturtyp" wird ausgedrückt, dass ein Architekturtyp quasi als Baumuster für eine bestimmte Klasse von Architekturen dient.

Die Berücksichtigung der Konstruktionsregeln in der Definition des Begriffs „Architektur" ist kurz zu erläutern: *Sinz* beispielsweise nimmt in seiner Definition für den etwas spezielleren Begriff „Informationssystem-Architektur" einen *unbedingten Einschluss* der Konstruktionsregeln in die Extension vor[122]. Die hier gewählte Definition weicht durch den lediglich *optionalen Einschluss* der Konstruktionsregeln davon ab. Der Grund liegt darin, dass die Konstruktionsregeln zwar einerseits für eine konsequente Weiterentwicklung einer Architektur von grosser Bedeutung sind und deshalb expliziert werden *sollten* (beispielsweise abgeleitet aus dem verwendeten Architekturtyp). In der Praxis finden sich aber andererseits auch „gewachsene" Architekturen, die nicht das Ergebnis eines von Konstruktionsregeln geleiteten Entstehungsprozesses sind.

---

121 Foegen, Battenfeld (2001), S. 290.
122 Vgl. Sinz (1999a), S. 1035.

Eine sinnvolle Ergänzung der Definition für „Architekturtyp" läge darin, die Konstruktionsregeln auch auf die Bildung der Komponenten zu beziehen[123]. Da diese Erweiterung hier aber keine Relevanz besitzt, wird sie nicht vorgenommen.

Die Verbindung der Begriffe „Architektur" und „Modell" führt zum Begriff „Architekturmodell".

Definition „Architekturmodell":

Ein *Architekturmodell* ist ein Modell, dessen zugrunde liegendes Objektsystem eine Architektur ist.

Ein Architekturmodell hat gemäss den angegebenen Definitionen Aussagen darüber zu treffen, welche Komponenten involviert sind und welche Beziehungen zwischen diesen Komponenten existieren. Nach diesen Festlegungen ist nun eine Abgrenzung der Begriffe „Architekturtyp" und „Architekturmodell" vorzunehmen. In Abbildung 2-14 sind die Zusammenhänge anhand eines abstrakten Beispiels visualisiert: Zu fünf konkreten Architekturen, die in der Realwelt vorkommen, lässt sich jeweils ein Architekturmodell abstrahieren, so dass jedes dieser Architekturmodelle eine konkrete Architektur beschreibt. Eine weitere Abstraktion wird durch die beiden Architekturtypen A und B gebildet, die keine konkreten Architekturen beschreiben, sondern bei denen es sich jeweils um ein typisierendes Modell handelt. Die Abstraktion mehrerer Architekturmodelle zu einem Architekturtyp wird aufgrund identischer Eigenschaften der zugrunde liegenden Architekturen vorgenommen.

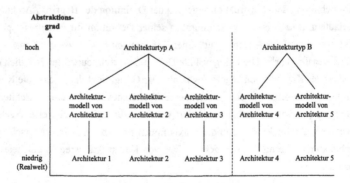

Abbildung 2-14: Abgrenzung der Begriffe „Architekturtyp" und „Architekturmodell" anhand eines abstrakten Beispiels

---

123 Vgl. den weiter unten dargestellten Vorschlag von *Winter* zur Strukturierung von Architekturen bzw. zur Abgrenzung von Anwendungen.

Neben dieser induktiven Vorgehensweise ist auch eine deduktive Vorgehensweise denkbar, bei der ein Architekturtyp den Ausgangspunkt bildet, dem bestimmte, gewünschte Eigenschaften zugeschrieben werden. In diesem Fall wird anhand des Architekturtyps ein Architekturmodell (als Soll-Modell) erzeugt, das anschliessend bei der Realisierung einer konkreten Architektur als Vorlage dient.

Prozessarchitektur

Definition „Prozessarchitektur":

Eine *Prozessarchitektur* ist eine Architektur, deren Komponenten Prozesse und Organisationseinheiten sind. Zwischen Prozessen können Reihenfolge- und Interaktionsbeziehungen bestehen, und zwischen Prozessen und Organisationseinheiten können Zuordnungsbeziehungen (Rollen) bestehen.

Bei den Interaktionsbeziehungen zwischen Prozessen handelt es sich um kommunikative Beziehungen (z.b. „Prozess E gibt Kundendaten an Prozess F weiter"). Zuordnungsbeziehungen sind erforderlich, um die Verantwortung einer Organisationseinheit für die Durchführung eines Prozesses auszudrücken.

Auch Prozessarchitekturen werden in Form von Modellen anschaulich und handhabbar gemacht. In Abbildung 2-15 ist ein Prozessarchitekturmodell nach dem PROMET-Ansatz[124] dargestellt. Durch die grau hinterlegten Blockpfeile werden Organisationseinheiten (hier: Unternehmen) symbolisiert, die jeweils für die Durchführung der innerhalb der Pfeile dargestellten Prozesse verantwortlich sind. Diese letzteren Prozesse werden durch weisse Blockpfeile symbolisiert. Kommunikative Beziehungen zwischen Prozessen werden durch einfache Pfeile dargestellt, die vom Senderprozess zum Empfängerprozess deuten und als Beschriftung eine Bezeichnung für die übergebenen Daten besitzen.

Anwendungsarchitektur

Zachman bemängelte bereits in seiner vielzitierten Publikation von 1987 zum so genannten Zachman-Framework, dass der Begriff „Information systems architecture" durch die grosse Definitionsvielfalt semantisch nicht mehr greifbar sei[125]. Eine für diese Arbeit geeignete Definition lässt sich aus der Definition des Architekturbegriffs ableiten.

---

124 Das Akronym „PROMET" steht für „Prozess Methode".
125 Vgl. Zachman (1987), S. 277; auch *Hildebrand* bemängelt diesen Missstand, vgl. Hildebrand (1992), S. 8.

Definition „Anwendungsarchitektur":

Eine *Anwendungsarchitektur* ist eine Architektur, deren Komponenten Anwendungen, Datenverwaltungssysteme, Schnittstellen und Kommunikationsverbindungen sind. Zwischen Anwendungen sowie zwischen Anwendungen und Datenverwaltungssystemen können Kommunikationsbeziehungen bestehen, die mit Hilfe von Schnittstellen und Kommunikationsverbindungen realisiert werden.

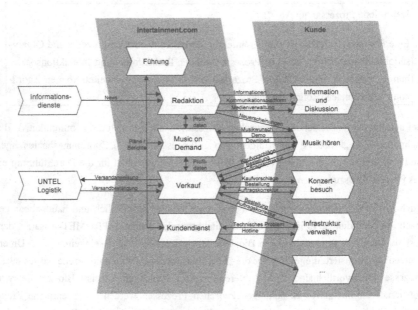

Abbildung 2-15: Prozessarchitekturmodell nach dem PROMET-Ansatz (Beispiel)[126]

Im Zusammenhang mit einer Anwendungsarchitektur sind eine Reihe von Konstruktionsregeln denkbar, beispielsweise die *Segmentierung der Architektur* in eine Datenschicht, eine Workflow-Steuerungs-Schicht und eine Anwendungsschicht. Ferner können *Standards* für eine Architektur festgelegt werden, beispielsweise die ausschliessliche Verwendung des ODBC(Open Database Connectivity)-Standards für Schnittstellen zwischen Anwendungen und Datenverwaltungssystemen oder des XML(Extensible Markup Language)-Standards für den Datenaustausch zwischen Anwendungen. Schliesslich ist es denkbar, alle Anwendungen

---

126 Österle, Blessing (2003), S. 73; vgl. auch Österle (1995), S. 61.

der Architektur grundsätzlich nach bestimmten Kriterien zu strukturieren bzw. die Anwendungen im Sinne dieser Kriterien abzugrenzen. *Winter* schlägt als Kriterien vor[127]:

- *Datenobjekttypen*: Die Anwendungen fokussieren auf kohärente Datenobjekttypen, beispielsweise Kundendaten oder Produktdaten. Es werden also automatisierte Aufgaben zusammengefasst, die sich auf identische oder ähnliche Datenobjekttypen beziehen.

- *Funktion*: Die Anwendungen werden durch Zusammenfassung von automatisierten Aufgaben gebildet, die funktionale Ähnlichkeiten aufweisen. Beispiele sind eine Anwendung, die Aufgaben im Bereich Authentifizierung zusammenfasst, oder eine Anwendung, die den Zugang über bestimmte Zugangskanäle ermöglicht.

- *Leistungsbereich*: Das Gruppierungskriterium für Anwendungen ist hier die Geschäftseinheit, die Produktlinie oder das Marktsegment. Ein Beispiel ist eine Anwendung zur Administration von Lebensversicherungen (Vertragsverwaltunssystem).

Ein weiteres mögliches Abgrenzungskriterium ist der zugrunde liegende *Prozess*. Auf diese Weise könnten auch Workflow-Management-Systeme abgebildet werden. Auch Anwendungsarchitekturen werden durch Abbildung als Anwendungsarchitekturmodell handhabbar gemacht.

Zusammenhang zwischen Prozessarchitekturmodell und Anwendungsarchitekturmodell

Der Zusammenhang zwischen Prozessarchitekturmodell und Anwendungsarchitekturmodell lässt sich wie folgt skizzieren. Das Anwendungsarchitekturmodell beschreibt die Beziehungen zwischen Aufgabenträgern automatisierter Aufgaben. In einer Anwendung, die als maschineller Aufgabenträger zu interpretieren ist, werden Aufgaben zusammengefasst. Die Aufgaben sind Bestandteile von Prozessen, die im Prozessarchitekturmodell beschrieben sind. Die Datenaustauschbeziehungen zwischen Anwendungen der Anwendungsarchitektur und auch die Datenverwaltungssysteme lassen sich prinzipiell aus den kommunikativen und informationellen Beziehungen zwischen den betroffenen Prozessen ableiten. In der Darstellung von *Festl und Sinz* (vgl. Abbildung 2-16) ist die obere Ebene folglich als Sicht auf das Prozessarchitekturmodell zu interpretieren und die untere Ebene als Sicht auf das Anwendungsarchitekturmodell. Von Sichten ist zu sprechen, weil bestimmte Komponententypen nicht dargestellt sind, nämlich beispielsweise auf der oberen Ebene die Organisationseinheiten und auf der unteren Ebene die Datenverwaltungssysteme.

---

127 Vgl. Winter (2003), S. 7 f.

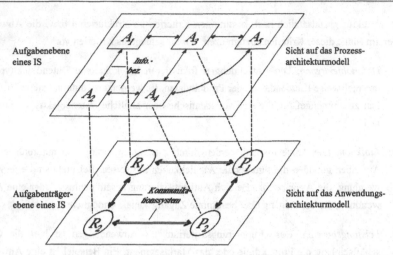

Abbildung 2-16: Aufgaben- und Aufgabenträgerebene[128]

2.4.4 Definition eines Integrationsmodells

Integrationsmodelle sollen nach *Mertens* „helfen, einen strukturierten Rahmen für die Anwendungsentwicklung zu schaffen. Sie begünstigen die planvolle Entstehung von Anwendungen, weil damit redundante Bausteine (Programme oder Daten) und Lücken in der Informati-
onsstruktur eines Unternehmens erkannt werden können."[129] *Mertens* nennt Unternehmens-
datenmodelle und Unternehmensfunktionsmodelle als abstrakte Beispiele für Integrationsmodelle und unter anderem das Unternehmensdatenmodell von *Scheer* sowie das Kölner
Integrationsmodell von *Grochla* als konkrete Beispiele. Diese Begriffsauslegung stellt Integrationsmodelle also als Hilfsmittel der Integration dar, und zwar mit der impliziten Prämisse
einer a priori Integration. Das der vorliegenden Arbeit zugrunde zu legende Integrationsmodell hat einen anderen Zweck: Es soll durch eine zweckorientierte Abstraktion von der Realität dazu dienen, die auf eine a posteriori Integration gerichteten Erkenntnisse der vorliegenden
Arbeit einzuordnen und strukturiert darzustellen.

Ein Integrationsmodell für die vorliegende Arbeit lässt sich unter Rückgriff auf Komponenten
des Bezugsrahmens konstruieren (vgl. Abbildung 2-17). Die Business-Engineering-Landkarte, deren originäre Komponenten in der Abbildung (auf der linken Seite) grau schattiert dargestellt sind, wurde um zwei Aspekte erweitert:

---

128 Vgl. Ferstl, Sinz (2001), S. 2.
129 Mertens (2000), S. 19.

- Die Business-Engineering-Landkarte berücksichtigt die *Strukturorganisation* (Aufbauorganisation) nicht explizit, sondern nur implizit als Bestandteil der Geschäftsprozesse (Ablauforganisation). Deshalb wird in der Abbildung die Strukturorganisation explizit den Geschäftsprozessen nebengeordnet.

- Das betriebliche *Informationssystem* im Sinne der vorne eingeführten Definition[130] stellt das aus Sicht der vorliegenden Arbeit wesentliche Verbindungselement zwischen Geschäftsprozessen und Strukturorganisation dar, wobei die automatisierten und automatisierbaren Aufgaben des Informationssystems durch Anwendungen und Kommunikationssysteme erfüllt werden.

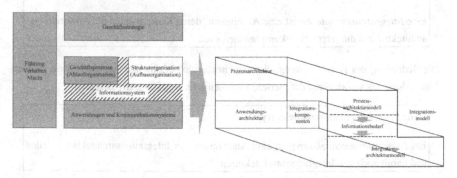

Abbildung 2-17: Ableitung des Integrationsmodells aus
der modifizierten Business-Engineering-Landkarte

Auf der rechten Seite der Abbildung sind die aus der Business-Engineering-Landkarte abgeleiteten Architekturen dargestellt, die für die vorliegende Arbeit besondere Relevanz besitzen:

- *Prozessarchitektur*: Bezogen auf die modifizierte Business-Engineering-Landkarte besteht die Prozessarchitektur aus Komponenten der Geschäftsprozesse und der Strukturorganisation.

- *Anwendungsarchitektur*: Die Anwendungsarchitektur repräsentiert die Struktur der Ebene „Anwendungen und Kommunikationssysteme"; sie besteht aus Anwendungen, Datenverwaltungssystemen und Kommunikationsverbindungen.

Basierend auf den grundlegenden Definitionen aus dem vorhergehenden Abschnitt sowie der modifizierten Business-Engineering-Landkarte können nun die wichtigsten Begriffe im Kontext „Integration" festgelegt werden.

---

130 Vgl. Abschnitt 2.1, S. 11.

Definition „Integrationskomponenten":

Integrationskomponenten sind Erweiterungen der Anwendungsarchitektur, die bezogen auf die verfügbaren Datenelemente transparente Dienste zur Verfügung stellen.

Bei Integrationskomponenten handelt es sich um Anwendungen, die vermittelnde und koordinierende Dienste bereit stellen („Mediatoren"[131]), um zusätzliche Datenverwaltungssysteme zur Speicherung von Daten und um Schnittstellen zur Verbindung der Komponenten mit den Komponenten der Anwendungsarchitektur.

Definition „Integrationsarchitektur":

Eine *Integrationsarchitektur* ist eine Architektur, deren Komponenten die Anwendungsarchitektur und die Integrationskomponenten sind.

Die Bedeutung des Begriffs „Integrationsarchitekturtyp" ergibt sich aus einer sinngemässen Anwendung des weiter vorne definierten, allgemeineren Begriffs „Architekturtyp":

Definition „Integrationsarchitekturtyp":

Ein *Integrationsarchitekturtyp* ist eine Abstraktion von Integrationsarchitekturmodellen und damit auch von Integrationsarchitekturen.

Aus einer gemeinsamen Betrachtung der für die Integration relevanten Aspekte der Prozessarchitektur (Prozessarchitekturmodell) und der Integrationsarchitektur (Integrationsarchitekturmodell) ergibt sich das Integrationsmodell für die vorliegende Arbeit. Die Verbindung zwischen Prozessarchitekturmodell und Integrationsarchitekturmodell wird durch den Informationsbedarf hergestellt; er stellt die Vorgaben für die Auswahl einer Integrationsarchitektur dar.

Definition „Integrationsmodell":

Das *Integrationsmodell* ist ein Modell, das eine gemeinsame Betrachtung der Integrationskomponenten sowie der relevanten Aspekte der Prozessarchitektur und der Anwendungsarchitektur erlaubt. Der Modellierungszweck liegt in der Identifikation von Integrationsarchitekturtypen, deren Ausprägungen (Integrationsarchitekturen) eine Deckung des aus der Prozessarchitektur abgeleiteten Informationsbedarfs ermöglichen würden.

---

131 Der Begriff wird in einem späteren Abschnitt detailliert erläutert, vgl. Abschnitt 4.2.1, S. 166 ff.

Die Grundidee der vorliegenden Arbeit lässt sich nun aufbauend auf den genannten Begriffen wie im Folgenden beschrieben konzeptualisieren (vgl. dazu auch Abbildung 2-18). Die Gegenüberstellung einerseits des Informationsbedarfs eines Aufgabenträgers oder einer Gruppe von Aufgabenträgern und andererseits des Informationsangebots, das durch die vorhandenen Anwendungen (Anwendungsarchitektur) und deren Daten bereitgestellt wird, ergeben in der Regel eine Abweichung, wenn Prozessrestrukturierungen, -neuentwürfe oder ähnliche Auslöser gegeben sind. Gründe dafür liegen insbesondere in den folgenden Eigenschaften der vorhandenen Anwendungen:

- *Datenverteilung*: Die Datenbasen sind auf verschiedene (software-)technische Plattformen verteilt.

- *Heterogenität*: Die Datenbasen werden durch unterschiedliche Datenverwaltungssysteme erzeugt und manipuliert. Insbesondere werden unterschiedliche Datenmodelle und -abfragesprachen verwendet.

- *Autonomie*: Der Schema-Entwurf der verschiedenen Datenbasen wurde nicht koordiniert (Design-Autonomie), die Anwendungen bestimmen den Zeitpunkt, zu dem sie Zugriffe auf ihre Datenelemente ausführen (Ausführungs-Autonomie), sowie den Zeitpunkt, zu dem sie Anfragen von Aussen beantworten (Kommunikations-Autonomie).

- *Datenredundanz*: Es herrscht unkontrollierte Datenredundanz; damit besteht die Gefahr, dass widersprüchliche Datenelemente zu demselben Realweltobjekt vorliegen.

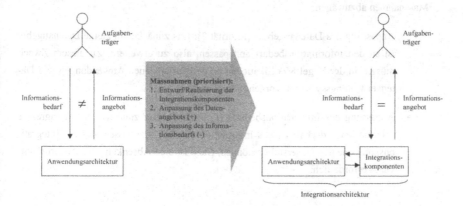

Abbildung 2-18: Konzeptualisierung von Informationsbedarf und -angebot
mit und ohne Integrationskomponenten bzw. -architektur

Die geschilderte Differenz zwischen Informationsbedarf und -angebot kann möglicherweise durch Integrationskomponenten kompensiert werden. Der Informationsbedarf wird dann nicht mehr direkt an die Anwendungsarchitektur, sondern an diese Integrationskomponenten gestellt; sie versorgen den Aufgabenträger mit den gewünschten Informationsobjekten. Die Integrationskomponenten werden zusammen mit der Anwendungsarchitektur als Integrationsarchitektur bezeichnet (vgl. nochmals Abbildung 2-17).

Eine Integrationsarchitektur dient also letztlich dazu, eine Datenintegration im oben beschriebenen Sinne[132] zu gewährleisten. Die Integrationskomponenten sollen dabei nach Möglichkeit die Differenz zwischen Informationsbedarf und Informationsangebot ausgleichen. Sie bündeln dabei gegenüber den Aufgabenträgern das Informationsangebot und verstecken (kapseln) dabei die Datenverteilung, Heterogenität, Autonomie und Datenredundanz innerhalb der Anwendungsarchitektur. Sie geben einerseits konsolidierte Daten in Form von Informationsobjekten an die Aufgabenträger weiter und andererseits Daten der Aufgabenträger an die Anwendungsarchitektur. Die zu diesem Zweck durchzuführenden Massnahmen lassen sich anhand des folgenden, einfachen Entscheidungsmodells strukturieren und priorisieren[133]:

- Entwurf/Realisierung der Integrationskomponenten (Priorität 1): Es ist möglich, die Integrationskomponenten so zu gestalten, dass der gegebene Informationsbedarf befriedigt werden kann.

Falls es mit Hilfe der Integrationskomponenten nicht möglich ist, ein dem Informationsbedarf entsprechendes Informationsangebot bereitzustellen, sind die beiden folgenden Massnahmen abzuwägen:

- Anpassung des Datenangebots (Priorität 2): Das zunächst zu kleine Datenangebot ist an den Informationsbedarf anzupassen, also zu erweitern. Zu diesem Zweck müssen in der Regel Modifikationen an den vorhandenen Anwendungen und Datenverwaltungssystemen vorgenommen werden.

- Anpassung des Informationsbedarfs (Priorität 3): Der zunächst zu umfangreiche Informationsbedarf ist an das Informationsangebot anzupassen, das die Integrationskomponenten sicherstellen können. Dazu ist eine Absenkung des Anspruchsniveaus erforderlich.

---

132 Vgl. dazu die Definition des Begriffs „Datenintegration" in Abschnitt 2.4.1, S. 44 ff.
133 Die sich ergebenden Handlungsoptionen korrespondieren mit den Freiheitsgraden, die *Mantel et al.* im Zusammenhang mit der Entwicklung von Kopplungsarchitekturen identifizieren, vgl. Mantel et al. (2002), S. 5.

Die Festlegung der Prioritäten der einzelnen Massnahmen unterstellt der Abgrenzung der vorliegenden Arbeit entsprechend, dass die Bereitstellung der angeforderten Informationsobjekten hier nicht aufgrund von Wirtschaftlichkeitsaspekten in Frage gestellt wird. Eine Ausweitung dieser Entscheidungssituation ist allerdings denkbar, wenn ein objektiver Informationsbedarf bestimmbar ist[134]. Wie auch bei *Mantel et al.*[135] wird hier davon ausgegangen, dass im Regelfall einerseits der Informationsbedarf und andererseits das Datenangebot (auf Seite der Anwendungsarchitektur) als gegeben anzunehmen ist. Informationsbedarf und Anwendungsarchitektur werden daher im Folgenden als nicht gestaltbare Komponenten des Integrationsmodells angenommen. Gestaltungspotenzial besteht folglich ausschliesslich bezüglich der Integrationskomponenten. Die Konkretisierung der Forschungsfragen in Abschnitt 2.5 baut auf den hier formulierten Annahmen auf.

2.4.5 Betriebswirtschaftliche Ziel- und Mittelentscheidungen

In den vorangegangenen Abschnitten wurden die Betrachtungsobjekte der vorliegenden Arbeit aus statischer Sicht betrachtet. Als Strukturierungsmittel wurde dabei die Business-Engineering-Landkarte verwendet. Eine dynamische Perspektive ergibt sich durch Anwendung der Prinzipien der betriebswirtschaftlichen Entscheidungstheorie.

Unternehmerische Entscheidungen lassen sich grundsätzlich differenzieren in Ziel- und Mittelentscheidungen[136]. Entscheidungen, welche die Ziele des Unternehmens definieren, werden als Zielentscheidungen bezeichnet. Gegenstand von Mittelentscheidungen sind hingegen die zur Erreichung der Ziele einzusetzenden Mittel.

Im Sinne der Zweck-Mittel-Beziehungen bzw. Ziel-Mittel-Beziehungen in einem Zielsystem[137] implizieren die für ein bestimmtes Ziel ausgewählten Mittel (Lösungen) solange weitere Ziele (Subziele), bis ein Mittel bzw. eine Lösung mit einem ausreichenden Operationalisierungsgrad gefunden wird. Nach *Heinen* sind Handlungsziele als operationale Ziele einzustufen; Handlungsziele sind solche Ziele, die es dem Aufgabenträger „ermöglichen, die Zielvorstellung durch praktisches Handeln zu verwirklichen und die Zielerreichung zu kontrollieren"[138].

---

134 Zu einer Gegenüberstellung von Informationsnachfrage, subjektivem und objektivem Informationsbedarf und Informationsangebot vgl. Picot et al. (2001), S. 81 f.
135 Vgl. Mantel et al. (2002), S. 5.
136 Vgl. dazu und im Folgenden Heinen (1976), S. 18 ff.
137 Vgl. Reichmann (2001), S. 51 f.
138 Heinen (1976), S. 117.

In Abbildung 2-19 ist die Zieldekomposition und der Zusammenhang zwischen Zielen und Mitteln grafisch veranschaulicht; mit fortschreitender Zieldekomposition steigt der Operationalisierungsgrad der Ziele bis schliesslich Handlungsziele vorliegen. In diesem Kontext stellt sich die Frage, wie zu einem vorgegebenen Ziel das adäquate Mittel gefunden werden kann. Derartige Fragestellungen sind Gegenstand von systematischen Entscheidungsprozessen.

Ungeachtet gewisser Freiheitsgrade hinsichtlich der Detaillierung und der organisatorischen Zuordnung einzelner Teilaufgaben und -phasen lässt sich nach *Heinen* grundsätzlich jeder systematische (betriebswirtschaftliche) Entscheidungsprozess bzgl. der einzusetzenden Mittel in drei Phasen untergliedern[139]:

1. Anregungsphase
2. Suchphase
3. Optimierungsphase

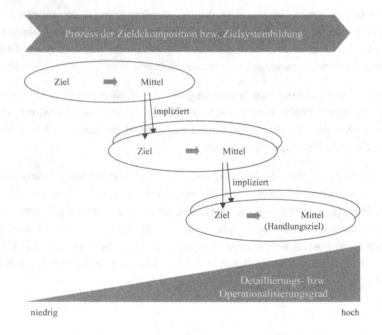

Abbildung 2-19: Ziel-Mittel-Beziehungen im Prozess der Zieldekomposition bzw. Zielsystembildung

---

139 Es gibt andere Darstellungen zu Entscheidungsprozessen, die aber inhaltlich nahezu deckungsgleich sind, vgl. z.B. Hahn, Hungenberg (2001), S. 32 ff.

Die *Anregungsphase* und damit der Entscheidungsprozess wird eingeleitet durch das Vorliegen eines Wahlproblems; ein Wahlproblem ist insbesondere dann gegeben, wenn ein bestimmtes Ziel durch mehrere Handlungsalternativen (Mittel) erreichbar ist. Liegt hingegen lediglich ein Problem vor, das die Anwendung von genau einem Mittel zulässt, kann nicht von einem Wahlproblem gesprochen werden, und folglich ist kein Entscheidungsprozess zu initiieren. Die Anregungsphase dient dazu, die zugrunde liegende Problemstellung durch eine Ursachenanalyse näher zu untersuchen und den Untersuchungsbereich zu spezifizieren. Im Verlauf der sich anschliessenden *Suchphase* sind alle Massnahmen zu treffen und Informationen zu sammeln, die für die Beschlussfassung erforderlich sind. Darunter fällt

- die Formulierung von Restriktionen, beispielsweise einzuhaltende Budgets, aber auch institutionelle und juristische Normen,

- die Spezifizierung von Handlungsalternativen, die zur Lösung der Problemstellung grundsätzlich geeignet sind und den Restriktionen genügen,

- die Sammlung der hier relevanten Entscheidungskriterien, anhand derer die Handlungsalternativen zu bewerten sind, sowie

- die Untersuchung der Konsequenzen der Handlungsalternativen bezüglich der Entscheidungskriterien.

Abgeschlossen wird der Entscheidungsprozess durch die *Optimierungsphase*, in der die Handlungsalternativen in eine Rangfolge zu bringen sind. Auf dieser Basis ist es dann möglich, die Handlungsalternative zu identifizieren, welche die Entscheidungskriterien bestmöglich erfüllt. Phasen, Aktivitäten und Ergebnisse in Entscheidungsprozessen sind in Abbildung 2-20 zusammenfassend dargestellt.

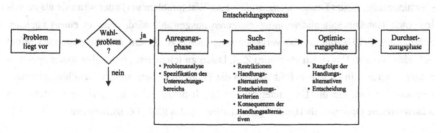

Abbildung 2-20: Phasen und Aktivitäten bzw. Ergebnisse im Entscheidungsprozess

Einordnung der Datenintegration in den Kontext betriebswirtschaftlicher Ziel- und Mittelentscheidungen

Es ist intuitiv nachvollziehbar sowie auch mit den Ausführungen zu unternehmerischen Zielen konsistent, dass die Datenintegration nicht als Ziel eines Unternehmens oder als „Selbstzweck" einzuordnen ist, sondern eher als Mittel. Aus diesem Grund wird in diesem Abschnitt die Datenintegration daraufhin untersucht, welche Rolle sie in betriebswirtschaftlichen Mittelentscheidungsprozessen spielt. Dazu wird der zuvor abstrakt dargestellte Entscheidungsprozess auf das Umfeld der Datenintegration übertragen.

Einige typische Szenarien, in denen die Datenintegration Relevanz besitzt bzw. in denen die Datenintegration im Verlauf eines Ziel-(Mittel-)Dekompositionsprozesses eine Handlungsalternative darstellt, werden in einem der folgenden Abschnitte[140] detaillierter dargestellt. Beispiele sind

- Fusionen und Akquisitionen,
- Bildung virtueller Unternehmen,
- Modifikationen am oder Herstellung eines Kundenbeziehungsmanagements sowie
- Einführung eines Supply Chain Managements.

Unter der Annahme, dass eines der genannten oder ein vergleichbares Szenario mit einer entsprechenden Zielsetzung vorliegt, bei dem Datenintegration Relevanz besitzt, kann davon ausgegangen werden, dass die Zieldekomposition ausgehend von diesem Sachziel zunächst dazu führt, dass die Datenintegration auf konzeptionell-fachlicher Ebene als Lösungsansatz (Mittel) zur Befriedigung eines veränderten und damit neuen Informationsbedarfs identifiziert wird. Wenn die Datenintegration die einzige mögliche Handlung darstellt (in diesem Fall liegt – zumindest auf dieser Entscheidungsstufe – kein Wahlproblem vor) oder wenn sie als zu realisierende Handlungsalternative unter mehreren ausgewählt wird, muss in einem nächsten Schritt eine Ziel-Dekomposition vorgenommen werden, indem zu diesem Ziel die passenden Mittel gefunden werden. Das (noch abstrakte) Ziel, Daten zu integrieren, muss also weiter operationalisiert werden. In diesem Schritt ist dann die Frage zu stellen, welche Handlungsalternativen bereit stehen, um die Datenintegration faktisch umzusetzen. Erst auf dieser Stufe sind technologische Optionen als Handlungsalternativen in das Kalkül einzubeziehen.

Die Anwendung der Grundstruktur betriebswirtschaftlicher Ziel-Mittelentscheidungen auf die Datenintegration ergibt folgendes Bild:

---

140 Vgl. Abschnitt 2.4.6.1.2, S. 72 ff.

- *Grundannahme*: Datenintegration wurde auf konzeptionell-fachlicher Ebene als einzusetzendes Mittel identifiziert, um ein bestimmtes Sachziel zu erreichen.

- In der *Anregungsphase* ist das (Datenintegrations-)Problem im Detail zu analysieren und zu spezifizieren; ferner ist der genaue Untersuchungsbereich festzulegen. Mithin ist zu spezifizieren, für welchen Zweck und in welchem Bereich eine Integrationsmassnahme durchzuführen ist und welche Teilleistungen genau gefordert werden (Sachziel bzw. geplante Leistungen).

- In der *Suchphase* ist zu definieren, welche ökonomischen und technischen Restriktionen bestehen (z.B. beschränkte Budgets und Eigenschaften vorhandener Anwendungen), welche technologisch unterschiedlichen Handlungsalternativen existieren, welche Entscheidungskriterien bei der Auswahl einer Alternative anzuwenden sind und welche Konsequenzen die Handlungsalternativen mit Blick auf die Entscheidungskriterien bedingen.

- Schliesslich sind die Handlungsalternativen in der *Optimierungsphase* anhand der Entscheidungskriterien in eine Rangfolge zu bringen. Gelingt dies, so kann die beste Handlungsalternative zur Realisierung ausgewählt werden. Andernfalls obliegt es den Entscheidern, durch Abwägung eine der Handlungsalternativen auszuwählen.

2.4.6 Datenintegration als Optimierungsproblem

Datenintegration kann aus betriebswirtschaftlicher Sicht unter verschiedenen Aspekten betrachtet werden. Die Untersuchung solcher Aspekte ist Gegenstand dieses Abschnitts. Zunächst wird in Abschnitt 2.4.6.1 hinterfragt, welche Haupt- und Nebenziele bei der Datenintegration verfolgt werden. In Abschnitt 2.4.6.2 wird anschliessend erörtert, welcher Art die Nebenbedingungen bei einer Entscheidung über die Datenintegration sein können. Schliesslich werden in Abschnitt 2.4.6.3 die Grundzüge und Schwierigkeiten der Optimierungsphase unter Berücksichtigung von Haupt- und Nebenzielen sowie Nebenbedingungen skizziert.

2.4.6.1 Haupt- und Nebenziele

Die Ziele, die in einem Entscheidungsprozess zur Anwendung kommen, können danach unterschieden werden, wie der Entscheidungsträger sie bei der Bewertung von Handlungsalternativen gewichtet. Ziele mit einem hohen Gewicht bezeichnet *Heinen* als Haupt- bzw. Primärziele, Ziele mit geringerem Gewicht hingegen als Neben- bzw. Sekundärziele[141].

Bezogen auf die Datenintegration ist eine Reihe von Zielen denkbar, die in den folgenden beiden Abschnitten nach *Effizienz-* und *Effektivitätspotenzialen* unterschieden werden. Eine eindeutige Zuordnung einer dieser beiden Zielarten zu den Haupt- oder Nebenzielen ist nicht möglich. Wenn beispielsweise Kostensenkungen als besonders wichtig eingestuft werden, liegen die Hauptziele im Bereich der Effizienzpotenziale, wenn hingegen etwa neue Geschäftsmodelle umgesetzt werden sollen, stehen eher die Effektivitätspotenziale als Hauptziele im Zentrum der Betrachtung.

2.4.6.1.1 Effizienzpotenziale

In der Wirtschaftsinformatik-Literatur werden eine Reihe verschiedener Nutzeffekte mit der Datenintegration in Verbindung gebracht[142], die in den Bereich Effizienz einzuordnen sind; sie lassen sich auf die folgenden Kernpunkte zurückführen:

▪ Durch Datenintegration wird eine verbesserte Informationsversorgung erreicht, weil durch die verfügbare Datenstruktur ein vollständigeres Abbild der Unternehmenstätigkeit bereitgestellt werden kann.

▪ Datenintegration bewirkt eine Beschleunigung des Datenflusses. Dieser Effekt ist darauf zurückzuführen, dass zum einen Medienbrüche und die damit verbundenen, zeitaufwändigen Mehrfacherfassungen vermieden werden können. Zum anderen ermöglicht die mit der Datenintegration einhergehende Automation des Datenflusses auch die Automation von Massnahmen zur Datenqualitätssicherung.

▪ Durch die mit der Datenintegration einhergehende Reduktion oder Kontrolle der vorhandenen Datenredundanz können weitgehende Verbesserungen der Datenintegrität und -qualität erreicht werden.

▪ Quasi ein Nebeneffekt einer verringerten oder kontrollierten Redundanz ist die Reduktion des Datenerfassungsaufwands, denn bereits (an anderer Stelle) vorhandene Datenelemente werden nicht nochmals erfasst, sondern direkt den nachfragenden Stellen zur Verfügung gestellt.

---

141 Vgl. Heinen (1976), S. 107 f.
142 Vgl. Ferstl, Sinz (2001), S. 217 ff., Mertens et al. (2000), S. 46, Potthoff (1998), Stucky, Krieger (1990), S. 839.

- In der Realisierung der Datenintegration wird eine der wesentlichen Vorbedingungen für eine Funktionsintegration gesehen, denn die Datenelemente stellen die Aufgabenobjekte der Funktionen dar. Nur wenn die Redundanz der Datenelemente kontrolliert werden kann, ist eine Zusammenfassung von Aufgaben möglich, die logisch identische Datenelemente bearbeiten.

Die Nutzeffekte beziehen sich ausschliesslich auf die Effekte, die eine bessere Ressourcennutzung implizieren. Darüber hinaus muss beachtet werden, dass eine Integrationsmassnahme auch Kosten verursacht, die bei der Betrachtung der Effizienz zu berücksichtigen sind. Obwohl die Integration in vielen Publikationen thematisiert wird, finden sich nur unvollständige Aussagen über die verschiedenen Kostenkomponenten. Auf abstraktem Niveau lassen sich folgende Arten von Kosten unterscheiden:

- Kosten des Infrastrukturprojekts: Darunter sind die Projektkosten für die Erstellung einer Infrastruktur, auf deren Basis die Datenintegration erreicht werden kann, zu verstehen.

- Kosten der Integrationsprojekte: Die Befriedigung eines zusätzlichen Informationsbedarfs einerseits und die Einbindung einer zusätzlichen Datenquelle andererseits verursachen jeweils Projektkosten.

- Betriebskosten: Der Betrieb der Infrastruktur einschliesslich der in den einzelnen Integrationsprojekten entstandenen Lösungen verursacht Betriebskosten.

- Desintegrationskosten: Schliesslich ist zu bedenken, dass auch eine Desintegration einzelner Datenquellen oder Lösungskomponenten erforderlich werden kann, beispielsweise beim Verkauf eines Unternehmensteils. Die Kosten für die eine gegebenenfalls in der Zukunft notwendig werdende Desintegration einzelner Datenquellen sind zu minimieren. Eine derartige Desintegration kann beispielsweise bei der Abspaltung von Unternehmensteilen erforderlich werden.

Wenn die genannten Arten von Kosten in der Optimierungsphase einer Entscheidungssituation berücksichtigt werden, ist eine Minimierung anzustreben. Wie gross der Spielraum für eine Kostenminimierung ist, hängt davon ab, ob es sich um ein Haupt- oder Nebenziel handelt. Bei Nebenzielen ist der Spielraum beispielsweise klein.

2.4.6.1.2 Effektivitätspotenziale

Neben den Effizienzpotenzialen sind auch Nutzeffekte im Bereich der Effektivität zu beachten. Mitunter verbessert die Datenintegration die Erreichung vorhandener Ziele und macht die Nutzung neuer Geschäftspotenziale erst möglich. Im Folgenden wird für die bereits weiter vorne erwähnten Anwendungsszenarien dargestellt, inwiefern mit Hilfe der Datenintegration die Effektivität verbessert werden kann.

Datenintegration im Supply Chain Management

Nach *Mertens* erfolgt im Rahmen des Supply Chain Management (SCM) eine Betrachtung der Lieferkette aus Sicht eines Produzenten, die aus Lieferanten, eigener Produktion, Lagern und Kunden besteht; als Tätigkeit aufgefasst beinhaltet SCM die integrierte Planung, Steuerung, Administration und Kontrolle der Güter- und Informationsströme[143]. Im Folgenden sind die wesentlichen Effekte aufgeführt, welche die Notwendigkeit des SCM bedingen:

1. Güter- und Informationsfluss verlaufen in der Regel in unterschiedlichen Richtungen entlang der Lieferkette: Der Informationsfluss verläuft „upstream", d.h. vom Kunden über den Produzenten zum Lieferanten, während der Güterfluss „downstream" verläuft.

2. Der Informationsfluss entlang der Lieferkette wird aufgrund von Wartezeiten, Medienbrüchen und Übertragungszeiten verzögert. Betrachtet man die beiden Enden der Lieferkette, kann also von einer verzögerten (asynchronen) Informationsübermittlung gesprochen werden. Insbesondere bei Lieferketten mit sehr vielen Stufen führt die Kombination der beiden vorgenannten Effekte dazu, dass die momentane Nachfrage der Kunden und die momentane Produktionsmenge am Beginn der Lieferkette nicht mehr aufeinander abzustimmen sind. Die produzierten Produkte treffen mit starker zeitlicher Verzögerung beim Kunden am Ende der Lieferkette ein, mit den Informationen über Nachfrageschwankungen verhält es sich analog, wenn auch mit einer geringeren Verzögerung.

3. Die Akteure entlang der Lieferkette betreiben eine lokale Optimierung. Einerseits werden aufgrund von fixen Bestellkosten die Bestellmengen optimiert (mitunter durch grössere Bestellmengen und Lagerhaltung). Andererseits legen die Akteure in ihren Lagern Sicherheitsbestände an, wenn Nachfrageschwankungen ihrer Kunden (downstream-seitige Nachbarn) auftreten; dadurch erhöht sich das Auftragsvolumen gegen-

---

143 Vgl. Mertens (1995), S. 177.

über ihren Lieferanten (upstream-seitige Nachbarn) stärker als die Nachfrage ihrer Kunden. Dieser Effekt pflanzt sich entlang der Lieferkette fort und verstärkt sich dabei. Die beobachtbare Verstärkung von Nachfrageschwankungen in Form von überproportionalen Produktions- und Lagermengenveränderungen entlang der Lieferkette wird als Bullwhip-Effekt bezeichnet[144].

Nur durch eine weitgehend automatisierte Datenintegration können die beschriebenen negativen Effekte vermieden werden. Eine zeitnahe Verfügbarkeit von Informationen über die Nachfrage sowie die daraus abgeleiteten Produktionsprogramme anderer Akteure erleichtern die Planung der Produktionsmengen und die Reduktion der Lagermengen.

Datenintegration im Kundenbeziehungsmanagement

Das Grundkonzept des Kundenbeziehungsmanagements aus Sicht eines mittleren bis grossen Unternehmens besteht darin, dem einzelnen Kunden - trotz einer grossen Kundenanzahl – eine individualisierte Betreuung anzubieten, die mit Blick auf seinen spezifischen Kundenwert als wirtschaftlich sinnvoll eingestuft wird[145]. Unter dem Kundenwert sind – in einer einfachen Form – die auf den Betrachtungszeitpunkt diskontierten Deckungsbeiträge zu verstehen, die in der Geschäftsbeziehungen mit diesem Kunden zukünftig erwartet werden. Mit Blick auf das Kundenbeziehungsmanagement liegt ein Nachteil eines mittleren bis grossen Unternehmens darin, dass das Wissen über den Kunden bzw. die Daten über ihn in aller Regel auf mehrere Stellen (Mitarbeiter) oder sogar grössere und damit voneinander unabhängigere Organisationseinheiten (z.B. Sparten) verteilt ist. Eine Integration der Daten ist also schon allein deshalb erforderlich, um ein realistisches Bild des Kunden (beispielsweise seiner Präferenzen, seiner Kaufhistorie, seiner Kaufkraft) erzeugen und ihn in der Folge entsprechend bedienen zu können. Aus zwei Gründen ist es darüber hinaus erforderlich, die Datenintegration weitestgehend zu automatisieren:

▪ Die Kosten für das Kundenbeziehungsmanagement sind dem oben bereits erwähnten Kundenwert gegenüberzustellen; aus ökonomischen Gründen dürfen die Kosten den Kundenwert nicht übersteigen. Durch niedrige Kosten lässt sich dafür sorgen, dass auch Kunden mit einem kleinen, aber positiven Kundenwert bearbeitet werden können, so dass ein positiver Beitrag zum Unternehmenserfolg entsteht.

▪ Häufig liefern Daten über den Kunden sehr kurzfristig Anhaltspunkte über dessen aktuelle Präferenzen oder sogar Lebensumstände (Beispiele sind so genannte Click-

---

144 Vgl. Lee et al. (1997).
145 Vgl. Gronover et al. (2003), Link (2001), S. 3, Rapp (2000), S. 42.

streams innerhalb von Websites und Zahlungsvorgänge auf Giro- bzw. Lohnkonten). Eine zeitnahe Reaktion seitens des Unternehmens, die nur bei automatisierter Datenintegration möglich erscheint, kann ein erfolgsentscheidender Vorteil sein.

Datenintegration in der Informationsversorgung von Führungskräften

Mit dem breiten Kompetenzbereich von Führungskräften geht einher, dass bei deren Aufgabenerfüllung nahezu alle im Unternehmen anfallenden Daten – zumindest in aggregierter Form – relevant sein können. Im Umkehrschluss bedeutet es, dass eine adäquate Aufgabenerfüllung von Führungskräften nur durch eine verzugsfreie, integrierte Bereitstellung der Daten sichergestellt werden kann. So ist es beispielsweise nur dann möglich, zeitkritische Produktionsprogrammänderungen rechtzeitig einzuleiten, wenn der Handlungsbedarf auf Basis eines umfassenden und integrierten Reportings über aktuelle Auftragseingänge, Lagerbestände und Produktionskapazitäten früh erkennbar ist. Ein anderes Beispiel sind Quartalsberichte, die börsenkotierten Unternehmen inzwischen in vielen Ländern gesetzlich vorgeschrieben sind[146]. Derartige Berichte basieren auf umfassenden internen Daten über das Geschäftsgeschehen. Die grosse Datenmenge einerseits und die geforderte Kurzfristigkeit der Berichterstattung andererseits bedingen aber, dass eine manuelle Datensammlung und -konsolidierung einschliesslich der Erkennung und Beseitigung widersprüchlicher Daten nicht effektiv wäre; die Effizienz eines solchen manuellen Vorgehens ist ebenfalls nicht gegeben. Auch hier ist also eine weitgehend automatisierte Datenintegration (innerhalb des Informationssystems) erforderlich. *Schierenbeck* bezeichnet das Informationssystem als eine der wesentlichen Komponenten des Managementsystems eines Unternehmens[147].

Mit Blick auf die Informationsversorgung von Führungskräften oder auf Managementinformationssysteme, die in diesen Informationsversorgungsprozessen zum Einsatz kommen, werden in der Literatur folgende Anforderungen formuliert[148] (die im Schrifttum genannten technischen Anforderungen werden hier bewusst ausgeklammert):

(1) Vorhandensein einer – bezogen auf die zu führenden Bereiche – umfangreichen, leicht zugänglichen Datenbasis, mit deren Hilfe die zu erwartenden Fragen schnell, präzise und richtig beantwortet werden können.

---

146 Der international „prägende" Standard wurde durch den so genannten „Sarbanes-Oxley Act" gesetzt; vgl. House of Representatives (2002), S. 41 (Title IV, section 401 (a)).
147 Vgl. Schierenbeck (2000), S. 103.
148 Vgl. Reichmann (2001), S. 660 ff., Schierenbeck (2000), S. 136 f., Thierauf (1988), S. 9 ff., Kirsch, Klein (1977), S. 35 ff.

(2) Führungsinformationen entstehen u.a. aus der Weiterverarbeitung von Transaktionsdaten; sie sollen z.B. Trendauswertungen, die Bildung von statistischen Durchschnitten und Ausnahmeberichte ermöglichen. Es handelt sich bei Führungsinformationen folglich (auch) um aggregierte und z.T. historische Daten.

(3) Vorhandensein von Berichtsbäumen, mit deren Hilfe das betriebliche Geschehen nach bestimmten Kriterien (z.B. strategische Geschäftseinheiten oder Regionen) strukturiert werden kann. Sofern eine Strukturierung nach mehreren Kriterien erforderlich ist, sollten parallele Hierarchien (verschiedene Berichtsbäume) möglich sein. Ein Berichtsbaum ermöglicht die Einschränkung von Auswertungen und Berichten auf bestimmte Unternehmensbereiche.

2.4.6.2 Nebenbedingungen

In einer Entscheidungssituation dienen Nebenbedingungen dazu, Handlungsalternativen zu eliminieren. *Heinen* unterscheidet dabei den Ausschluss nicht realisierbarer Handlungsalternativen (Nebenbedingung vom Typ A) und unerwünschter Handlungsalternativen (Nebenbedingung vom Typ B)[149]. Für die Datenintegration lassen sich keine generell gültigen Nebenbedingungen angeben. Beispiele für mögliche Nebenbedingungen sind:

▪ Für die Integrationsmassnahme steht ein bestimmtes Budget zur Verfügung, d.h. es existiert eine Kostenobergrenze.

▪ Der Informationsbedarf muss aufgrund unternehmerischer Überlegungen zu einem bestimmten Zeitpunkt durch eine technische Lösung befriedigt werden können, so dass die Projektlaufzeit begrenzt ist.

▪ Bestimmte vorhandene technische Komponenten können nicht ersetzt werden.

2.4.6.3 Optimierung

Entscheidungen über (Daten-)Integrationsmassnahmen stellen in der Regel Optimierungsprobleme dar, bei denen mehrere Haupt- und Nebenziele zu berücksichtigen sind. Bei in der Praxis beobachtbaren Fällen liegt jeweils typischerweise das Hauptziel in der Nutzung von Effektivitätspotenzialen (z.B. Umsetzung des Kundenbeziehungsmanagements) bei gleichzeitiger Beachtung von Nebenzielen aus dem Bereich der Effizienz (z.B. Kostensenkung im Bereich der Kundenbetreuung, Einhaltung des Wirtschaftlichkeitsprinzips bei der Implementierung des Kundenbeziehungsmanagements). Daneben gelten in der Regel Nebenbedingungen

---

149 Vgl. Heinen (1976), S. 54 f.

der im vorhergehenden Abschnitt geschilderten Art: Budget- und Zeitrestriktionen, technische
Restriktionen usw.

Wollte man die Entscheidung über eine Datenintegrationsmassnahme als mathematisches Entscheidungsmodell darstellen, so müsste zunächst eine Zielfunktion einschliesslich einer Ziel-
vorschrift angegeben werden. Ein sehr einfaches Beispiel ist „Ergebnisbeitrag := Bewerteter
Nutzen - Kosten → max.". Die in der Zielfunktion enthaltenen Variablen („Bewerteter Nutzen" und „Kosten") wären anschliessend durch weitere Gleichungen (Definitions- und Erklä-
rungsgleichungen) soweit zu operationalisieren, dass ein Zusammenhang zwischen Aktionsparametern und Zielfunktion hergestellt ist. Die Aktionsparameter dienen dabei der
Beschreibung des Lösungsraums, d.h. eine Kombination von Aktionsparametern definiert eine Handlungsalternative. Durch die Berücksichtigung von Nebenbedingungen wird die Menge der Handlungsalternativen auf die zulässigen Handlungsalternativen eingeschränkt.

Um ein Entscheidungsmodell der dargestellten Art einsetzen zu können, sind umfangreiche
Schätzungen erforderlich. Insbesondere sind der Nutzen jeder Handlungsalternative und die
damit verbundenen Kosten zu prognostizieren. Eine Voraussetzung dafür ist die Kenntnis darüber, welche Handlungsalternativen aus technischer Sicht geeignet sind. In diesem Bereich
soll die vorliegende Arbeit Erkenntnisse liefern. Konkret sollen ausgehend von einem Hauptziel und den daraus abgeleiteten Anforderungen an das betriebliche Informationssystem die
technisch adäquaten Integrationsarchitekturtypen (Handlungsalternativen) identifiziert werden.

2.5 Konkretisierung der Forschungsfragen und Abgrenzung

In diesem Abschnitt werden die im ersten Kapitel nur grob umrissenen Forschungsfragen
konkretisiert und eine Abgrenzung vorgenommen. Zuvor erfolgt eine kurze Einführung in die
Systemtheorie, die als Basistheorie für die folgenden Ausführungen genutzt wird.

Systemtheorie als Basistheorie

Um das Forschungsziel und die daraus abgeleiteten Forschungsfragen wissenschaftstheore-
tisch zu fundieren, erfolgt zunächst eine Einordnung des Betrachtungsobjekts, also des betrieblichen Informationssystems, aus Sicht der Systemtheorie. Diese Grundlage ist erforderlich, weil die späteren Ausführungen, insbesondere die Induktionsschritte, auf systemtheore-
tischen Überlegungen basieren.

Die folgenden Ausführungen dieses Abschnitts basieren auf einem Standardwerk zur Systemtheorie von *Forrester*[150]. Ein System ist dort definiert als „eine Anzahl von miteinander in Beziehung stehenden Teilen, die zu einem gemeinsamen Zweck miteinander operieren". *Forrester* unterscheidet zwei Systemarten:

- Ein offenes System reagiert auf äussere Reize (Inputs) und bedingt durch sein Verhalten Outputs. Die Outputs beeinflussen die Inputs nicht, d.h., ein offenes System reagiert nicht auf sein eigenes Verhalten.

- Ein geschlossenes System (Rückkopplungssystem) reagiert ebenfalls auf Inputs und erzeugt Outputs; allerdings werden die Outputs wiederum als Inputs berücksichtigt, das System reagiert auf sein eigenes Verhalten.

Die Beurteilung, ob ein System als offenes oder geschlossenes System einzustufen ist, lässt sich anhand des Systemzwecks und der Systemabgrenzung gegenüber seinem Umsystem vornehmen. Betrachtet man das System „Unternehmen" innerhalb der Wertschöpfungskette, so ist von einem geschlossenen System zu sprechen, denn ein Unternehmen verändert sein „Verhalten" situationsabhängig, d.h. mit Blick auf die Inputs. Beispielsweise werden Reaktionen des Marktes (Inputs des Systems „Unternehmen") zum Anlass genommen, um intern Optimierungen des Unternehmens (des Systems) vorzunehmen, die veränderte Produkte und Dienstleistungen hervorbringen (Ouputs des Systems). Diese Produkte und Dienstleistungen bedingen dann wiederum Reaktionen des Marktes. Betrachtet man hingegen den technischen Teil des betrieblichen Informationssystems, so liegt ein offenes System vor, denn das System arbeitet prinzipiell wie eine Maschine: Es verarbeitet Datenelemente gemäss vorgegebenen Anforderungen an den Verarbeitungsprozess; der Aspekt der Rückkopplung fehlt[151].

Bei geschlossenen Systemen unterscheidet *Forrester* zwei Arten der Rückkopplung:

- *Negative Feedbacksysteme* sind zielsuchende Systeme, die auf Zielabweichungen reagieren und stets zum Zielzustand streben. Als Beispiel wird ein Heizungssystem genannt, dessen Rückkopplung in der Messung der bereitgestellten Raumtemperatur mit einem nachfolgenden Steuerungsimpuls für die Heizung besteht.

- *Positive Feedbacksysteme* sind Systeme, die bezogene auf sich selbst Wachstums- und Schrumpfungsprozesse erzeugen. Sie verändern sich durch ihre Reaktion auf das eigene Verhalten. Im Gegensatz zum Heizungssystem, das trotz Rückkopplung unverän-

---

150 Vgl. Forrester (1972), S. 9 ff.
151 Eine Ausnahme bildet so genannte adaptive Software, die sich selbst restrukturiert, um eine Anpassung an Veränderungen in der Umgebung zu erreichen, vgl. McKinley et al. (2004).

dert bleibt, passt sich ein positives Feedbacksystem an seine Inputs an (die es teilweise selbst als Output erzeugt hat).

Ein System „Unternehmen" wäre also als positives Feedbacksystem zu klassifizieren, weil es sein eigenes Verhalten aufgrund von äusseren Reizen (Inputs), die es z.T. mit beeinflusst hat, und damit sich selbst verändern kann.

Der in der ersten Forschungsfrage genannte Informationsbedarf ist bezogen auf das System „technischer Teil des betrieblichen Informationssystems" als äusserer Reiz (Input) zu bezeichnen. Prinzipiell ist davon auszugehen, dass das System auf den Informationsbedarf abgestimmt ist und angemessen operiert. Sofern sich der Informationsbedarf grundsätzlich ändert, ist das System nicht mehr in der Lage, angemessen zu operieren; eine Selbstanpassung ist aus den oben dargelegten Gründen nicht möglich. In dieser Situation ist der Eingriff eines Integrationsarchitekten erforderlich, der anhand einer Gegenüberstellung des Informationsbedarfs mit den Eigenschaften der vorhandenen Anwendungsarchitektur (vgl. Forschungsfragen 1 und 2) in Verbindung mit seinen Kenntnissen über technologische Optionen (vgl. Forschungsfrage 3) eine adäquate Korrektur des Systems ableiten kann (vgl. Forschungsfrage 4). Erst nach Umsetzung dieser Korrektur operiert das System wieder in einer auf den Informationsbedarf abgestimmten Art und Weise.

Konkretisierung der Forschungsfragen

In den vorangegangenen Abschnitten wurde die Relevanz von Integrationsarchitekturen für die betriebliche Informationsverarbeitung nachgewiesen. Ferner wurde ein Bezugsrahmen für die vorliegende Arbeit konstruiert und darauf aufbauend ein Integrationsmodell abgeleitet. Auf dieser Basis können die im einleitenden Kapitel skizzierte Problemstellung bzw. die Forschungsfragen konkretisiert werden, um die bestehende Forschungslücke zu explizieren:

1. *Forschungsfrage zum Informationsbedarf:* Die Spezifikation des Informationsbedarfs ist auf die hier vorliegende Zielsetzung (Identifikation geeigneter Integrationsarchitekturtypen; siehe Forschungsfrage 4) auszurichten.

   ⇒ Welche (Qualitäts-)Merkmale des Informationsbedarfs sind zu erheben, um in der Folge geeignete Integrationsarchitekturtypen identifizieren zu können?

2. *Forschungsfrage zur Anwendungsarchitektur:* Die Anwendungsarchitektur stellt – im Gegensatz zu den gestaltbaren Integrationskomponenten – weitgehend eine Vorgabe dar.

⇒ Welche Merkmale und Eigenschaften der Anwendungsarchitektur sind für den vorliegenden Kontext relevant und müssen im konkreten Fall untersucht werden?

3. *Forschungsfrage zu Integrationstechnologien*: Integrationstechnologien bilden die technische Basis der Integrationsarchitektur und insbesondere der Integrationskomponenten.

⇒ Wie ist eine Abstraktion von den zur Verfügung stehenden Integrationstechnologien möglich, so dass Integrationsarchitekturtypen entstehen? Welche Merkmale und Eigenschaften dienen dabei der Abgrenzung von Integrationsarchitekturtypen?

4. *Forschungsfrage zum Lösungskonzept*: Der Entwurf eines Lösungskonzepts für ein konkretes Integrationsvorhaben besteht im Kern aus der Auswahl eines zu realisierenden Integrationsarchitekturtyps.

⇒ Welche Eigenschaften weisen unterschiedliche Integrationsarchitekturtypen unter Berücksichtigung der Eigenschaften der zugrunde liegenden Anwendungsarchitektur auf? Wie kann ein Abgleich zwischen gewünschten Eigenschaften des Informationsbedarfs einerseits und Eigenschaften der Integrationsarchitektur andererseits vorgenommen werden?

Abgrenzung

Bereits durch die Formulierung der Forschungsfrage 1 wird angedeutet, dass keine Erkenntnisse zur vollständigen Beschreibung des Informationsbedarfs erzielt werden sollen. Stattdessen erfolgt eine Beschränkung auf die Aspekte des Informationsbedarfs, die für die Auswahl geeigneter Integrationsarchitekturtypen von Bedeutung sind.

Technologien, die zur Integration eingesetzt werden können, existieren heute in grosser Zahl. Beispiele sind WebSphere von IBM[152] sowie die Exchange Infrastructure und NetWeaver von SAP. Gleichzeitig kommen ständig neue Softwareprodukte auf den Markt. In dieser Arbeit wird durch die Typisierung von Integrationsarchitekturen (vgl. Forschungsfrage 3) bewusst eine Abstraktion von Softwareprodukten vorgenommen. Auf diese Weise kann die Eignung genereller Lösungskonzepte überprüft werden, die gegenüber der Eignung einzelner (kurzlebiger) Softwareprodukte sowohl aus wissenschaftlicher Sicht als auch aus Anwendungssicht einen grösseren Nutzen aufweist.

---

152 Vgl. Bhaskaran, Schmidt (2004).

Den Ausführungen in Abschnitt 2.4.6 folgend, ist es nicht möglich, Wirtschaftlichkeitsüberlegungen anzustellen, bevor ausreichende Erkenntnisse zur Ermittlung der Handlungsalternativen vorliegen. In diesem Sinne beschränkt sich die vorliegende Arbeit – insbesondere im Zusammenhang mit Forschungsfrage 4 – auf die Erzielung von Erkenntnissen über die Ableitung von Gestaltungsempfehlungen für Integrationsarchitekturen. Der ebenfalls wichtige (nächste) Schritt, die Bewertung von Integrationsarchitekturtypen aus ökonomischer Sicht, wird bewusst ausgeklammert.

2.6 Verwandte Arbeiten

Gegenstand dieses Abschnitts sind verwandte Arbeiten, also solche Forschungsarbeiten, deren Ergebnisse einen Beitrag zu den hier aufgeworfenen Forschungsfragen leisten können. Dabei werden zwei Kategorien unterschieden:

- *Verwandte Arbeiten mit ähnlichen Forschungszielen* (Abschnitt 2.6.1): In diese Kategorie fallen Arbeiten, deren Zielsetzungen verglichen mit dem weiter vorne skizzierten Forschungsziel eine hohe Ähnlichkeit aufweisen.
- *Forschungsgebiete mit einzelnen Anknüpfungspunkten* (Abschnitt 2.6.2): Diese Kategorie beinhaltet Forschungsgebiete, die einen Teilaspekt der hier im Vordergrund stehenden Problemstellungen betreffen.

2.6.1 Verwandte Arbeiten mit ähnlichen Forschungszielen

Aus dem zuvor allgemein formulierten Suchkriterium für verwandte Arbeiten mit ähnlichen Forschungszielen lässt sich das spezifische Suchkriterium für die vorliegende Arbeit ableiten: Als verwandte Arbeiten werden solche Forschungsarbeiten eingestuft, deren Ziel in der Anpassung des automatisierten bzw. technischen Teils des betrieblichen Informationssystems an veränderte Anforderungen liegt, die ihren Ursprung explizit oder implizit auf Ebene der Geschäftsstrategie oder auf Ebene der Aufbau- und/oder Ablauforganisation haben. Sie sollten einen signifikanten Beitrag zur Beantwortung der im vorhergehenden Abschnitt konkretisierten Forschungsfragen liefern.

Die Beschreibung der verwandten Arbeiten erfolgt auf Basis des in Abschnitt 2.4 entwickelten Begriffsapparats. Daher werden gegenüber den verwendeten Literaturquellen einige Begriffsersetzungen vorgenommen.

2.6.1.1 Forschungsprojekt „Offene Anwendungssystem-Architekturen in überbetrieblichen Wertschöpfungsketten"

Das Forschungsprojekt „Offene Anwendungssystem-Architekturen in überbetrieblichen Wertschöpfungsketten (OASYS)", das von einer Bamberger Forschergruppe im Rahmen des Bayrischen Forschungsverbunds Wirtschaftsinformatik (FORWIN) durchgeführt wird, ist in einer älteren und zwei neueren Publikationen[153] dokumentiert. Die drei genannten Publikationen liegen den Ausführungen dieses Abschnitts zugrunde, wobei Abbildung 2-21 bis Abbildung 2-25 bei *Schissler et al.* entnommen wurden. Die Arbeit der OASYS-Gruppe weist Schwerpunkte in den folgenden Bereichen auf:

1. Untersuchung von betrieblichen Aufgaben mit dem Ziel, Typen von Beziehungen zwischen Aufgaben (Aufgabenintegrations-Muster) zu identifizieren, um Rückschlüsse auf geeignete Kopplungsarchitekturen (vgl. dazu den nächsten Punkt) ziehen zu können.

2. Identifikation von Architekturen zur überbetrieblichen Kopplung von Anwendungen (Kopplungsarchitekturen).

3. Entwurf einer Methodik für die Entwicklung von Kopplungsarchitekturen zur Integration von Anwendungen.

Das Projekt OASYS erfüllt mit diesen thematischen Schwerpunkten die weiter oben genannten Anforderungen und kann daher als verwandte Arbeit klassifiziert werden. Da der für diese Arbeit gewählte Bezugsrahmen begrifflich auf Arbeiten von *Ferstl und Sinz* basiert, die beide Mitglieder der OASYS-Forschergruppe sind, ordnen sich die hier zu beschreibenden Erkenntnisse weitgehend ohne Begriffstransformationen in die vorliegende Arbeit ein. Das Gestaltungsobjekt des Projekts OASYS ist unter Hinweis auf die zu erwartende technische und fachliche Heterogenität der beteiligten Anwendungen mit einer *überbetrieblichen* Integrationsarchitektur weit gefasst. Nach Erfahrung des Verfassers findet sich diese Heterogenität allerdings auch innerhalb von grösseren Unternehmen, so dass der Fokus auf überbetrieblichen Szenarien nicht unbedingt charakterisierend für den OASYS-Ansatz ist.

---

153 Vgl. Schissler et al. (2003), Mantel et al. (2002), Mantel et al. (2000).

2.6.1.1.1 Darstellung des Ansatzes

Typen von Beziehungen zwischen betrieblichen Aufgaben

Unterschieden werden drei Typen von Beziehungen zwischen betrieblichen Aufgaben (Aufgabenintegrations-Muster), die einen Einfluss auf die Auswahl eines geeigneten Integrationsarchitekturtyps haben. Dabei wird unterstellt, dass es sich bei den betrachteten Aufgaben um automatisierte Aufgaben handelt, die von mindestens zwei Anwendungen unterschiedlicher Unternehmen ausgeführt werden. Unterschieden werden die folgenden Typen:

1. Erstens wird von einer *Reihenfolgebeziehung* gesprochen, wenn das Nachereignis der einen Aufgabe das Vorereignis der anderen Aufgabe ist.

2. Ein zweiter Typ von Beziehungen ist gegeben, wenn mehrere Aufgaben auf *partiell gleichen Aufgabenobjekt-Typen* oder *partiell identischen Aufgabenobjekt-Instanzen* arbeiten. Beschränkt man sich bei der Betrachtung von Aufgabenobjekten auf Daten, wäre beispielsweise bei zwei Aufgaben, die den Namen und die Anschrift von Kunden verarbeiten von (mindestens) partiell gleichen Aufgabenobjekt-Typen zu sprechen. Partiell identische Aufgabenobjekt-Instanzen liegen hingegen beispielsweise vor, wenn die beiden Aufgaben darüber hinaus beide die Anschrift des Kunden mit der eindeutigen Kundennummer „123" verarbeiten.

3. Ein dritter Typ von Beziehungen zwischen Aufgaben liegt schliesslich vor, wenn mehrere Aufgaben *partiell gleiche Lösungsverfahren* verwenden. Partiell gleiche Lösungsverfahren setzen grundsätzlich voraus, dass partiell gleiche Aufgabenobjekt-Instanzen vorliegen. In den genannten Publikationen der OASYS-Gruppe wird nicht im Detail beschrieben, was unter partiell gleichen Lösungsverfahren zu verstehen ist. Es ist aber davon auszugehen, dass damit Lösungsverfahren gemeint sind, die bezogen auf ein Aufgabenobjekt Zustandsübergänge unter partiell identischen Sachzielen bewirken.[154]

Identifikation von Integrationsarchitekturtypen

Eine Kopplungsarchitektur umfasst gemäss der Begrifflichkeit der OASYS-Gruppe „alle für die Kopplung erforderlichen Elemente der AwS-Architekturen [Anwendungssystemarchitekturen; Anmerkung des Verfassers] sowie deren Beziehungen"[155]. Im Sinne des weiter vorne

---

154 Vgl. dazu Abbildung 2-4, S. 25. Diese Annahme lässt sich anhand der folgenden Aussage von *Ferstl und Sinz* belegen: „Die Funktionsredundanz zeigt Überlappungen von Lösungsverfahren in Form redundanter Aktionen und resultiert in der Regel aus nicht disjunkten Zerlegungen von Aufgabenzielen" (Ferstl, Sinz (2001), S. 219).
155 Schissler et al. (2002), S. 460.

vorgestellten Integrationsmodells[156] handelt es sich bei einer Kopplungsarchitektur also um einen Integrationsarchitekturtyp; in den weiteren Ausführungen wird deshalb dieser Begriff verwendet. Wiederum mit explizitem Hinweis auf den überbetrieblichen Aspekt nennen *Schissler et al.* zwei zentrale Forderungen, die eine Integrationsarchitektur erfüllen muss: zum einen die Betriebsunabhängigkeit, worunter die Möglichkeit einer asynchronen Übertragung von Nachrichten zwischen Anwendungen zu verstehen ist, und zum anderen die Entwicklungsunabhängigkeit, die eine Durchführung von Modifikationen an einer Anwendung ohne Beeinträchtigung der Funktionsfähigkeit der anderen Anwendung zum Ziel hat.

Die von der OASYS-Gruppe unterschiedenen Grundtypen von Integrationsarchitekturen werden im Folgenden näher beschrieben.

Ereignisorientierter Integrationsarchitekturtyp (vgl. Abbildung 2-21): Bei diesem Grundtyp wird die Kommunikation zwischen den beteiligten Anwendungen (hier als AwS bezeichnet) vom Eintreten eines Ereignisses im Quell-AwS ausgelöst. Das Ereignis-Subsystem erkennt dieses Ereignis und stösst das Empfänger-Subsystem an; sofern auch Daten zu übertragen sind, wird zusätzlich das Daten-Subsystem aktiviert. Das Empfänger-Subsystem ermittelt die zu benachrichtigenden Ziel-AwS und aktiviert das Kommunikations-Subsystem, das vom Heterogenitäts-Subsystem die zu übertragenden Daten in einem neutralen Format bezieht (dadurch kann die fachliche Heterogenität zwischen den Anwendungen überwunden werden) und anschliessend an die Kommunikations-Subsysteme der Ziel-AwS übermittelt. Im Rahmen dieser Übermittlung wird schliesslich auch die technische Heterogenität zwischen den Anwendungen überwunden.

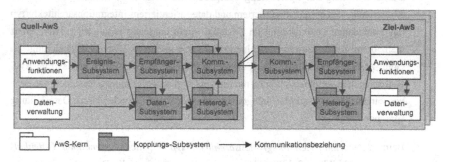

Abbildung 2-21: Ereignisorientierter Integrationsarchitekturtyp

---

156 Vgl. Abschnitt 2.4.4, S. 60 ff.

Nach Einschätzung der Autoren ist der ereignisorientierte Integrationsarchitekturtyp geeignet zur Implementierung von Reihenfolgebeziehungen (von Aufgaben), bei partieller Identität von Aufgabenobjekt-Instanzen sowie bei partieller Gleichheit von Aufgabenobjekt-Typen.

Ein *datenorientierter Integrationsarchitekturtyp* dient der gemeinsamen Nutzung von Datenobjekttypen und/oder Datenobjektinstanzen. Eine Kopplung auf Typebene zielt auf die gemeinsame Nutzung von Daten(objekt)typspezifikationen durch mehrere Anwendungen und damit primär auf entwicklungstechnische Aspekte ab; sie wird daher hier nicht weiter betrachtet. Die Kopplung auf Instanzebene wird in zwei Varianten differenziert:

▪ Beim *datenorientierten Integrationsarchitekturtyp mit redundanter Datenhaltung* (vgl. Abbildung 2-22) wird davon ausgegangen, dass jedes AwS innerhalb seiner Datenverwaltung Instanzen aller benötigen Datenobjekte verwaltet; es kann also vorkommen, dass einzelne Instanzen bei mehreren AwS und damit redundant vorgehalten werden. Die Autoren schränken ihre Ausführungen mit Hinweis auf die ansonsten komplizierte Transaktionsverwaltung dahingehend ein, dass eine Aufgabenobjekt-Instanz grundsätzlich nur von einer Aufgabe (und somit einem AwS) modifiziert wird. Das Funktionsprinzip dieses Architekturtyps ähnelt dem des ereignisorientierten Integrationsarchitekturtyps. Der wesentliche Unterschied liegt darin, dass das Ereignis-Subsystem hier den Datenbestand des Quell-AwS überwacht und abhängig von zu definierenden Auslösern (Zeitpunkte oder fachliche Ereignisse im Quell-AwS) alle Daten bzw. nur die veränderten Daten über die verschiedenen Subsysteme an die Ziel-AwS weiter gibt. Dort werden sie mit den dortigen Subsystemen transformiert und der Datenverwaltung zur Speicherung übergeben. Es ist kritisch anzumerken, dass die Abgrenzung von ereignisorientiertem und datenorientiertem Integrationsarchitekturtyp mit redundanter Datenhaltung im Einzelfall nicht eindeutig möglich ist. Interpretiert man beim ereignisorientierten Integrationsarchitekturtyp eine Datenänderung im Quell-AwS als Ereignis mit der Folge, dass die betreffenden Daten an das Ziel-AwS weitergegeben werden, so könnte man sowohl von einem ereignisorientierten wie auch von einem datenorientierten Integrationsarchitekturtyp mit redundanter Datenhaltung sprechen.

▪ Beim *datenorientierten Integrationsarchitekturtyp mit nicht redundanter Datenhaltung* (vgl. Abbildung 2-23) wird davon ausgegangen, dass alle Datenobjektinstanzen, die von mehreren AwS benötigt werden, in einer zusätzlichen Datenverwaltung mit eigenem Kommunikations-Subsystem vorgehalten werden. Bei dieser Variante ist es im Gegensatz zur vorhergehenden mehreren AwS möglich, „gemeinsame" Datenobjektinstanzen zu modifizieren.

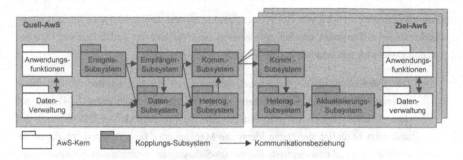

Abbildung 2-22: Datenorientierter Integrationsarchitekturtyp
mit redundanter Datenhaltung

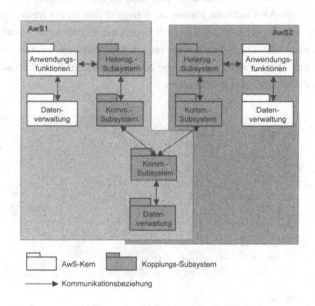

Abbildung 2-23: Datenorientierter Integrationsarchitekturtyp
mit nicht redundanter Datenhaltung

Der *funktionsorientierte Integrationsarchitekturtyp* ermöglicht die gemeinsame Nutzung von Funktionen und zugehörigen Daten durch mehrere AwS. Grundsätzlich sind Integrationsarchitekturen dieses Typs geeignet bei partieller Gleichheit von Lösungsverfahren, bei partieller Gleichheit von Aufgabenobjekt-Typen und bei partieller Identität von Aufgabenobjekt-Instanzen.

Dieser Architekturtyp wird von den Autoren analog zu den datenorientierten Integrationsarchitekturtypen differenziert, nämlich zum einen in eine Variante mit Redundanz von Funktionen und Daten und zum anderen in eine Variante ohne Redundanz.

- Der *funktionsorientierte Integrationsarchitekturtyp mit redundanter Modulhaltung,
  separaten Prozessen und redundanter Datenhaltung* (vgl. Abbildung 2-24) baut auf
  dem datenorientierten Integrationsarchitekturtyp mit redundanter Datenhaltung auf
  und nutzt bezüglich der Daten identische Mechanismen (angedeutet durch die in der
  Abbildung als „datenorientierte Kopplungs-Subsysteme" bezeichneten Komponenten).
  Auch hier wird mit Blick auf die redundanten Objekte – in diesem Fall sind es Funktionen bzw. Module – implizit davon ausgegangen, dass zu propagierende Änderungen
  nur im Quell-AwS auftreten können. Allerdings skizzieren die Autoren hier ein Pull-
  Prinzip, bei dem auf Seite der Ziel-AwS jeweils ein Aktualisierungs-Subsystem ereig-
  nisgesteuert beim Quell-AwS anfragt, ob sich Modifikationen an einer Funktion ergeben haben. Die Verarbeitung derartiger Anfragen wird auf Seite des Quell-AwS von
  einem Funktions-Server übernommen.

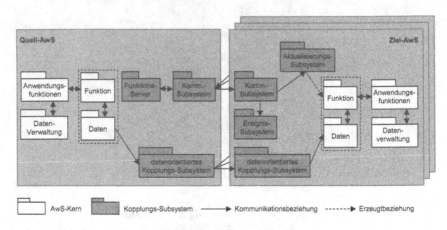

Abbildung 2-24: Funktionsorientierter Integrationsarchitekturtyp mit redundanter Modulhaltung, separaten Prozessen und redundanter Datenhaltung

- Auch der *funktionsorientierte Integrationsarchitekturtyp mit nicht redundanter Modulhaltung, gemeinsamem Prozess und nicht redundanter Datenhaltung* (vgl.
  Abbildung 2-25) folgt analogen Konstruktions- und Funktionsprinzipien wie der entsprechende datenorientierte Integrationsarchitekturtyp (vgl. Abbildung 2-23). Funktionen und Datenobjektinstanzen, die sowohl von Quell-AwS als auch von den Ziel-
  AwS genutzt werden, finden sich in einer (zusätzlichen) gemeinsamen Subarchitektur,

die aus einem Kommunikations-Subsystem, einem Funktionsserver sowie den Funktionen und Daten besteht.

Vorgehensmodell für die Entwicklung von Integrationsarchitekturen

Die Autoren der zugrunde liegenden Publikationen weisen darauf hin, dass im Zusammenhang mit dem Vorgehensmodell[157] für die Entwicklung von Integrationsarchitekturen der Entscheidungsraum zu berücksichtigen ist. Demnach ist jeweils grundsätzlich zu prüfen, ob und inwieweit die zugrunde liegenden Geschäftsprozesse, die AwS und die Integrationsarchitektur gestaltbar sind. Sie betrachten mit dem Hinweis, dass es sich um den typischen Fall handelt, eine Ausgangslage, in welcher der (überbetriebliche) Geschäftsprozess und die AwS vorgegeben und somit nicht disponibel sind.

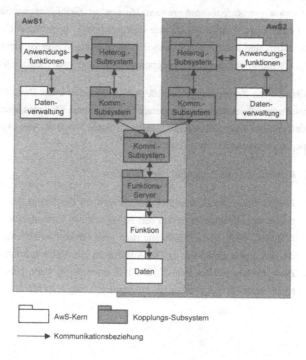

Abbildung 2-25: Funktionsorientierter Integrationsarchitekturtyp mit nicht redundanter Modulhaltung, gemeinsamem Prozess und nicht redundanter Datenhaltung

---

157 Eine detaillierte Begriffsklärung für den Begriff „Vorgehensmodell" erfolgt in einem späteren Teil dieser Arbeit; vgl. Abschnitt 6.1, S. 234 ff.

Die OASYS-Gruppe unterscheidet in dem von ihr vorgeschlagenen Vorgehensmodell die folgenden sechs Schritte:

1. *Modellierung des (überbetrieblichen) Geschäftsprozesses*: In diesem Schritt wird der (überbetriebliche) Prozess modelliert, der durch die Integrationsarchitektur unterstützt werden soll.

2. *Kartierung der AwS*: Anhand des Geschäftsprozesses lassen sich die durch AwS automatisierten Aufgaben identifizieren. Aus den Informationsbeziehungen zwischen Aufgaben lässt sich anschliessend ableiten, zwischen welchen AwS Transaktionen zu automatisieren sind. Wenn dies der Fall ist, besteht Bedarf nach einer Integrationsarchitektur.

3. *Identifikation von Aufgabenintegrations-Mustern im Geschäftsprozessmodell*: Bezogen auf eine Menge von Transaktionen (siehe Schritt 2) einschliesslich der zugehörigen Aufgaben sind anschliessend Aufgabenintegrations-Muster zu identifizieren[158], so dass Rückschlüsse auf geeignete Integrationsarchitekturtypen möglich sind.

4. *Spezifikation von Anforderungen an die AwS-Integration unter Berücksichtigung von Aufgabenintegrations-Mustern*: In diesem Schritt werden für jedes identifizierte Aufgabenintegrations-Muster Integrationsziele im Sinne von Soll-Ausprägungen folgender Integrationsmerkmale spezifiziert:[159]

   - *Redundanz* (von Daten und/oder Funktionen)[160].

   - *Verknüpfung*: Dieses Merkmal bezieht sich auf die Anzahl und Art von Kommunikationskanälen zwischen den zu koppelnden Komponenten. *Mantel et al.* führen als Beispiel die Forderung nach einer hohen Betriebsunabhängigkeit an, die durch eine Entkopplung (als Ausprägung der Verknüpfung) der beteiligten AwS erreicht werden kann[161]. Zur Implementierung kann beispielsweise eine so genannte Message-oriented Middleware[162] eingesetzt werden.

---

158 Vgl. dazu auch die Ausführungen weiter vorne in diesem Abschnitt.
159 Vgl. zu den Integrationsmerkmalen Ferstl, Sinz (2001), S. 217 ff.
160 Vgl. dazu die Ausführungen in Abschnitt 2.1.4.2, S. 21 ff.
161 Vgl. Mantel et al. (2002), S. 13.
162 Vgl. dazu die Ausführungen in Abschnitt 4.2.1.2, S. 169 ff.

- *Konsistenz*: Unter Konsistenz wird bei *Ferstl und Sinz* allgemein ein zulässiger Zustand eines Systems verstanden[163]. Unter Konsistenz als Anforderung im Zusammenhang mit Integrationsarchitekturen ist nun zu verstehen, inwieweit Widersprüche (inkonsistente Zustände) zumindest temporär akzeptiert werden können. Es ist beispielsweise denkbar, dass Abweichungen zwischen identischen Datenobjektinstanzen unterschiedlicher AwS zeitweise hinnehmbar sind.

- *Zielorientierung*: Dieses Merkmal bezieht sich auf die Aufgabenziele, die – wie auch die Aufgabenobjekte – bei der Aufgabenzerlegung schrittweise zerlegt werden. Eine Zielorientierung im Rahmen der Kopplung von AwS bedeutet, dass die Aufgaben im Sinne der ursprünglichen Aufgabenziele zu Vorgängen kombiniert werden müssen. Eine Zielorientierung macht damit eine Vorgangssteuerung erforderlich.

5. *Beschreibung der AwS*: Die in Schritt 2 erfassten AwS werden in diesem Schritt hinsichtlich ihrer Eigenschaften untersucht. Dabei wird die Untersuchung aus Effizienzgründen nur für die Integrationsarchitekturtypen durchgeführt, die gemäss Schritt 3 für die vorliegenden Aufgabenintegrations-Muster in Frage kommen.

6. *Entwurf der Integrationsarchitektur*: Im letzten Schritt erfolgt schliesslich die Auswahl eines der möglichen Integrationsarchitekturtypen für jedes Aufgabenintegrations-Muster mit nachfolgendem Entwurf. Nach welchen Kriterien die Auswahl erfolgt, wird in der zugrunde liegenden Literatur nicht beschrieben. Es erscheint jedoch sinnvoll, ökonomische Kriterien wie beispielsweise den für die Implementierung der Integrationsarchitektur einschliesslich der erforderlichen AwS-Subsysteme zu erwartenden Aufwand heranzuziehen.

Die Arbeit einer anderen Forschergruppe[164] weist starke Überlappungen mit dem OASYS-Projekt auf. Die für die vorliegende Arbeit relevanten Ergebnisse beziehen sich allerdings zum einen nur auf eine Untermenge der von der OASYS-Gruppe bearbeiteten Problemstellungen und differieren zum anderen nur unwesentlich von den OASYS-Ergebnissen; sie werden deshalb hier nicht erörtert.

---

163 Bereits in Abschnitt 2.1.3, S. 15 ff., wurde der Begriff „Konsistenz" bezogen auf das System „Datenbasis" erläutert.
164 Vgl. Bon et al. (2003).

2.6.1.1.2 Bewertung des Ansatzes im vorliegenden Kontext

Der Ansatz der OASYS-Gruppe liefert einen wichtigen Beitrag für das hier verfolgte Forschungsziel. Ausgehend von Geschäftsprozessen und vorhandenen Anwendungen wird der Entwurf einer geeigneten Integrationsarchitektur angestrebt. Die Beschränkung auf überbetriebliche Integrationsarchitekturen schränkt die Verwendbarkeit der OASYS-Ergebnisse kaum ein, da vergleichbare Situationen auch in grossen Unternehmen mit autonomen Teilbereichen existieren. Bezogen auf die im ersten Kapitel genannten Forschungsfragen sind die OASYS-Ergebnisse wie folgt einzuordnen:

1. *Forschungsfrage zum Informationsbedarf*: Die Aufgabenintegrations-Muster sind hier verwendbar, allerdings wird auf die qualitativen Anforderungen der Geschäftsprozesse bezüglich der benötigten Daten nicht spezifisch eingegangen.

2. *Forschungsfrage zum Zustand der Anwendungsarchitektur*: Die in Schritt 5 des OASYS-Vorgehensmodells durchzuführende Beschreibung der AwS ist zwar für diese Forschungsfrage relevant, die publizierten Ergebnisse sind allerdings für eine Berücksichtigung nicht detailliert genug.

3. *Forschungsfrage zur Typisierung von Integrationsarchitekturen*: Die von der OASYS-Gruppe identifizierten Integrationsarchitekturtypen passen sich hier ein. Sie sind deshalb in einem späteren Abschnitt zu berücksichtigen[165].

4. *Forschungsfrage zur Auswahl geeigneter Integrationsarchitekturtypen*: Dieser Forschungsfrage ist Schritt 6 des OASYS-Vorgehensmodells zuzuordnen. Auch hier fehlt allerdings in den publizierten Ergebnissen der OASYS-Gruppe der erforderliche Detaillierungsgrad. Es ist nicht dokumentiert, wie einem Aufgabenintegrations-Muster ein geeigneter Integrationsarchitekturtyp zugeordnet wird.

2.6.1.2 Prozess- und Systemintegration nach *Vogler*

Die in der Habilitationsschrift von *Vogler*[166] dokumentierte Forschungsarbeit hat die Zielsetzung, einen „umfassenden Ansatz für die evolutionäre Anpassung eines Informationssystems an geänderte Anforderungen aus dem Unternehmensumfeld mit Hilfe von Enterprise Application Integration (EAI)" (S. 2) zu entwickeln. Der Fokus liegt auf der Prozess- und Systemin-

---

165 Vgl. Abschnitt 4.3, S. 192 ff.
166 Vgl. Vogler (2003); zur besseren Lesbarkeit werden in diesem Abschnitt die Referenzen auf die genannte Arbeit durch Angabe der Seitenzahl(en) im Text vorgenommen.

tegration, wobei explizit nicht der Entwurf einer umfassenden Soll-Integrationsarchitektur im Vordergrund steht, sondern die Integration von Teillösungen. Neben einigen weiteren Ergebnissen ist der zentrale Beitrag der Arbeit von *Vogler* zu sehen in

- einer Typisierung von Architekturen[167] und
- in einem methodischen Vorgehen

für die Prozess- und Systemintegration (S. 3). Mit diesen Ergebniskomponenten erfüllt die Arbeit von *Vogler* die Anforderungen an verwandte Arbeiten im vorliegenden Kontext. Die wesentlichen Erkenntnisse zu den beiden zuvor genannten Aspekten mit Fokus auf der Systemintegration werden im Folgenden zusammenfassend vorgestellt.

2.6.1.2.1 Darstellung des Ansatzes

Typisierung der Architekturen

Vogler greift für die Darstellung der unterschiedlichen Architekturtypen für die Datenintegration auf eine Darstellungsweise aus der Literatur zurück (vgl. Abbildung 2-26). Eine Anwendung besteht danach aus Komponenten für Präsentation (Interaktion bzw. Dialog mit dem Benutzer) und Funktionalität; ergänzt wird die Anwendung durch eine Datenbasis. Die Präsentationskomponente wird von der Präsentationsfunktionalität gesteuert, und die Verwaltung der Daten obliegt der Datenzugriffsfunktionalität. Die Fachfunktionalität dient der eigentlichen Verarbeitung der Daten.

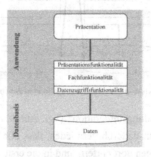

Abbildung 2-26: System aus Anwendung und Datenbasis in Anlehnung an *Riehm*[168]

---

167 *Vogler* nennt die Architekturtypen „Varianten". Um hier begriffliche Konsistenz herzustellen, erfolgt die Bezugnahme auf diese Varianten durch den Terminus „Architekturtypen". Die Verwendung von „Integrationsarchitekturtypen" ist nicht angebracht, da sich *Vogler* lediglich auf die Verbindung von jeweils zwei Anwendungen beschränkt.

168 Vgl. Riehm (1997), S. 99.

Nicht alle der im Folgenden dargestellten Architekturtypen werden von *Vogler* der Datenintegration zugeordnet. Nach dem der vorliegenden Arbeit zugrunde liegenden, eher weiten Begriffsverständnis sind sie allerdings unter dem Begriff „Datenintegration" zu subsumieren.

Der einfachste Architekturtyp ist nach *Vogler* gegeben, wenn der Benutzer die Integrationsleistung vollständig selbst erbringt und dabei nicht unterstützt wird („manuelle Systemintegration"). Er greift also auf die Präsentationskomponenten der betroffenen Anwendungen zu und integriert die Daten ausserhalb des computergestützten Teils des betrieblichen Informationssystems. Ein weitergehender Architekturtyp ist in der Frontend-Integration zu sehen (vgl. Abbildung 2-27). Dabei dient eine zusätzlich geschaffene Präsentationskomponente dazu, die (integrierte) Interaktion mit den beiden vorhandenen Anwendungen abzuwickeln. Zu diesem Zweck greift diese Komponente auf die Präsentationsschichten der Altanwendungen zu. Bei entsprechender Eignung der Altanwendungen ist es auch möglich, dass die Präsentationskomponente mit der Präsentationsfunktionalität der Altanwendungen interagiert oder sogar direkt auf die Daten zugreift.

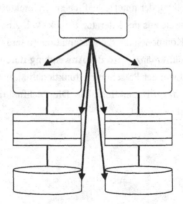

Abbildung 2-27: Architekturtyp „Frontend-Integration" in Anlehnung an *Vogler* (S. 139)[169]

Beim Architekturtyp „Anwendungsintegration" (vgl. Abbildung 2-28) werden Schnittstellen zwischen den Altanwendungen dadurch vermieden, dass alle benötigten Komponenten bzw. Daten der zweiten Anwendungen dort entfernt und in die erste Anwendung integriert werden.

---

169 Die Abbildung wurde leicht modifiziert, da das Original bei *Vogler* einen nicht erläuterten Doppelpfeil zwischen den Präsentationskomponenten der beiden Altanwendungen aufweist.

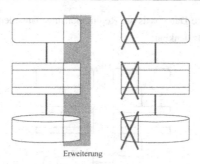

Erweiterung

Abbildung 2-28: Architekturtyp „Anwendungsintegration" (S. 139)

Vogler fasst unter dem Begriff „Integration der Daten" drei verschiedene Architekturtypen (Varianten) zusammen (vgl. Abbildung 2-29). Bei Variante A werden die Datenbestände der beiden Altanwendungen in einen gemeinsamen Datenbestand konsolidiert. Bei Variante B wird ebenfalls eine zusätzliche gemeinsame Datenbasis erzeugt, der allerdings lediglich für die gemeinsamen Datenobjektinstanzen vorgesehen ist. Alle Datenobjektinstanzen, die lediglich von einer der beiden Altanwendungen benötigt werden, verbleiben in der jeweils lokalen Datenbasis. Bei Variante C schliesslich werden die vorhandenen Datenbasen unverändert beibehalten. Eine Anwendung, die fremde Daten benötigt, greift mit Hilfe einer zu diesem Zweck erweiterten Datenzugriffsfunktionalität direkt auf diese Daten zu. Allen drei Varianten gemein ist, dass Veränderungen nur auf Ebene der Datenbasen bzw. bezüglich der Datenzugriffsfunktionalität vorgenommen werden.

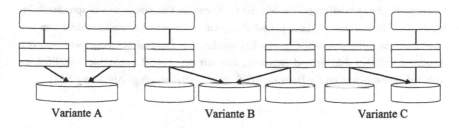

Variante A   Variante B   Variante C

Abbildung 2-29: Varianten des Architekturtyps „Integration der Daten" (S. 140)

Beim Architekturtyp „Integration über Replikation" wird über Replikationsmechanismen dafür gesorgt, dass Datenobjektinstanzen einer Altanwendung, die auch von der zweiten Altanwendung benötigt werden, in die Datenbasis der letzteren Anwendung repliziert werden. Dabei werden gleichzeitig eventuell erforderliche Konvertierungen vorgenommen. Der in Abbildung 2-30 dargestellte Pfeil zwischen den Datenbasen deutet die Replikation von Daten aus der linken in die rechte Datenbasis an; Replikationsmechanismen, die in beiden Richtungen arbeiten, sind ebenfalls denkbar.

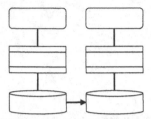

Abbildung 2-30: Architekturtyp „Integration über Replikation" (S. 141)

Als Architekturtyp „Integration über Methodenaufruf" bezeichnet *Vogler* den Zugriff einer Anwendung nicht direkt auf die Daten einer anderen Anwendung, sondern auf deren Funktionalität. In den Ausführungen von *Vogler* (S. 141) wird nicht klar, warum sich der Methodenaufruf – so wie es die Abbildung andeutet – auf die Fachfunktionalität und nicht auf die Datenzugriffsfunktionalität bezieht. Durch einen ausschliesslichen Zugang zu den Daten über die Fachfunktionalität würde die anwendungsneutrale Nutzung der Daten im Sinne der Daten-Programm-Unabhängigkeit behindert bzw. sogar unmöglich gemacht. Eine mögliche Erklärung liegt darin, dass die Abgrenzung zwischen Fachfunktionalität und Datenzugriffsfunktionalität nicht immer völlig trennscharf ist: Häufig müssen mehrere Datenzugriffsoperationen gemeinsam ausgeführt werden; beispielsweise darf die Bestellung eines neuen Kunden typischerweise nur zusammen mit dem neuen Kundenstammdatensatz angelegt werden. Da es sich hier um eine Geschäftsregel handelt, der auf Ebene der Datenbasis eine entsprechende Integritätsregel zuzuordnen ist, kann je nach Perspektive von einer Fachfunktionalität oder von einer Datenzugriffsfunktionalität gesprochen werden. Die Originalabbildung wurde aus den genannten Gründen dahingehend angepasst, dass der den Zugriff symbolisierende Pfeil sowohl auf die Fach- wie auf die Datenzugriffsfunktionalität deutet (vgl. Abbildung 2-31).

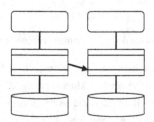

Abbildung 2-31: Architekturtyp „Integration über Methodenaufruf"
in Anlehnung an *Vogler* (S. 141)

Ein letzter Architekturtyp ist durch die „eigenständige Integrationsanwendung" gegeben (vgl. Abbildung 2-32). *Vogler* versteht darunter eine Anwendung, die zum Zweck der Integration erstellt und quasi „zwischengeschaltet" wird; sie ist in der Abbildung in der Mitte dargestellt. Die zugehörige Datenbasis ist dabei optional. Bei einem Data-Warehouse-System[170], das *Vogler* als eigenständige Integrationsanwendung klassifiziert, ist die Datenbasis das zentrale Element. Bei einem föderierten Datenbanksystem[171] fehlt die Datenbasis hingegen.

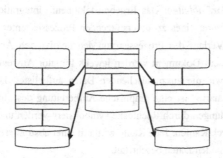

Abbildung 2-32: Architekturtyp „Eigenständige Integrationsanwendung" (S. 142)

Vorgehensmodell für die Systemintegration

Das Vorgehensmodell für die Systemintegration nach *Vogler* (S. 268 ff.) basiert auf einem zuvor durchzuführenden Prozessentwurf und verläuft in drei Phasen (Voruntersuchung, Konzeption und Realisierung), die ihrerseits wiederum in Techniken aufgeteilt sind:

Interaktionsanalyse: Die Phase „Voruntersuchung" wird durch die Technik „Interaktionsanalyse" konstituiert. Die Interaktionsanalyse verläuft in insgesamt vier Schritten:

1. *Datenbedarf erfassen*: Der Datenbedarf[172] wird aus den zuvor (im Rahmen der Analysen zur Prozessintegration) ermittelten Prozessen bzw. Aufgabenkettendiagrammen und den daraus ersichtlichen Daten- und Leistungsflüssen abgeleitet. Das Ergebnis besteht zum einen aus dem Datenbedarf, d.h. aus einem Verzeichnis zu den erforderlichen Datenobjekttypen in abstrahierter Form (z.B. „Auftrag") und den gegebenenfalls vorhandenen Quellen dieser Datenobjekttypen. In dem Verzeichnis wird auch vermerkt, wenn ein Datenobjekttyp in den vorhandenen Anwendungen nicht verfügbar

---

170 Vgl. dazu Abschnitt 4.2.2.1.1, S. 177 ff.
171 Vgl. dazu Abschnitt 4.2.2.2.1, S. 183 ff.
172 *Vogler* spricht von „Informationsbedarf". Da es sich aber um den Datenaustausch zwischen Anwendungen handelt und keine menschlichen Aufgabenträger involviert sind, wird hier der Begriff „Datenbedarf" verwendet.

ist. Zum Datenbedarf gehören zum anderen auch die so genannten Funktionsanforderungen, worunter die auf den identifizierten Datenobjekttypen auszuführenden Operationen zu verstehen sind. (z.B. „Auftrag erfassen").

In einem dritten Ergebnisdokument wird schliesslich der Datenbedarf so dokumentiert, dass zu jeder Aufgabe aus den identifizierten Prozessen die benötigten Daten (Datenobjekttypen) sowie die zugehörigen Quellen (Anwendungen) angegeben werden.

2. *Integrationsbedarf ableiten*: Das Ergebnisdokument „Integrationsbedarf" ergibt sich aus der Betrachtung eines zu unterstützenden Prozesses unter Berücksichtigung der Daten, die im Verlauf des Prozesses von den involvierten Anwendungen auszutauschen sind. In dem Dokument werden jeweils Initiator-Anwendung und Empfänger-Anwendung sowie die auszutauschenden Daten aufgelistet. Das Ergebnisdokument „Integrationsszenario" ist eine graphische Aufbereitung des „Integrationsbedarfs", in der die Anwendungen durch Rechtecke symbolisiert werden und die Datenflüsse zwischen ihnen durch Kanten. Jede Kante wird mit einer abstrahierenden Bezeichnung für die auszutauschenden Daten beschriftet.

3. *Integrationsbeziehungen identifizieren und analysieren*: Im Rahmen dieses Schritts werden jeweils alle Datenaustausche zwischen zwei Anwendungen sowie die verfügbaren Schnittstellen untersucht und dokumentiert. Das wesentliche Ergebnis dieses Schritts ist eine Ergänzung des oben erläuterten Integrationsbedarfs um eine Einschätzung, ob die vorhandenen Mechanismen ausreichend sind oder ob zusätzliche Schnittstellenfunktionalität zu ergänzen ist. An diesem Schritt wird einer der wesentlichen Unterschiede von *Voglers* Ansatz zu dem in der vorliegenden Arbeit verfolgten Ansatz deutlich: Integration wird jeweils für zwei Anwendungen geplant und realisiert; es geht nicht – und *Vogler* nennt diese Einschränkung in ihrem einleitenden Kapitel - um den Entwurf ganzer Integrationsarchitekturen.

4. *Umsetzung planen*: Der vierte und damit letzte Schritt der Interaktionsanalyse dient der Umsetzungsplanung. *Vogler* schildert unterschiedliche Varianten zur Bildung von Teilprojekten, die aber für die vorliegende Arbeit keine Relevanz besitzen.

Makroentwurf einer Integrationsbeziehung: Der Makroentwurf, der zur Konzeptionsphase gehört, bezieht sich (jeweils) auf eine Integrationsbeziehung, d.h. auf zwei miteinander zu integrierende Anwendungen. Auch hier wird in mehreren Schritten vorgegangen:

1. *Datentransfers ableiten*: In diesem Schritt werden die bereits im Rahmen der Voruntersuchung grob spezifizierten Datentransfers verfeinert, so dass zu jedem Datenobjekttyp nun auch die Attribute bekannt sind. Ferner wird untersucht, in welcher Art

(z.B. „batch, asynchron") sowie in welcher Periodizität und aufgrund welches Auslösers der jeweilige Datentransfer stattfindet.

2. *Daten analysieren*: Dieser Schritt dient dazu, die zwischen den beiden Anwendungen auszutauschenden Datenobjekttypen auf Attributebene miteinander zu vergleichen. Da zwischen den involvierten Datenobjekttypen eine Fülle von Abweichungen einschliesslich semantischer Unterschiede auftreten kann, ist eine detaillierte Untersuchung erforderlich, um geeignete Konvertierungsregeln ermitteln zu können[173].

3. *Methoden analysieren*: In diesem dritten Schritt ist zu prüfen, welche Methoden bzw. Operationen auf den auszutauschenden Datenobjekten von welcher Anwendung ausgeführt werden dürfen bzw. sollen. Das Ergebnisdokument zu diesem Schritt enthält für jede der beteiligten Anwendungen eine Auflistung, welche Operationen auf welchen der ausgetauschten Datenobjekte erlaubt sind; es zeigt damit auch an, inwieweit bestimmte Operationen redundant, d.h. in beiden Anwendungen vorhanden sind.

Das *Integrationsdesign* gehört, wie die vorhergehende Technik auch, zur Phase „Konzeption". Diese Technik beinhaltet wiederum drei Schritte:

1. *Wählen eines Architekturtyps*: Anhand der Eigenschaften der involvierten Anwendungen sowie mit Rücksicht auf eventuell bereits bestehende Datenaustauschbeziehungen zwischen ihnen werden Architekturtypen identifiziert, die technisch angemessen erscheinen. Anschliessend ist der optimale Architekturtyp auszuwählen. *Vogler* schlägt zu diesem Zweck ein Dokument für die Priorisierung vor, in dem zu jedem Architekturtyp Vor- und Nachteile sowie gegebenenfalls Bemerkungen aufgelistet werden. Auf dieser Basis erhält jeder Architekturtyp eine Priorität, so dass schliesslich der Typ mit der höchsten Priorität zur Realisierung ausgewählt werden kann.

2. *Middleware Assessment*: Dieser Schritt dient dazu, die technologischen Gegebenheiten des Unternehmens (vorhandene Middleware-Produkte, IT-Architektur-Prinzipien etc.) mit Blick auf den ausgewählten Architekturtyp zu analysieren. Im Ergebnisdokument, dem Middleware-Verzeichnis, werden alle im Unternehmen und am Markt verfügbaren Middleware-Technologien (technologische Lösungsvarianten) aufgelistet und durch verschiedene Angaben (Integration Enabler, z.B. „Electronic Data Interchange, Kommunikationsart, z.B. „asynchron", etc.) sowie Bewertungen (Vorteile, Nachteile, Bemerkungen) ergänzt.

---

173 Vgl. dazu auch Abschnitt 4.1, S. 153 ff.

3. *Eine technologische Lösungsvariante evaluieren*: Dieser Schritt unterzieht die Lösungsvarianten aus Schritt 2 einer Bewertung anhand von verschiedenen Kriterien.
   Neben den zu erwartenden Kosten ist beispielsweise auch zu prüfen, inwieweit sich
   die Variante in die technologische Architektur des Unternehmens einbetten lässt, und
   ob die erforderliche Kompetenz verfügbar ist. Ergebnis dieses Schritts ist das Integra-
   tionskonzept, das für die Integrationsbeziehung zwischen zwei Anwendungen die um-
   zusetzende technologische Lösungsvariante nennt und grob beschreibt.

Im Rahmen der *Integrationsspezifikation*, die ebenfalls zur Konzeptionsphase gehört, werden
die Vorgaben aus der Designphase konkretisiert. Auch hier wird in drei Schritten vorgegangen, nämlich „Datentransfer spezifizieren", „Schnittstellen spezifizieren" und „Integrations-
mechanismus konfigurieren". Da die Spezifikation über den Rahmen der vorliegenden Arbeit
hinausgeht, werden die Schritte hier nicht im Detail beschrieben. Gleiches gilt für die Phase
„Realisierung", die selbst bei *Vogler* nicht näher erläutert wird (S. 299).

2.6.1.2.2 Bewertung des Ansatzes im vorliegenden Kontext

Die Arbeit von *Vogler* liefert eine Konzeptualisierung (Typisierung) von Architekturen, die
für die vorliegende Arbeit von Bedeutung ist. Darüber hinaus zeigt die Methode zur Systemintegration von *Vogler* die Schritte auf, die im Rahmen eines Integrationsprojekts zu durch-
laufen sind. Wie bereits für die Ergebnisse der OASYS-Gruppe, werden auch die Ergebnisse
von *Vogler* den im ersten Kapitel aufgeworfenen Forschungsfragen der vorliegenden Arbeit
zugeordnet:

1. *Forschungsfrage zum Informationsbedarf*: Die Arbeit von *Vogler* ist mit der Beschränkung auf zwei zu verbindende Anwendungen nicht auf einen Informationsbedarf ausgerichtet, sondern auf einen Datenbedarf. Der Datenbedarf wird von *Vogler*
   aus den Ergebnissen der Prozessintegration abgeleitet. Dabei enthält der Ansatz nur
   implizite Bezüge zu Merkmalen, die zur Beschreibung des Datenbedarfs zu verwenden sind. Zum Beispiel finden sich einerseits in den Ausführungen zur Prozessintegration (S. 214 f.) Hinweise auf die möglichen Operationen auf die Daten („append",
   „modify", „delete" und „read") und andererseits in den Ausführungen zur Systemintegration Hinweise auf die Periodizität der Daten (im Schritt „Datentransfers ableiten"
   des Makroentwurfs, S. 283 f.). Insgesamt werden diese Ergebnisse allerdings nicht
   systematisch hergeleitet, da sie nicht im Kern der Arbeit von *Vogler* liegen; sie liefern
   daher nur bedingt Ergebnisse für diese Forschungsfrage.

2. *Forschungsfrage zum Zustand der Anwendungsarchitektur*: Im Rahmen von Schritt 3 der Interaktionsanalyse werden die Schnittstellen der vorhandenen Anwendungen auf ihre Eignung für die Integration überprüft („Integrationsbeziehungen identifizieren und analysieren", S. 278 f.). *Vogler* gibt allerdings keine detaillierten Handlungsempfehlungen, so dass dieser Schritt keinen Beitrag für die vorliegende Arbeit leistet.

3. *Forschungsfrage zur Typisierung von Integrationsarchitekturen*: Hier ordnen sich die Architekturtypen nach *Vogler* ein. Sie sind deshalb in einem späteren Abschnitt zu berücksichtigen[174].

4. *Forschungsfrage zur Auswahl geeigneter Integrationsarchitekturtypen*: Der Schritt 1 *„Wählen einer konzeptionellen Integrationsvariante"* in der Phase „Integrationsdesign" (S. 288 f.) widmet sich prinzipiell dieser Fragestellung, allerdings aus der speziellen Forschungsperspektive von *Vogler*, nämlich der Verbindung von zwei Anwendungen. Inwieweit sich die Ergebnisse übertragen lassen, ist zu einem späteren Zeitpunkt zu prüfen.

Eine wesentliche Einschränkung, die bei der Übertragung der Ergebnisse von *Vogler* zu berücksichtigen sein wird, liegt darin, dass jeweils zwei Anwendungen betrachtet und miteinander verbunden werden. Der Entwurf einer Architektur, die eine Integration für mehr als zwei Anwendungen erreicht, steht also nicht im Vordergrund. Die Realisierung bilateraler Verbindungen von Anwendungen kann jedoch bei unternehmensweitem Einsatz aufgrund der hohen Schnittstellenanzahl zu komplexen Strukturen führen.

2.6.2 Forschungsgebiete mit einzelnen Anknüpfungspunkten

Neben Arbeiten, deren Zielsetzungen eine grosse Ähnlichkeit mit denen dieser Arbeit aufweisen, existieren mit Blick auf die ersten drei der aufgeworfenen Forschungsfragen auch Forschungsgebiete, aus denen einzelne Ergebnisse verwendbar sind:

- Forschungsfrage 1 (Informationsbedarf): Einerseits können der Literatur zum Thema „Informationsbedarfsanalysen" geeignete Vorgehensweisen zur Ermittlung des Informationsbedarfs entnommen werden, und andererseits finden sich im Forschungsgebiet „Datenqualität" Merkmale, die sich auf die vorliegende Problemstellung übertragen lassen, um mit ihrer Hilfe einen Informationsbedarf beschreiben zu können. Die entsprechenden Referenzen finden sich in den Abschnitten 3.1.1 und 3.1.2.

---

174 Vgl. Abschnitt 4.3, S. 192 ff.

- Forschungsfrage 2 (Anwendungsarchitekturen): In Abschnitt 3.2 werden Ergebnisse aus den Forschungsgebieten „Verteilte Systeme" und „Multidatenbanksysteme" bei der Bewertung von Anwendungsarchitekturen herangezogen.

- Forschungsfrage 3: Die Integration von Daten aus unterschiedlichen Quellen ist in der Informatik unter dem Begriff „Schemaintegration" ein separates Forschungsgebiet. Eine Darstellung der für die vorliegende Arbeit relevanten Aspekte erfolgt in Abschnitt 4.1. Ebenfalls im Zusammenhang mit der dritten Forschungsfrage werden Ergebnisse aus dem Schrifttum zu Integrationsarchitekturtypen und Integrationstechnologien verwendet. Entsprechende Referenzen finden sich in den Abschnitten 4.2.1 und 4.2.2.

2.7 Zusammenfassung

Im vorliegenden Kapitel wurden zunächst die Grundlagen dieser Arbeit thematisiert. Das betriebliche Informationssystem stellte dabei den Ausgangspunkt der Betrachtung dar. Es konnte gezeigt werden, dass technische Einrichtungen bei der Aufgabenerfüllung im Unternehmen eine zentrale Rolle spielen und dass Veränderungen in der Aufgabenstruktur (Prozesse) unmittelbare Auswirkungen auf die Effektivität dieser technischen Einrichtungen haben. Die Ausführungen zum betrieblichen Informationssystem stellen darüber hinaus eine Verbindung her zwischen der Organisationsgestaltung und in der Praxis zu beobachtenden Phänomenen innerhalb der Datenverarbeitung, wie z.B. der Datenredundanz und der Dateninkonsistenz. Eine weitere wichtige Grundlage der Arbeit wurde mit dem Ansatz „integrierte Informationsverarbeitung" von *Mertens* vorgestellt. Ihren Abschluss fand die Grundlagenarbeit mit der Bedeutungsanalyse für zentrale Integrationsbegriffe aus der Literatur.

Die Grundlagen bildeten den Ausgangspunkt für die Definition des Bezugsrahmens: Ausgehend von einer betriebswirtschaftlich orientierten Definition des Begriffs „Datenintegration" wurde als Basis des Bezugsrahmens das St. Galler Business Engineering ausgewählt. Aufbauend auf dieser Perspektive erfolgten Definitionen für die zentralen Begriffe der Arbeit und eine betriebswirtschaftliche Betrachtung der Datenintegration. Anhand der so genannten Business-Engineering-Landkarte wurde ferner ein Integrationsmodell abgeleitet, das eine anschliessende Konkretisierung der Forschungsfragen aus dem ersten Kapitel ermöglichte. Basierend auf dieser Konkretisierung wurden schliesslich zwei eng verwandte Arbeiten identifiziert und im Detail vorgestellt. Das Integrationsmodell wird in den nachfolgenden Kapiteln zur Einordnung der Ergebnisse verwendet.

3 Untersuchung von Informationsbedarf und Anwendungsarchitektur

Ein Integrationsmodell besteht aus dem Prozessarchitekturmodell, das aus dem Blickwinkel dieser Arbeit als gegeben betrachtet wird, aus dem Informationsbedarf und aus dem Integrationsarchitekturmodell[175]. In dieser Systematik repräsentiert der Informationsbedarf die aus der Prozessarchitektur abgeleiteten (informationellen) Anforderungen aus Sicht des Aufgabenträgers und die Integrationsarchitektur die Umsetzung dieser Anforderungen durch eine Lösung[176].

Betrachtungsgegenstände dieses Kapitels sind mit dem Informationsbedarf (Abschnitt 3.1), der sich aus den zu unterstützenden Prozessen und damit aus der Prozessarchitektur ableitet, und der Anwendungsarchitektur (Abschnitt 3.2) nicht gestaltbare Komponenten des Integrationsmodells (vgl. die grau unterlegten Bereiche in Abbildung 3-1). Ziel des Kapitels ist die Beantwortung der Forschungsfragen 1 und 2.

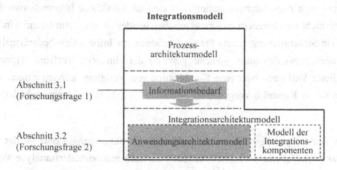

Abbildung 3-1: Einordnung des dritten Kapitels anhand des Integrationsmodells

3.1 Beschreibung des Informationsbedarfs

In diesem Abschnitt werden zunächst bekannte Verfahren zur Ermittlung des Informationsbedarfs vorgestellt (Abschnitt 3.1.1). Daran anschliessend werden die Merkmale identifiziert, die zur qualitativen Beschreibung des Informationsbedarfs erforderlich sind (Abschnitt 3.1.2).

---

175 Vgl. dazu die Ausführungen in Abschnitt 2.4.4, S. 60 ff.
176 Man könnte im Sinne der Ausführungen in Abschnitt 2.4.5, S. 65 ff., anstatt von „Anforderungen" und „Lösung" auch von „Ziel" und „Mittel" sprechen. *Winter et al.* unterscheiden für den Spezialfall eines Data-Warehouse-Systems eine anwenderbezogene Ebene (Informationsbedarf) und eine herstellerbezogene Ebene (Datenbereitstellung), die durch eine konzeptionelle Ebene miteinander in Beziehung gesetzt werden, vgl. Winter et al. (2002), S. 163 f.

3.1.1 Informationsbedarfsanalysen

Mit der in Abschnitt 2.4.3 angegebenen Definition für den Begriff „Informationsbedarf" wurde bewusst offen gelassen, ob der Informationsbedarf ausgehend von einem Bedarfs- bzw. Aufgabenträger (subjektiv) zu identifizieren ist oder ausgehend von einem Prozess oder einer Aufgabe (objektiv). Bereits bei der Konkretisierung der Forschungsfragen in Abschnitt 2.5 wurde mit Forschungsfrage 1 die Betrachtung auf die Qualitätsanforderungen beschränkt, d.h. die Erhebung der Informationsinhalte – in dieser Arbeit als inhaltlicher Informationsbedarf bezeichnet – wurde implizit ausgeklammert. In den Ausführungen dieses Kapitels und der beiden folgenden Kapitel wird deutlich werden, dass nur die Qualitätsanforderungen einen Einfluss auf die strukturellen Eigenschaften und damit die Gestaltung einer Integrationsarchitektur haben. Diese Qualitätsanforderungen werden daher in Abschnitt 3.1.2 als Merkmale des qualitativen Informationsbedarfs[177] detailliert untersucht.

In einer konkreten Anwendungssituation lässt sich der inhaltliche Informationsbedarf selbstverständlich nicht ausklammern und muss erhoben werden. Aus diesem Grund wird in diesem Abschnitt ein Strukturierungsansatz für die Verfahren zur Informationsbedarfsanalyse vorgestellt. Ausserdem werden kurz typische Vertreter der einzelnen Verfahrenstypen erläutert. Einzelne dieser Verfahren oder eine Kombination von Verfahren können eingesetzt werden, um mittels der in Kapitel 6 vorgestellten Methode[178] konkrete Informationsbedarfe zu erheben.

Ein in der deutschsprachigen Literatur verbreiteter Strukturierungsansatz ist der Vorschlag von *Küpper* (vgl. Tabelle 3-1). Die Verfahren zur Informationsbedarfsanalyse werden nach diesem Ansatz einerseits anhand der Informationsquellen differenziert, die bei der Analyse zum Einsatz kommen, und andererseits danach, ob induktiv oder deduktiv vorgegangen wird. Von einer induktiven Vorgehensweise ist zu sprechen, wenn ausgehend von konkret geäusserten Bedarfen der Aufgabenträger oder von existierenden Berichtsstrukturen (induktiv) auf den Informationsbedarf geschlossen wird; das Ergebnis derartiger Vorgehensweisen ist der subjektive Informationsbedarf. Bei den deduktiven Verfahren ist der Ausgangspunkt hingegen die (Management-)Aufgabe oder sogar die unternehmerische Gesamtaufgabe, aus der dann analytisch der objektive Informationsbedarf abgeleitet wird[179].

---

177 *Alpar et al.* sprechen in diesem Zusammenhang von „Informationsattributen", vgl. Alpar et al. (2000), S. 8 ff.
178 Vgl. die Ausführungen zu Aktivität 1 in Abschnitt 6.2.4, S. 239 ff.
179 Vgl. Sinz et al. (1999), S. 3.

Informationsquellen	Betriebliche Doku-mente	Betriebliche Datenerfassung		Informationsverwender
Induktive Analysemethoden	Dokumentenanalyse	Datentechnische Analyse	Organisationsanalyse	Befragung - Interview - Fragebogen - Bericht
Informationsquellen	Aufgaben und Ziele der Unternehmung	Planungsmodelle der Unternehmung		Theoretische Planungsmodelle
Deduktive Analysemethoden	Deduktiv-logische Analyse	Modellanalyse		

Tabelle 3-1: Strukturierung der Verfahren zur Informationsbedarfsanalyse nach *Küpper*[180]

Im Folgenden werden die Verfahrenstypen kurz vorgestellt[181] und – sofern möglich – konkrete Beispiele genannt.

Dokumentenanalyse

Bei der Dokumentenanalyse wird die für Aufgabenträger bestehende Informationsversorgung analysiert. Beispielsweise werden existierende Berichte daraufhin untersucht, welche Informationsobjekte verwendet werden. Bei diesem Verfahrenstyp ist der Induktionsschluss vom Informationsangebot (Dokumente) auf den Informationsbedarf zu kritisieren, denn er unterstellt eine im Ist-Zustand effektive Informationsversorgung.

Datentechnische Analyse und Organisationsanalyse

Die datentechnischen Analysen und die Organisationsanalysen werden in der oben zitierten Literatur separat genannt. Die Ausführungen von *Koreimann* zeigen aber, dass sich diese beiden Verfahrenstypen im Sinne einer Informationsbedarfsanalyse ergänzen: „Datentechnische Analysen dienen insbesondere dazu, die Ergebnisse der Organisationsanalysen so aufzubereiten, dass eine Basis für die systemgerechte Gestaltung gewonnen wird"[182]. Das Ziel einer Organisationsanalyse liegt nach *Koreimann* in der Definition und kritischen Betrachtung des betrieblichen Aktionsgefüges; man könnte also im Sinne der hier verwendeten Terminologie auch von einer Analyse der bestehenden (Geschäfts-)Prozesse sprechen. Das Ziel einer datentechnischen Analyse besteht hingegen darin, Datenstrukturen zu definieren, d.h., die aus betrieblicher Sicht relevanten Datenobjekte und deren Beziehungen untereinander zu dokumentieren. Bei einer kombinierten Anwendung von Organisationsanalyse und datentechnischer

---

180 Küpper (2001), S. 145.
181 Vgl. Küpper (2001), S. 145 ff., Horváth (1996), S. 346 ff., Koreimann (1975), S. 61 ff.
182 Koreimann (1975), S. 113.

Analyse sind schliesslich die definierten Datenobjekte den Geschäftsprozessen oder den einzelnen Aktivitäten innerhalb dieser Prozesse zuzuordnen.

Die so genannten datentechnischen Analysen finden sich typischerweise innerhalb von Methoden für die Softwareentwicklung und dort beispielsweise unter Bezeichnungen wie „Vorgehensmodelle zur konzeptionellen Datenmodellierung"[183]. Lediglich *Walpoth* detailliert diesen Aspekt aus Sicht der Softwareentwicklung explizit als Informationsbedarfsanalyse, nämlich unter der Bezeichnung „Vorgehen bei der Informationsbedarfsanalyse im Informatikprojekt"[184].

Befragung

Der Verfahrenstyp „Befragung" weist drei verschiedene Erhebungstechniken auf, die einzeln oder in Kombination eingesetzt werden können: Interview, Fragebogen und Bericht. Allen Techniken ist gemein, dass der Informationsbedarf direkt, d.h. auf Basis von Aussagen der Aufgabenträger erhoben wird.

Strauch schlägt im Rahmen seiner „Methode für die Informationsbedarfsanalyse im Data Warehousing" vor, den Informationsbedarf im Rahmen von Interviews durch so genannte Geschäftsfragen („Business questions") zu ermitteln[185]. Dabei handelt es sich um einen neueren Ansatz, bei dem zunächst die Fragestellungen der Aufgabenträger im Vordergrund der Betrachtung stehen. Der Grund für diese Vorgehensweise liegt in der Beobachtung, dass es Aufgabenträgern leichter fällt, die mit ihren Aufgaben verbundenen Fragestellungen zu explizieren, als die Informationsobjekte, die sie in ihrer täglichen Arbeit benötigen.

Die Verwendung von Fragebögen, die *Koreimann* im Gegensatz zu den anderen Autoren als Ergänzung innerhalb von Interviews sieht, dient der strukturierten Erhebung von Informationsbedarfen durch schriftliche Befragung der Aufgabenträger. Durch die Vorgabe des Fragebogens ergibt sich einerseits der Nachteil, dass die Befragten durch die antizipierten Antwortoptionen unter Umständen zu stark bei ihren Antworten eingeschränkt werden. Gleichzeitig wird dies andererseits auch als Vorteil hervorgehoben, denn die Fragebögen sind dadurch leichter auszuwerten und – bei Befragungen mehrerer Personen – leichter zu vergleichen. Die dritte und damit letzte Technik innerhalb des Verfahrenstyps „Befragung" ist der Bericht. Dabei wird der befragte Aufgabenträger aufgefordert, seine Aufgaben sowie die dabei erforderlichen Informationsobjekte zu dokumentieren. Bei dieser Technik werden die Interventions-

---

183 Vgl. Alpar et al. (2000), S. 245 ff.
184 Vgl. Walpoth (1992), S. 168 ff.
185 Vgl. Strauch (2002), S. 187 ff.

möglichkeiten des Befragenden auf ein Minimum reduziert. Dies kann sich sowohl vorteilhaft (unverfälschte Antworten) als auch nachteilig (unzweckmässige Antworten) auswirken.

Deduktiv-logische Analyse

Bei der deduktiv-logischen Analyse werden ausgehend von der Unternehmensgesamtaufgabe (oder ausgehend von Teilaufgaben) schrittweise Teilaufgaben gebildet, die jeweils daraufhin untersucht werden, welche Informationsobjekte mit Blick auf die sich ergebenden Entscheidungsziele erforderlich sind. Hier ergeben sich Anknüpfungspunkte zur Organisationsgestaltung, deren Aufgabe u.a. in der Zerlegung der Unternehmensgesamtaufgabe in Teilaufgaben liegt[186].

Modellanalyse

Der letzte Verfahrenstyp ist die „Modellanalyse". Betrachtungsgegenstände sind hier die verschiedenen Planungsmodelle, die eingesetzt werden: einerseits die faktisch in einem Unternehmen verwendeten Planungsmodelle und andererseits die theoretischen Planungsmodelle (z.B. „optimale Losgrösse" und „Produktions- und Absatzprogramm"). Die für die jeweiligen Modelle erforderlichen Parameter (z.B. im Fall der optimalen Losgrösse „Lagerkosten", „Periodenbedarf" usw.) stellen den jeweiligen Informationsbedarf dar.

Hybride Verfahren zur Informationsbedarfsanalyse

Nicht alle Verfahren zur Informationsbedarfsanalyse lassen sich eindeutig den induktiven oder den deduktiven Verfahren zuordnen. Zwei bekannte Verfahren, auf die das zutrifft, sind das von *IBM* entwickelte „Business Systems Planning (BSP)"[187] und die von *Rockart* vorgeschlagene Methode der „Kritischen Erfolgsfaktoren" („Critical Success Factor (CSF) Method")[188].

BSP ist ein Verfahren, das insgesamt für die Abgrenzung von Anwendungen und damit für die Architekturplanung eingesetzt wird. BSP kann, partiell angewendet, auch im Sinne einer Informationsbedarfsanalyse verwendet werden. Durch Gegenüberstellung einerseits von Datenobjektgruppen (sog. Datencluster) und andererseits von Geschäftsprozessen lässt sich klären, welche Datencluster in welchem Prozess bzw. in welcher Aktivität und damit von welchen Aufgabenträgern genutzt werden. Dieser Teil von BSP, der als kombinierte Anwendung

---

186 Vgl. Abschnitt 2.1.4.1, S. 18 ff.
187 Vgl. IBM (1984). Die eindeutige Zuordnung von BSP zu den induktiven oder den deduktiven Methoden ist nicht unbestritten. Während *Küpper* BSP zu den kombinierten Verfahren rechnet, ordnet *Horváth* dieses Verfahren implizit den deduktiven Verfahren zu.
188 Vgl. Rockart (1979).

von Organisationsanalyse und datentechnischer Analyse bezeichnet werden kann, ist den deduktiven Verfahren zuzurechnen. Da BSP aber auch einen Abgleich der identifizierten Nutzung von Datenclustern mit dem subjektiven Informationsbedarf der Führungskräfte vorsieht, der im Rahmen von Interviews durchgeführt wird, ist BSP gleichzeitig den induktiven Verfahren zuzuordnen.

Der CSF-Methode, die zur Unterstützung von unternehmerischen Steuerungsaufgaben entwickelt wurde, liegt die Annahme zugrunde, dass es für ein Unternehmen eine begrenzte Anzahl von Erfolgsfaktoren gibt, die einen massgeblichen Einfluss auf die Unternehmenszielerreichung ausüben. Gemäss der Methode werden diese Erfolgsfaktoren in Interviews mit den obersten Führungskräften erhoben. Ferner werden Messvorschriften für die Erfolgsfaktoren definiert, die eine Operationalisierung der Erfolgsfaktoren ermöglichen. In einem dritten Schritt wird das betriebliche Informationssystem daraufhin untersucht, ob die in den Messvorschriften enthaltenen Parameter verfügbar sind. Den Abschluss der Methode bildet die Initiierung von Implementierungsmassnahmen, die unter Anwendung der Messvorschriften auf die Informationsversorgung der befragten Führungskräfte gerichtet sind. *Rockart* betont die Anwendbarkeit der CSF-Methode auch für andere Managementstufen, wenn nämlich die jeweils zugrunde liegende zentrale Aufgabe einer Stufe und die dabei relevanten kritischen Erfolgsfaktoren fokussiert werden. Die CSF-Methode gehört zu den hybriden Verfahren, weil sie einerseits induktive Elemente beinhaltet (Interviews), andererseits aber mit dem Fokus auf Unternehmenszielen und der darauf basierenden Ableitung von Aufgaben auch deduktiv vorgeht.

3.1.2 Identifikation der Merkmale des qualitativen Informationsbedarfs

In diesem Abschnitt sind die (Qualitäts-)Merkmale des Informationsbedarfs zu ermitteln, die für eine spätere Auswahl geeigneter Integrationsarchitekturtypen von Bedeutung sind. Dabei wird der Ansatz verfolgt, zunächst eine möglichst vollständige Erhebung von Merkmalen und Merkmalsausprägungen (Eigenschaften) durchzuführen. Erst in einem späteren Kapitel werden dann die Merkmale selektiert, die mit Blick auf ein Integrationsvorhaben besondere Relevanz besitzen und damit für die Auswahl geeigneter Integrationsarchitekturtypen von Bedeutung sind[189].

Die im Folgenden erläuterte Menge von Merkmalen wurde durch eine Literaturrecherche zum Thema Datenqualität[190] erhoben, ergänzt und durch eine Gegenüberstellung mit Vorschlägen

---

189 Vgl. dazu die Ausführungen in Abschnitt 5.1, S. 212 ff.
190 Vgl. Berry, Linoff (2000), S. 177 ff., Wang (1998), Miville, Gustke (1994), Trauth, Kwan (1984) sowie Helfert (2002), S. 68 ff. und die dort zitierte Literatur.

aus der Literatur sowie durch zwei Experteninterviews überprüft. Die Merkmale werden zweckentsprechend[191] aus einer nutzungsorientierten Perspektive beschrieben und auf den Kontext Integration übertragen. Als Ausgangspunkt wird ein umfassender Vorschlag von *Wang et al.*[192] (vgl. Tabelle 3-2) herangezogen. Genauere Definitionen der einzelnen Qualitätsdimensionen und -merkmale finden sich in einer älteren Arbeit, an der *Wang* ebenfalls beteiligt war[193].

Qualitätskategorie	Qualitätsdimensionen
Intrinsische Qualität	Genauigkeit, Objektivität, Glaubwürdigkeit, Reputation
Kontextabhängige Qualität	Aktualität, Pünktlichkeit, Relevanz, Mehrwert, Vollständigkeit, Datenmenge
Darstellungsqualität	Interpretierbarkeit, Verständlichkeit, Angemessenheit, Darstellungskonsistenz
Zugriffsqualität	Zugreifbarkeit, Sicherheit

Tabelle 3-2: Qualitätskategorien und -dimensionen

Unter der Qualitätskategorie *„Intrinsische Qualität"* sind die Merkmale zusammengefasst, welche die Informationselemente isoliert aufweisen, also unabhängig von ihrer Speicherung, dem möglichen Zugriff oder ihrem Kontext. Die Qualitätskategorie *„Kontextabhängige Qualität"* gruppiert hingegen die Merkmale, die nur unter Berücksichtigung eines gegebenen Verwendungszwecks (Kontext) beurteilt werden können. Die *„Darstellungsqualität"* ist eine Kategorie, die Merkmale im Zusammenhang mit der Darstellung von Informationselementen (für einen Aufgabenträger) enthält. Die vierte Qualitätskategorie, die *„Zugriffsqualität"*, gruppiert schliesslich die Merkmale, die im Zusammenhang mit dem Zugriff auf Informationselemente von Bedeutung sind.

In der vorliegenden Arbeit wird anstatt von „Qualitäts*dimensionen*" von „Qualitäts*merkmalen*" gesprochen, um Konsistenz mit den hier verwendeten Begriffen zu erreichen; Ausprägungen von Qualitätsmerkmalen werden entsprechend als Eigenschaften bezeichnet (Beispiel: Qualitätsmerkmal „Farbe", Ausprägung bzw. Eigenschaft „Blau"). Die Qualitätsmerkmale werden in den folgenden Abschnitten losgelöst von den Qualitätskategorien betrachtet. Der Grund dafür liegt darin, dass beispielsweise eigentlich intrinsische Merkmale einen kontextbezogenen oder sogar subjektiven Charakter annehmen, sobald entsprechende Merkmalsaus-

---

191 Vgl. dazu insbesondere die Definition des Begriffs „Datenintegration" in Abschnitt 2.4.1, S. 44 ff.
192 Vgl. Wang et al. (1994), S. 13 ff.
193 Vgl. Wand, Wang (1996).

prägungen in Form von Anforderungen definiert werden. Da es zwischen den Merkmalen verschiedener Kategorien Anknüpfungspunkte gibt, die in der Darstellung berücksichtigt werden sollen, werden die Merkmale darüber hinaus nicht in derselben Reihenfolge wie in Tabelle 3-2 vorgestellt.

Einige der Merkmale werden von *Bleicher* im Zusammenhang mit der Informationsversorgung in Managementsystemen genannt[194]. Um den Bezug zu diesem wichtigen Anwendungsszenario der Datenintegration herzustellen, wird bei den jeweiligen Merkmalen auf die korrespondierende Merkmalsbezeichnung von *Bleicher* hingewiesen.

3.1.2.1 Periodizität

Im betrieblichen Berichtswesen werden drei Berichtsformen unterschieden, nämlich Standard-, Abweichungs- und Bedarfsberichte[195]. Während Bedarfsberichte vom Aufgabenträger angefordert werden und damit unregelmässig zu erstellen sind, unterliegen die beiden anderen Berichtsformen einem Rhythmus, d.h. einer zeitlichen Regelmässigkeit:

- Für den Fall der *Standardberichte* ist dies offensichtlich; sie werden zu vorab festgelegten Zeitpunkten oder in vorab festgelegten zeitlichen Abständen benötigt.

- *Abweichungsberichte* werden hingegen ausgelöst, wenn bestimmte Bedingungen erfüllt sind, beispielsweise die Überschreitung von vorab festgelegten Grenzwerten oder eine zu grosse Abweichung der Ist- von den Soll-Werten. Das Erfordernis, einen Rhythmus festzulegen, resultiert hier aus der Tatsache, dass der Auslöser eines Abweichungsberichts, also das Eintreten einer Abweichung, in zu definierenden Abständen überprüft werden muss.

Während also die Bedarfsberichte keine Anforderungen im Sinne einer regelmässigen Informationsversorgung implizieren, müssen für die beiden anderen Berichtsformen Rhythmen festgelegt werden. *Strauch* spricht in diesem Zusammenhang von der Periodizität, in der bestimmte Informationsobjekte benötigt werden[196]. Berücksichtigt man alle möglichen Berichtsformen bei der Spezifikation des Merkmals „Periodizität", so ergeben sich folgende Merkmalsausprägungen bzw. Eigenschaften:

- „einmalig, spontan" (bei Bedarfsberichten);

---

194 Vgl. Bleicher (1991), S. 238 ff.
195 Vgl. Horváth (1996), S. 584.
196 Vgl. Strauch (2002), S. 144.

- „mehrfach in spezifischen Zeitpunkten oder in einem Startzeitpunkt und wiederholt nach Ablauf einer Zeitspanne". Die Zeitspanne legt das konstante Berichtsintervall fest (bei Standardberichten) oder die Zeitpunkte für einen Soll-Ist-Vergleich (bei Abweichungsberichten).

Bei der Periodizität handelt es sich um ein Merkmal, das in der Literatur zum Thema „Datenqualität" nur vereinzelt genannt wird[197]. Während also einerseits die Datenqualitätsmerkmale für diese Arbeit Relevanz besitzen, kann andererseits nicht davon ausgegangen werden, dass sie für die Spezifikation des qualitativen Informationsbedarfs ausreichend sind.

3.1.2.2 Genauigkeit

Wand und Wang führen aus, dass es für das von ihnen als „accuracy and precision" bezeichnete Merkmal, also die Genauigkeit, in der Literatur keine präzise Definition gibt. Die Definition, die sie selbst wählen („... inaccuracy implies that [the] information system represents a real-world state different from the one that should have been represented"[198]), ist aber aus Sicht des Verfassers ebenfalls unpräzise und deshalb für den hier verfolgten Zweck ungeeignet. Stattdessen wird auf eine Definition von *Lehner* zurückgegriffen, nach der die Genauigkeit angibt, wie detailliert ein Realweltobjekt durch Daten beschrieben wird[199]; auch *Bleicher* verwendet diese Bezeichnung im Kontext von Managementsystemen[200]. Auf Basis der genannten Definition lässt sich das Merkmal durch die Betrachtung von zwei Aspekten operationalisieren:

- *Anzahl der zur Beschreibung verwendeten Informationselementtypen*: Die Genauigkeit gibt an, wie viele Informationselementtypen innerhalb eines Informationsobjekts zur Beschreibung eines Realweltobjekts verwendet werden. Die zugrunde liegende Annahme liegt darin, dass die Verwendung mehrerer Informationselementtypen eine präzisere Beschreibung eines Realweltobjekts ermöglicht.

- *Skalenniveau der Informationselementtypen*: Die Genauigkeit gibt an, welches Skalenniveau die zur Beschreibung eines Realweltobjekts verwendeten Informationselementtypen besitzen. Ein höheres Skalenniveau ist ein Indiz für höhere Genauigkeit. Eine Ordinalskala ist im Vergleich zu einer Intervallskala beispielsweise als ungenau einzustufen. Als Beispiel kann ein Informationselementtyp „Unternehmensgrösse"

---

197 Vgl. z.B. Winter, Strauch (2004), S. 1362.
198 Wand, Wang (1996), S. 93.
199 Vgl. Lehner (2003), S. 136.
200 Vgl. Bleicher (1991), S. 242.

dienen, der durch die Anzahl der Mitarbeiter operationalisiert wird; zur Veranschaulichung werden die Werte für vier Beispielunternehmen mit 12, 37, 57 und 1012 Mitarbeitern dargestellt. Die folgenden, alternativen Skalen sind nach zunehmendem Skalenniveau und damit zunehmender Genauigkeit geordnet:

- Grössenangabe mit Intervallen,

  Beispielsskala „klein" [0;50[; „mittel" [50;1000[; „gross" [1000;∞[[201]:

  Merkmalsausprägungen für die Beispielunternehmen: klein, klein, mittel, gross;

- Grössenangabe durch Werte, die auf die Zehnerstelle auf- oder abgerundet sind:

  Merkmalsausprägungen für die Beispielunternehmen: 10, 40, 60, 1010;

- Grössenangabe durch exakte Werte:

  Merkmalsausprägungen für die Beispielunternehmen: 12, 37, 57, 1012;

Offenbar ist die dritte Skala die genauste. Bei diesem zweiten Aspekt der Genauigkeit
wird auch deutlich, dass die Verwendung einer Skala mit höherem Niveau eine bessere Vergleichbarkeit der einzelnen Werte ermöglicht. Während die erstgenannte Skala
nur grobe Rückschlüsse auf Unterschiede zwischen den Unternehmensgrössen zulässt
(beispielsweise die Ausprägungen „klein" und „mittel"), ist dies bei der zweiten Skala
durchaus möglich; eine genaue Einschätzung ist aber erst bei Verwendung der dritten
Skala durchführbar.

Während der erstgenannte Aspekt der Genauigkeit (Anzahl der zur Beschreibung verwendeten Informationselementtypen) bereits durch den inhaltlichen Informationsbedarf abgedeckt
wird, ist das Skalenniveau der Informationselementtypen eindeutig ein Aspekt des qualitativen Informationsbedarfs. Ein Aufgabenträger sollte folglich zu jedem Informationselementtyp
innerhalb eines Informationsobjekts angeben, wie der Wertebereich für seine Zwecke skaliert
sein muss.

3.1.2.3 Pünktlichkeit

Da Pünktlichkeit eine generelle Forderung ist, die als solche vage und nicht spezifisch genug
ist, muss sie konkretisiert und in geeigneter Form operationalisiert werden. Die Pünktlichkeit
der Bereitstellung von Informationsobjekten kann in zwei unterschiedlichen Varianten betrachtet werden, die in enger Verbindung zu dem weiter vorne vorgestellten Merkmal „Periodizität" stehen:

---

201 Die eckigen Klammern zeigen an, ob die jeweilige Intervallgrenze zum Intervall gehört (Klammer nach in-
nen geöffnet) oder nicht (Klammer nach aussen geöffnet).

1. Ad-hoc-Anforderung von Informationsobjekten: Bei einer spontanen Anforderung von Informationsobjekten ist unter „Pünktlichkeit" zu verstehen, ob die vom Aufgabenträger erwartete Zeitspanne zwischen Anforderung und Eintreffen der Informationsobjekte über- oder unterschritten wird. Im ersten Fall kann von Unpünktlichkeit gesprochen werden, im zweiten von Pünktlichkeit. Die Pünktlichkeit wird also bei vorausgesetzter rechtzeitiger Anforderung durch einen Vergleich eines – z.B. aus Erfahrungen abgeleiteten – erwarteten Antwortzeitverhaltens mit dem tatsächlichen Antwortzeitverhalten des informationsbereitstellenden Systems beurteilt.

2. Bereitstellung von Informationsobjekten in regelmässigen Abständen[202] oder zu definierten Zeitpunkten: Bei dieser Variante erfolgt die Beurteilung der Pünktlichkeit allein durch eine Prüfung, ob die Informationsobjekte zu den spezifizierten Zeitpunkten vorliegen.

Eine schematische Darstellung der „Pünktlichkeit" findet sich in Abbildung 3-2. Die Pünktlichkeit bemisst sich sowohl bei Ad-hoc-Anforderungen als auch bei vordefinierten Bereitstellungszeitpunkten danach, inwieweit der tatsächliche Zeitpunkt der Bereitstellung von dem erwarteten Zeitpunkt abweicht.

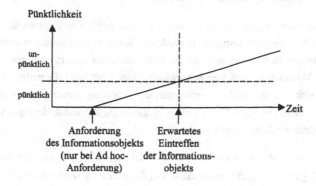

Abbildung 3-2: Schematische Darstellung des Merkmals „Pünktlichkeit"

3.1.2.4 Aktualität

Die Aktualität zeigt an, inwieweit ein Informationsobjekt den Zustand eines oder mehrerer Realweltobjekte zu einem bestimmten Bezugszeitpunkt wiedergibt. Dabei ergeben sich in

---

202 Vgl. dazu auch die Ausführungen zum Merkmal „Periodizität" in Abschnitt 3.1.2.1.

Abhängigkeit von dem gewählten Zeitpunkt unterschiedliche Interpretationen dieses Merkmals, nämlich die Aktualität zum Erfassungszeitpunkt und die Aktualität zum gegenwärtigen Zeitpunkt. *Wang* erwähnt ein entsprechendes Merkmal zunächst unter dem Begriff „currency"[203], in späteren Publikationen wird dieser Aspekt unter dem Begriff „timeliness" subsumiert[204]. Dieser Auslegung, also der Vermischung von Pünktlichkeit und Aktualität, wird hier widersprochen, denn mit den Ausführungen im vorhergehenden und in diesem Abschnitt kann gezeigt werden, dass es sich – obwohl Zusammenhänge bestehen – um zwei voneinander abgrenzbare Merkmale handelt. Die Aktualität kann wie folgt betrachtet werden:

- *Aktualität zum Erfassungszeitpunkt*: Wenn ein Informationsobjekt den Zustand des zugehörigen Realweltobjekts zum Erfassungszeitpunkt korrekt wiedergibt, kann von Aktualität zum Erfassungszeitpunkt gesprochen werden. Es ist dabei nicht erheblich, ob das Realweltobjekt in der Zwischenzeit, etwa bis zum gegenwärtigen Zeitpunkt, seinen Zustand geändert hat. Der gegenteilige Fall – ein zum Erfassungszeitpunkt inaktuelles Informationsobjekt – kann eintreten, wenn die zugrunde liegenden Datenelemente nicht unmittelbar bei der „Beobachtung" des Realweltobjekts erfasst werden. Beispielsweise durch den „Umweg" eines Formulars, dessen Inhalte erst zu einem späteren Zeitpunkt als Datenelemente erfasst werden, kann die Aktualität zum Erfassungszeitpunkt bereits beeinträchtigt sein.

- *Aktualität zum gegenwärtigen Zeitpunkt*: Die Aktualität zum gegenwärtigen Zeitpunkt drückt die wesentlich restriktivere Forderung aus, dass ein Informationsobjekt den gegenwärtigen Zustand des zugehörigen Realweltobjekts korrekt wiedergeben soll. Fehlende Aktualität in dem hier betrachteten Sinne liegt bei Informationsobjekten vor, wenn sich zwischenzeitlich – also nach der Erfassung zunächst korrekter Datenelemente – nicht „bemerkte" oder nicht berücksichtigte Zustandsänderungen des betrachteten Realweltobjekts ergeben haben[205].

Bei beiden Varianten der Aktualität ergeben sich Schwierigkeiten hinsichtlich einer Beurteilung von vorliegenden Informationsobjekten. Bei der ersten Variante müsste bekannt sein, in welchem Zustand sich das Realweltobjekt zum Erfassungszeitpunkt tatsächlich befand. Vom Vorliegen derartiger Informationen kann nur in seltenen Fällen ausgegangen werden, und der Aufwand für die nachträgliche Ermittlung steht nicht in einer ökonomisch sinnvollen Relation zum Nutzen, den die dann durchführbare Beurteilung stiftet. Bei der zweiten Variante müsste bekannt sein oder ermittelt werden, in welchem Zustand sich das Realweltobjekt zum Be-

---

203 Vgl. Wand, Wang (1996).
204 Vgl. Wang et al. (1998), Strong et al. (1997).
205 Vgl. Simon, Shaffer (2001), S. 203.

trachtungszeitpunkt befindet. Auch vom Vorliegen dieser Information kann nicht ausgegangen werden, allerdings ist ihre Ermittlung hier zumindest mit einem kleineren Aufwand als bei der vorhergehenden Variante möglich.

Die Aktualität von Informationsobjekten ist offenbar immer von einem Bezugszeitpunkt abhängig. Aus einer anderen Perspektive betrachtet, könnte man in Anlehnung an *Schmidt und Gellersen*[206] auch argumentieren, dass die Aktualität von Informationsobjekten in einem bestimmten Kontext (zu einer Ursprungszeit) gegeben ist. Der Kontext verändert sich im Zeitablauf, so dass er mit zunehmendem Abstand von der Ursprungszeit immer weniger Ähnlichkeit mit dem ursprünglichen Kontext der Informationsobjekte hat. Bei inaktuellen Informationsobjekten könnte man also nach dieser Sichtweise alternativ konstatieren, dass der Kontext für die gegebenen Informationsobjekte keine Relevanz mehr besitzt.

Das Merkmal „Aktualität zum Erfassungszeitpunkt" hat keine offensichtlichen Anwendungsmöglichkeiten; es diente lediglich als theoretisches Konstrukt zur Erläuterung der „Aktualität zum gegenwärtigen Zeitpunkt". Die weiteren Ausführungen konzentrieren sich deshalb auf das zweite der beiden Merkmale (im Folgenden kurz „Aktualität" genannt).

Für die *Aktualität aus Sicht des Informationsbedarfs* sind Anforderungen mit Bezug zum aktuellen Zustand des betrachteten Realweltobjekts zu formulieren:

- *Echtzeit*: Die bereitgestellten Informationsobjekte sollen den aktuellen Zustand des Realweltobjekts wiedergeben.

- *Nicht Echtzeit*: Es werden „veraltete" Informationsobjekte akzeptiert, d.h., die Informationsobjekte dürfen einen Zustand des Realweltobjekts wiedergeben, der in der Vergangenheit beobachtet wurde und sich zwischenzeitlich verändert haben kann. Bei dieser zweiten Merkmalsausprägung ist die zusätzliche Kenntnis des Bezugszeitpunkts oder Bezugszeitraums von grosser Bedeutung, also des Zeitintervalls, für das der angegebene Zustand des Realweltobjekts Gültigkeit besitzt[207].

3.1.2.5 Relevanz

Das Merkmal „Relevanz" gibt Auskunft darüber, ob ein Informationsobjekt in einem bestimmten Kontext, beispielsweise bei der Erfüllung einer Aufgabe durch einen Aufgabenträger, von Bedeutung ist. Wenn das Vorhandensein eines Informationsobjekts die Aufgabener-

---

206 Vgl. Schmidt, Gellersen (2001), S 215 ff.
207 Vgl. dazu z.B. Knolmayer, Myrach (1996).

füllung möglich macht oder zumindest unterstützt, kann folglich von Relevanz gesprochen werden. Bereits in Kapitel 2 wurde ausgeführt, dass ein Informationsbedarf typischerweise dann entsteht, wenn ein Aufgabenträger eine Aufgabe auszuführen hat[208]. Insofern bedingt der Einschluss eines Informationsobjekts in den Informationsbedarf ursächlich, dass zumindest subjektiv Relevanz gegeben ist.

Dieses Qualitätsmerkmal hat enge Bezüge zu vielen der anderen Merkmale, beispielsweise zur Pünktlichkeit. Wenn ein Informationsobjekt den Aufgabenträger nicht pünktlich, also zu spät, erreicht, ist damit auch die Relevanz eingeschränkt oder im Extremfall gar nicht mehr gegeben.

3.1.2.6 Fehlerfreiheit

Das Merkmal „Fehlerfreiheit"[209] bzw. „Korrektheit" findet sich in nahezu jeder Publikation zum Thema „Datenqualität", eine genaue Definition wird allerdings jeweils nicht angegeben[210]. Eine zumindest vage, dabei allerdings zirkuläre Definition für das Merkmal „Korrektheit" verwendet *Helfert*: „Die Daten stimmen inhaltlich mit der Datendefinition überein und sind empirisch korrekt"[211]. Für die Zwecke der vorliegenden Arbeit wird das Merkmal „Fehlerfreiheit" wie folgt definiert:

> Ein Informationsobjekt ist bezogen auf einen bestimmten Zeitpunkt fehlerfrei, wenn die in ihm enthaltenen Informationselemente die Eigenschaften der zugehörigen Realweltobjekte in jenem Zeitpunkt widerspiegeln.

Bei zeitinvarianten Merkmalen von Realweltobjekten ist die Fehlerfreiheit ohne einen Zeitbezug beurteilbar.

Das Merkmal „Fehlerfreiheit" weist starke Überlappungen mit dem Merkmal „Aktualität" auf, denn Informationsobjekte, die nicht aktuell sind, spiegeln den Zustand des zugrunde liegenden Realweltobjekts (in einem Bezugszeitpunkt) fehlerhaft wider.

Im Gegensatz zur Aktualität allerdings, die sich nur auf den Fall zunächst korrekt erfasster Datenelemente bezieht, fokussiert die Fehlerhaftigkeit darauf, ob die Datenelemente bereits falsch erfasst oder nach korrekter Erfassung verfälscht wurden. Gründe für eine fehlerhafte Erfassung können beispielsweise Schreibfehler und Fehlbeobachtungen (des Realweltobjekts)

---

208 Vgl. Abschnitt 2.4.3, S. 50 ff.
209 Vgl. Knolmayer, Myrach (1997), S. 867.
210 Vgl. Gertz et al. (2004), S. 127, Pipino et al. (2002), S. 212.
211 Helfert (2002), S. 84.

sein. Eine Unterscheidung von inaktuellen Informationsobjekten einerseits und fehlerhaften Informationsobjekten andererseits ist im Einzelfall kaum möglich, denn es werden in beiden Fällen Eigenschaften präsentiert, die nicht den gegenwärtigen Zustand des Realweltobjekts wiedergeben.

3.1.2.7 Glaubwürdigkeit

In den bereits mehrfach erwähnten Publikationen von *Wang* und seinen verschiedenen Koautoren werden unter der intrinsischen Qualitätskategorie die Merkmale „believability" (Glaubwürdigkeit) und „reputation" (Reputation) genannt. Unter der Glaubwürdigkeit lässt sich die Einschätzung subsumieren, ob bestimmte Informationsobjekte hinsichtlich ihrer übrigen Qualitätsmerkmale als geeignet eingestuft werden, ohne dass der betreffende Aufgabenträger für diese Merkmale die genauen Ausprägungen kennt. Es handelt sich also um das Vertrauen in die zweckentsprechende Beschaffenheit der Informationsobjekte.

Die Glaubwürdigkeit, die bestimmten Informationsobjekten beigemessen wird, ist offenbar Gegenstand einer subjektiven Einschätzung des jeweiligen Aufgabenträgers. Insofern ist hier nicht von einem intrinsischen, sondern eher von einem kontextabhängigen Merkmal zu sprechen. Bei der oben erwähnten Reputation handelt es sich eigentlich nicht um ein Merkmal, sondern um eine Einflussgrösse auf das Merkmal „Glaubwürdigkeit", denn je besser die Reputation beispielsweise einer Datenquelle aus Sicht eines Aufgabenträgers ist, desto höher wird er die Glaubwürdigkeit der bezogenen Informationsobjekte einstufen. Die Reputation, die ein Aufgabenträger einer bestimmten Datenquelle zuordnet, ist wiederum als Resultat von Erfahrungen des Aufgabenträgers zu sehen. Eine weitere Einflussgrösse auf die Glaubwürdigkeit liegt in der Widerspruchsfreiheit zwischen Informationsobjekten und weiteren Beobachtungen des Aufgabenträgers. Bei diesen weiteren Beobachtungen kann es sich einerseits um Informationsobjekte handeln, die dasselbe Realweltobjekt beschreiben, und andererseits um Kenntnisse, die der Aufgabenträger jenseits der Datenwelt über das Realweltobjekt hat.

3.1.2.8 Granularität

Der Nutzen, den Informationsobjekte für einen Aufgabenträger bei der Bearbeitung einer bestimmten Aufgabe aufweisen, bestimmt sich auch danach, inwieweit die Aggregation der Datenelemente den Erfordernissen entspricht[212]. Unter Granularität kann allgemein verstanden werden, wie viele Einzelbeobachtungen der Realwelt zu einem Datenelement zusammenge-

---

[212] Vgl. Berry, Linoff (2000), S. 150 ff.

fasst werden; *Bleicher* spricht in diesem Zusammenhang von Verdichtung. Bei der Konkretisierung der Granularität als Merkmal stellt sich daher die grundsätzliche Frage, anhand welcher Kriterien Datenelemente aggregiert werden können.

Intuitiv liegt die Vermutung nahe, dass die Granularität lediglich mit der organisatorischen
Hierarchiestufe korreliert, auf der die Informationsobjekte benötigt werden: Auf der untersten
Hierarchieebene werden ausschliesslich Informationsobjekte mit elementaren, also nicht
durch Aggregation entstandenen Informationselementen benötigt, auf der obersten Hierarchieebene hingegen mit ausschliesslich stark aggregierten Informationselementen. Diese Annahme lässt sich jedoch leicht falsifizieren[213]: Auch auf der operativen Ebene eines Unternehmens sind hochverdichtete und damit grobgranulare Informationselemente von Bedeutung, beispielsweise wenn im Kundenbeziehungsmanagement der Service dadurch zu ver-
bessern ist, dass dem Kunden Verbrauchsgüter basierend auf seinem historischen
Durchschnittsverbrauch angeboten werden; der Durchschnittsverbrauch ist ein Aggregat der
Einzelverbräuche dividiert durch die Anzahl der Betrachtungsperioden.

Im Folgenden werden die grundsätzlich möglichen betriebswirtschaftlichen Analysedimensi-
onen daraufhin untersucht, ob sie sich für eine Verdichtung bzw. Aggregation und damit für
eine Betrachtung im Zusammenhang mit der Granularität eignen. Grundsätzlich ist eine Aggregation dann möglich, wenn die zugrunde liegende Dimension eine hierarchische Struktur
aufweist oder die Definition einer solchen Struktur zumindest zulässt; so sind die Verkaufs-
mengen anhand der Zeitdimension zu verdichten, indem die Mengen einzelner Tage zu Wo-
chenverkaufsmengen aggregiert werden usw. Dimensionen, die für Aggregationen geeignet
sind, werden hierarchische Dimensionen genannt, die übrigen hingegen nicht-hierarchische
Dimensionen; hierarchische und nicht-hierarchische Dimensionen werden zusammenfassend
auch als strukturelle Dimensionstypen bezeichnet. *Totok* bezeichnet die verschiedenen Dimensionstypen anders; er verwendet für die Dimensionen, die sich für eine Verdichtung eignen, den Begriff „aggregierende Dimensionen"[214].

Holthuis nennt fünf betriebswirtschaftliche Dimensionstypen[215], die hier daraufhin untersucht
werden, ob sie aufgrund einer zugrunde liegenden Hierarchie eine Aggregation zulassen:

---

213 Auch *Horváth* widerspricht dieser Annahme, vgl. Horváth (1996), S. 345.
214 Vgl. Totok (2000), S. 200 ff.
215 Vgl. Holthuis (2000), S. 164 ff.; *Blattmann und Schmitz* verwenden für ähnliche Sachverhalte andere Be-
     griffe, wie beispielsweise „Periodenhierarchien", „Entscheidungshierarchien" und „Aggregations-/Verdich-
     tungshierarchien", vgl. Blattmann, Schmitz (2001), S. 15.

- *Standarddimension Zeit*: Die Zeit lässt sich anhand der verschiedenen, möglichen Skalierungen (z.B. Stunden, Tage, Wochen, Kalenderwochen, Monate, Jahre) als hierarchische Dimension darstellen, und entsprechend sind Aggregationen durchführbar.

- *Standarddimension Wertetyp*: Wertetypen (z.B. Plan, Ist) stellen eine nicht-hierarchische Dimension dar, die folglich für Aggregationen ungeeignet ist.

- *Standarddimension Masseinheit*: Auch Masseinheiten, wie z.B. Währungen und „Stück", eignen sich aufgrund fehlender Hierarchien nicht für eine Aggregation.

- *Bereichsabhängige Dimensionen*: Als Beispiele für Dimensionen, die vom Anwendungs- bzw. Aufgabenbereich bestimmt werden, nennt *Holthuis* Organisationseinheiten, Regionen, Kunden und Artikel bzw. Produkte. Innerhalb dieser Dimensionen lassen sich Hierarchien bilden, die für eine Aggregation geeignet sind.

- Für eine weitere Klasse von Dimensionen, die aufgrund der möglichen Strukturierung durch eine Hierarchie ebenfalls Verdichtungen erlauben, gibt *Holthuis* keine Bezeichnung an, sondern lediglich Beispiele: Kostenarten, Kostenstellen und Kostenträger. Hier wird diese Klasse unter dem Begriff *„Wert- und Mengendimensionen"* subsumiert.

In Abbildung 3-3 sind die zuvor dargestellten Überlegungen zusammengefasst. Die betriebswirtschaftlichen Dimensionstypen und die strukturellen Dimensionstypen werden einander gegenübergestellt, um aggregierbare Dimensionen zu identifizieren; bei den fett gedruckten betriebswirtschaftlichen Dimensionen handelt es sich um hierarchische Dimensionen, die sich folglich für Aggregationen eignen.

Für die folgenden Ausführungen werden die aggregierenden Dimensionen unterschieden in zeitliche Dimensionen und sachliche Dimensionen[216]. Die zweite Klasse fasst bereichsabhängige und Wert- und Mengendimensionen zusammen. Die Granularität gibt an, in welcher Verdichtung die Informationselemente benötigt werden. Eine generell gültige Skala kann für dieses Merkmal nicht vorgegeben werden. Stattdessen ist die Granularität mit Hilfe der folgenden Angaben zu jeder erforderlichen Dimension zu spezifizieren:

- Name der Dimension;
- Hierarchiestufen der Dimension;

---

216 Zur Verdichtung anhand sachlicher Dimensionen vgl. auch die Ausführungen bei Mertens, Griese (2000), S. 71 ff.

- Einschränkung (durch Unterstreichung) auf die Hierarchiestufen, anhand derer die Aggregation stattfinden soll; ggfs. Einschränkung auf bestimmte Ausprägungen der gewählten Hierarchiestufen (durch zusätzliche Angabe in Klammern).

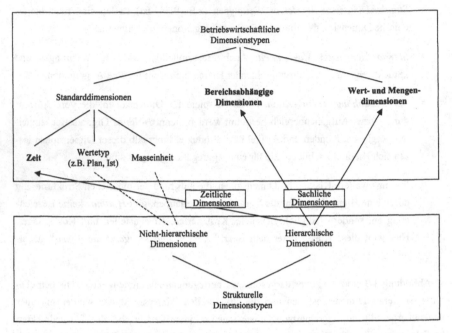

Abbildung 3-3: Gegenüberstellung von betriebswirtschaftlichen und strukturellen Dimensionstypen

Die folgenden Beispiele, die sich auf das Informationsobjekt „Kosten" beziehen, verdeutlichen die Bedeutung der einzelnen Angaben:

(1) Dimension: Kostenstruktur; Hierarchiestufen: <u>Kostenart</u> (Materialkosten), Kostenstelle

(2) Dimension: Zeit; Hierarchiestufen: Tag, Woche, <u>Monat,</u> <u>Jahr</u> (aktuelles)

(3) Dimension: Bereich; Hierarchiestufen: <u>Produkt,</u> <u>Produktgruppe,</u> Sparte, Konzern

Die genannten Angaben drücken aus, dass die Kosten eingeschränkt auf (1) die Materialkosten, (2) aggregiert für die einzelnen Monate und für das aktuelle Jahr sowie (3) aggregiert für jedes Produkt und jede Produktgruppe benötigt werden. Im Gegensatz zu dieser eher als dispositiv zu charakterisierenden Anforderung würde eine operative Anforderung für dasselbe Informationsobjekt etwa wie folgt aussehen:

(1) Dimension: Kostenstruktur; Hierarchiestufen: Kostenart (Materialkosten, Personalkosten), Kostenstelle

(2) Dimension: Zeit; Hierarchiestufen: Tag (aktueller), Woche, Monat, Jahr

(3) Dimension: Bereich; Hierarchiestufen: Produkt, Produktgruppe, Sparte, Konzern

In diesem Beispiel werden (1) die Material- sowie die Personalkosten (2) des aktuellen Tags (3) bezogen auf die verschiedenen Produkte benötigt.

3.1.2.9 Vollständigkeit

Zur Kategorie „Kontextabhängige Qualität" gehören die Merkmale „Vollständigkeit" und „Datenmenge", die hier zusammenfassend unter dem Begriff „Vollständigkeit" diskutiert werden. Die Bedeutung dieses Merkmals, die auch in der Literatur belegt ist[217], lässt sich unter Rückgriff auf die Ausführungen des vorangehenden Abschnitts erläutern. Betriebswirtschaftliche Entscheidungen basieren häufig auf dem Vergleich von mehreren Ausprägungen eines Informationselementtyps, etwa der Umsätze für verschiedene Produkte. Von Vollständigkeit kann in diesem Beispiel gesprochen werden, wenn die Umsätze für alle relevanten Produkte bekannt sind. Offenbar ist die Vollständigkeit anhand von Dimensionen (im Beispiel: Bereich) und hier anhand von Hierarchiestufen (im Beispiel: Produkt) innerhalb einer Dimension zu beurteilen.

Im vorangegangenen Abschnitt wurde im Zusammenhang mit dem Merkmal „Granularität" bereits die Standarddimension „Zeit" diskutiert, die neben anderen Dimensionen verwendet werden kann, um Informationselemente zu aggregieren. Sowohl für die Aggregation „entlang" der zeitlichen Dimension, aber auch beispielsweise für Zeitreihenanalysen sind Informationselemente erforderlich, die sich auf zurückliegende Bezugszeiträume beziehen. Unter „historischen Informationen" (z.B. zum Informationselementtyp „Monatsumsatz") werden solche Werte verstanden, die für einen in der Vergangenheit liegenden Zeitraum Gültigkeit besitzen (z.B. Monatsumsatz des Vormonats). Der Umfang der Informationshistorie, der durch Angabe einer Menge von Bezugszeiträumen spezifiziert wird, ist damit ein Spezialfall der Vollständigkeit und gleichzeitig ein besonders typisches Beispiel für dieses Merkmal.

Bleicher führt mit dem „Zeitbezug der Information" ein Merkmal ein, das dem Umfang der Informationshistorie sehr ähnlich ist. Er verwendet dabei eine Skala mit den Extremwerten (Merkmalsausprägungen) „Vergangenheitsorientierung" und „Zukunftsorientierung"[218].

---

217 Vgl. z.B. Brohmann et al. (2003).
218 Vgl. Bleicher (1991), S. 250 f.

Zwischen den Merkmalen „Vollständigkeit" und „Granularität" besteht noch eine weitere, wichtige Beziehung. Die Aggregation von Informationselementen, durch die innerhalb einer Dimension Werte für eine höhere Hierarchiestufe ermittelt werden, setzt typischerweise Vollständigkeit voraus. Wenn beispielsweise aus Monatsumsätzen ein Jahresumsatz errechnet werden soll, müssen alle Monatsumsätze vorliegen (Vollständigkeit). Ansonsten ist das resultierende Informationselement „Jahresumsatz" fehlerhaft[219].

3.1.2.10 Zugreifbarkeit

Eine grundsätzliche – fast triviale – Anforderung an Informationsobjekte ist, dass auf sie zugegriffen werden kann und dass ausreichende technische Ressourcen (z.B. Computer, Netzwerk) für den Zugriff auf die Informationsobjekte zur Verfügung stehen[220]. Mit dieser Forderung wird zum Ausdruck gebracht, dass allein das Vorhandensein von Informationsobjekten innerhalb des Unternehmens nicht ausreicht, sondern dass ein Zugriff auch in wirtschaftlicher Weise möglich sein muss.

Der Definition von *Pipino et al.* für das Datenqualitätsmerkmal „Accessibility" wird hier nicht gefolgt, da sie eine Vermischung mit dem bereits weiter vorne beschriebenen Merkmal „Pünktlichkeit" erzeugen würde: „Accessibility [...] is defined as the maximum value of two terms: 0 or one minus the time interval from request by user to delivery to user divided by the time interval from request by user to the point at which data is no longer useful"[221]. Diese Definition unterstreicht indirekt die bei der Operationalisierung des Merkmals „Pünktlichkeit" unterstellte Relevanz von Erfahrungswerten bezüglich der Daten-„Lieferzeit". Denn es ist davon auszugehen, dass der Aufgabenträger seinen Bedarf rückwärtsterminierend unter Berücksichtigung dieser Erfahrungswerte und des Zeitpunkts äussert, bis zu dem er die Informationsobjekte spätestens benötigt. Gegebenenfalls kalkuliert er einen Zeitpuffer ein, um unerwartete Verzögerungen der Informationslieferung zu antizipieren.

3.1.2.11 Verwendungsform

Die Verwendungsform ist ein Merkmal, das in der Literatur zur Datenqualität nicht erwähnt wird. Es wird hier zusätzlich aufgenommen, weil wichtige Details des Integrationsarchitekturentwurfs davon abhängen, welche Verwendungsform ein Aufgabenträger beabsichtigt. All-

---

219 Vgl. dazu die Ausführungen zum Qualitätsmerkmal „Fehlerfreiheit" in Abschnitt 3.1.2.6, S. 114 f.
220 Vgl. Strong et al. (1997), 106 f.
221 Pipino et al. (2002), S. 215.

gemein gibt die Verwendungsform an, wie der Aufgabenträger die Informationsobjekte nutzen will.

Entsprechend einer gängigen Differenzierung für Datenzugriffsarten, die dem Software Engineering entstammt (create, update, delete und read)[222], können die folgenden, elementaren Manipulationsereignisse unterschieden und als Ausprägungen der Verwendungsform auf den vorliegenden Kontext übertragen werden:

(1) „Erzeugen": Das Erzeugen eines Informationselements erfolgt zumeist nicht isoliert, sondern es wird in aller Regel eine Gruppe zusammengehöriger Informationselemente angelegt; häufig entsprechen die zugrunde liegenden Informationselementtypen den Datenelementtypen eines Datenobjekttyps, z.B. wenn ein neuer Kundenstammsatz angelegt wird, indem alle Datenelementtypen einschliesslich des Identifikators instanziiert werden.

(2) „Ändern": Änderungen sind für einzelne Informationselemente möglich (z.B. Änderung von Strassenname, Postleitzahl und Wohnort innerhalb eines Kundenstammsatzes).

(3) „Löschen": Analog zum Erzeugen von Informationselementen erfolgt die Löschung ebenfalls bezogen auf eine Gruppe zusammengehöriger Informationselemente. Bei Informationselementtypen, die sich auf nicht obligatorische Datenelementtypen beziehen (z.B. „Telefonnummer"), ist allerdings auch eine separate Löschung denkbar.

(4) „Lesen": Das Lesen von Informationselementen kann einzeln oder in zusammengehörigen Gruppen (als Informationsobjekt) erfolgen.

Aus fachlicher Sicht unterliegt die Verwendungsform Einschränkungen, die sich aus einer kombinierten Betrachtung der Datenart (Stamm-, Bestands- und Bewegungsdaten) und des Wertetyps (Ist, Plan)[223] über verschiedene Bezugszeitpunkte/-räume (Vergangenheit, Gegenwart, Zukunft) ergeben. So sollten beispielsweise Ist-Werte mit einem Bezugszeitraum in der Vergangenheit nicht gelöscht, sondern allenfalls aufgrund festgestellter fehlerhafter Erfassung geändert werden. Einige Kombinationen sind sogar grundsätzlich nicht sinnvoll (z.B. Planwerte für Stammdaten), so dass keines der genannten Manipulationsereignisse zuzulassen ist.

---

222 Vgl. Heinrich (1999), S. 352 ff.
223 Vgl. dazu die Ausführungen in Abschnitt 3.1.2.8, S. 115 ff.

3.1.2.12 Zugriffsschutz

Der Schutz von Informationsobjekten gegen unbefugten Zugriff gewinnt im Kontext der Integration besondere Bedeutung. Durch Verknüpfung von Informationselementen aus unterschiedlichen Quellen werden Zusammenhänge ersichtlich, die bei nur partieller Kenntnis der
zugrunde liegenden Datenelemente nicht erkennbar wären. Deshalb stellt beispielsweise der
Schutz personenbezogener Informationsobjekte im Rahmen der Datenintegration eine besondere Herausforderung dar[224].

Abhängig vom Anwendungsszenario entstehen durch die Integration Informationsobjekte mit
stark unterschiedlicher Schutzbedürftigkeit. Die Aggregation von Bestellmengen im Supply
Chain Management ist beispielsweise in dieser Hinsicht als deutlich unkritischer einzustufen
als hochaggregierte Finanzberichte oder etwa die Krankengeschichte von Personen. Zu beachten ist ferner, dass der Zugriffsschutz nicht ausschliesslich ein Merkmal ist, dessen zu realisierende Merkmalsausprägung abschliessend durch einen Aufgabenträger zu spezifizieren ist.
Stattdessen ist im Einzelfall von einer dedizierten Stelle (z.B. durch den Datenschutzbeauf-
tragten) zu prüfen, ob der Aufgabenträger überhaupt Einblick in die angeforderten Informationsobjekte haben sollte. In der Praxis werden Zugriffsrechte häufig nicht direkt Aufgabenträgern oder Personen zugewiesen, sondern zunächst abstrakt für Rollen (z.B. „Kundensachbe-
arbeiter") festgelegt. Die konkreten Zugriffsrechte eines Aufgabenträgers ergeben sich dann
daraus, welche Rollen er besitzt.

3.1.2.13 Überprüfung der identifizierten Merkmalsmenge

In diesem Abschnitt werden die zwölf identifizierten Merkmale einer Überprüfung hinsichtlich Vollständigkeit sowie Plausibilität ihrer Definitionen unterzogen. Dies erfolgt zum einen
durch eine Gegenüberstellung mit vergleichbaren Vorschlägen aus der Literatur sowie auf Basis von zwei konfirmatorischen Experteninterviews.

In Tabelle 3–3 sind den zwölf hier identifizierten Merkmalen drei Vorschläge aus der Literatur gegenübergestellt, die zum einen der Wirtschaftsinformatik entstammen (Vorschlag von
Alpar et al.) und zum anderen dem Controlling (Vorschläge von *Horváth* und *Küpper*)[225]. Die
Merkmale aus der Literatur zerfallen in zwei Gruppen: einerseits Merkmale, die den hier i-
dentifizierten Merkmalen direkt zugeordnet werden können (korrespondierende Merkmale),
und andererseits acht zusätzliche Merkmale (nicht korrespondierende Merkmale), die in der

---

224 Zu einer Erörterung entsprechender Aspekte beim Data Warehousing vgl. Burkert (2000), S. 119 ff.
225 Vgl. Alpar et al. (2000), S. 8 ff., Horváth (1996), S. 344 ff., Küpper (2001), S. 138 ff.

Tabelle fortlaufend durchnummeriert sind. Da *Horváth* zu den von ihm vorgeschlagenen Merkmalen keine Definitionen oder Erläuterungen angibt, lassen sich diese Merkmale nur basierend auf Annahmen zuordnen; sie werden daher im Folgenden nicht detailliert betrachtet und kommentiert.

Merkmale des qualitativen Informationsbedarfs \ Vorschläge aus der Literatur	Informationsattribute, vgl. Alpar et al. (2000), S. 8 ff.	Merkmale des Informationsbedarfs, vgl. Horváth (1996), S. 344 ff.	Merkmale zur Kennzeichnung von Informationen, vgl. Küpper (2001), S. 138 ff.
Zugreifbarkeit			
Pünktlichkeit bzw. Antwortzeit		Termindringlichkeit	
Periodizität		Häufigkeit	Häufigkeit
Aktualität	Aktualität	Aktualität	~ Alter
Verwendungsform		~ Verwendungszweck	
Granularität	Aggregationsgrad	Verdichtungsgrad	Verdichtungsgrad
Genauigkeit	Genauigkeit	Genauigkeit	Genauigkeit
Zugriffsschutz		Sicherheit	
Vollständigkeit			
Fehlerfreiheit	Korrektheit		
Glaubwürdigkeit		Zuverlässigkeit	Zuverlässigkeit
Relevanz			Verwendbarkeit
1)			Gegenstand
2)		Bedeutung	Bedeutung
3)		Art	Informationsart
4)		Menge	Volumen
5)	Präsentation	Darstellungsform	Darstellungsform
6)	Kosten	Kosten	
7)		Qualität	
8)		Messbarkeit	

Tabelle 3-3: Gegenüberstellung mit Merkmalen aus der betriebswirtschaftlichen Literatur[226]

Korrespondierende Merkmale

Fast alle Merkmale dieser Gruppe lassen sich aufgrund ihrer Bezeichnung und Definition eindeutig den in dieser Arbeit identifizierten Merkmalen zuordnen. Die „Häufigkeit" – *Küpper* gibt für dieses Merkmal keine Definition an – wird dem Merkmale „Periodizität" zugeordnet. Während *Alpar et al.* – wie der Verfasser – den Terminus „Aktualität" verwenden, benutzt *Küpper* in diesem Kontext den Begriff „Alter", der aber nur näherungsweise zuordenbar ist.

---

226 Einigen Merkmalen aus der Literatur wurde das Symbol „~" vorangestellt, um anzudeuten, dass keine eindeutige, sondern nur eine näherungsweise Zuordnung möglich ist.

Denn das Alter eines Datenelements ist nach *Küpper* die „zeitliche Distanz zwischen dem Auftreten des bezeichneten Ereignisses und ihrem Vermittlungs- bzw. Verwendungszeitpunkt"; er ergänzt, dass die Aktualität von Informationselementen durch ihr Alter bestimmt wird. Dieser Sichtweise kann hier nur insofern gefolgt werden, als das Alter eines Informationselements ein Indiz für seine Aktualität ist, denn beispielsweise sehr alte Informationselemente können durchaus hoch aktuell sein[227].

Der „Aggregationsgrad" (*Alpar et al.*) und der „Verdichtungsgrad" (*Küpper*) entsprechen dem hier vorgeschlagenen Merkmal „Granularität". Das hier vorgeschlagene Merkmal „Genauigkeit" wird in den erwähnten Literaturquellen in identischer Weise beschrieben, so dass hier eine Zuordnung sowohl aufgrund identischer Begriffe als auch identischer Definitionen erfolgen kann. Mit der „Sicherheit" findet sich nur bei *Alpar et al.* ein mit dem Merkmal „Zugriffsschutz" korrespondierendes Merkmal. Gleiches gilt für das Merkmal „Korrektheit", das dem hier vorgeschlagenen Merkmal „Fehlerfreiheit" zuzuordnen ist. Das hier vorgeschlagene Merkmal „Glaubwürdigkeit" wird von *Küpper* mit einer sinngemässen Definition als „Zuverlässigkeit" bezeichnet.

Mit dem Merkmal „Verwendbarkeit" bezeichnet *Küpper* die allgemeine Bestimmungsgrösse des Informationsbedarfs und führt aus, dass diese Grösse durch verschiedene andere Grössen determiniert wird, beispielsweise die Aufgaben- und Kompetenzverteilung und die Verhaltenseigenschaften der Handlungs- bzw. Aufgabenträger. Diese Definition deckt sich mit der Definition des hier verwendeten Merkmals „Relevanz", so dass eine Zuordnung gerechtfertigt erscheint.

Nicht korrespondierende Merkmale

Die ersten drei Merkmale lassen sich keinem der 12 hier vorgeschlagenen Merkmale zuordnen. Sie sind auf den inhaltlichen Informationsbedarf zurückzuführen und gehören daher nicht zum qualitativen Informationsbedarf. Dies soll anhand eines einfachen Beispiels verdeutlicht werden, dem der Informationsobjekttyp „Erzielter Deckungsbeitrag pro Verkaufstransaktion" zugrunde liegt. Die Merkmale von *Küpper* sind wie folgt definiert und haben in dem Beispiel die jeweils genannten Ausprägungen:

- Als „Gegenstand" wird der Realweltobjekttyp bezeichnet, zu dem Informationselemente verlangt werden. Im Beispiel ist die Merkmalsausprägung „Verkaufstransaktion".

---

227 Vgl. dazu auch die Überlegungen in Abschnitt 3.2.1.3, S. 129 ff.

- Die Semantik eines Informationsobjekttyps wird durch das Merkmal „Bedeutung" ausgedrückt. Im Beispiel handelt es sich um den Betrag, um den der Erlös einer Verkaufstransaktion die zuzurechnenden Kosten übersteigt.

- Das Merkmal „Informationsart" lässt sich am besten anhand der möglichen Merkmalsausprägungen beschreiben, nämlich beispielsweise „faktisch" (Ist-Werte), „normativ" (Soll-Werte) und „prognostisch". Da der Informationsobjekttyp den *erzielten* Deckungsbeitrag beinhalten soll, handelt es sich hier um die Ausprägung „faktisch", also um einen Ist-Wert.

Unter dem „Volumen" versteht *Küpper* die Verschiedenartigkeit des Informationsbedarfs insgesamt. Der Wunsch nach wenigen Informationselementen entspräche also beispielsweise einem geringen Volumen. Da sich dieses Merkmal auf den gesamten Informationsbedarf bezieht, ist es als Merkmal des qualitativen Informationsbedarfs, das sich auf jeweils einen einzelnen Informationsobjekttyp beziehen müsste, nicht in Erwägung zu ziehen.

Das Merkmal „Darstellungsform" bezieht sich darauf, ob Informationsobjekte beispielsweise textuell oder grafisch dargestellt werden. Es handelt sich damit zwar um ein qualitatives Merkmal, es ist allerdings bereits hier absehbar, dass sich keine Relevanz für die Auswahl einer geeigneten Integrationsarchitektur ergibt. Der Grund liegt darin, dass die Darstellungsform – vorausgesetzt, das Informationsobjekt kann bereitgestellt werden – in jeder Form modifiziert werden kann. Letztlich wird die Darstellungsform „nur" durch das Endbenutzerwerkzeug eingeschränkt, das auf Seite des Aufgabenträgers eingesetzt wird und damit ausserhalb der Integrationsarchitektur angesiedelt ist.

Das von *Alpar et al.* vorgeschlagene Merkmal „Kosten" wird hier nicht im Detail betrachtet, weil Wirtschaftlichkeitsüberlegungen aus der Betrachtung ausgeklammert wurden[228]. In einer Berücksichtigung dieses Merkmals liegen interessante Anwendungsmöglichkeiten, wenn beispielsweise die Kosten einer Integrationsarchitektur verursachungsgerecht verteilt werden sollen. Ein Aufgabenträger könnte dann beispielsweise zu einem Informationsobjekt angeben, welche Kosten er maximal für die Bereitstellung zu tragen bereit ist. Bei Überschreitung dieser Kostenobergrenze würde ihm das Informationsobjekt dann nicht zur Verfügung gestellt.

Die nicht korrespondierenden Merkmale 7 und 8 sind – obwohl *Horváth* keine Definitionen angibt – noch kurz zu diskutieren, weil sie von keinem der anderen Autoren genannt werden. Das Merkmal „Qualität" stellt eine Abstraktion von den übrigen vorgeschlagenen Merkmalen

---

228 Vgl. Abschnitt 2.5, S. 76ff.

dar[229], ist folglich nicht operationalisierbar und wird daher verworfen. Das zweite Merkmal, die „Messbarkeit", wird ebenfalls verworfen; der Grund liegt darin, dass Informationsobjekttypen mit nicht messbaren Informationselementtypen ohnehin nicht in das Informationsangebot aufgenommen werden könnten. Folglich kann dieses Merkmal keinen Einfluss auf die Auswahl einer Integrationsarchitektur haben.

Überprüfung durch konfirmatorische Experteninterviews

Die zwölf identifizierten Merkmale des qualitativen Informationsbedarfs wurden im Rahmen von zwei konfirmatorischen Experteninterviews überprüft. Die Experten bestätigten dabei sowohl die *Vollständigkeit* und *Orthogonalität* der Merkmalsmenge als auch die *Plausibilität* der Merkmalsdefinitionen.

Schlussfolgerung

Es konnte gezeigt werden, dass die hier identifizierte Merkmalsmenge bezogen auf die Menge der anwendbaren Merkmale aus der Literatur eine Obermenge darstellt. Da ausserdem in den Experteninterviews keine zusätzlichen Merkmale genannt sowie die Orthogonalität und Plausibilität bestätigt wurden, kann von einer positiven Überprüfung der Merkmalsmenge ausgegangen werden. Es sei allerdings darauf hingewiesen, dass damit kein Beweis für die überprüften Eigenschaften der Merkmalsmenge (Vollständigkeit, Orthogonalität und Plausibilität) erbracht ist, sondern dass lediglich von einer nicht erfolgten Falsifizierung gesprochen werden kann.

3.2 Beurteilung der Anwendungsarchitektur

Neben dem Informationsbedarf wird in der vorliegenden Arbeit auch die Anwendungsarchitektur als gegeben angesehen. Die Anwendungsarchitektur stellt – als Ganzes betrachtet – die primäre Datenquelle bei einem Integrationsvorhaben dar. Sie weist die folgenden Komponenten auf: Anwendungen, Datenverwaltungssysteme und Kommunikationsverbindungen. In diesem Teil der Untersuchung ist deshalb zu prüfen, welche Merkmale und Eigenschaften der Anwendungsarchitektur und ihrer Komponenten den Merkmalen und Eigenschaften des Informationsbedarfs gegenüberstehen. Eine Fragestellung könnte beispielsweise lauten, welche Merkmale der Anwendungsarchitektur einen Einfluss auf die Aktualität der aus ihr extrahierbaren Datenelemente haben.

---

229 Die von *Horváth* vorgeschlagene Merkmalsmenge erfüllt folglich nicht die Anforderung der Orthogonalität.

Die durchzuführende Untersuchung wird bedarfsgetrieben, d.h. ausgehend von den Merkmalen des qualitativen Informationsbedarfs durchgeführt. Dazu wird für jedes Merkmal des qualitativen Informationsbedarfs zunächst eine Übertragung in eine technische Sichtweise vorgenommen. Anschliessend wird für Gruppen zusammengehöriger und interdependenter Merkmale untersucht, welche Komponenten der Anwendungsarchitektur in welcher Form einen Einfluss darauf haben, ob die Anforderungen hinsichtlich dieser Merkmale erfüllt werden können. Die Reihenfolge, in der die Merkmale des qualitativen Informationsbedarfs betrachtet werden, weicht von der Darstellung in Abschnitt 3.1.2 ab, um die Wirkungszusammenhänge zwischen den Anwendungsarchitekturkomponenten und den Merkmalen des qualitativen Informationsbedarfs korrekt abbilden zu können[230]. Einerseits werden Merkmale gemeinsam betrachtet, die dynamische Aspekte betreffen (Abschnitt 3.2.1), und andererseits Merkmale mit statischem Bezug (Abschnitt 3.2.2). Das Merkmal „Relevanz" lässt sich keiner der beiden Kategorien zuordnen, denn es ist quasi die Ergebnisgrösse: Die Relevanz drückt die Bedeutung aus, die ein Informationsobjekt für einen Aufgabenträger bei der Erfüllung einer Aufgabe hat.

3.2.1 Dynamische Aspekte

Unter die Bezeichnung „dynamische Aspekte" fallen die Merkmale des qualitativen Informationsbedarfs, die mit Blick auf den Zeitablauf zu bewerten sind (Zugreifbarkeit, Pünktlichkeit, Aktualität, Periodizität, Relevanz und Verwendungsform) und die zugehörigen Merkmale der Anwendungsarchitektur.

3.2.1.1 Zugreifbarkeit

Die Zugreifbarkeit im Sinne des qualitativen Informationsbedarfs wird aus technischer Sicht im Wesentlichen durch die Zugreifbarkeit auf Datenelemente beeinflusst. Abbildung 3-4 zeigt nochmals den Zusammenhang zwischen dem Informationsbedarf („Informationsobjekttyp" und „Informationselementtyp") und dem Datenangebot („Datenelementtyp") auf. Der Informationsbedarf nach bestimmten Informationsobjekten kann nur befriedigt werden, wenn der Zugriff auf die zugrunde liegenden Datenelemente möglich ist. Mit Blick auf diesen Zusammenhang sind folglich einerseits die Anwendungen und Datenverwaltungssysteme, welche die Datenelemente verwalten, und andererseits die dabei zu verwendenden Kommunikationsverbindungen zu überprüfen.

---

230 Eine zusammenfassende Betrachtung dieser Zusammenhänge findet sich in Abschnitt 3.2.2.8, S. 148 ff.

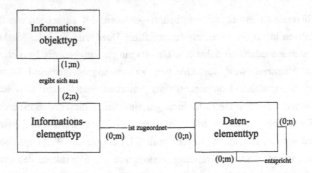

Abbildung 3-4: Zugreifbarkeit aus Sicht von Informationsbedarf und Datenangebot

3.2.1.2 Pünktlichkeit und Antwortzeit

Bei der Datenintegration kann es aufgrund von Konsolidierungsvorgängen zu signifikanten Durchlauf- und damit Antwortzeiten kommen[231]. Den Anforderungen an die Pünktlichkeit aus fachlicher Sicht ist daher aus technischer Perspektive gegenüberzustellen, welche Zeitspanne bei der Ermittlung eines Informationsobjekts verstreicht (Antwortzeit). Die Antwortzeit ist im Fall von Ad-hoc-Anforderungen die Zeitspanne zwischen dem Zeitpunkt der Anforderung und dem Zeitpunkt des Eingangs des Informationsobjekts beim Aufgabenträger (vgl. Abbildung 3-5)[232].

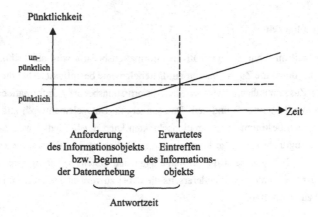

Abbildung 3-5: Zusammenhang zwischen Pünktlichkeit und Antwortzeit

---

231 Vgl. Exner (2000), S. 481 f.
232 Vgl. in diesem Zusammenhang auch die Messgrösse „Durchsatzzeit" in Turowski (2001), S. 278.

Verlängert sich die Antwortzeit im dargestellten Beispiel, so trifft das angeforderte Informationsobjekt unpünktlich ein. Im Fall von regelmässigen Berichten hingegen wird rückwärts terminiert. Die vorab zu prognostizierende Antwortzeit dient ausgehend vom Zeitpunkt des erwarteten Eintreffens des Informationsobjekts beim Aufgabenträger zur Ermittlung des spätest zulässigen Zeitpunkts, an dem die Erhebung der erforderlichen Daten durch das für diesen Vorgang vorgesehene System begonnen werden muss. Im Folgenden wird nicht von Pünktlichkeit, sondern von Antwortzeit gesprochen, da diese Grösse der massgebliche Einflussfaktor und damit eine gut geeignete Operationalisierung der Pünktlichkeit ist.

3.2.1.3 Aktualität

Betrachtet man nun die Aktualität aus technischer Perspektive, dann sind zwei Sichtweisen miteinander abzugleichen: die Perspektive des Informationsbedarfs und die Perspektive des Datenangebots. Aus Perspektive des Informationsbedarfs wird die Aktualität mit Blick auf den tatsächlichen Zustand (des Realweltobjekts) beurteilt und gefordert, denn ein Aufgabenträger entscheidet und handelt im Kontext des jeweils gegenwärtigen Zeitpunkts und benötigt Informationsobjekte, die ihn mit Blick auf zukünftige Kontexte unterstützen. Im Gegensatz dazu bemisst sich die Aktualität aus Perspektive des Datenangebots bzw. der Integration anhand des Möglichen. Aus dem Datenbankbereich ist in diesem Zusammenhang das Kriterium „Konsistenz"[233] bekannt. Dabei stellt sich die Frage, inwieweit ein als Kopie vorliegendes Datenelement denselben Zustand wiedergibt, wie das als aktuell eingestufte Datenelement (Primärdaten). Abbildung 3-6 veranschaulicht die dargestellten Zusammenhänge.

Die Eigenschaften eines Realweltobjekts gelangen in dem dargestellten Beispiel durch zwei Datenerfassungsvorgänge in den automatisierten Teil des betrieblichen Informationssystems und liegen dort dann in Form von zwei Duplikaten vor; sie werden als Primärdaten bezeichnet. Die Aktualität dieser beiden Duplikate bemisst sich durch einen Vergleich mit dem tatsächlichen Zustand des Realweltobjekts (Vergleich Primärdaten/Realwelt). Auch die Aktualität weiterer Datenelemente wird nach diesem Prinzip beurteilt; Replikate in Form von Primärkopien oder in Form von durch Integration entstandenen Sekundärkopien werden hinsichtlich ihrer Aktualität ebenfalls am Zustand des Realweltobjekts gemessen (Vergleich Primärkopien/Realwelt, Sekundärkopien/Realwelt). Im Gegensatz dazu spricht man hinsichtlich der Übereinstimmung der Kopien auf verschiedenen Ebenen von Konsistenz.

---

233 Vgl. dazu die Ausführungen in Abschnitt 2.1.3, S. 15 ff., und Abschnitt 2.1.4.2.1, S. 22 ff.

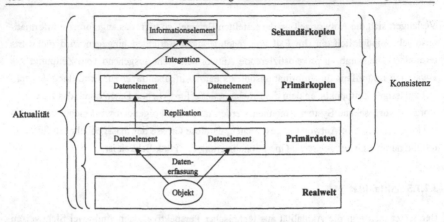

Abbildung 3-6: Aktualität und Konsistenz

Die *Aktualität* muss aufgrund der oben dargestellten Zusammenhänge aus technischer Sicht durch eine Ersatzgrösse gemessen werden, nämlich durch die Konsistenz. Bei der Ermittlung ist zu berücksichtigen, dass ein Informationselement in der Regel das Resultat von Konsolidierungsoperationen ist (vgl. nochmals Abbildung 3-6). Insofern liegen einem Informationselement zumeist mehrere Datenelemente zugrunde. Als Bezugszeitpunkt für die Messung der Aktualität wird deshalb – neben dem Zeitpunkt der Datenbereitstellung für den Aufgabenträger (in Abbildung 3-7 ist er mit T_1 bezeichnet) – der bezüglich der involvierten Datenelemente am weitesten in der Vergangenheit liegende Aktualisierung- oder Erfassungszeitpunkt verwendet (Zeitpunkt T_4). Die Aktualität wird dann ermittelt als Zeitspanne, die zwischen T_4 und T_1 vergeht. Dieser Berechnungsvorschrift liegen zwei Prinzipien zugrunde:

- Die Aktualität eines einzelnen Informationselements ist mit grosser Wahrscheinlichkeit hoch, wenn zwischen Erfassung- oder Aktualisierungszeitpunkt des zugrunde liegenden Datenelements und dem Zeitpunkt der Bereitstellung beim Aufgabenträger ein möglichst kurzes Zeitintervall liegt.

- Das angeforderte Informationsobjekt d kann nur so aktuell wie seine vom Erfassungs- oder Aktualisierungszeitpunkt her älteste Komponente (Datenelement) sein. Im dargestellten Beispiel ist der Aktualisierungs-/Erfassungszeitpunkt von Datenelement d_2 daher für die Ermittlung der Datenaktualität nicht von Bedeutung.

Zusammenfassend ist festzuhalten, dass die erreichbare Aktualität aus technischer Sicht stark davon beeinflusst wird, wie der datenlogistische Prozess zwischen Datenerfassung und Bereitstellung des Ergebnisses im Sinne des Informationsbedarfs beschaffen ist; dieser Zusammenhang wird auch dadurch offensichtlich, dass eine lange Antwortzeit (Zeitspanne zwischen

T_1 und T_2; vgl. auch die Ausführungen zum Merkmal „Pünktlichkeit") die Aktualität zumindest beeinträchtigen *kann*. Dies ist dann der Fall, wenn sich Änderungen des Realweltobjekts während der Antwortzeit ergeben, so dass bereits die verwendeten Primärdaten einen inaktuellen Zustand abbilden, der sich in inaktuellen Primär- und Sekundärkopien niederschlägt.

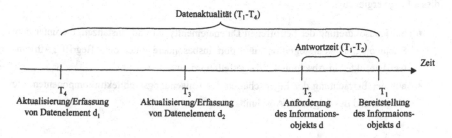

Abbildung 3-7: Ermittlung der Datenaktualität aus Sicht des Datenangebots

3.2.1.4 Periodizität

Die Periodizität findet ihre Entsprechung in Abhängigkeit von der vom Aufgabenträger geforderten Merkmalsausprägung aus technischer Perspektive darin, dass

- eine vorherige Planung und Vorbereitung der Informationsobjektlieferung nicht möglich ist (Merkmalsausprägung „einmalig, spontan" bei Bedarfsberichten) oder

- eine frühzeitige Aufbereitung der Informationsobjekte erfolgen kann (Merkmalsausprägung „mehrfach in spezifischen Zeitpunkten oder in einem Startzeitpunkt und wiederholt nach Ablauf einer Zeitspanne" bei Standard- oder Abweichungsberichten). Diese Möglichkeit kann allerdings eingeschränkt sein, wenn Teile der Primärdaten einer hohen Änderungshäufigkeit unterliegen und der Informationsbedarf gleichzeitig eine hohe Datenaktualität fordert. In diesem Fall müssen die Datenelemente möglichst spät aus ihren Quellen extrahiert werden.

Besondere Bedeutung erlangt die Periodizität aus technischer Sicht bei Informationsbedarfen, die umfangreiche und damit potenziell zeitaufwändige Konsolidierungen von vorhandenen Daten erforderlich machen. Die Erzeugung von Bedarfsberichten kann in einem solchen Fall unter ungünstigen Voraussetzungen einen Zeitraum in Anspruch nehmen (Antwortzeit), der in Widerspruch zum erwarteten Bereitstellungszeitpunkt (der Informationsobjekte) und damit zur geforderten Pünktlichkeit steht.

3.2.1.5 Verwendungsform

Hinsichtlich der im Informationsbedarf spezifizierten Verwendungsform stellt sich aus technischer Perspektive die Frage, ob die gewünschten Manipulationsereignisse (lesende oder lesende und schreibende Transaktionen) überhaupt realisiert werden können. Die Beantwortung
dieser Frage ergibt sich

- bei Konsolidierung der betroffenen Datenelementtypen und -instanzen, die unter dem
  Stichwort „Schemaintegration" und dort insbesondere unter dem Begriff „Attribut-
  wertkonflikte" in Abschnitt 4.1 dargestellt wird, und
- aus der Betrachtung der Eigenschaften der Anwendungsarchitekturkomponenten, die
  Gegenstand des folgenden Abschnitts ist.

3.2.1.6 Betrachtung der Anwendungsarchitekturkomponenten

In diesem Abschnitt wird untersucht, welche Merkmale der Anwendungsarchitekturkomponenten sich positiv oder negativ auf die Erfüllbarkeit der Anforderungen hinsichtlich der oben
genannten Merkmale auswirken. .

3.2.1.6.1 Anwendungen und Datenverwaltungssysteme

Ein zentrales Kriterium für die Bewertung der Anwendungsarchitektur aus dynamischer Perspektive ist die grundsätzliche Möglichkeit, auf Daten einer Anwendung oder eines Datenverwaltungssystems zugreifen zu können. Aus diesem Grund sind zunächst die *Zugriffskomponenten* einerseits der Anwendungen und andererseits der Datenverwaltungssysteme zu
untersuchen. Sofern ein Zugriff technisch möglich ist, stellt sich zusätzlich die Frage, mit welchem *Antwortzeitverhalten* zu rechnen ist.

Zugriffskomponenten für Anwendungen

Die Schnittstellen einer Anwendung, mit deren Hilfe es anderen Anwendungen möglich ist,
auf den Datenbestand zuzugreifen (Zugriffskomponenten), lassen sich nach *Lehner* – unter
Ausklammerung des weiter unten thematisierten Zugriffs auf ein dediziertes Datenverwaltungssystem (z.B. eines Datenbankmanagementsystems) – in drei Arten differenzieren[234]:

- *Application Programming Interface (API):* Manche Anwendungen, die keinen direkten Zugriff auf ihre Datenbasis zulassen, stellen stattdessen ein API bereit. Dieses API

---

234 Vgl. Lehner (2003), S. 142 f.

bietet fremden Anwendungen Funktionen an, mit deren Hilfe ein Datenzugriff und gegebenenfalls die Ausführung weiterer Operationen möglich sind[235]. Bei Datenzugriffen, die Datenänderungen bedingen, sorgt das API typischerweise dafür, dass die Konsistenz der Datenbasis nicht verletzt wird.

- *Anwendungsdialog*: Wenn kein API verfügbar ist, sollte nicht direkt auf die Datenbasis zugegriffen werden (häufig handelt es sich um proprietäre Datenbasen, z.B. Dateien). Ansonsten könnten Konsistenzverletzungen auftreten. Für einen solchen Fall bleibt prinzipiell nur die Möglichkeit, die Daten über den Anwendungsdialog „abzugreifen". Bei dieser auch als „Screen Scraping" bezeichneten Vorgehensweise wird der Anwendungsdialog der Anwendung benutzt und manipuliert, um die benötigten Datenelemente zu erhalten und bei Bedarf in die Datenbasis zu schreiben[236].

- *Protokollierungsinformationen*: Eine letzte Möglichkeit besteht darin, eventuell verfügbare Protokollierungsinformationen der Datenbasis zu analysieren, um Rückschlüsse auf den aktuellen Zustand der Daten vornehmen zu können.

Die genannten, grundsätzlichen Arten von Zugriffskomponenten sind unterschiedlich gut für den Datenzugriff geeignet. Ein API bietet zwar eine nach aussen zugängliche Schnittstelle zu der Datenbasis einer Anwendung; diese weist aber den Nachteil der Proprietarität auf, es liegt also keine Standardisierung vor. Für den Fall, dass eine andere Anwendung mehrere APIs nutzen muss, sind also im ungünstigsten Fall für jedes API Aufrufe zu realisieren, die der jeweiligen Spezifikation entsprechen müssen.

Weitere Nachteile kommen bei den anderen beiden Schnittstellenarten hinzu. Einerseits ist der Aufwand, der für die Manipulation des Anwendungsdialogs oder für die Auswertung von Protokollierungsinformationen zu treiben ist, erheblich. Andererseits ist die auf diese Weise erreichbare Funktionalität begrenzt. Während beim „Screen Scraping" unter hohem Aufwand eventuell modifizierende Datenzugriffe implementiert werden können, fehlt diese Option bei der Verwendung von Protokollierungsinformationen.

Zusammenfassend ist festzustellen: Sofern für den Zugriff auf die Daten die zugehörige Anwendung als Zugriffskomponente genutzt werden muss, ist das Merkmal „Zugreifbarkeit" ungünstig ausgeprägt, wobei ein API der Manipulation des Anwendungsdialogs vorzuziehen ist und diese wiederum der Auswertung von Protokollierungsinformationen.

---

235 Vgl. Ruh et al. (2001), S. 13, Linthicum (2000), S. 38 ff.
236 Vgl. Dangelmaier et al. (2002), S. 66, Linthicum (2000), S. 79 ff.

Zugriffskomponenten für Datenverwaltungssysteme

Datenverwaltungssysteme sind Zugriffskomponenten, die ihre Dienste anderen Komponenten der Anwendungsarchitektur zur Verfügung stellen. Dabei können zwei grundsätzliche Varianten unterschieden werden:

1. Auf das Datenverwaltungssystem kann mit Hilfe eines Application Programming Interface (API) zugegriffen werden. Die Spezifikation des API besitzt prinzipiell nur für dieses eine Datenverwaltungssystem Gültigkeit.

2. Auf das Datenverwaltungssystem kann mit Hilfe eines so genannten Call Level Interface (CLI) zugegriffen werden. An ein CLI können mehrere Datenverwaltungssysteme mit unterschiedlichen APIs angeschlossen sein. Anwendungen, die Zugriff auf diese Datenverwaltungssysteme benötigen, können dazu die standardisierte Schnittstelle des CLI nutzen, ohne die Spezifika der einzelnen APIs zu „kennen". Die entsprechende Umsetzung der Zugriffe und auch umgekehrt die Homogenisierung der Zugriffsresultate werden durch das CLI vorgenommen. Ein bekanntes Beispiel für CLIs ist ODBC (Open Database Connectivity), mit dessen Hilfe ein standardisierter Zugriff auf Datenbankmanagementsysteme mittels SQL(Structured Query Language)-Befehlen möglich ist.

Bei beiden Varianten kann von einer für Integrationszwecke optimal ausgeprägten „Zugreifbarkeit" ausgegangen werden. Der Unterschied zwischen ihnen liegt in der Standardisierung des Zugriffs. Während ein API prinzipiell nur für ein Datenbankmanagementsystem Gültigkeit hat, kann ein CLI für den Zugriff auf mehrere Datenbankmanagementsysteme eingesetzt werden, wobei eine standardisierte Zugriffssprache verwendbar ist (z.B. SQL). Auf diese Weise kann der Realisierungsaufwand auf Seite der Anwendungen drastisch reduziert werden.

Antwortverhalten der Zugriffskomponenten

Sofern grundsätzlich ein Zugriff möglich ist, muss geprüft werden, mit welchem Antwortverhalten zu rechnen ist. In diesem Zusammenhang sind insbesondere die aus dem Datenbankbereich bekannten *Autonomieeigenschaften* zu überprüfen[237]:

- Kommunikations-Autonomie: Von Kommunikations-Autonomie eines Systems wird gesprochen, wenn das System ohne äussere Vorgaben bestimmt, wann es zur Annahme von Anfragen anderer Systeme bereit ist, wann es antwortet und wie es antwortet.

---

237 Vgl. Bouguettaya et al. (1999), S. 5, Elmagarmid et al. (1999), S. 35 ff., Conrad (1997), S. 47 ff.

- Ausführungs-Autonomie: Ausführungs-Autonomie ist gegeben, wenn ein System die Reihenfolge seiner eigenen Operationen (auf dem Datenbestand) ohne externe Vorgaben bestimmt.

In Tabelle 3-4 sind die Eigenschaften der Zugriffskomponenten bezüglich der beiden genannten Merkmale zusammengefasst. Das API einer Anwendung ist in der Regel bezüglich Kommunikation und Ausführung von Anfragen autonom, d.h. beispielsweise, dass die Übermittlung einer Anfrage an ein API nicht zu einem beliebigen Zeitpunkt erfolgen kann, sondern nur dann, wenn die Anwendung kommunikationsbereit ist. Wird hingegen der Anwendungsdialog als Zugriffskomponente genutzt, zeigt sich ein anderes Bild. Während auch hier von gegebener Kommunikations-Autonomie auszugehen ist (der Anwendungsdialog kann in der Regel nur dann genutzt werden, wenn kein normaler Anwendungsbetrieb stattfindet, also z.B. nachts), ist die Anwendung nicht ausführungsautonom, denn die Reihenfolge der auszuführenden Operationen kann über den Anwendungsdialog gesteuert werden. Bei der dritten Variante einer Zugriffskomponente für Anwendungen, der Nutzung von Protokollierungsinformationen, ist auf Seite der Anwendung keine Autonomie gegeben, denn auf die Protokolle kann typischerweise unabhängig vom laufenden Betrieb der Anwendung zugegriffen werden. Eine Ausnahme liegt dann vor, wenn eine in Betrieb befindliche Anwendung die Protokolle sperrt, so dass nicht auf sie zugegriffen werden kann.

Zugriffs- komponente	... für Anwendungen			... für Datenverwaltungssysteme	
Autonomie- eigenschaft	API	Anwendungs- dialog	Protokollierungs- informationen	API	CLI
Kommunikations- Autonomie	i.d.R. auto- nom	autonom	nicht autonom	i.d.R. nicht autonom	
Ausführungs- Autonomie	i.d.R. auto- nom	nicht autonom	nicht autonom	i.d.R. nicht autonom	

Tabelle 3-4: Autonomieverhalten verschiedener Zugriffskomponenten

Aus Sicht eines externen Zugriffs unproblematischer sind Datenverwaltungs- und Datenbankmanagementsysteme, und das unabhängig davon, ob der Zugriff via API oder CLI erfolgt. Da Datenbankmanagementsysteme unter anderem mit Blick auf eine technisch einfache Einbindung in Multidatenbanksysteme konzipiert sind, ist weder von Kommunikations- noch von Ausführungs-Autonomie auszugehen. Anfragen an ein Datenbankmanagementsystem können typischerweise zu beliebigen Zeitpunkten abgesetzt werden, da sie gepuffert werden (beispielsweise in Warteschlangen). Ebenso kann auf die Ausführungsreihenfolge der einzelnen Operationen Einfluss genommen werden.

Zusammenfassend lässt sich sagen, dass sich Anwendungen nur sehr bedingt für den externen Zugriff auf die von ihnen verwalteten Daten eignen. Bei der Verwendung von Protokollierungsinformationen ist davon auszugehen, dass die ableitbaren Daten aufgrund der typischerweise verzögerten Verfügbarkeit der Protokolle nur eine beschränkte Aktualität aufweisen. Ferner kann mit Hilfe von Protokollierungsinformationen allenfalls ein lesender Zugriff auf die Daten erreicht werden, schreibende Operationen sind nicht möglich. Bei einem Datenzugriff über den Anwendungsdialog wird ein mitunter schlechtes Laufzeitverhalten als Nachteil genannt[238]. Die zu präferierende Lösung bezüglich der Daten einer Anwendung besteht in der Nutzung eines API.

Umfassend positive Eigenschaften für einen externen Zugriff bieten dedizierte Datenverwaltungssysteme und Datenbankmanagementsysteme. Allerdings kann insbesondere bei einer älteren Anwendungsarchitektur nicht davon ausgegangen werden, dass diese Art von Zugriffskomponenten flächendeckend eingesetzt wird. In vielen grösseren Unternehmen werden beispielsweise noch heute veraltete Standards zur Datenspeicherung wie VSAM (Virtual Storage Access Method) eingesetzt[239].

3.2.1.6.2 Kommunikationsverbindungen

Die Bedeutung der Kommunikationsverbindungen im Kontext der Anwendungsarchitektur liegt darin begründet, dass sowohl Anfragen als auch Daten über diese Medien transportiert werden müssen. Das dynamische Verhalten einer Anwendung oder eines Datenverwaltungssystems wird folglich vom dynamischen Verhalten der genutzten Kommunikationsverbindung überlagert[240]. Wie zuvor bei den anderen Anwendungsarchitekturkomponenten, ist auch hier zu prüfen, ob eine Zugreifbarkeit im Einzelfall gegeben ist und mit welchem Antwortverhalten zu rechnen ist. Hinsichtlich der Kommunikationsverbindungen sind daher zwei Merkmale zu bewerten:

- Verfügbarkeit: Die Verfügbarkeit sagt aus, inwieweit eine Kommunikationsverbindung grundsätzlich genutzt werden kann. Es kann beispielsweise vorkommen, dass die Verfügbarkeit regelmässig (z.B. während bestimmter Zeitintervalle) oder unvorhersehbar (z.B. aufgrund technischer Schwierigkeiten) nicht gegeben ist.

---

238 Vgl. Linthicum (2000), S. 80.
239 Vgl. Spruth, Franz (2003), S. 83.
240 Weitere Belege für die Bedeutung der Eigenschaften von Kommunikationsverbindungen für die Datenintegration liefern Foster, Grossmann (2003) und Lim, Hurson (2002).

- Bandbreite: Die Bandbreite einer Kommunikationsverbindung ist ein Mass für den möglichen Datendurchsatz pro Zeiteinheit.

Folgende Typen von Kommunikationsverbindungen zwischen den Komponenten eines verteilten Systems lassen sich unterscheiden[241]:

- Local Area Networks (LAN): Rechnernetze, deren Komponenten Maximaldistanzen von bis zu mehreren Kilometern aufweisen und die insbesondere innerhalb von Organisationen betrieben werden, werden als LAN oder lokale Netze bezeichnet. Als Charakteristika, die im Kontext der vorliegenden Arbeit relevant sind, werden genannt: Feste Obergrenzen für Übertragungszeiten, hohe Bandbreite, geringe Fehlerrate.

- Wide Area Networks (WAN): Rechnernetze, deren Komponenten Maximaldistanzen von mehr als 100 km aufweisen, werden als WAN oder Weitverkehrsnetze bezeichnet. Der Zugang zu diesen Netzen wird in der Regel nicht von einer zentralen Instanz kontrolliert. Ein Beispiel für ein WAN ist das Internet. Die hier besonders relevanten Merkmale von WAN sind: Schwierig abzuschätzende Übertragungszeiten, niedrigere Bandbreite (im Vergleich zu LAN), ein Verbindungsausfall ist möglich, ohne dass Eingriffsmöglichkeiten (z.B. Reparatur, Prävention) für das Netz nutzende Organisationen bestehen.

- Metropolitan Area Networks (MAN): So genannte Grossstadtnetze oder MAN entstehen durch die Verknüpfung mehrerer LAN und stellen damit eine Mischform von LAN und WAN dar; bezüglich der räumlichen Ausdehnung von MAN werden Distanzen von 10 bis 100 km genannt. Die Charakteristika von MAN ergeben sich je nach konkreter Ausgestaltung aus den Charakteristika von LAN und WAN.

Grundsätzlich sind bezüglich der Eigenschaften von Kommunikationsverbindungen im Rahmen von Rechnernetzen folgende allgemeine Aussagen möglich: Mit zunehmender räumlicher Ausdehnung des Rechnernetzes sinkt die verfügbare Bandbreite und die Übertragungszeiten nehmen folglich zu. Gleichzeitig nimmt die Verfügbarkeit der Verbindung ab, weil durch das Zusammenwirken einer grösseren Anzahl von Hardwareeinheiten und Kommunikationsverbindungen die Wahrscheinlichkeit steigt, dass mindestens eine für die Verbindung kritische Komponente ausfällt.

---

241 Vgl. Schrader (2001), S. 285.

3.2.1.6.3 Auswirkungen auf die Merkmalsausprägungen des qualitativen Informationsbedarfs

In diesem Abschnitt werden zusammenfassend die Auswirkungen von Merkmalsausprägungen der Anwendungsarchitekturkomponenten auf die Merkmalsausprägungen des qualitativen Informationsbedarfs unter dynamischen Gesichtspunkten dargestellt. Die aufgezeigten Zusammenhänge sind in Tabelle 3-6 kompakt dargestellt. Ein Tabelleneintrag gibt jeweils an, wie sich die Merkmalsausprägungen einer Anwendungsarchitekturkomponente auf ein Merkmal des qualitativen Informationsbedarfs auswirken. Dabei werden zwei Merkmalsausprägung angegeben: eine, die sich besonders günstig auf das Merkmal des qualitativen Informationsbedarfs auswirkt („vorteilhaft"), und eine, die sich besonders ungünstig auswirkt („nachteilig"). Bei einigen Konstellationen wird ein Merkmal des qualitativen Informationsbedarfs (z.B. Merkmal A) nur mittelbar, nämlich über ein anderes Merkmal des qualitativen Informationsbedarfs (z.B. Merkmal B) von einem Merkmal einer Anwendungsarchitekturkomponente beeinflusst. Diese Fälle werden durch eine Beschriftung der Tabellenzelle für Merkmal A mit „indirekt" visualisiert; zusätzlich weist ein Pfeil von dem Tabelleneintrag für Merkmal B in Richtung des Tabelleneintrags für Merkmal A. In Abschnitt 3.2.3 werden diese Zusammenhänge – zusammen mit weiteren Ergebnissen – in einem Wirkungsnetz visualisiert.

Durch die *Art der Zugriffskomponente* wird zunächst determiniert, ob auf eine Anwendung oder auf ein Datenverwaltungssystem überhaupt zugegriffen werden kann (Einfluss auf das Merkmal „Zugreifbarkeit"). Ferner werden auch die möglichen Ausprägungen des Merkmals „Verwendungsform" limitiert, denn beispielsweise der Zugriff allein über Protokollierungsinformationen führt dazu, dass keine schreibenden Transaktionen möglich sind; in diesem Fall wäre von einer ungünstigen Merkmalsausprägung zu sprechen. Von einer hinsichtlich der Integration und mit Blick auf die beiden Merkmale des qualitativen Informationsbedarfs günstigen Beschaffenheit der Zugriffskomponente hingegen kann ausgegangen werden, wenn es sich um ein API oder CLI eines Datenbankmanagementsystems (DBMS) handelt.

Das zweite Merkmal, das hier Bedeutung besitzt, ist die *Autonomie der Zugriffskomponente*. Autonome Zugriffskomponenten (ungünstige Merkmalsausprägung) erhöhen zum einen die Antwortzeit bei Datenlieferungen. Indirekt werden dadurch auch die Merkmalsausprägungen der Merkmale „Aktualität", „Periodizität" und schliesslich „Relevanz" beeinflusst. Zum anderen schränkt die Autonomie auch die Verwendungsform ein, da schreibende Zugriffe in verteilten Umgebungen eine schnelle Ausführung der erforderlichen Operationen voraussetzen. Durch die Autonomie wird auch hier indirekt die Relevanz beeinflusst. Eine aus Sicht der Integration vorteilhafte Zugriffskomponente besitzt folglich keine Autonomie.

Merkmal des Informationsbedarfs / Merkmal der Anwendungsarchitekturkomponente	Zugreifbarkeit	Antwortzeit	Aktualität	Periodizität	Relevanz	Verwendungsform
Art der verfügbaren **Zugriffskomponente** der Anwendung / des Datenverwaltungssystems	*vorteilhaft:* DBMS mit API/CLI *nachteilig:* proprietäre Zugriffskomponente (z.B. Protokollierungsinformationen)					*vorteilhaft:* DBMS mit API/CLI *nachteilig:* proprietäre Zugriffskomponente (z.B. Protokollierungsinformationen)
Autonomie der verfügbaren **Zugriffskomponente** der Anwendung / des Datenverwaltungssystems		*vorteilhaft:* nicht autonom → *nachteilig:* autonom	indirekt	indirekt	indirekt ←	*vorteilhaft:* nicht autonom *nachteilig:* autonom
Bandbreite der **Kommunikationsverbindung**		*vorteilhaft:* breitbandig → *nachteilig:* schmalbandig	indirekt	indirekt	indirekt	
Verfügbarkeit der **Kommunikationsverbindung**	*vorteilhaft:* hohe Verfügbarkeit (z.B. LAN) *nachteilig:* niedrige Verfügbarkeit (z.B. WAN)				indirekt ←	*vorteilhaft:* hohe Verfügbarkeit (z.B. LAN) *nachteilig:* niedrige Verfügbarkeit (z.B. WAN)

Tabelle 3-5: Auswirkungen auf die Merkmalsausprägungen des qualitativen Informationsbedarfs (dynamische Aspekte)

Die *Bandbreite einer Kommunikationsverbindung* determiniert die Geschwindigkeit, mit der Daten transportiert werden können, und beeinflusst damit die Antwortzeit bei einer Datenlieferung. Indirekt werden dadurch auch hier die Merkmale „Aktualität", „Periodizität" und schliesslich „Relevanz" beeinflusst. Breitbandige Verbindungen begünstigen die Integration, schmalbandige hingegen stellen eine ungünstige Voraussetzung für die Integration dar. Die *Verfügbarkeit einer Kommunikationsverbindung* wirkt zum einen auf das Merkmal „Zugreifbarkeit", denn eine nicht verfügbare Kommunikationsverbindung (ungünstige Merkmalsausprägung) führt direkt zur Nicht-Zugreifbarkeit. Darüber hinaus beeinflusst die Verfügbarkeit zum anderen auch die Verwendungsform, denn eine vorübergehende Nicht-Verfügbarkeit impliziert ein beeinträchtigtes Antwortverhalten und behindert damit (wie auch eine autonome Zugriffskomponente) beispielsweise schreibende, verteilte Transaktionen. Indirekt beeinflusst die Verfügbarkeit hier über die Verwendungsform die Relevanz. Die aus Sicht der Integration günstige Merkmalsausprägung der Verfügbarkeit ist „hohe Verfügbarkeit"; diese Merkmalsausprägung ist in der Regel bei LANs gegeben.

3.2.2 Statische Aspekte

Unter die Bezeichnung „statische Aspekte" fallen die Merkmale des qualitativen Informationsbedarfs, die durch die Beschaffenheit der vorhandenen Datenelementtypen und -instanzen vorgegeben sind (Aktualität, Zugriffsschutz, Granularität, Genauigkeit, Vollständigkeit, Fehlerfreiheit und Glaubwürdigkeit), und die zugehörigen Merkmale der Anwendungsarchitektur.

3.2.2.1 Aktualität

Neben den bereits oben diskutierten dynamischen Aspekten, weist die Aktualität auch statische Aspekte auf. Bereits in einem anderen Abschnitt wurde darauf hingewiesen, dass die Aktualität der Daten aus technischer Sicht Beschränkungen unterliegt[242]: Innerhalb des Integrationsbereichs (z.B. innerhalb des betrieblichen Informationssystems) liegen bestimmte Datenelemente als Primärdaten vor. Die Aktualität dieser Primärdaten kann aus technischer Sicht nicht verbessert werden.

3.2.2.2 Zugriffsschutz

Der Zugriffsschutz wirft aus der Perspektive der Integration die folgende Herausforderung auf. Die vorhandenen Anwendungen eines Unternehmens verfügen in aller Regel über Mechanismen und Regeln für den Zugriffsschutz. Bei der Integration entstehen je nach Ausgestaltung häufig durch Kopieren Replikate von operativen Daten (Primärdaten). Daher müssen Zugriffsrechte definiert werden, die festlegen, welche Aufgabenträger welche Informationsobjekte in welcher Form nutzen dürfen. Dabei sind zwei Arten von Informationsobjekttypen zu unterscheiden:

- *Informationsobjekttypen, die Daten verschiedener Herkunft zusammenfassen*, d.h. Informationsobjekttypen, die durch Kombination von Informationselementtypen entstehen, deren zugrunde liegende Datenelementtypen zu unterschiedlichen Datenobjektty-

---

242 Vgl. Abschnitt 3.2.1.3, S. 129 ff.

pen gehören. Für diesen Typ ist im Einzelfall aus fachlicher Sicht zu entscheiden, welche Zugriffsrechte mit Blick auf die Bedeutung der aggregierten Datenelemente und die zugrunde liegenden Primärdaten adäquat sind. Zu bedenken ist dabei auch, dass häufig anhand von aggregierten Datenelementen Rückschlüsse auf die zugrunde liegenden Detaildatenelemente vorgenommen werden können.

- *Informationsobjekte, die in ihrem Aufbau Datenobjekten entsprechen*, d.h. Informationsobjekte, deren Informationselemente vollständig aus Datenelementen eines Datenobjekts abgeleitet wurden. Hier ist zu fordern, dass der Zugriffsschutz und damit die Zugriffsrechte zu den Informationsobjekten den Regeln entsprechen, welche auch für die Datenobjekte (Primärdaten) Gültigkeit besitzen.

Ein Zugriffsschutz kann generell, d.h. für einen Informationsobjekt- oder Informationselementtyp gültig sein; ein Beispiel ist die Einschränkung des Zugriffs auf Kundendaten einer Bank auf eine bestimmte Mitarbeitergruppe (z.B. bzgl. der Datenobjekttypen „Kunde", „Transaktion" und „Konto"). Darüber hinaus kann ein Zugriffsschutz auch für bestimmte Daten, d.h. für Informationsobjekte festgelegt werden; ein Beispiel ist hier die in der Bankpraxis übliche Zugriffseinschränkung für Sachbearbeiter bezüglich der Kontotransaktionen der obersten Führungsebene der Bank, da aus diesen Informationsobjekten beispielsweise die Gehaltshöhe der Vorgesetzten ersichtlich ist.

Es ist anzumerken, dass der von einem Aufgabenträger gewünschte Zugriffsschutz in der Regel eine minimale Restriktivität aufweisen wird, denn Zugriffsbeschränkungen schränken seine Nutzungsmöglichkeiten und damit die für ihn gegebene Relevanz von Datenelementen ein. Dieser gewünschte Zugriffsschutz kann durchaus im Widerspruch zu den Zugriffsbeschränkungen stehen, die aus Sicht des Unternehmens sicherzustellen sind (vgl. dazu die oben dargestellten Überlegungen).

3.2.2.3 Granularität

Aus technischer Sicht ergeben sich hinsichtlich der Granularität die folgenden Einschränkungen. Die Granularität ist nur in einem bestimmten, nach „unten" begrenzten Bereich variierbar. Die feinste, erzielbare Granularität entspricht nicht etwa atomaren Datenelementen, die also durch Erfassung von Merkmalen realer Objekte oder Vorgänge (z.B. Produktumsätze auf Einzelbelegebene) und nicht durch Verdichtung entstanden sind. Stattdessen liegt die feinste Granularität dann vor, wenn zu einem Datenelement (z.B. ein Wochenumsatz) innerhalb des

Integrationsbereichs keine detaillierteren Datenelemente (z.B. Tagesumsätze) existieren[243].
Um noch detaillierte, also feingranularere Daten zu erhalten, muss ansonsten eine der folgenden Möglichkeiten in Betracht gezogen werden:

- *Verfeinerung der Granularität durch mathematische Operationen*: Umsatzdaten, die lediglich für Kalenderwochen aggregiert vorliegen, können beispielsweise durch eine Division durch die Anzahl der Werktage pro Kalenderwoche auf die Granularität „(Umsatz) pro Werktag" verfeinert werden. Bei dieser Art der Verfeinerung entstehen allerdings Informationselemente, deren Granularität „künstlich" ist; dadurch wird die Fehlerfreiheit der Informationselemente und damit der Informationsobjekte fraglich. Im Gegensatz zum Wochenumsatz, ist keine zuverlässige Aussage darüber möglich, ob ein bestimmter (errechneter!) Tagesumsatz tatsächlich an diesem Tag in dieser Höhe erzielt wurde. Granularitätsveränderungen der dargestellten Art sollten daher zumindest mit Hilfe von Metadaten dokumentiert werden.

- *Erweiterung des Integrationsbereichs*: Da die vorliegenden Datenelemente bereits aggregiert sind und der Aggregationsvorgang offenbar ausserhalb des Integrationsbereichs stattfand, kann eine feinere Granularität möglicherweise durch eine Erweiterung des Integrationsbereichs erreicht werden. Der Bereich ist so zu erweitern, dass die feingranulareren Datenelemente zugreifbar werden.

3.2.2.4 Genauigkeit

Im Rahmen des qualitativen Informationsbedarfs wurde die Genauigkeit im Sinne der Skalierung der gewünschten Informationselementtypen interpretiert. Die erreichbare Genauigkeit bei Erfüllung des Informationsbedarfs richtet sich nach der Genauigkeit, welche die Daten innerhalb des betrieblichen Informationssystems aufweisen. Aus technischer Perspektive ist deshalb zu prüfen, ob die zur Verfügung stehenden Datenelementtypen die Abbildung auf das gewünschte Skalenniveau zulassen. Eine Befriedigung der geforderten Genauigkeit ist nur dann möglich, wenn alle bei der Integration zu verarbeitenden Datenelementtypen mindestens das Skalenniveau aufweisen, das durch den Aufgabenträger im Informationsbedarf gefordert wird[244]. Diese Bedingung ergibt sich, weil die Transformation von Skalen (also Wertebereichen) aus logischen Gründen nur auf Skalen desselben oder eines niedrigeren Skalenniveaus zulässig ist[245].

---

243 Vgl. Schirp (2001), S. 85.
244 Vgl. dazu auch die Ausführungen zur Attributäquivalenz in Abschnitt 4.1.3, S. 161 ff.
245 Vgl. Schnell et al. (1999), S. 136 ff.

3.2.2.5 Vollständigkeit

Der vollständigen Bereitstellung insbesondere von historischen Daten in einem durch den Informationsbedarf vorgegebenen Umfang können die Eigenschaften der vorhandenen Anwendungen entgegenstehen. Typischerweise werden in operativen Anwendungen „nur" aktuelle Datenelemente verfügbar gehalten[246], d.h. solche Datenelemente, die für den gegenwärtigen Bezugszeitraum Gültigkeit besitzen (z.B. Umsatz des laufenden Monats). Sobald das Ende eines Bezugszeitraums erreicht ist (z.B. das Monatsende), werden derartige Datenelemente aus dem operativen Datenbestand entfernt und auf speziellen Speichermedien archiviert. Die Archivierung schränkt den Zugriff auf diese Datenelemente und insbesondere die Zugriffsgeschwindigkeit ein.

3.2.2.6 Fehlerfreiheit

Während Fehlerfreiheit im Rahmen des Informationsbedarfs sicherlich grundsätzlich gefordert wird, ist die Sicherstellung der entsprechenden Beschaffenheit eines Informationselements aus technischer Sicht ein schwieriges Unterfangen. Der Grund liegt darin, dass die Fehlerfreiheit prinzipiell nur durch den Vergleich des zugrunde liegenden Datenelements mit dem korrespondierenden Zustand des Realweltobjekts nachgewiesen werden kann.

Die Fehlerfreiheit von Datenelementen, zu denen kein Referenzwert (z.B. ein Duplikat in einer anderen Datenbasis) verfügbar ist, lässt sich im Einzelfall nicht mit vertretbarem Aufwand ermitteln. Die Gründe ergeben sich in analoger Form aus den Ausführungen zur Ermittlung der Aktualität. Wenn hingegen zu einem Datenelementtyp Entsprechungen in Form korrespondierender Datenelementtypen existieren, kann ein Vergleich des Datenelements zu einem Realweltobjekt mit korrespondierenden Datenelementen Widersprüche aufdecken[247]. Allerdings lässt sich dann häufig nicht allein anhand des Datenbestands beurteilen, welche der Instanzen falsch sind. Ein Beispiel ist das Geburtsdatum einer Person, das zweimal erfasst wurde: Bei der Konsolidierung kann sich der Fall ergeben, dass zwei plausible, aber unterschiedliche Geburtsdaten vorliegen, so dass nicht ohne weiteres entschieden werden kann, welcher Wert korrekt und damit als Informationselement verwendbar ist.

---

246 Vgl. Garzotto (2000), S. 166.
247 Vgl. Exner (2000), S. 482.

3.2.2.7 Glaubwürdigkeit

Bezüglich der Informationselemente und Informationsobjekte kann typischerweise davon ausgegangen werden, dass eine hohe Glaubwürdigkeit gefordert wird. Daher stellt sich die Frage, wie diese Erwartung aus technischer Sicht erfüllt bzw. wie der Aufgabenträger in die Lage versetzt werden soll, die Glaubwürdigkeit zu beurteilen. In Abschnitt 3.1.2.7 wurde die Widerspruchsfreiheit zwischen Informationselementen und den Eigenschaften eines Realweltobjekts als eine Einflussgrösse auf die Glaubwürdigkeit identifiziert. Aus technischer Sicht entspricht diese Forderung der Konsistenzforderung.

Bei einer Integrationsarchitektur handelt es sich um ein System, das in der Regel aus mehreren Komponenten besteht. Insofern benötigt der Aufgabenträger – um die Glaubwürdigkeit einschätzen zu können – Informationen über die beteiligten Komponenten dieses Systems und über ihr Zusammenwirken. Der Aufgabenträger benötigt somit neben den Informationsobjekten (inhaltlicher Informationsbedarf) zusätzlich Daten, die Auskunft beispielsweise über die Datenquellen geben; man spricht auch von „Metadaten". Die Verfügbarkeit solcher Metadaten ist die zweite wesentliche Einflussgrösse auf die Glaubwürdigkeit.

Da es sich bei dem Begriff „Metadaten" um einen für die vorliegende Arbeit zentralen Terminus handelt, soll hier zunächst eine kurze Begriffsexplikation vorgenommen werden. Häufig wird die Interpretation des Begriffs auf „Daten über Daten" beschränkt[248], da in der Regel – z.B. in der Datenbanktheorie – eine stark datenorientierte Sichtweise vorherrscht. Die auf Daten beschränkte Sichtweise ist eventuell auch dadurch zu erklären, dass die zunächst zur Speicherung von Metadaten vorgesehenen Data Dictionaries[249] entsprechend beschränkt waren und erst in jüngerer Zeit zu so genannten Repositories übergegangen wurde. Diese Repositories sind auch für (Meta-)Daten über andere Objekte der Informationsverarbeitung (z.B. Funktionen, Prozesse, Anwendungen) geeignet[250]. Diese etwas weitere Begriffsauslegung lässt sich auch durch folgende allgemeine Definition von *Dempsey und Heery* untermauern: Metadaten sind Daten, welche sich auf Realweltobjekte beziehen und durch deren Verfügbarkeit potenzielle Nutzer (dieser Objekte) keine vollständige, vorherige Kenntnis über die Existenz und die Eigenschaften der Objekte benötigen[251]. Für die vorliegende Arbeit kann der Begriff eingeschränkt werden:

---

248 Vgl. Hansen, Neumann (2001), S. 1050, Pernul, Unland (2001), S. 181 und S. 186, Kachur (2000), S. 37, Marco (2000), S. 4 f.
249 Vgl. Myrach (1995), Eicker (1994).
250 Vgl. Dippold et al. (2001), S. 101, Eicker (2001), S. 401 f., Österle (1990), S. 356.
251 Vgl. Dempsey, Heery (1998), S. 149 (vom Verfasser aus dem Englischen übersetzt).

> Definition „Metadaten":
>
> Als Metadaten werden alle Daten bezeichnet, welche die Integrationsarchitektur oder die involvierten Daten beschreiben.

Die Konsequenzen dieser Begriffsauslegung werden im Folgenden kurz erläutert. Die auf Basis der Diskurswelt entstehenden beiden Abstraktionsebenen lassen sich wie folgt veranschaulichen (vgl. Abbildung 3-8):

- Auf einer ersten Abstraktionsebene werden Eigenschaften von Objekten der Diskurswelt beschrieben, die selbst ein Ausschnitt der Realwelt ist; in der Abbildung sind exemplarisch einerseits Daten und andererseits Prozesse dargestellt. Die Daten auf dieser Abstraktionsebene stellen grundsätzlich die Basis für alle unternehmerischen Aktivitäten dar. Wenn als Objekte der Diskurswelt beispielsweise Kunden, Produkte, Beschaffungsvorgänge und die Auftragsabwicklung zugrunde gelegt werden, so finden sich auf dieser Abstraktionsebene abstrakte Entsprechungen, wie z.B. Kundendaten, Produktdaten sowie Beschreibungen von Beschaffungs- und Erfüllungsprozessen. Eine spezielle und für die vorliegende Arbeit zentrale Art von Prozessen stellen Datentransformationsprozesse dar, die ebenfalls auf dieser Ebene anzusiedeln sind. Datentransformationsprozesse dienen insbesondere der Datenintegration; sie basieren auf vorhandenen Daten und erzeugen abgeleitete Daten; aus diesem Grund deutet ein grau ausgefüllter Pfeil von „Datentransformationsprozess" auf „Daten".

- Auf der zweiten Abstraktionsebene werden dann die Objekte der darunter liegenden Ebene durch Daten beschrieben. Im Beispiel handelt es sich einerseits um Metadaten zu Daten, nämlich Datenquellen und Masseinheiten, und andererseits um Metadaten zu Prozessen, wie z.B. Durchlaufzeiten und Prozesskosten.

Die Auswahl von Beispielen in Abbildung 3-8 erfolgte bewusst mit der Beschränkung auf die hier relevanten Aspekte. So sind als Objekte der Diskurswelt weiterhin beispielsweise technische Systeme denkbar, die in beiden Abstraktionsebenen entsprechende Ergänzungen bedingen würden; auf der zweiten Abstraktionsebene wären dann z.B. Metadaten zu technischen Systemen zu ergänzen.

Eine Besonderheit von Metadaten, auf die *Schwarz* hinweist[252], fällt in der Abbildung besonders auf: Metadaten können neben ihrer beschreibenden Funktion gleichzeitig zur Abwicklung von unternehmerischen Aktivitäten dienen. In Abbildung 3-8 wird diese Tatsache durch

---

252 Vgl. Schwarz (2001), S. 51.

den abwärts gerichteten Pfeil (er deutet von „Metadaten zu Prozessen" zu „Daten") symbolisiert. Die exemplarisch genannten „Metadaten zu Prozessen" können beispielsweise auch in
der Prozessführung eingesetzt werden.

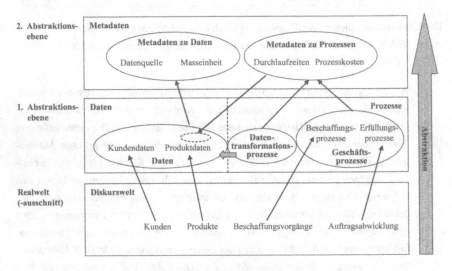

Abbildung 3-8: Metadaten und ihr Kontext

Um das Spektrum von Metadaten strukturieren zu können, bietet sich die in der Literatur gängige Unterscheidung in fachliche Metadaten einerseits und technische Metadaten andererseits
an, die aus den Bedürfnissen der unterschiedlichen Zielgruppen abgeleitet ist[253]:

- Technische Metadaten: Technische Metadaten „liefern die technische Beschreibung
  von Architektur- und Strukturkomponenten sowie von Daten und Prozessen"[254]. Unter
  diesen Begriff fallen damit unter anderem logische und physische Datenschemata, Integritätsbedingungen („Constraints"), Speicherorte sowie die Dokumentation von Da-
  tentransformationsprozessen.

- Fachliche Metadaten: Fachliche Metadaten[255] sind solche Metadaten, die primär von
  den Aufgabenträgern in den Fachbereichen benötigt werden. Es handelt sich dabei im

---

253 Vgl. Bauer, Günzel (2001), S. 68 f., Dippold et al. (2001), S. 102 f., Marco (2000), S. 52 f.
254 Lehmann, Ortner (2000), S. 372 f.
255 *Kemper* bezeichnet diese Kategorie als betriebswirtschaftlich/organisatorische Metadaten, vgl. Kemper
    (1999), S. 226 f.

Wesentlichen um Metadaten, welche die Bedeutung der Informationsobjekte sowie ihre Beschaffenheit (intrinsische Qualität) beschreiben.

Der Übergang zwischen den beiden Kategorien ist fliessend, da eine eindeutige Zuordnung bestimmter Metadaten nicht immer möglich ist. Beispielsweise sind Metadaten über den letzten Aktualisierungszeitpunkt eines Datenelements aus technischer, aber häufig auch aus fachlicher Sicht von Bedeutung (vgl. dazu auch die Ausführungen zum Qualitätsmerkmal „Aktualität").

Im Fall der Datenintegration kann man nun zunächst die Frage aufwerfen, welche Metadaten aus Nutzersicht als erforderlich anzusehen sind. Die folgende Auflistung, die sich aufgrund der Nutzerperspektive weitgehend auf fachliche Metadaten beschränkt, soll anhand eines Beispielinformationselementtyps zeigen, wie vielschichtig die erforderliche Menge von Metadaten sein kann. Als Beispiel liegt hier der Informationselementtyp „Umsatz" zugrunde:

- *Einheit*: Um den Wert interpretieren zu können, aber auch, um ihn in arithmetischen Operationen verwenden zu können, ist die Kenntnis der (Mass-)Einheit von grosser Bedeutung. Der Umsatz könnte zum Beispiel in der Währung „CHF" oder „US$" angegeben werden.

- *Bezugszeitraum/-zeitpunkt/-objekt(e)*: Weiterhin ist es von grosser Bedeutung, auf welchen Zeitraum oder Zeitpunkt sich ein Informationselement bezieht und auf welche Bezugsobjekte. Der Umsatz kann sich beispielsweise auf den Bezugszeitraum „Dezember 2001" sowie auf die Bezugsobjekte „alle Kunden" und „Produkt A" beziehen. Bei diesen Angaben handelt es sich um die Informationselementtypen, die mit dem „Umsatz" zu einem Informationsobjekttyp zusammenzufassen sind.

- *Aktualisierungszeitpunkte*: Entsprechend der in Abschnitt 0 getroffenen Aussagen ist die Aktualität eines Informationselements für einen Aufgabenträger dann besser einschätzbar, wenn ihm Informationen zu den Aktualisierungszeitpunkten der zugrunde liegenden Datenelemente vorliegen.

- *Semantik*: Informationen zur Semantik, d.h. zur fachlichen Bedeutung eines Informationselements, sind von grösster Bedeutung für den Aufgabenträger, da sie die Grundlage für eine Interpretierbarkeit. Beim „Umsatz" ist dieser Aspekt beispielsweise dann relevant, wenn sich der Aufgabenträger fragt, ob bei der Ermittlung nur die fakturierten Beträge berücksichtigt wurden oder aber auch die erst später bekannt werdenden Korrekturen, etwa wegen nachträglicher Erlösminderungen (z.B. Skonti, Forderungsausfälle).

- *Datenherkunft/Datenquelle(n)/Ableitungs- oder Ermittlungsregel(n)*: Informationen über die Datenherkunft ermöglichen dem Aufgabenträger eine eigene Einschätzung der Datenqualität[256]. Ein Einblick in die Ableitungs- oder Ermittlungsregeln erleichtert darüber hinaus die Überprüfung, ob die Werte sachlich richtig ermittelt wurden. Letztlich kann der Aufgabenträger mit dieser Information einschätzen, ob die „unterstellte" Semantik eines Informationselementtyps zutreffend ist.

Zusammenfassend kann festgehalten werden, dass Metadaten insbesondere dann von grosser Bedeutung sind, wenn Daten aus ihrem Kontext herausgelöst und in einem anderen Zusammenhang verwendet werden. Diese Aussage gewinnt mit zunehmender „organisatorischer Entfernung" des Aufgabenträgers von den Datenquellen an Gewicht. Betrachtet man hingegen den Bedarf an Metadaten an der Quelle der Daten, so werden in der Regel sehr geringe Anforderungen gestellt, da die involvierten Aufgabenträger die Datenelementtypen bezüglich der genannten Eigenschaften gut einschätzen können und deshalb keine oder nur wenige Metadaten benötigen.

Aus Sicht der Integrationsarchitektur sind zur Beurteilung der Glaubwürdigkeit parallel zu den Informationsobjekten auch Daten über die Datenquellen und den Integrationsprozess (Metadaten) weiterzugeben. Da Glaubwürdigkeit mit Blick auf den Informationsbedarf mit grösster Wahrscheinlichkeit eine grundsätzliche Forderung sein wird, ist ein Metadaten-Repository in den meisten Fällen eine obligatorische Komponente der zu entwerfenden Integrationsarchitektur.

Mit der Verfügbarkeit von Metadaten ist auch den beiden von *Wang et al.* genannten Qualitätsmerkmalen Interpretierbarkeit und Verständlichkeit genüge getan, denn sowohl die Interpretierbarkeit als auch die Verständlichkeit von Informationsobjekten für einen Aufgabenträger ist davon abhängig, inwieweit Informationen über den zugehörigen Kontext vorhanden sind. Bei Metadaten handelt es sich genau um diese Informationen, also um Details zum Kontext.

3.2.2.8 Betrachtung der Anwendungsarchitekturkomponenten

In diesem Abschnitt wird – wie schon in Abschnitt 3.2.1.6 für die Merkmale aus dynamischer Sicht – aus statischer Sicht untersucht, inwiefern sich die Beschaffenheit der Anwendungsarchitekturkomponenten auf die Erfüllbarkeit der Anforderungen auswirkt. Als Anforderungen

---

256 Vgl. dazu auch die in Abschnitt 3.1.2.7 diskutierten Merkmale „Glaubwürdigkeit" und „Reputation".

wird hier die entsprechende Untermenge der Merkmale des qualitativen Informationsbedarfs betrachtet.

In Abschnitt 3.2.2 stehen Merkmale des qualitativen Informationsbedarfs im Zentrum der Betrachtung, die durch das Datenangebot innerhalb der Anwendungsarchitektur beeinflusst werden: Aktualität, Zugriffsschutz, Granularität, Genauigkeit, Vollständigkeit, Fehlerfreiheit und Glaubwürdigkeit. Abgesehen von der Aktualität werden die genannten Merkmale beim Transport nicht verändert, so dass hier als relevante Anwendungsarchitekturkomponenten nur die Anwendungen und Datenverwaltungssysteme zu bewerten sind, nicht aber die Kommunikationsverbindungen. Da die dynamischen Aspekte der Aktualität bereits in Abschnitt 3.2.1 betrachtet wurden, ist hier eine Beschränkung auf deren statische Aspekte zulässig.

3.2.2.8.1 Anwendungen und Datenverwaltungssysteme

Die hier relevanten Betrachtungsobjekte innerhalb der Anwendungen und Datenverwaltungssysteme sind einerseits die verfügbaren Datenelementtypen und -instanzen sowie andererseits die zugehörigen, verfügbaren Metadaten.

Verfügbare Datenelementtypen und -instanzen

Die Anwendungen und Datenverwaltungssysteme wirken auf die hier betrachteten Merkmale des qualitativen Informationsbedarfs, weil die in ihnen verfügbaren Datenelementtypen und -instanzen den „Rohstoff" für die Informationsbereitstellung bilden und mit ihrer Beschaffenheit die realisierbare Datenqualität einschränken. Die zu betrachtenden Merkmale der verfügbaren Datenelementtypen und -instanzen entsprechen aus diesem Grund den oben genannten Merkmalen des qualitativen Informationsbedarfs. Beispielsweise wird die erreichbare Granularität eines im Informationsbedarf geforderten Informationselementtyps durch die Granularität der zu seiner Ermittlung erforderlichen Datenelementtypen (innerhalb der Anwendungsarchitektur) eingeschränkt.

Verfügbare Metadaten

Bereits bei der Diskussion des Merkmals „Glaubwürdigkeit" wurde auf die grosse Bedeutung der Metadatenverfügbarkeit hingewiesen. Besonders betroffen ist hier das Merkmal „Relevanz", denn Daten, zu denen keine Metadaten verfügbar sind, können in der Regel nicht interpretiert werden und besitzen folglich eine zumindest eingeschränkte Relevanz.

3.2.2.8.2 Auswirkungen auf die Merkmalsausprägungen des qualitativen Informationsbedarfs

In Tabelle 3-6 sind die direkten und indirekten Auswirkungen der Beschaffenheit der Anwendungsarchitekturkomponenten auf die Merkmale des qualitativen Informationsbedarfs (statische Aspekte) zusammenfassend dargestellt. Im linken Bereich der Tabelle sind die relevanten Merkmale der Anwendungen und Datenverwaltungssysteme dargestellt. Zeilenweise gelesen sind die Eintragungen beispielsweise wie folgt zu interpretieren:

- Die Aktualität eines Datenelements aus der Anwendungsarchitektur beeinflusst direkt die Aktualität der Informationselemente und Informationsobjekte, die dem Aufgabenträger im Rahmen der Integration zur Verfügung gestellt werden kann. Indirekt wird durch die Aktualität auch die Relevanz beeinflusst, denn mit der Aktualität variiert auch die Relevanz, die ein zur Verfügung gestelltes Informationsobjekt für einen Aufgabenträger besitzt.

In den Anwendungen und Datenverwaltungssystemen verfügbare ...			Direkt beeinflusstes Merkmal	Aktualität	Zugriffsschutz	Granularität	Genauigkeit	Vollständigkeit	Fehlerfreiheit	Glaubwürdigkeit	Relevanz
Datenelementtypen und deren ...	Datenelemente und deren ...	Metadaten und deren ...									
	Aktualität		→ Aktualität	■							↵
Zugriffsschutz	Zugriffsschutz		→ Zugriffsschutz		■						↵
Granularität			→ Granularität			■					↵
Genauigkeit			→ Genauigkeit				■				↵
	Vollständigkeit		→ Vollständigkeit					■		↵	
	Fehlerfreiheit		→ Fehlerfreiheit						■	↵	
		Verfügbarkeit	→ Glaubwürdigkeit							■	↵

Merkmale des qualitativen Informationsbedarfs (statische Aspekte). Indirekt beeinflusstes Merkmal.

Legende: beeinflussendes Merkmal → beeinflusstes Merkmal
(analoge Bedeutung für gewinkelte Pfeile)

Tabelle 3-6: Auswirkungen auf die Merkmalsausprägungen
des qualitativen Informationsbedarfs (statische Aspekte)

- Der Zugriffsschutz, der sowohl für einen Datenelementtyp als auch für einzelne Instanzen dieses Typs definiert sein kann, beeinflusst den Zugriffsschutz (direkt beeinflusstes Merkmal), der für den Aufgabenträger bezüglich der daraus abgeleiteten Informationsobjekttypen und deren Instanzen zu definieren ist. Dieser Zugriffsschutz kann die Relevanz (indirekt beeinflusstes Merkmal) für den Aufgabenträger einschränken, wenn er für seine Zwecke zu restriktiv ist.

- Die Verfügbarkeit von Metadaten beeinflusst direkt die Glaubwürdigkeit der bereitgestellten Informationsobjekte. Die Glaubwürdigkeit wiederum beeinflusst die Relevanz der Daten für den Aufgabenträger.

3.2.3 Zusammenfassende Betrachtung der Wirkungszusammenhänge

In diesem Abschnitt werden die zuvor nur partiell betrachten Zusammenhänge zwischen den Merkmalen der Anwendungsarchitekturkomponenten und den Merkmalen des qualitativen Informationsbedarfs im Zusammenhang betrachtet. In Abbildung 3-9 ist zu diesem Zweck ein Wirkungsnetz dargestellt.

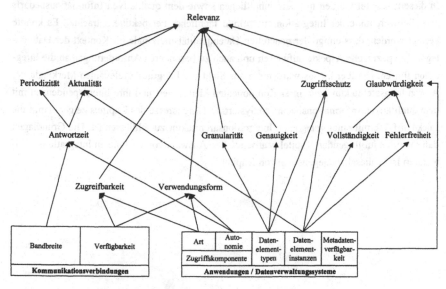

Abbildung 3-9: Einfluss von Komponenten der Anwendungsarchitektur
auf die Merkmale des qualitativen Informationsbedarfs

Anhand des Wirkungsnetzes wird deutlich, wie vielfältig die Wirkungsbeziehungen sind. Die von einem Aufgabenträger geforderte Aktualität eines Informationselements wird beispielsweise direkt oder indirekt durch die folgenden Faktoren beeinflusst:

- Bandbreite der Kommunikationsverbindungen (indirekte Beeinflussung über das Merkmal „Antwortzeit"),

- Autonomie der Zugriffskomponenten, die für den Zugriff auf die Anwendungen und Datenverwaltungssysteme zur Verfügung stehen (indirekte Beeinflussung über das Merkmal „Antwortzeit"), und
- Aktualität der in den Anwendungen und Datenverwaltungssystemen verfügbaren Datenelemente.

Indirekt wirken alle Merkmale der Anwendungsarchitektur auf die Relevanz, welche die Informationselemente für den Aufgabenträger besitzen.

3.3 Zusammenfassung

In diesem Kapitel wurden mit dem inhaltlichen sowie dem qualitativen Informationsbedarfs zwei Schwerpunkte der Integration aus primär fachlicher Perspektive betrachtet. Es konnte gezeigt werden, dass einige der generellen Datenqualitätsmerkmale im Kontext der Datenintegration spezifische Aspekte aufweisen und auch zu besonderen Anforderungen an die Integration führen. Darüber hinaus wurden die aus Sicht der Integration relevanten Merkmale der Anwendungsarchitektur bzw. ihrer Komponenten identifiziert und ihre Interdependenzen mit dem qualitativen Informationsbedarf analysiert. Die Ergebnisse des Kapitels zeigen damit die Lücke auf, die mit einer geeigneten Integrationsarchitektur zu schliessen ist. Die Grundlagen dafür werden im folgenden Kapitel bearbeitet. Die Auswahl von geeigneten Integrationsarchitekturen ist schliesslich Gegenstand von Kapitel 5.

4 Untersuchung von Integrationstechnologien und Typisierung von Integrationsarchitekturen

In der vorliegenden Arbeit werden der *Informationsbedarf* und die *Anwendungsarchitektur* als Komponenten des Integrationsmodells betrachtet, die prinzipiell nicht gestaltbar sind. Gegenstand dieses Kapitels ist nun mit der *Integrationsarchitektur* jene Komponente, die teilweise gestaltet werden kann. Zu diesem Zweck werden mit den Integrationskomponenten die aus Sicht der Integration zentralen Bestandteile der Integrationsarchitektur betrachtet.

Ziel des Kapitels ist es zum einen, zentrale methodische Aspekte für den Entwurf der Integrationskomponenten zu erarbeiten (Abschnitt 4.1). Zum anderen ist die Vielfalt im Bereich der Integrationstechnologien so zu strukturieren (Abschnitte 4.2 und 4.3), dass darauf aufbauend in Kapitel 5 eine Bewertung von typisierten Integrationsarchitekturen anhand vorgegebener Informationsbedarfe erarbeitet werden kann. Im Vordergrund steht also die Beantwortung der Forschungsfrage 3 (vgl. Abbildung 4-1).

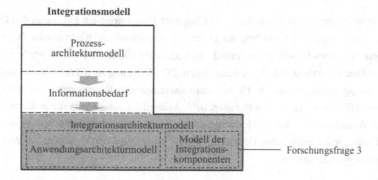

Abbildung 4-1: Einordnung des vierten Kapitels anhand des Integrationsmodells

4.1 Methodische Aspekte beim Entwurf der Integrationskomponenten

Aus technischer Sicht ist eine Datenintegration in Situationen erforderlich, die sich allgemein durch die folgende Bedingung bzw. Ausgangslage charakterisieren lässt: Es existiert mindestens eine Komponente mit einem Bedarf an Daten (lesender und/oder manipulierender Datenbedarf), die von mindestens zwei Komponenten verwaltet werden; die erste Komponente kann als „daten-nachfragende Komponente" bezeichnet werden und die letzten beiden Komponenten als „daten-bereitstellende Komponenten". Dabei ist es möglich, dass die daten-nachfragende Komponente einen Teil der benötigten Daten selbst verwaltet; in diesem Fall ist sie also gleichzeitig eine daten-nachfragende und eine daten-bereitstellende Komponente. Unter einer *Komponente* ist eine technische Einheit zu verstehen, wobei es sich typischerweise um eine Anwendung zusammen mit ihrer Datenbank und den zugehörigen Datenbankmanagementfunktionen handelt. Denkbar sind aber im Fall von daten-nachfragenden Komponenten auch Anwendungen ohne „eigene" Datenhaltung/-verwaltung; ein Beispiel sind Reportingsysteme, deren Aufgabe ausschliesslich die Extraktion, Verarbeitung und Weitergabe von Daten aus anderen Datenquellen ist. Aus diesen Ausführungen in Verbindung mit den bereits oben wiedergegebenen Definitionen von *Hergula und Härder* sowie von *Ives et al.* und *Halevy*[257] leitet sich die Definition ab, die den Ausführungen dieses Kapitels zugrunde gelegt wird.

Definition „Technische Datenintegration":

Technische Datenintegration ist der Zustand, in dem Daten aus mindestens zwei daten-bereitstellenden Komponenten in einer konsolidierten, transparenten Form für eine oder mehrere daten-nachfragende Komponenten zugreifbar sind.

Transparenz bedeutet, dass für die daten-nachfragende Komponente ein Zugang zu den Daten verfügbar ist, der jegliche Verteilung der Daten auf unterschiedliche Rechner oder Datenverwaltungssysteme sowie eventuell aufgrund von Redundanz vorhandene Widersprüche im Bereich der Datenstrukturen und Daten kompensiert. Die Forderung nach Transparenz wurde in die Definition aufgenommen, da für die daten-nachfragenden Komponenten nur auf diese Weise ein effizienter Zugang gewährleistet ist[258]. Andernfalls müsste jede dieser Komponenten über detaillierte Metadaten, d.h. Informationen beispielsweise über den Speicherort und die Definition jedes involvierten Datenelements, verfügen und diese Metadaten vor dem Datenzugriff jeweils auswerten.

Bei dieser Ausgangslage ergeben sich verschiedene Problembereiche, die im Folgenden in separaten Abschnitten näher untersucht werden[259]:

- Heterogenität der Sprachen (Metamodelle), die zur Beschreibung der relevanten Datenstrukturen ursprünglich verwendet wurden;
- Semantische Entsprechungen und Widersprüche zwischen den Datenstrukturen;
- Semantische Entsprechungen und Widersprüche zwischen den Datenelementen.

Semantische Entsprechungen, Widersprüche zwischen den Datenstrukturen sowie den Datenelementen selbst sind hier von Bedeutung, weil im Rahmen der Integration – im Sinne der o-

---

257 Vgl. Abschnitt 2.3, S. 34 ff.
258 Vgl. Barja et al. (1998), S. 235.
259 Vgl. Castano et al. (2001), S. 277, Srivastava, Chen (1999), S. 122, Hammer, McLeod (1993), S. 56 f.

ben genannten Definition und insbesondere mit Blick auf die geforderte Transparenz – eine Bereinigung erreicht werden muss.

Bezüglich des Begriffsapparats, der in diesem Abschnitt zur Anwendung kommt, sind einige Anmerkungen vorauszuschicken:

- In der Datenbanktheorie wird ein Begriffsapparat benutzt, der sich aufgrund der technischen Sichtweise teilweise von den weiter vorne für diese Arbeit festgelegten Begriffen unterscheidet. Den Begriffen aus der Datenbanktheorie wird hier der Vorzug gegeben, um den engen Bezug zur Literatur zu erhalten. Die Begriffe werden wie folgt verwendet:

  - *Entitätstyp*: Die Abstraktion von mehreren strukturell gleichartigen Realweltobjekten, auf die in den übrigen Ausführungen dieser Arbeit mit dem Begriff *„Datenobjekttyp"* Bezug genommen wird, wird in diesem Kapitel als Entitätstyp bezeichnet. Ein Entitätstyp wird durch einen eindeutigen Namen (z.B. „Kunde") identifiziert.

  - *Attribut*: Analog findet der Begriff „Attribut" anstelle des Begriffs *„Datenelementtyp"* Anwendung. Bezogen auf einen Entitätstyp wird ein Attribut durch einen eindeutigen Namen (z.B. „Produktnummer") identifiziert; ferner weist ein Attribut einen spezifischen Wertebereich (z.B. „Produktnummer ist eine alphanumerische Zeichenkette mit einer maximalen Länge von 10 Zeichen") auf.

  - *Attributwert*: Anstelle des Begriffs *„Datenelement"* wird der Begriff „Attributwert" verwendet, um Ausprägungen eines Attributs zu bezeichnen.

  - *Entität* (Instanz eines Entitätstyps): Die Ausprägung (Instanz) eines Entitätstyps wird nicht als *Datenobjekt*, sondern als Entität bezeichnet. Eine Entität beschreibt ein konkretes Realweltobjekt anhand einer Menge von Attributwerten (Tupel).

- Die komplette Datenstruktur, die einer Komponente explizit oder implizit zugrunde liegt, wird als *Datenschema* bezeichnet[260]; ein solches Datenschema besteht aus den

---

260 Vgl. z.B. Scheer (1995), S. 31. Der in diesem Zusammenhang häufig gebrauchte Begriff „Datenmodell" ist im Prinzip falsch (vgl. Eicker (1996), S. 55, Stucky, Krieger (1990), S. 845 f.) und soll deshalb hier nicht verwendet werden; ein Datenmodell ist „eine Struktursprache, welche sich zur Beschreibung von Datenbeständen eignet" (Zehnder (1989), S. 17).

bereits erwähnten Entitätstypen sowie zwischen diesen möglicherweise existierenden Beziehungstypen.

- Das einem Datenschema zugrunde liegende Metamodell wird als *Datenmodell* bezeichnet. Das Datenschema einer Komponente könnte dieser Begrifflichkeit folgend also beispielsweise auf dem Datenmodell ERM basieren.

4.1.1 Heterogenität der Datenmodelle

Eine wesentliche Voraussetzung zur Integration von Daten ist, dass die Datenschemata der beteiligten Komponenten miteinander verglichen werden können. Nur durch diesen Vergleich ist es möglich, Widersprüche und Gemeinsamkeiten auf struktureller Ebene zu identifizieren. Die Ergebnisse des Vergleichs dienen dann dazu, genau jene Entitäts- und Beziehungstypen in ein Datenschema zu integrieren, die von den daten-nachfragenden Komponenten benötigt werden.

Das integrierte Datenschema beruht auf einem bestimmten Datenmodell. Aus Effizienzgründen ist es sinnvoll, den Vergleich der zugrunde liegenden und zu integrierenden Datenschemata auf Basis dieses Datenmodells durchzuführen. Das durch Integration entstehende Datenschema wird als „globales Datenschema" bezeichnet, das dabei verwendete Datenmodell entsprechend als „globales Datenmodell"[261]. Folgt man der Forderung nach der Verwendung des globalen Datenmodells bereits beim Vergleich der zu integrierenden (lokalen) Schemata, so können folgende Fälle auftreten:

- Homogenität der Datenmodelle: Die lokalen Datenschemata basieren auf einem identischen Datenmodell, das gleichzeitig das globale Datenmodell ist.

- Heterogenität der Datenmodelle: Mindestens eines der lokalen Datenschemata basiert auf einem anderen als dem globalen Datenmodell. Es ist eine Transformation aller nicht mit dem globalen Datenmodell konformen Datenschemata vorzunehmen[262].

Bei vielen Software-Altsystemen existiert das zugrunde liegende Datenschema nicht (mehr). In diesem Fall ist zunächst eine Schemarekonstruktion (Daten-Reverse Engineering[263]) auf Basis des globalen Datenmodells durchzuführen.

---

261 Vgl. Conrad (2002) S. 103.
262 Vgl. Elmagarmid et al. (1999), S. 38 f., Papazoglou, Russell (1995), S. 113.
263 Vgl. Jung (1998).

Sobald sämtliche lokalen Datenschemata auf Basis des globalen Datenmodells vorliegen, kann mit dem Vergleich der Datenstrukturen begonnen werden (vgl. dazu den nächsten Abschnitt).

4.1.2 Behandlung von semantischen Entsprechungen und Widersprüchen zwischen lokalen Datenschemata

Der Vergleich von unterschiedlichen Datenschemata und ihre Integration in *ein* Schema (Schemaintegration) ist ein in der Informatik seit längerer Zeit bearbeitetes Forschungsthema[264]. Die Schemaintegration ist ein so genannter Bottom-up-Ansatz, d.h., die gegebenen Datenschemata werden vollständig berücksichtigt und in einem Schema zusammengeführt; dieser Ansatz bedingt verschiedene Nachteile[265], insbesondere

- bestimmen die Strukturen der lokalen Schemata weitgehend die Struktur des globalen Datenschemas, das aber eigentlich nach bedarfsorientierten Kriterien aufgebaut werden sollte;

- wird das globale Datenschema sehr umfangreich, was Nutzbarkeit und Wartbarkeit einschränkt.

Angesichts der in dieser Arbeit postulierten Orientierung an fachlichen Anforderungen (Informationsbedarfen) bietet sich an, einen Top-down-Ansatz zu verfolgen; die Erkenntnisse aus dem Forschungsbereich Schemaintegration sind dazu sinngemäss zu übertragen. Ausgangspunkt der Schemaintegration im vorliegenden Kontext ist also ein Informationsbedarf, d.h. eine Menge von Entitätstypen, die gegebenenfalls partiell durch Beziehungstypen miteinander verbunden sind.

Der Vergleich der lokalen Datenschemata und die Darstellung der Ergebnisse dieses Vergleichs im globalen Datenschema lassen sich anhand des nachfolgend grob beschriebenen Vorgehens durchführen:

1. Der Informationsbedarf ist durch eine Menge von Entitätstypen und gegebenenfalls Beziehungstypen jeweils mit gewünschten Attributen vorgegeben und stellt eine erste Version des globalen Datenschemas dar.

---

264 Vgl. Batini et al. (1986) und die dort zitierte Literatur.
265 Vgl. Hasselbring (2002), S. 16.

2. Für jedes Attribut des globalen Schemas ist nach Entsprechungen in den lokalen Schemata zu suchen und ein entsprechendes Mapping vorzunehmen[266]. Unter „Mapping"
   ist die Zuordnung eines Attributs aus einem lokalen Schema zu einem Attribut aus
   dem globalen Schema zu verstehen. Bei diesem Schritt kann der Fall auftreten, dass es
   sich bei dem globalen Attribut um – bezogen auf die lokalen Attribute – abgeleitete
   Daten handelt. Derartige globale Attribute sind innerhalb des globalen Schemas zu
   verfeinern, so dass Vergleichbarkeit hergestellt ist.

3. Das globale Schema ist daraufhin zu untersuchen, ob zwischen seinen Entitätstypen
   (implizit) weitere Beziehungstypen existieren; diese sind zusätzlich zu modellieren.

Zu Schritt 2 ist in Abbildung 4-2 der Zusammenhang in Form eines ER-Schemas dargestellt,
das als Informationsmodell des Mapping-Vorgangs interpretiert werden kann. Folgende Mappings sind möglich:

- Einerseits kann es zu einem globalen Attribut keine, ein oder mehrere korrespondierende lokale Attribute geben. Wenn es keines gibt, liegt offensichtlich der Fall vor,
  dass der im globalen Schema spezifizierte Informationsbedarf nicht vollständig auf
  Basis der vorhandenen Datenquellen zu befriedigen ist. Bei mehreren korrespondierenden lokalen Attributen können diese Attribute aus einem oder auch aus mehreren
  lokalen Schemata stammen; bezogen auf die Integration der Strukturen entstehen allerdings vergleichbare Schwierigkeiten, so dass diese Unterscheidung hier keine Relevanz besitzt.

- Andererseits kann ein lokales Attribut nur eindeutig einem globalen Attribut zugeordnet sein, da ansonsten im globalen Schema Redundanz gegeben wäre.

Eine weitere Variante ist in einem lokalen Attribut zu sehen, das keinem globalen Attribut zugeordnet ist. Es liegt also kein entsprechender Informationsbedarf vor. Aufgrund ihrer Irrele-
vanz für diese Arbeit ist diese Variante nicht berücksichtigt.

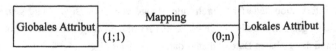

Abbildung 4-2: Mapping zwischen Typen des globalen Schemas und der lokalen Schemata

---

266 Im Folgenden werden zur sprachlichen Vereinfachung die Begriffe „globales Attribut" und „lokales Attri-
    but" verwendet.

Wenn zu einem globalen Attribut eine oder mehrere Entsprechungen (lokale Attribute) existieren, sind dabei neben der Problematik von synonymen und homonymen Bezeichnern[267] gegebenenfalls die folgenden, weiteren Beschreibungskonflikte[268] zu lösen:

1. *Wertebereichskonflikte* treten auf, wenn die Attribute unterschiedliche Wertebereiche aufweisen;

2. Von *Skalierungskonflikten* wird gesprochen, wenn die Attribute unterschiedliche, aber ineinander umrechenbare Masseinheiten verwenden (z.B. Meter und Zoll);

3. Ein *Genauigkeitskonflikt* liegt vor, wenn die Genauigkeit der Attributwerte unterschiedlich ist (z.B. unterschiedliche Anzahl von Nachkommastellen);

4. *Vagheitskonflikte* entstehen, wenn ein vages Attribut (beispielsweise Einkommen mit dem Wertebereich {hoch, mittel, niedrig}) und ein exakt skaliertes Attribut (Einkommen mit einem positiven, numerischen Wertebereich) integriert werden müssen;

5. *Integritätskonflikte*: Konflikte durch unterschiedliche Integritätsbedingungen oder Manipulationsoperationen liegen beispielsweise vor, wenn das eine lokale Attribut durch schreibende Transaktionen verändert werden darf, während für das andere lokale Attribut nur lesende Transaktionen zulässig sind. *Conrad* benennt diese Konfliktart nicht; analog zu den vorhergehenden vier Bezeichnungen erscheint der Begriff „Integritätskonflikt" aber als angemessen.

Die Lösung der genannten Konflikte ist in Form von Transformationsregeln zu dokumentieren, die festlegen, wie Attributwerte aus den lokalen Datenschemata in Attributwerte aus dem globalen Datenschema konvertiert werden. In Abbildung 4-3 ist ein Beispiel für das Mapping zwischen globalen Attributen einerseits und lokalen Attributen aus unterschiedlichen lokalen Schemata andererseits angegeben. Der Name des Entitätstyps ist jeweils fett gedruckt, die Namen der Attribute kursiv. Es finden sich globale Attribute

a) mit zwei zugeordneten lokalen Attributen (Kundennummer, Name, Vorname),

b) mit nur einem zugeordneten lokalen Attribut (Kundenwert, Risikokennziffer) und

c) ohne Zuordnung (Titel).

---

267 Synonyme und Homonyme unter den Bezeichnern von Attributen (aber auch von Entitäts- und Beziehungstypen) der lokalen Schemata erschweren die Schemaintegration. Synonyme Attributbezeichner müssen zunächst identifiziert werden, damit im globalen Schema eine Konsolidierung in Form eines Attributs erfolgen kann. Entsprechend müssen Homonyme unter den Attributbezeichnern erkannt werden, um eine Repräsentation durch ein Konstruktionselement im globalen Schema verhindern zu können.

268 Vgl. Conrad (2002), S. 104.

Bei Fall b) kann die Situation eintreten, dass Daten aus dem lokalen Schema nachgefragt werden, welches das Attribut nicht enthält. Eine ähnliche Problemstellung enthält Fall c), denn auch hier ist ein Attributwert (aus den daten-bereitstellenden Komponenten) nicht verfügbar. In beiden Fällen sind entweder Default-Werte zu verwenden oder aber weitere, unter Umständen neue Datenquellen zu erschliessen.

Das lokale Attribut „Geburtsdatum" findet sich nicht im globalen Schema (d.h., es besteht kein entsprechender Informationsbedarf) und erhält deshalb kein Mapping. Ein weiterer denkbarer Fall von mehreren zugeordneten lokalen Attributen, der nicht dargestellt ist, liegt vor, wenn semantisch unterschiedliche lokale Attribute einem globalen Attribut zugeordnet werden. Ein Beispiel ist ein globales Attribut „Wohnort", dem die lokalen Attribute „Postleitzahl" und „Ort" zugeordnet sind.

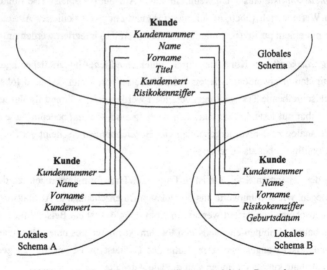

Abbildung 4-3: Mapping zwischen Attributen aus globalem Datenschema
und lokalen Datenschemata (Beispiel)

Das in der Abbildung nur angedeutete Problem der Zusammenführung von Identifikatoren (hier: „Kundennummer") wird im folgenden Abschnitt aufgegriffen.

4.1.3　Behandlung von semantischen Entsprechungen und Widersprüchen zwischen den Instanzen

In einem weiteren Schritt sind nun die Instanzen selbst zu betrachten und zu integrieren[269]. Ausgangspunkt sind hier Tupel von Attributwerten, die den Zustand eines Realweltobjekts beschreiben. Es existieren beispielsweise bei dem Mapping aus Abbildung 4-3 Tupel aus beiden lokalen Datenschemata, die Kunden beschreiben, denn der Entitätstyp „Kunde" kommt in beiden lokalen Schemata vor. Eine Menge von Tupeln kann auch als Extension des zugehörigen Entitätstyps oder als Extension einer Klasse bezeichnet werden. Wenn sich – wie im genannten Beispiel – zwei Entitätstypen von der zugrunde liegenden Semantik her entsprechen, können die Extensionen Gemeinsamkeiten aufweisen. Eine Gemeinsamkeit wäre in Form von Realweltobjekten gegeben, die durch Tupeln aus beiden Mengen beschrieben werden (Korrespondenz). In Abbildung 4-4[270] sind mögliche Gemeinsamkeiten zwischen solchen Extensionen bzw. extensionale Beziehungen in allgemeingültiger Form differenziert:

1. Extensionale Äquivalenz: Zu den Tupeln beider Klassen existieren Korrespondenzen in der jeweils anderen Klasse.

2. Einschluss/Teilmenge: Eine Klasse enthält ausschliesslich Tupel mit Korrespondenzen in der anderen Klasse. Darüber hinaus enthält die andere Klasse weitere Tupel.

3. Überlappung: Es gibt in beiden Klassen sowohl Tupel mit Korrespondenzen in der anderen Klasse (Schnittmenge) als auch weitere Tupel.

4. Disjunktheit: Die Tupelmengen sind vollständig disjunkt, d.h. es gibt kein Tupel mit einer Korrespondenz in der jeweils anderen Klasse.

Der Fall 4 „Disjunktheit" ist – sofern diese bekannt ist – unproblematisch, da die Tupelmengen bei der Integration vereinigt und anhand der zuvor definierten Transformationsregeln an das globale Datenschema angepasst werden können; lediglich die im vorangegangenen Abschnitt beschriebene Vergabe von Default-Werten ist in einigen Situationen zu beachten.

In den Fällen 1 bis 3 enthalten die beiden Klassen korrespondierende Tupel, d.h. jeweils zwei Tupel, die dasselbe Realweltobjekt beschreiben. Schwierigkeiten ergeben sich dabei jeweils dann, wenn sich Attributwerte aus beiden Tupeln widersprechen. So können beispielsweise Daten über den Wohnort einer Person, die aus verschiedenen Quellen stammen, voneinander abweichen.

269　Vgl. Conrad (1997), S. 245 ff.
270　Die Abbildung und die Beschreibung der extensionalen Beziehungen findet sich bei Conrad (2002), S. 104.

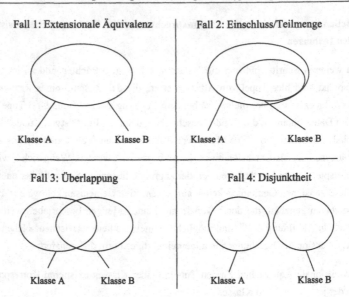

Abbildung 4-4: Arten extensionaler Beziehungen

Sofern über die Disjunktheit keine Erkenntnisse vorliegen oder wenn einer Fälle 1 bis 3 vorliegt, sind die Tupel aus den beiden Klassen auf Korrespondenzen zu überprüfen, d.h. daraufhin, ob sie paarweise oder sogar mehrfach dasselbe Realweltobjekt beschreiben[271]. Im Idealfall erfolgt dieser Vergleich mit Hilfe eines für beide Klassen gültigen Primärschlüssels, so dass bei Gleichheit des entsprechenden Attributs (in obigem Beispiel: Kundennummer) darauf geschlossen werden kann, dass die beiden Tupel dasselbe Realweltobjekt beschreiben und daher miteinander korrespondieren. Anders ausgedrückt erweist sich beispielsweise eine unternehmensweit eindeutige Kundennummer bei der Datenintegration als äusserst hilfreich, da zusammengehörende Daten über Kunden dadurch einander sehr einfach zugeordnet werden können.

Da diese Voraussetzung häufig nicht erfüllt ist[272], muss ein integrierender Primärschlüssel mit entsprechenden Transformationsregeln für das globale Schema definiert werden. Dabei ist bezogen auf die Tupelmengen auf geeignete Weise zu prüfen, ob es sich paarweise oder mehrfach um Tupel zu *einem* Realweltobjekt handelt. Diese Untersuchung muss entweder durch manuelle Überprüfung oder aber mit Hilfe einer Kombination von Attributwerten durchgeführt werden, die mit einer ausreichenden Wahrscheinlichkeit Aussagen zur Übereinstim-

---

271 Bei identischen Attributen würde man in einem solchen Fall von Doubletten sprechen.
272 Vgl. Goodhue et al. (1988), S. 373.

mung zulassen (z.B. Kundenname in Verbindung mit genauen Angaben zum Wohnort). Während auf diesem Wege eine Übereinstimmung mit einer gewissen Wahrscheinlichkeit festgestellt werden kann, ist es nicht möglich, die Übereinstimmung auf dieselbe Weise auszuschliessen. Beispielsweise kann es vorkommen, dass veraltete Daten zum Wohnort in dem einen Tupel die Erkennung einer Übereinstimmung verhindern. Die Identifikation von korrespondierenden Tupeln ist also in besonderer Weise mit Fragestellungen der Datenqualität verbunden[273].

Sofern die Übereinstimmung von zwei Tupeln hinsichtlich des zugrunde liegenden Realweltobjekts festgestellt wird, können die Attributwerte anhand des globalen Schemas integriert werden. Zu unterscheiden sind hier folgende Fälle:

- Eindeutige Attribute (z.B. das Attribut Kundenwert aus dem lokalen Schema A in Abbildung 4-3): Die Attributwerte können bei der Integration einfach übernommen werden. Allerdings ist bei Übernahme und Integration von Tupeln aus einem anderen lokalen Schema (in dem das Attribut dann folglich nicht vorhanden ist) ein Default-Wert zu verwenden. Wenn beispielsweise Daten aus dem lokalen Schema B integriert werden, sind Default-Attributwerte für das Attribut Kundenwert einzusetzen. Die Default-Werte sind mit Blick auf Datenabfragen gegen das globale Schema und entsprechende Auswertungen zu setzen. Für den Kundenwert sollte beispielsweise nicht der Wert „0", sondern ein Wert verwendet werden, der das Nicht-Bekanntsein des Kundenwerts ausdrückt. In der Datenbanktheorie wird in diesen Fällen der so genannte „Null value" verwendet.

- Mehrdeutige Attribute: Wenn auf Basis von beiden lokalen Schemata Attributwerte in ein Attribut (des globalen Schemas) integriert werden, kann es – wie beim Schlüsselattribut – zu Widersprüchen kommen (Bsp.: die Vornamen aus zwei zusammengehörenden Tupeln sind nicht identisch). Auch hier stehen Schwierigkeiten im Bereich der Datenqualität im Vordergrund. In der Arbeit von *Lim et al.* wird beispielsweise die Problematik von Attributwertkonflikten im Detail untersucht[274].

Die Art des Mappings von Attributen zwischen lokalen Schemata und globalem Schema und die Art der jeweiligen Transformationsregeln hat weit reichende Konsequenzen für Operationen, die auf Attributen des globalen Schemas möglich sind. Grundlage der folgenden Ausführungen ist der Fall, dass zwei Attribute aus verschiedenen lokalen Schemata zu integrieren

---

273 Vgl. Schallehn et al. (2001), insbes. S. 547.
274 Vgl. Lim et al. (1996).

sind, die eine identische Semantik besitzen. In der Arbeit von *Larson et al.*[275] wird dieser Aspekt unter der Bezeichnung Attributäquivalenz untersucht. Unterschieden werden zunächst drei Typen der Attributäquivalenz (vgl. dazu auch Abbildung 4-5):

- *Starke Attributäquivalenz* ist gegeben, wenn sich jedem zulässigen Attributwert des einen Attributs kein oder genau ein äquivalenter Attributwert des anderen Attributs zuordnen lässt; umgekehrt muss die Bedingung ebenfalls gültig sein; mit anderen Worten: Zwischen den Attributwerten bestehen entweder keine Zuordnungen oder aber eindeutige Zuordnungen.

- *Schwache Attributäquivalenz* ist gegeben, wenn sich jedem zulässigen Attributwert des einen Attributs kein, ein oder mehrere äquivalente Attributwerte des anderen Attributs zuordnen lassen; mit anderen Worten: Zwischen den Attributwerten bestehen entweder keine Zuordnungen oder aber (aus Sicht der ersten Attributmenge) 1:m-Zuordnungen.

- *Disjunkte Attributäquivalenz* liegt vor, wenn zu keinem der Attributwerte des einen Attributs ein äquivalenter Attributwert des anderen Attributs existiert.

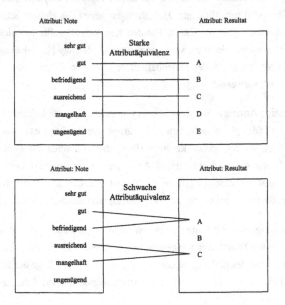

Abbildung 4-5: Starke und schwache Attributäquivalenz zwischen lokalen Attributen

275   Vgl. Larson et al. (1989).

Aus der Attributäquivalenz ergibt sich nun unmittelbar, wie eine Attributwertemenge für das integrierte Attribut gebildet werden kann, sowie in der Konsequenz auch, welche Operationen auf diesem Attribut später möglich sind:

- Starke Attributäquivalenz: Starke Attributäquivalenz ist gegeben, wenn sich die Attributwerte paarweise einander zuordnen lassen. *Larson et al.* unterscheiden dabei vier Typen der starken Attributäquivalenz[276]. Mit dieser Unterscheidung wird darauf eingegangen, wie umfassend sich die Attributwertemengen durch 1:1-Zuordnungen miteinander in Beziehung setzen lassen. Eine vollständige Zuordnung wird mit „equal" bezeichnet. Wenn eine Attributwertemenge durch Zuordnung in der anderen enthalten ist, wird von „contains" und in umgekehrter Richtung von „contained-in" gesprochen. Bei sich überlappenden Attributwertemengen heisst die Bezeichnung „overlaps". Die starke Attributäquivalenz in Abbildung 4-5 ist folglich als „overlaps" einzustufen. Die Attributwertemenge des globalen Attributs kann in diesem Fall als Vereinigungsmenge der zugeordneten Attributwerte (dort ist jeweils der eine oder der andere beteiligte Attributwert zu verwenden) und der nicht zugeordneten Attributwerte gebildet werden. Für das Beispiel wäre eine mögliche Attributwertemenge {sehr gut, gut, befriedigend, ausreichend, mangelhaft, ungenügend, E}. Schreibende Transaktionen sind in diesem Fall nur auf den lokalen Schemata zulässig, da sich in jedem Fall ein korrespondierender Wert für das globale Attribut ermitteln lässt. Umgekehrt ist dies nicht möglich, weil zu einigen Attributwerten („sehr gut", „ungenügend" und „E") keine korrespondierenden Werte in jeweils einem der globalen Schemata existieren. Generell sind schreibende Transaktionen auf dem globalen Schema daher nur dann zulässig, wenn die Attributäquivalenz „equal" vorliegt.

- Schwache Attributäquivalenz: Die Attributwertemenge kann nur als quasi „Kleinster gemeinsamer Nenner" gebildet werden, um eine Transformation lokaler Attributwerte in das globale Schema zu ermöglichen. Eine mögliche Attributwertemenge für das Beispiel ist folglich {sehr gut, A, B, C, ungenügend}. Aus dieser Vorgehensweise folgt allerdings unmittelbar, dass auf dem globalen Attribut nur lesende Transaktionen möglich sind. Würde eine schreibende Transaktion zugelassen, so wären die zugehörigen lokalen Attributwerte nicht (immer) ermittelbar. Wird beispielsweise ein Attributwert des globalen Schemas in „A" verändert, kann zwar der entsprechende Attributwert für das rechts dargestellte Attribut ermittelt werden („A"), aber nicht der Wert für das andere Attribut. Dies ist darauf zurückzuführen, dass dem Attributwert „A" zwei Attributwerte („gut" und „befriedigend") zugeordnet sind.

---

276 Vgl. Larson et al. (1989), S. 453 ff.

- Disjunkte Attributäquivalenz: In diesem Fall entsteht die Attributwertemenge des globalen Attributs durch Vereinigung der beiden Attributwertemengen der lokalen Attribute. Wie bei der starken Attributäquivalenz, ergibt sich auch hier eine eindeutige Zuordnung zwischen globalen und lokalen Attributwerten, so dass schreibende Transaktionen auf den globalen Attributen möglich sind.

4.2 Technische Aspekte beim Entwurf der Integrationskomponenten

Zum technischen Kontext der Integration finden sich in der Literatur zahlreiche Vorschläge sowohl für einzelne Problemstellungen als auch für ganze Architekturen. In diesem Abschnitt erfolgt eine strukturierte Darstellung dieser Vorschläge, nämlich einerseits von Integrationstechnologien (Abschnitt 4.2.1) und andererseits von Integrationsarchitekturen (Abschnitt 4.2.2).

4.2.1 Integrationstechnologien

Gegenstand dieses Abschnitts sind mit Integrationstechnologien Lösungsbausteine, die bei der Konstruktion unterschiedlicher Integrationsarchitekturen zum Einsatz kommen können. Überblicksartige Darstellungen zu Integrationstechnologien finden sich in der Literatur in grosser Zahl[277].

4.2.1.1 Mediatoren und Wrapper

Ein in der Literatur verbreitetes Konzept, das häufig im Zusammenhang mit föderierten Architekturen genannt wird, sind die bereits genannten Mediatoren[278] oder auch Mediatorsysteme. Nach *Wiederhold* ist ein Mediator eine Softwarekomponente innerhalb einer mehrschichtigen Architektur, die auf Basis von kodiertem Wissen über Datenquellen Informationen für Anwendungen auf einer anderen Schicht bereitstellt[279]. Mediatoren sind damit Komponenten, die speziell darauf ausgerichtet sind, Anwendungen eine einheitliche Schnittstelle zu bestimmten Komponenten anzubieten, so dass die technische Heterogenität dieser Komponenten transparent ist.

---

277 Vgl. z.B. Voigtmann, Zeller (2003), Britton (2001), Ruh et al. (2001), S. 39 ff, Yee, Apte (2001), S. 43 ff., Linthicum (2000).
278 Vgl. Benetti et al. (2002), Papakonstantinou, Vassalos (2001), Barja et al. (1998).
279 Vgl. Wiederhold (1992), S. 44.

Ein zweite technische Komponente in diesem Kontext sind Wrapper. Sie werden eingesetzt, um proprietäre Eigenschaften von Datenbasen hinsichtlich des Datenzugriffs zu kapseln, so dass der Mediator auf alle Datenbasen des Systems in identischer Weise zugreifen kann[280]. Man kann zwei Typen von Wrappern unterscheiden[281]:

- *Integrations-Wrapper* (Integration wrappers, Thick adapters) stellen einerseits einen einheitlichen Zugang zu der zugrunde liegenden Datenressource bereit. Andererseits bieten sie auch die Möglichkeit, den Zugriffspfad zu modifizieren: Wenn die zugrunde liegende Datenressource beispielsweise lediglich eine sequentielle Datenabfrage er-möglicht, kann ein Integrations-Wrapper diese Daten nach aussen als Menge präsen-tieren, die sich für eine SQL-Abfrage eignet.

- *Zugriffs-Wrapper* (Access wrappers, Thin adapters) stellen ausschliesslich einen ein-heitlichen Zugang zu der zugrunde liegenden Datenressource bereit. Der Zugriffspfad zu den Daten wird durch den Zugriffs-Wrapper nicht verändert.

Eine weitere Technologie, so genannte Gateways, ist mit Wrappern vergleichbar, da eine i-dentische Funktionalität geboten wird. Der Unterschied liegt darin, dass Wrapper in der Aus-führungsumgebung der betreffenden Datenressource angesiedelt werden, Gateways hingegen in der Ausführungsumgebung der nutzenden Komponente(n)[282].

In Abbildung 4-6 ist der Aufbau eines Mediatorsystems bestehend aus Anwendungen, einem Mediator, mehreren Datenquellen und einer entsprechenden Anzahl von Wrappern dargestellt. Die Datenquellen (es können Datenbasen sein oder wiederum Anwendungen) sind also nur mittelbar mit dem Mediator verbunden. Ein Mediator ist in der Lage, Anfragen von Anwen-dungen zu analysieren und entsprechend seiner Informationen über die angeschlossenen Da-tenquellen aufzuspalten. Die entstehenden (Teil-)Anfragen werden anschliessend mit Hilfe der Wrapper an die Datenquellen gestellt. Die zurückgelieferten Anfrageergebnisse werden schliesslich vom Mediator konsolidiert und an die anfragende Anwendung weitergegeben.

Das dargestellte Prinzip wird in identischer Form auch bei so genannten Meta-Suchmaschinen im World Wide Web (WWW) eingesetzt. Die Suchanfrage eines Benutzers an die Meta-Suchmaschine wird analysiert. Entsprechend der Anforderungen verschiedener Suchmaschi-nen wird die Anfrage transformiert und an diese Maschinen gesendet. Die von den Suchma-schinen zurückgegebenen Ergebnisse werden dann von der Meta-Suchmaschine zunächst

---

280 Vgl. Prestwich, Bressan (2002), S. 253 f.
281 Vgl. Mecella, Pernici (2001), S. 4, Linthicum (2000), S. 310 f.
282 Vgl. Keller (2002), S. 37.

konsolidiert, bevor sie an den Benutzer weitergegeben werden. Die Meta-Suchmaschine verhält sich gegenüber dem Benutzer wie eine normale Suchmaschine.

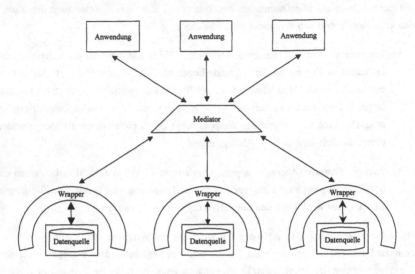

Abbildung 4-6: Schematische Darstellung des Zusammenwirkens
der Komponenten eines Mediatorsystems

Eine Eigenschaft eines Mediatorsystems, die in der Literatur weitgehend vernachlässigt wird, liegt in der Beschränkung auf lesende Zugriffe bezüglich der angeschlossenen Datenquellen. Zumindest implizit geht diese Eigenschaft aus der oben genannten Definition für den Begriff „Mediator" von *Wiederhold* hervor.

Angesichts des Funktionsprinzips und der dargestellten Eigenschaften von Mediatorsystemen können folgende Einordnungen vorgenommen werden:

- Ein Mediatorsystem weist vergleichbare Eigenschaften wie ein föderiertes Datenbanksystem auf, mit der Einschränkung, dass hier für (globale) Anwendungsprogramme ausschliesslich lesende Zugriffe auf Teile des Systems möglich sind.

- Ein virtuelles Data-Warehouse-System weist die in diesem Abschnitt skizzierten Eigenschaften auf und kann daher als Mediatorsystem eingestuft werden. Wrapper sind bei einem virtuellen Data-Warehouse-System allerdings nur dann erforderlich, wenn die angeschlossenen Datenquellen keine standardisierte Schnittstelle für den Datenzugriff besitzen.

4.2.1.2 Middleware

Der Begriff „Middleware" wurde erstmals 1993 von *Shan* in einem der heutigen Sichtweise vergleichbaren Sinne verwendet[283], nämlich als Bezeichnung für eine Schicht („Basic Integrated Information Services"), welche die Heterogenität und Verteilung vorhandener Systeme kapselt und auf Basis dieser Systeme verschiedene Dienste anbietet (vgl. Abbildung 4-7).

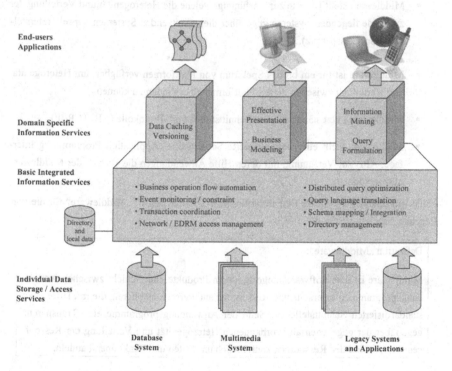

Abbildung 4-7: Aufgabenorientierte Einordnung von Middleware nach *Shan*[284]

Da der Begriff aber über die Zeit weiterentwickelt und natürlich auch von Softwareherstellern und Beratungsunternehmen für Marketingzwecke eingesetzt wurde, ist das Begriffsverständnis heute diffus[285]. Einerseits finden sich ältere Definitionen, die Middleware auf die Bereitstellung von plattformunabhängigen Kommunikationsdiensten in heterogenen Umgebungen

---

283 Vgl. Shan (1993), S. 422.
284 Vgl. Shan (1993), S. 423; „EDRM" steht für „External Data Resource Manager".
285 Vgl. Keller (2002), S. 84, Britton (2001), S. 19, Spahni et al. (2001), S. 77.

beschränken[286]. Andererseits wird Middleware teilweise sehr weit ausgelegt, indem umfassende Koordinationsdienste[287] oder auch die persistente Datenhaltung in dieser Schicht[288] eingeschlossen werden.

Ältere und neuere Definitionen zum Begriff „Middleware" und entsprechende Begriffsauslegungen weisen einheitlich folgende Eigenschaften auf:

- Middleware stellt Dienste zur Verfügung, welche die Heterogenität und Verteilung der zugrunde liegenden Systeme gegenüber dienst-nutzenden Systemen kapseln (Herstellung von Transparenz).

- Middleware ist für ein breites Spektrum von Plattformen verfügbar, um Heterogenität und Verteilung zwischen diesen Plattformen überwinden zu können.

- Middleware nutzt standardisierte Schnittstellen und -Protokolle (z.B. TCP/IP).

- Middleware stellt eine standardisierte Schnittstelle (Application Programming Interface; API) zur Verfügung, mit deren Hilfe Anwendungen die Dienste der Middleware nutzen können.

Unter Zugrundelegung dieser Eigenschaften lässt sich der Begriff „Middleware" für die vorliegende Arbeit wie folgt definieren:

Definition „Middleware":

Middleware ist eine Softwarekategorie, deren Produkte eine Schicht zwischen Anwendungsprogrammen einerseits und Ressourcen andererseits etablieren, die mit Hilfe einer standardisierten Schnittstelle auf Seite der Anwendungsprogramme eine Transparenz gegenüber der gegebenenfalls vorhandenen Heterogenität und Verteilung der Ressourcen erreicht. Bei den Ressourcen kann es sich um Daten und Funktionen handeln.

Das grundsätzliche Konzept „Middleware" ist in Abbildung 4-8 schematisch dargestellt; betrachtet man Funktionen, so ist eine partielle Identität eines Anwendungsprogramms und seiner Ressourcen gegeben. Der Zugriff eines Anwendungsprogramms auf seine eigenen Ressourcen erfolgt unter Umständen weiterhin durch einen Direktzugriff (in der Abbildung durch einen dünnen Doppelpfeil symbolisiert).

---

286 Vgl. Bernstein (1996), Riehm, Vogler (1996), S. 28.
287 Vgl. Stonebraker (2002), S. 103.
288 *Tresch* beispielsweise verwendet für das weiter oben als Data-Warehouse-System bezeichnete Konzept den Begriff „Data Warehousing-Middleware", vgl. Tresch (1996), S. 253.

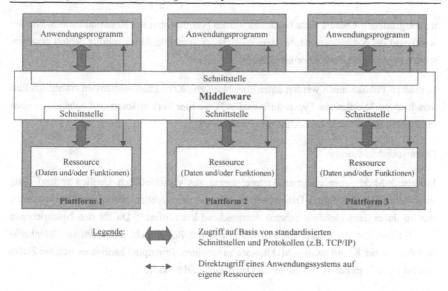

Abbildung 4-8: Middleware als generelles Konzept

Ein Vergleich der Definition für „Middleware" mit dem weiter oben vorgestellten Begriff „Mediator" zeigt, dass erhebliche Ähnlichkeit besteht, denn Mediatoren stellen ebenfalls eine einheitliche Schnittstelle zu einer Menge heterogener Systeme bereit. Der Unterschied zwischen den Begriffen liegt darin, dass Middleware eine Softwarekategorie darstellt und ein Mediator eine konkrete Ausprägung dieser Softwarekategorie ist.

Mit Blick auf die oben genannten Eigenschaften kann Middleware durch Präfixe in zwei Varianten differenziert werden:

- Kommunikations-Middleware: Diese Variante der Middleware dient dem Austausch von Nachrichten zwischen den beteiligten Anwendungsprogrammen und Ressourcen. Die Aufgabe der Kommunikations-Middleware liegt also in der Konvertierung von Nachrichten in beide Richtungen.

- Koordinations-Middleware: Diese Variante schliesst die Eigenschaften von Kommunikations-Middleware ein. Zusätzliche Eigenschaften liegen darin, dass dieser Typ von Middleware Abläufe steuert und dabei gegebenenfalls selbstständig Ressourcen (insbesondere Funktionen) nutzt und koordiniert.

Vergleichbar mit der gewählten Unterscheidung sind die von *Liessmann et al.* genannten Gestaltungsmöglichkeiten für Middleware, nämlich der teilautonome Ansatz, bei dem komponentenübergreifende Abläufe nicht betrachtet werden (vergleichbar mit Kommunikations-Middleware), und der Szenarioansatz, bei dem miteinander vernetzte Ablaufschritte zentral gesteuert werden (vergleichbar mit Koordinations-Middleware)[289].

In neueren Publikationen werden unter Einschluss von Koordinationsdiensten einheitlich fünf verschiedene Middleware-Typen differenziert[290], die hier kurz erläutert und anhand der oben unterschiedenen Middleware-Arten eingeordnet werden.

Datenbank-Middleware

Datenbank-Middleware integriert Datenelemente aus verschiedenen Quellen anhand eines vereinheitlichten (globalen) Datenschemas; die von den Quellen bezogenen Datenelemente werden dabei dem globalen Schema entsprechend konvertiert.[291] Da für den beschriebenen Zweck allein der Austausch von Nachrichten in der Regel nicht ausreicht, ist Datenbank-Middleware der Koordinations-Middleware zuzuordnen. Prinzipiell handelt es sich bei FDBS und bei Data-Warehouse-Systemen um Datenbank-Middleware.

Transaktionsmonitore

Transaktionsmonitore (für verteilte Systeme) stellen sicher, dass Transaktionen, die Daten aus mehreren Komponenten betreffen, nach dem ACID-Prinzip abgewickelt werden. Das bedeutet, dass

- eine Transaktion vollständig oder gar nicht ausgeführt wird (Atomicity),
- die Konsistenz des Gesamtdatenbestands erhalten bleibt (Consistency),
- verschiedene Transaktionen sich gegenseitig nicht behindern (Isolation) und
- bei erfolgreichem Abschluss der Transaktion die Datenänderungen dauerhaft abgespeichert werden (Durability).

Auch Transaktionsmonitore sind der Koordinations-Middleware zuzuordnen, da das Management von verteilten Transaktionen neben der Durchführung von Kommunikationsvorgängen auch koordinative Funktionen erfordert. Ein FDBS benötigt für die Durchführung von schreibenden Transaktionen Funktionen, die mit denen eines Transaktionsmonitors vergleichbar sind.

---

289 Vgl. Liessmann et al. (1999), S. 16.
290 Vgl. Ruh et al. (2001), S. 52 ff., Soeffky (2001), S. 303 ff, Linthicum (2000), S. 120 ff.
291 Vgl. Haas et al. (1999), S. 31, sowie die dort zitierte Literatur.

Object-Request-Broker (ORB)-Middleware

ORB-Middleware dient als Service innerhalb einer objektorientierten Architektur, beispielsweise

- Common Object Request Broker Architecture (CORBA) der Object Management Group (OMG),
- Distributed Component Object Model (DCOM) von Microsoft oder
- Java Remote Method Invocation (Java RMI) von Sun.

Abbildung 4-8 lässt sich auf objektorientierte Architekturen übertragen. Hier liegen nun statt verteilter Anwendungsprogramme und weiterer Ressourcen verteilte Objekte vor, also Daten mit zugehörigen Methoden. Die Aufgabe der ORB-Middleware besteht darin, die Kommunikation zwischen diesen verteilten Objekten (Object requests, Methodenaufrufe) sicherzustellen, d.h. das betroffene Objekt innerhalb der verteilten Umgebung zu identifizieren und den Methodenaufruf an dieses Objekt weiterzuleiten, sowie das Ergebnis des Methodenaufrufs an das aufrufende Objekt zu übermitteln. In eine Architektur auf Basis einer ORB-Middleware lassen sich auch nicht objektorientierte Anwendungen integrieren. Zu diesem Zweck werden diese Systeme mit Hilfe eines so genannten Integrations-Wrappers[292] so gekapselt, dass sie ihre Daten und Funktionen nach aussen in Form von Objekten zur Verfügung stellen.

Im Rahmen der CORBA[293] existieren neben der typischen ORB-Middleware-Funktionalität so genannte CORBA-Services. Zu diesen Services gehören u.a. die Ereignisüberwachung und das Transaktions-Monitoring. Rechnet man diese Services der ORB-Middleware zu, wäre von Koordinations-Middleware zu sprechen, ansonsten von Kommunikations-Middleware.

Remote-Procedure-Call (RPC)-Middleware

RPC-Middleware basiert auf dem Konzept, dass Prozeduren in einer Umgebung verteilt sind und von beliebiger Stelle aus aufgerufen werden können. Das Auffinden einer solchen Prozedur, ihr direkter Aufruf inklusive Übergabe von Parametern sowie die Rückmeldung von Ergebnissen an die aufrufende Komponente werden dabei von der RPC-Middleware übernommen. Nach Übergabe des Aufrufs an die RPC-Middleware wartet die aufrufende Komponente auf die Rückmeldung bevor sie mit der Verarbeitung fortfährt. Da sich RPC-Middleware lediglich für das Auffinden von Prozeduren und die Weitergabe von Aufrufen, Parametern und Ergebnissen eignet, ist sie der Kommunkations-Middleware zuzuordnen.

---

292 Vgl. dazu z.B. Mecella, Pernici (2001), S. 4.
293 Vgl. OMG (2004).

Message-oriented-Middleware (MOM)

Message-oriented-Middleware dient der Verwaltung und asynchronen Weitergabe von Nachrichten mit Hilfe von Message queues (eine spezifische Form von Warteschlangen). Dabei lassen sich zwei Grundprinzipien unterscheiden:

- Einfaches Message queueing: Die sendende Komponente gibt Nachrichten an die MOM weiter, welche diese in die Warteschlange(n) der empfangenden Komponente(n) einstellt. Die empfangende Komponente kann zu einem beliebigen Zeitpunkt Nachrichten aus der Warteschlange entnehmen.

- Publish/subscribe-Prinzip: Komponenten, die bestimmte Nachrichten aufgrund festzulegender Eigenschaften benötigen, abonnieren diese Nachrichten (subscribe). Die sendende Komponente gibt eine Nachricht an die MOM weiter, welche diese abhängig von ihren Eigenschaften in die Warteschlangen der Abonnenten-Komponenten einstellt (publish). Aus diesen Warteschlangen können die Nachrichten von den Abonnenten-Komponenten zu einem beliebigen Zeitpunkt entnommen werden.

Zusatzfunktionen des Message queueing können sicherstellen, dass Nachrichten eine bestimmte Komponente sicher, also auch nach Systemausfällen, erreichen. Aufgrund fehlender Koordinationsfunktionalität ist MOM der Kommunikations-Middleware zuzuordnen.

4.2.1.3 Enterprise Application Integration

Enterprise Application Integration (EAI) ist eine Strategie, die Vorhandenes zueinander in Beziehung setzt; EAI ist nicht als eigenständige Architektur oder Technologie aufzufassen. Das zeigt sich insbesondere daran, dass die in den vorangegangenen Abschnitten beschriebenen Architekturen und Technologien in der EAI-Literatur aufgegriffen werden und zusammen als EAI bezeichnet werden[294]. Definitionen sind oft unpräzise[295]:

- *Ruh et al.* bezeichnen die Erstellung neuer Geschäftslösungen durch Kombination von (bestehenden) Anwendungen unter Verwendung von Middleware als EAI.

- *Linthicum* definiert EAI als das uneingeschränkte Teilen von Daten und Geschäftsprozessen zwischen beteiligten Anwendungen und Datenbasen innerhalb eines Unternehmens.

---

294 Vgl. Cummins (2002), Keller (2002), Meyer et al. (2001), S. 157 ff., Stonebraker (1999).
295 Vgl. Ruh et al. (2001), S. 2, Yee, Apte (2001), S. 7, Linthicum (2000), S. 3.

- Nach *Yee* und *Apte* zielt EAI auf die Integration von Individual- und Standardsoftware ab, um die operative Effizienz innerhalb eines Unternehmens zu steigern.

Angesichts der diffusen Begriffsbildung scheint die Einschätzung, EAI sei ein Schlagwort[296], durchaus gerechtfertigt zu sein. Technologien, die im Zusammenhang mit EAI zu nennen sind, sind Integrations-Broker und Applikations-Server.

Integrations-Broker

Ein Konzept, das mit Blick auf die Datenintegration im Kontext von EAI eine besondere Bedeutung besitzt, ist der so genannte Integrations-Broker[297]. Ein Integrations-Broker dient dem Datenaustausch zwischen Anwendungen und weist im Wesentlichen folgende Eigenschaften auf[298]:

- Ein Integrations-Broker beinhaltet ein Dokumentationsmodell, das eine Transformation der eingehenden Datenelemente in eine kanonische Darstellung, d.h. in ein standardisiertes Format ermöglicht. Prinzipiell ist das Dokumentationsmodell mit dem globalen Schema eines FDBS vergleichbar.

- Der Nachrichten- und Datenaustausch zwischen den angeschlossenen Anwendungen erfolgt mit Hilfe des Integrations-Brokers auf asynchrone Weise.

- Der Integrations-Broker verfügt über ein Regelwerk, das ihm eine Entscheidung über das Routing und damit darüber ermöglicht, welche Nachrichten an welche Anwendung(en) weiterzugeben sind.

- Mit Hilfe von Adaptern[299] interagiert der Integrations-Broker mit den angeschlossenen Anwendungen oder mit deren Datenverwaltungssystemen; dabei werden in der Regel typische Datenbankoperationen ausgeführt.

Der im vorhergehenden Abschnitt dargestellten Abgrenzung von Koordinations- und Kommunikations-Middleware folgend, sind Integrations-Broker der zweiten Kategorie zuzuordnen, da sie nicht Abläufe steuern, sondern lediglich eine vermittelte Kommunikation ermöglichen.

---

296 Vgl. Holten (2003), S. 45.
297 *Linthicum* verwendet den Begriff „Message Broker", vgl. Linthicum (2000), S. 131 f.
298 Vgl. Yee, Apte (2001), S. 45 ff.; *Britton* verwendet in diesem Kontext den Begriff „Information Broker", vgl. Britton (2001), S. 225.
299 Vgl. Leymann, Roller (2002), S. 732 ff.

Applikations-Server

Ein weiteres Konzept, das im EAI-Kontext zu nennen ist, sind Applikations-Server. Hierbei handelt es sich um eine Weiterentwicklung von Transaktionsmonitoren[300], deren Charakteristikum die Ausführbarkeit verteilter Transaktionen auf Basis einer hinterlegten Geschäftslogik ist[301]. Es findet also eine Verlagerung gewisser Teile der Steuerungslogik von den Anwendungen zum Applikations-Server statt. Aufgrund dieser Eigenschaft ist ein Applikations-Server der Kategorie Koordinations-Middleware zuzuordnen.

Sowohl das Konzept des Integrations-Brokers als auch das des Applikations-Servers findet in der wissenschaftlichen Literatur kaum Berücksichtigung. Dies ist eventuell darauf zurückzuführen, dass es sich jeweils um eine Kombination von Technologien handelt[302].

4.2.2 Integrationsarchitekturen

In der Literatur findet sich eine nahezu unüberschaubare Menge von Vorschlägen für Architekturen, die in zum Teil sehr spezifischen Umgebungen und für spezielle Anforderungen eingesetzt werden. In diesem Abschnitt wird eine Teilmenge dieser Vorschläge dargestellt und grob strukturiert. Als Strukturierungskriterium auf oberster Ebene bietet sich eine zentrale Eigenschaft des Integrationsdienstes an, nämlich die „Virtualisierung" der Datenhaltung:

- Bei einer *virtuellen Integration* wird zwischen Informationsbedarf und Datenangebot (Datenquellen) eine Komponente „zwischengeschaltet", die eine integrierte Datenbasis simuliert. Die integrierte Datenbasis ist damit lediglich virtuell vorhanden.

- Bei einer *materiellen Integration* wird eine integrierte Datenbasis zusätzlich erzeugt.

Die Virtualisierung ist deshalb ein besonders gut geeignetes Strukturierungskriterium, weil sich aus ihr wesentliche Eigenschaften der bereitstellbaren Informationselemente ergeben. Integrationsarchitekturtypen mit materieller Integration einerseits und virtueller Integration andererseits werden in den folgenden Abschnitten detailliert beschrieben.

---

300 Vgl. Stonebraker (1999), S. 2.
301 Vgl. Yee, Apte (2001), S. 63 ff.
302 *Linthicum* trifft diese Feststellung zumindest für Applikations-Server, vgl. Linthicum (2000), S. 130 ff.

4.2.2.1 Materielle Integration

Neben den Architekturen mit virtueller Integration gibt es auch Integrationsarchitekturen, die eine Integration quasi „auf Vorrat" durchführen. In diesen Fällen werden die Datenelemente aus den Datenquellen entnommen, konsolidiert und in einer zentralen Datenbasis abgelegt. Diese Datenbasis dient dann als Datenquelle zur Befriedigung des Informationsbedarfs. Eine zentrale Datenbasis, die replizierte Datenelemente aus anderen Datenquellen enthält, wird in der Literatur auch unter dem Begriff „materialisierte Sicht" diskutiert. Es lassen sich zwei Varianten unterscheiden:

- Die ursprünglichen Datenquellen werden beibehalten und dienen weiterhin ihrem ursprünglichen Zweck. Beispiele für diese Variante sind so genannte Data-Warehouse-Systeme und Operational Data Stores.

- Die ursprünglichen Datenquellen werden nach der einmalig durchgeführten Integration ausser Betrieb gesetzt. In der Folge wird die integrierte Datenbasis als alleinige Datenquelle mehrerer Anwendungen benutzt. Im Fall von Standardanwendungssoftware kann SAP R/3 mit seiner zentralen Datenbasis als Beispiel für diese Variante dienen; eventuell vorhandene Insellösungen mit ihren Datenbasen können dabei durch funktionsgleiche oder -ähnliche SAP-Module abgelöst werden.

Die technischen bzw. wissenschaftlichen Grundlagen entstammen sowohl der Informatik als auch der Wirtschaftsinformatik; Beispiele sind die Forschungsgebiete „Materialisierte Sichten" und „Data Warehousing"[303].

4.2.2.1.1 Data-Warehouse-Systeme

Über viele Jahre hinweg schien es unmöglich, zwischen Transaktionssystemen und operativen Anwendungen eines Unternehmens einerseits und dem Management bzw. der Unternehmensführung andererseits eine effiziente computergestützte Datenversorgung aufzubauen. Diese datenlogistische Aufgabe, also die Konsolidierung von Datenelementen aus unterschiedlichen betrieblichen Funktionsbereichen und ihre Weitergabe in – bezogen auf die Hierarchie – vertikaler Richtung stellt deshalb eine wesentliche Facette der Datenintegration dar[304].

---

303 Vgl. Muksch, Behme (2000), Jung, Winter (2000a), Jung, Winter (2000c), Samos et al. (1998), Zhuge et al. (1995).
304 Vgl. Picot et al. 2001, S. 181.

Aus verschiedenen Gründen ist es allerdings nicht möglich, „auf" den operativen Anwendungen eine Datenintegration zu realisieren, die lediglich „virtuell" ist und bei Bedarf ad hoc erzeugt wird:

- *Datenhistorie*: Die operativen Anwendungen weisen eine für dispositive Zwecke zu „schmale" Datenhistorie auf. Häufig sind nur die aktuellen Daten verfügbar, nicht aber jene aus abgeschlossenen Perioden.

- *Integriertes Datenschema/Metadaten*: In der Regel sind das integrierte Datenschema sowie weitere wichtige Metadaten (Datenschemata der operativen Anwendungen, Sicherheits- und Zugriffsinformationen, Konsolidierungsregeln usw.) nicht verfügbar oder sie liegen in einer Form vor, die eine virtuelle Integration nicht zulässt.

- *Laufzeitengpässe*: Die Geschäftsprozesse basieren auf den operativen Anwendungen, die nicht durch zeitaufwändige Datenextraktionen dispositiver Anwendungen blockiert werden dürfen. Darüber hinaus erfordern betriebswirtschaftliche Analysen neben der reinen Datenakquisition noch weitere Verarbeitungsschritte, die von der verfügbaren Technik (noch) nicht schnell genug durchgeführt werden können. Entsprechend würden bei der Ad-hoc-Erzeugung Informationsobjekten für dispositive Zwecke extrem lange Antwortzeiten auftreten; Beispiele für erforderliche Aufbereitungsschritte sind die Ergänzung von Zeitbezügen, die Bereinigung von widersprüchlichen Datenelementen sowie Aggregationen.

Aus den genannten Gründen bietet sich eine dreischichtige Architektur an, in der die vorhandenen operativen Anwendungen einerseits und die gewünschten dispositiven Anwendungen andererseits durch eine Zwischenschicht in Form einer zentralen Datenbasis voneinander entkoppelt sind. In dieser Datenbasis werden Datenelemente integriert und für eine dispositive Nutzung aufbereitet. Es entsteht eine kontrollierte Datenredundanz.

Das beschriebene Konzept entstand Ende der 80er-Jahre und wird allgemein als „Data Warehouse" bezeichnet. Ein Data Warehouse ist eine subjektorientierte, integrierte, zeitorientierte und nicht-volatile Sammlung von Datenelementen, die zur Unterstützung von Managemententscheidungen eingesetzt werden kann[305]. Die genannten Eigenschaften, die in dieser Form von *Inmon* geprägt wurden, sind im Einzelnen wie folgt zu verstehen[306]:

---

305 Vgl. Fong, Zeng (1997).
306 Vgl. Inmon (1992).

- *Subjektorientierung*: Im Gegensatz zur Transaktionsverarbeitung, bei der eine Optimierung der Datenstrukturen mit Blick auf die effiziente Abwicklung von Geschäftsvorfällen vorliegt, ist ein Data Warehouse subjekt-orientiert, d.h. an den Betrachtungsobjekten der Benutzer (typischerweise des Managements) ausgerichtet. Die Betrachtungsobjekte der Benutzer eines Data Warehouse sind in der Regel betriebswirtschaftliche Grössen wie Umsatz, Renditen, Deckungsbeiträge etc., die unter verschiedenen Dimensionen, wie z.b. zugrunde liegender Zeitraum, Produkt und Region, zu analysieren sind.

- *Integration*: Die Datenelemente in einem Data Warehouse sind Extrakte aus operativen Anwendungen, die definitorisch und inhaltlich konsolidiert sind. Das bedeutet einerseits, dass mehrdeutige Datenelementtypdefinitionen (z.B. unterschiedliche Definitionen des Umsatzes) beseitigt sind, und andererseits, dass Widersprüche zwischen extrahierten Datenelementen eliminiert sind.

- *Zeitorientierung*: Im Gegensatz zu Datenelementen in operativen Anwendungen, die sich typischerweise auf einen kurzen, aktuellen Zeitausschnitt beziehen, weisen Datenelemente im Data Warehouse andere Zeitbezüge auf: Datenelemente mit in der Vergangenheit liegenden Zeitbezügen sind dort ebenfalls zu finden. In diesem Zusammenhang wird auch von der Speicherung historischer Daten oder von Historisierung gesprochen.

- *Nicht-Volatilität*: Im Gegensatz zu Transaktionsdaten werden Datenelemente im Data Warehouse in der Regel nach der Speicherung nicht mehr verändert. Diese Eigenschaft erleichtert eine betriebswirtschaftliche Auswertung erheblich, da inhaltlich zusammenhängende, aufeinander folgende Analysen auf einem stabilen Datenbestand durchgeführt werden können.

Die weiter vorne erwähnten Laufzeitengpässe bei Direktzugriff auf operative Datenelemente werden bei einem Data Warehouse dadurch vermieden, dass die Aktualisierung der Data-Warehouse-Datenbasis nur zu Randzeiten erfolgt, d.h. zu Zeiten, in denen die operativen Anwendungen entweder inaktiv sind oder aber nur einen sehr beschränkten Zugriff auf ihre Datenelemente benötigen. Die Aktualisierung erfolgt beispielsweise täglich oder wöchentlich jeweils nachts.

Im Folgenden wird – in Anlehnung an die Terminologie der Datenbanktechnik – lediglich die zentrale Datenbasis als Data Warehouse bezeichnet. Umfassender ist der Begriff „Data-Warehouse-System", der neben dem Data Warehouse auch die Datenextraktions- und -integrationsprozesse, die Datendistributionsprozesse und so genannte Data Marts einschliesst (vgl. Abbildung 4-9). Ein Data Mart ist eine für einen bestimmten Anwendungsbereich erzeugte Datenbasis[307], die ihrerseits durch dispositive Anwendungen bearbeitet wird. Diese dispositiven Anwendungen übernehmen häufig auch die Extraktion der Datenelemente aus dem Data Warehouse sowie die Aufbereitung in Form von in der Regel multidimensionalen Datenstrukturen, die insbesondere mit Blick auf betriebswirtschaftliche Auswertungen besonders geeignet sind.

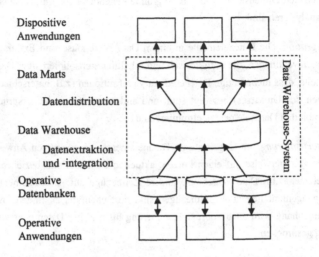

Abbildung 4-9: Einordnung eines Data-Warehouse-Systems in sein Umsystem

Während die Datenelemente im Data Warehouse zumindest teilweise als Primärkopien aufgefasst werden können[308], handelt es sich bei den Datenelementen in den Data Marts immer um Sekundärkopien, die für einen bestimmten (dispositiven) Verwendungszweck zusammengestellt, strukturiert und gegebenenfalls auch bereits aggregiert werden. Data Marts beinhalten also nur einen Teil der Data-Warehouse-Datenbasis, beispielsweise Datenelemente, die für eine Analyse des Kundenverhaltens erforderlich sind, oder Datenelemente, mit denen finanzwirtschaftliche Analysen durchgeführt werden können.

Die Datenintegration auf Basis eines Data-Warehouse-Systems hat mit Blick auf die Entwicklungskosten den Vorteil, dass die operativen Anwendungen allenfalls marginal modifiziert werden müssen. Eine Modifikation ist lediglich dann erforderlich, wenn keine direkte Daten-

---

307 Vgl. Lehner (2003), S. 24.
308 Sofern die aus den operativen Quellen extrahierten und im Data Warehouse abgelegten Datenelemente (Primärkopien) bereits im Data Warehouse dupliziert oder verdichtet werden, kann schon hier von Sekundärkopien gesprochen werden.

extraktion aus den Datenbeständen möglich ist; in diesem Fall sind die Systeme um Datenexportfunktionen zu erweitern.

Das Konzept des Data-Warehouse-Systems bedingt mit Blick auf die Datenintegration einige wichtige Eigenschaften der integrierten Datenelemente:

- *Redundanz*: Die Datenelemente im Data Warehouse und auch die in den Data Marts sind Kopien der operativen Datenelemente oder aus diesen abgeleitete Datenelemente. Ein Data-Warehouse-System beinhaltet damit ausschliesslich redundante und abgeleitete Datenelemente.

- *Stabilität des Datenbestands in definierten Zeitintervallen*: Da die Datenelemente in regelmässigen Abständen aus den operativen Datenbanken in das Data Warehouse kopiert (extrahiert) werden, ist der Datenbestand im Data Warehouse in den Zeitintervallen zwischen zwei Extraktionszeitpunkten stabil. Diese Stabilität des Datenbestands stellt eine Vergleichbarkeit der Ergebnisse von betriebswirtschaftlichen Analysen sicher, die innerhalb eines solchen Intervalls durchgeführt werden.

- *Eingeschränkte Datenaktualität*: In den vorgenannten Zeitintervallen nimmt die Aktualität der Datenelemente – verglichen mit jener in den operativen Datenbanken – ab.

- *Informationscharakter der Datenelemente*: Der Datenfluss innerhalb eines Data-Warehouse-Systems ist als unidirektional zu bezeichnen, d.h., die Datenelemente besitzen lediglich Informationscharakter. Ihre Modifikation mit dem Ziel, damit durch Propagierung auch die Primärdaten (in den operativen Datenbanken) zu verändern, ist grundsätzlich nicht vorgesehen.

Das beschriebene Kopieren der Primärdaten zu bestimmten Zeitpunkten sowie die Unmöglichkeit, die entstandenen Kopien und in der Folge insbesondere die zugrunde liegenden Primärdaten modifizieren zu können, entsprechen einem Konzept der verteilten Datenverwaltung, das als Snapshot-Mechanismus bekannt ist[309].

Die beschriebenen Eigenschaften eines Data-Warehouse-Systems und insbesondere die Begriffsprägung von *Inmon* sind in der Literatur nicht unumstritten. So schlägt *Zeh* beispielsweise vor, die Beschränkung auf dispositive Anwendungen aufzuheben und ein Data Warehouse stattdessen als „Datenquelle für prinzipiell beliebige Anwendungssysteme" anzusehen[310].

---

309 Vgl. Jablonski (1991), S. 14 f.
310 Zeh (2003), S. 36.

4.2.2.1.2 Operational Data Stores

Wie das Data Warehouse in einem Data-Warehouse-System, ist ein Operational Data Store (ODS) eine dedizierte Datenbank, die operative Datenelemente in replizierter Form enthält[311]. Das Ziel ist hier allerdings nicht die Unterstützung von Entscheidungsprozessen, sondern die Bereitstellung von integrierten Datenelementen für operative Geschäftsprozesse, beispielsweise für ein Kundenselbstbedienungssystem (z.B. Online-Banking). Aus dieser Zielsetzung resultieren von einem Data-Warehouse-System abweichende Anforderungen und spezifische technische Eigenschaften des ODS[312]:

- Ein ODS beinhaltet in der Regel nicht historisierte Datenelemente, sondern integrierte aktuelle Datenelemente. Die Datenelemente sind mit auf operative Geschäftsprozesse zu Datenobjekten zusammengefasst, d.h. ihre Struktur ist auf die Verwendung in Transaktionen ausgerichtet.

- Neben dem lesenden Zugriff bedingen Transaktionen in Geschäftsprozessen in der Regel auch einen schreibenden Zugriff auf die integrierten Datenelemente, mit der Konsequenz, dass die modifizierten Datenelemente in den Quellsystemen möglichst umgehend synchronisiert werden müssen.

- Da die Datenelemente in einem ODS aufgrund des Verwendungszwecks wesentlich aktueller als die in einem Data Warehouse sein müssen, ist eine Aktualisierung in längeren Zeitintervallen nicht sinnvoll. Stattdessen sind die Datenelemente möglichst umgehend dann zu aktualisieren, wenn sich die Primärdaten ändern.

4.2.2.1.3 Enterprise-Resource-Planning-Systeme

Ein weiterer Architekturtyp mit materieller Integration liegt bei Enterprise-Resource-Planning (ERP)-Systemen vor (z.B. SAP R/3 und PeopleSoft). Der Fokus von ERP-Systemen liegt nicht – wie der Begriff eigentlich andeutet – auf den Ressourcen des Unternehmens oder ihrer Planung[313], sondern auf der Unterstützung operativer Prozesse. Zu diesem Zweck automatisieren ERP-Systeme typischerweise Teile der klassischen Funktionen, wie z.B. Einkauf, Produktion und Fakturierung, wobei die Datenhaltung in einer zentralen Datenbasis erfolgt. In der Regel handelt es sich bei ERP-Systemen um Standardsoftware, die durch Customizing an die

311 Cody et al. bezeichnen ungewöhnlicherweise die einzelnen operativen Datenquellen selbst als ODS, vgl. Cody et al. (2002). S. 698.
312 Vgl. Winter (2000), S. 135 f.
313 Vgl. Mertens (2001b), S. 183.

Anforderungen des Anwenderunternehmens angepasst werden muss. Da eine Kernkomponente von ERP-Systemen eine zentrale und damit integrierte Datenbasis ist, sind diese Systeme als Integrationsarchitektur für die vorliegende Arbeit relevant.

4.2.2.2 Virtuelle Integration

In diesem Abschnitt werden Integrationsarchitekturen thematisiert, die auf dem Prinzip der virtuellen Integration beruhen. Darunter fallen föderierte Datenbanksysteme sowie einige Architekturvorschläge, die in Forschungsprojekten erarbeitet wurden.

4.2.2.2.1 Föderierte Datenbanksysteme

Föderierte Datenbanksysteme[314] (FDBS; vgl. Abbildung 4-10) gehören zu den so genannten Multidatenbanksystemen, d.h. ein FDBS ist ein Zusammenschluss von mehreren Datenbanksystemen. Ein charakteristisches Merkmal dabei ist, das die Komponenten(datenbank)systeme eines FDBS weitgehend ihre Selbstständigkeit (Autonomie) behalten[315]. In diesem Zusammenhang sind insbesondere die Ausführungs- und die Kommunikationsautonomie zu nennen[316]. Ausführungsautonomie besagt, dass die Komponentensysteme selbst „entscheiden", wann sie Aufträge von anderen Komponenten ausführen. Kommunikationsautonomie besagt analog, dass sie selbst entscheiden, wann sie mit anderen Komponenten kommunizieren.

Die zentrale Komponente eines FDBS ist der so genannte *Föderierungsdienst*. Seine Aufgaben lassen sich grob wie folgt beschreiben:

* Auswertung und Weiterleitung von Anfragen der globalen Anwendungen an die beteiligten Datenbankmanagementsysteme (DBMS; in der Abbildung DBMS 1 bis n) sowie Konsolidierung der Anfrageergebnisse und Rücksendung an die globalen Anwendungen.

* Auswertung von Schreibzugriffen der globalen Anwendungen und Durchführung der entsprechenden Transaktionsverwaltung, was unter der Prämisse der Autonomieerhaltung bei den Komponenten durchaus zu Schwierigkeiten führen kann.

---

314 Vgl. Sheth, Larson (1990). Der Begriff „Federated Database System" wurde 1979 von *Hammer und McLeod* geprägt; vgl. Hammer, McLeod (1979).
315 Vgl. Conrad (1997), S. 41.
316 Vgl. Bouguettaya (1999), S. 5.

Die Problematik von schreibenden Transaktionen resultiert nicht nur aus der genannten Komponentenautonomie, sondern auch aus der Tatsache, dass ein Update auf das föderierte bzw. globale Schema auf Basis des Mappings mit den lokalen Schemata umzusetzen ist; letztlich müssen die in den Abschnitten 4.1.2 und 4.1.3[317] beschriebenen Transformationsregeln bei einem FDBS eine Abbildung in beide Richtungen erlauben, d.h., es muss auch eine Abbildung von den globalen (Entitäts-)Typen bzw. abgeleiteten Typen auf die lokalen (Entitäts-)Typen bzw. Basistypen möglich sein[318].

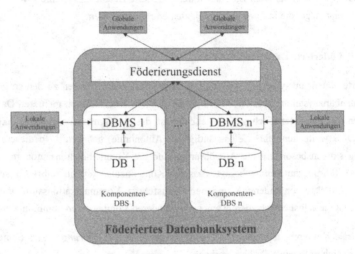

Abbildung 4-10: Schematische Darstellung eines föderierten Datenbanksystems[319]

Ein FDBS ist somit ein datenintegrierendes System, denn der Föderierungsdienst (als einzige ergänzte Komponente) realisiert für globale Anwendungen, also solche mit Datenintegrationsbedarf, „eine eigene Datenbankfunktionalität [...], so dass sich das Gesamtsystem dem globalen Nutzer, der über den Föderierungsdienst auf die Komponentensysteme zugreift, als ein Datenbanksystem darstellt"[320]. Um diese Funktion bereitstellen zu können, benötigt der Föderierungsdienst idealerweise bezogen auf die Komponenten-DBS eine Reihe von geschichteten Schemata:

- In vergleichbarer Weise wie in Abschnitt 4.1, wird im Kontext von FDBS das Datenschema eines Komponenten-DBS als *Lokales Schema* bezeichnet; es liegt vor Erstel-

317 Vgl. die Ausführungen auf S. 157 ff.
318 Vgl. Heimbinger, McLeod (1985), S. 265 ff.
319 Conrad (2002), S. 102.
320 Conrad (1997), S. 50.

lung des FDBS vor und basiert deshalb auf einem Datenmodell, das mit Blick auf die Zwecke des Föderierungsdienstes unter Umständen nicht zweckmässig ist.

- Beim *Komponentenschema* handelt es sich um eine Zwischenstufe, die der Vereinheitlichung der Datenmodelle dient. Das Komponentenschema entsteht durch Transformation des gesamten lokalen Schemas anhand des globalen Datenmodells.

- Das *Exportschema* stellt eine Sicht auf das Komponentenschema dar, d.h., es enthält lediglich die vom Föderierungsdienst und die von den globalen Anwendungen benötigten Schemaelemente.

Durch Integration aller Exportschemata in ein Schema entsteht schliesslich das föderierte Schema, das dem Föderierungsdienst zur Ausführung seiner Funktionen dient.

Ein FDBS weist – wie auch ein Data-Warehouse-System – bezüglich der integrierten Datenelemente spezifische Eigenschaften auf:

- *Redundanzfreiheit*: Es wird keine zusätzliche Redundanz erzeugt. Ein FDBS stellt lediglich einen Dienst auf bestehenden Datenbanksystemen zur Verfügung; dabei wird keine integrierte Datenbank erzeugt, sondern die angeforderten Datenelemente werden ad hoc integriert und weitergeleitet, aber nicht persistent gespeichert. Man kann in diesem Zusammenhang auch von einer virtuellen Datenintegration[321] sprechen, da ein FDBS mit dem globalen Datenschema eine virtuelle Sicht auf den Datenbestand der Komponenten-Datenbanksysteme verwendet. Ein Data-Warehouse-System nutzt mit dem Data Warehouse hingegen eine materialisierte Sicht.

- *Hohe Datenaktualität*: Unter der Prämisse, dass eine Anfrage sowie die spätere Auswertung und Weiterleitung des Ergebnisses durch den Föderierungsdienst in einem sehr kurzen Zeitraum ausgeführt werden kann, ist von einer – verglichen mit der Datenaktualität in den operativen Datenbanken – ähnlich hohen Datenaktualität auszugehen.

- *Eingeschränkter Zugriff*: Da die Komponenten-Datenbanksysteme eines FDBS ihre Autonomie in der Regel behalten, kann es dazu kommen, dass Datenzugriffe nicht immer (sofort) ausgeführt werden.

---

321 Vgl. Calvanese et al. (2000), S. 30 ff.

- *Schreibende Transaktionen*: Insbesondere im Vergleich zu einem Data-Warehouse-System ist bei einem FDBS die Möglichkeit von Bedeutung, Datenänderungen über den Föderierungsdienst auch in die Komponenten-Datenbanksysteme zu propagieren.

Eine Anwendung der Prinzipien von FDBS liegt mit einer Variante des Data-Warehouse-Systems vor, dem so genannten „virtuellen Data-Warehouse-System". Dieses von *Stonebraker* auch als „Data Federation System" bezeichnete Konzept[322] unterscheidet sich von einem Data-Warehouse-System dadurch, dass keine Replikation der Datenelemente erfolgt. Die Datenelemente werden statt dessen erst zum Zeitpunkt der Anfrage aus den Datenquellen extrahiert, konsolidiert und weitergegeben, wodurch eine sehr hohe Datenaktualität erreicht werden kann. Ein virtuelles Data-Warehouse-System besitzt damit allerdings – gegenüber einem konventionellen Data-Warehouse-System – wichtige Einschränkungen:

- Bei Nicht-Verfügbarkeit der Datenquellen können keine integrierten Datenelemente zur Verfügung gestellt werden.

- Die Datenverfügbarkeit ist auf die Datenmenge in den Datenquellen beschränkt, d.h. es ist kein Zugriff beispielsweise auf historische Datenelemente möglich, die sich nicht mehr in den Datenquellen befinden. Bei einem Data-Warehouse-System werden sie hingegen durch Replikation fortlaufend in das Data Warehouse übernommen und stehen dadurch auch später zur Verfügung.

- Eventuell erforderliche, umfangreiche Datenbereinigungsoperationen während der Datenkonsolidierung können die Zugriffsgeschwindigkeit stark beeinträchtigen.

4.2.2.2.2 Architekturentwürfe aus Forschungsprojekten

In der Forschung existiert eine Reihe von Entwürfen für Integrationsarchitekturen, die zwischen Informationsbedarf und Datenangebot (Datenquellen) eine Art Vermittlungsdienst positionieren. Die Datenelemente werden im Bedarfsfall aus den Datenquellen extrahiert, gegebenenfalls konsolidiert und dann an den Aufgabenträger weitergegeben. In vielen Fällen ist auch ein Datenfluss in der anderen Richtung möglich, wenn nämlich Datenelemente verändert und in den Datenquellen entsprechend Aktualisierungen vorgenommen werden müssen. Die wissenschaftlichen und technischen Grundlagen entstammen der Datenbanktheorie, insbesondere dem Forschungsgebiet „Sichtenintegration" („View integration")[323]. Da sich die Vorschläge

---

322   Vgl. Stonebraker (1999), S. 2 f.
323   Vgl. Haas et al. (2002), Castano et al. (2001), Sarstedt et al. (1999), Cohen (1998), Sheth, Larson (1990).

aus der Literatur weitgehend ähneln, werden im Folgenden exemplarisch drei der bekannteren Ansätze vorgestellt.

DiscoveryLink

„DiscoveryLink" ist eine Integrationsarchitektur von IBM[324], die auf das Forschungsprojekt „Garlic"[325] zurückgeht und das Produkt „DataJoiner" von IBM nutzt. DiscoveryLink dient der Integration von Life-Science-Daten aus heterogenen Quellen. Zu diesem Zweck werden Anfragen (Queries) eines Aufgabenträgers von einer Datenbank-Middleware aufgelöst und an die entsprechenden Datenquellen weitergeleitet. Sobald die Resultate dieser Anfrage vorliegen, werden sie durch entsprechende Verknüpfungen (Joins) konsolidiert.

Die Datenquellen sind im Fall von Life-Science-Daten verteilt und sehr heterogen. Datenelemente finden sich in Dateien, Datenbanksystemen, online zugänglichen Datenbanken mit Web-Schnittstellen usw. Der Zugang zu diesen Datenquellen wird durch Wrapper sichergestellt, welche die Datenbank-Middleware von der Heterogenität der Datenquellen abschirmen. Eine wichtige Einschränkung von DiscoveryLink ist die ausschliessliche Bearbeitung von lesenden Datenzugriffen, d.h., der eigentliche Datenfluss ist unidirektional, nämlich von der Datenquelle zum Aufgabenträger.

Infomaster

Infomaster ist eine Integrationsarchitektur, die – fast zeitgleich wie DiscoveryLink – an der Stanford University entstanden ist[326]. Die Unterschiede sind darin zu sehen, dass Infomaster einerseits nicht auf den pharmazeutischen Bereich beschränkt ist und andererseits ausschliesslich für die Integration von Datenelementen aus dem Internet konzipiert ist. Infomaster ist bereits seit 1995 auf dem Campus der Stanford University in Betrieb[327].

Momis

Obwohl auch Momis (Mediator Environment for Multiple Information Sources)[328] das in den vorangegangenen Absätzen beschriebene Architekturprinzip einer Datenbank-Middleware zugrunde liegt und damit identische Einschränkungen aufweist, besitzt dieser Ansatz eine Be-

---

324 Vgl. Haas et al. (2001); Eines der drei Szenarien, die von *Haas et al.* zur Veranschaulichung der Anwendung von DiscoveryLink erwähnt werden, ist die auch in der Einleitung der vorliegenden Arbeit genannt Fusion von zwei (hier: pharmazeutischen) Unternehmen.
325 Vgl. Haas et al. (1999).
326 Vgl. Genesereth et al. (1997).
327 Vgl. Genesereth (o.J.).
328 Vgl. Benetti et al. (2002).

sonderheit. Bei Momis wird zunächst halbautomatisch auf Basis der Datenquellen ein globales Datenschema abgeleitet, das mit Hilfe von XML (Extensible Markup Language) und damit in einer standardisierten Sprache beschrieben wird. Die bei der Ableitung des globalen Schemas durchzuführenden Vergleiche der Datenobjekt- und Datenelementtypen der Datenquellen werden mit Hilfe eines Thesaurus durchgeführt.

4.2.2.3 Einordnung der Integrationsarchitekturen anhand eines Informationsmodells

In diesem Abschnitt wird nun der Versuch unternommen, die zuvor vorgestellten Integrationsarchitekturen mit Hilfe eines zu diesem Zweck entworfenen Informationsmodells (vgl. Abbildung 4-11) darzustellen.

Zunächst wird der Entitätstyp „Aufgabenträger" disjunkt und total spezialisiert in die Entitätstypen „Person" und „Anwendung". Die Nutzung einer „Zugriffskomponente" durch einen „Aufgabenträger" wird durch einen entsprechenden Beziehungstyp dargestellt. Entsprechend den Ausführungen in Abschnitt 3.2.2.8 kann es sich bei einer „Zugriffskomponente" um eine „Anwendung" (bei „Screen Scraping"), einen „Mediator" oder eine „Schnittstelle" handeln, so dass auch hier eine disjunkte, totale Spezialisierung gewählt wurde. Eine „Zugriffskomponente" kommuniziert (mit Hilfe einer „Kommunikationsverbindung") allgemein mit einer oder mehreren „Komponenten" und stellt auf diese Weise den Zugriff auf diese „Komponenten" nach Aussen zur Verfügung. Bei einer „Komponente" handelt es sich (disjunkte, totale Spezialisierung) entweder um eine weitere „Zugriffskomponente" oder um eine „Datenbasis". Jede „Datenbasis" enthält eine bestimmte Menge von „Datenobjekttypen". Durch den bezüglich des Entitätstyps „Datenobjekttyp" rekursiven Beziehungstyp wird ausgedrückt, dass sich ein „Datenobjekttyp" auf andere „Datenobjekttypen" beziehen kann. Schliesslich setzt sich ein „Datenobjekttyp" aus mehreren „Datenelementtypen" zusammen.

Im Folgenden wird für jede der unterschiedlichen Integrationsarchitekturen überprüft, ob eine Abbildung der Integrationskomponenten auf Instanzebene des Informationsmodells möglich ist; in diesem Fall wäre gleichzeitig belegt, dass das Modell ausreichend ist. Im gegenteiligen Fall wäre das Modell auf Typebene um zusätzliche Komponenten zu erweitern. In den Ausführungen sind die Bezeichnungen der betroffenen Entitätstypen jeweils kursiv dargestellt.

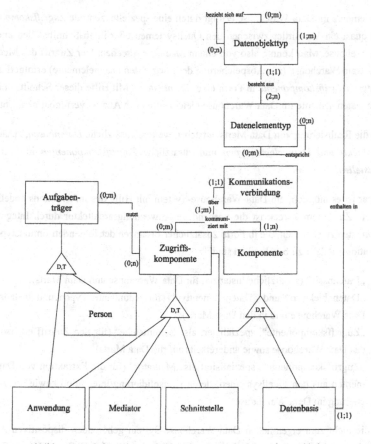

Abbildung 4-11: Informationsmodell zur Einordnung der Integrationsarchitekturen

Data-Warehouse-System

Den Ausgangspunkt bildet hier eine Menge von operativen Anwendungen zusammen mit den entsprechenden operativen Datenbanken. Um davon ausgehend ein Data-Warehouse-System etablieren zu können, ist mit dem eigentlichen Data Warehouse zunächst eine *Datenbasis* zu ergänzen, in der zusätzliche *Datenobjekt- und Datenelementtypen* enthalten sind; die zugehörigen Datenobjekte und -elemente entstehen durch Kopieren aus vorhandenen (operativen) Datenbasen und Konsolidierung. Die mögliche Redundanz zwischen Datenelementen unterschiedlicher Datenelementtypen (in unterschiedlichen Datenbasen) wird durch einen rekursiven Beziehungstyp des Entitätstyps „Datenelementtyp" dargestellt. Die Extraktion (Kopieren) aus den operativen Datenbasen sowie die Konsolidierung und Abspeicherung der integrierten

Datenelemente im Data Warehouse erfolgt durch eine spezielle, zentrale *Zugriffskomponente*. Sie ist quasi ein Vermittler zwischen den Quellsystemen oder ihren Schnittstellen und dem Data Warehouse. Man könnte also von einem *Mediator* sprechen. Der Zugriff des Mediators auf das Data Warehouse (zur Abspeicherung der integrierten Datenelemente) erfolgt durch eine weitere *Zugriffskomponente* in Form einer *Schnittstelle*. Mit Hilfe dieser Schnittstelle werden die Datenelemente im Data Warehouse gleichzeitig nach Aussen verfügbar gemacht.

Durch die Realisierung von Data Marts entstehen weitere zusätzliche *Datenbasen*, zusätzliche *Datenobjekt- und Datenelementtypen* und zusätzliche *Zugriffskomponenten* in Form von *Schnittstellen*.

Offenbar ist es möglich, ein Data-Warehouse-System mit Hilfe des Informationsmodells darzustellen. Zu diesem Zweck ist die vorhandene Anwendungsarchitektur durch Integrationskomponenten zu ergänzen, die in Form zusätzlicher Instanzen der folgenden Entitätstypen des Informationsmodells zu beschreiben sind[329]:

- „Datenbasis" (zusätzliche Instanzen für Data Warehouse und Data Marts);
- „Datenobjekttyp" und „Datenelementtyp" (für redundante Typen und Instanzen im Data Warehouse und in den Data Marts);
- „Zugriffskomponente", spezialisiert als „Schnittstelle" (für den Zugriff einerseits auf das Data Warehouse sowie andererseits auf die Data Marts).
- „Zugriffskomponente", spezialisiert als „Mediator" (für die Extraktion von Datenelementen aus den Quellsystemen, deren Konsolidierung/Integration sowie die Abspeicherung im Data Warehouse).

Auch die nicht zum eigentlichen Data-Warehouse-System gehörenden dispositiven Anwendungen lassen sich mit dem Informationsmodell darstellen. Zu diesem Zweck ist der Entitätstyp „Aufgabenträger" zu instanziieren und als „Anwendung" zu spezialisieren. Ein derartiger zusätzlicher (automatisierter) Aufgabenträger kann anschliessend die Zugriffskomponente bzw. Schnittstelle eines Data Marts nutzen.

Operational Data Store

Mit einem Operational Data Store (ODS) ergeben sich prinzipiell vergleichbare Modifikationen der Anwendungsarchitektur wie bei der Realisierung eines Data-Warehouse-Systems. Es entsteht eine zusätzliche *Datenbasis* mit einer passenden *Zugriffskomponente*, die als *Schnitt-*

---

329 Zusätzlich erforderliche Instanzen von Beziehungstypen ergeben sich implizit; sie werden daher nicht genannt.

stelle zu spezialisieren ist. Die Datenbasis umfasst zusätzliche *Datenobjekt- und Datenelementtypen* und wird mit entsprechenden Kopien aus den operativen Datenbasen gefüllt; auch hier entsteht also Redundanz. Komponenten, die mit Data Marts vergleichbar wären, existieren nicht. Allerdings ist auch hier ein *Mediator* erforderlich, der die Aktualisierung des ODS durchführt. Gleichzeitig ist durch den Mediator – und hier liegt ein zentraler Unterschied zu einem Data-Warehouse-System – die Aktualisierung der operativen Datenbasen sicherzustellen, falls Datenobjekte bzw. Datenelemente im ODS verändert wurden. Letztlich unterscheiden sich die beiden Integrationsarchitekturen „Data-Warehouse-System" und „ODS" also hinsichtlich der Arbeitsweise des Mediators und in den Anforderungen an ihn.

ERP-System

Unter der Prämisse, dass es sich bei der Einführung eines ERP-Systems um ein Integrationsvorhaben handelt, sind vorhandene Systeme zu ersetzen. Daher ist die Darstellung der Einführung eines ERP-Systems hier – im Gegensatz zu den beiden vorher genannten Integrationsarchitekturen – nicht nur mit der Erzeugung, sondern auch mit der Eliminierung von Instanzen (von Entitätstypen) verbunden. Zu eliminieren sind

- *Anwendungen* (beispielsweise eine proprietäre Anwendung für den Bereich „Materialwirtschaft") sowie die damit verbundenen

- *Datenbasen* und zugehörigen *Zugriffskomponenten.*

Anschliessend führt die Einführung des ERP-Systems zu einer Integrationsarchitektur mit einer zentralen *Datenbasis*, die eine *Zugriffskomponente* oder auch *Schnittstelle* in Form eines Datenbankmanagementsystems aufweist. Die Module des ERP-Systems stellen die (neuen) *Anwendungen* der Integrationsarchitektur dar.

Durch die Konsolidierung von vormals mehreren Datenbasen in einer zentralen Datenbasis ergibt sich gegenüber dem Ausgangszustand eine drastische Reduktion der Datenredundanz, wenn nicht sogar ihre vollständige Eliminierung.

Die hier dargestellte Einordnung gilt für eine idealtypische Einführung eines ERP-Systems. Sobald EAI-Technologien eines ERP-Software-Anbieters (beispielsweise NetWeaver von SAP) zusätzlich zum Einsatz kommen, können sich sehr spezifische Architekturen ergeben.

Föderiertes Datenbanksystem (FDBS)

Die zentrale Komponente eines FDBS ist der Föderierungsdienst (vgl. Abbildung 4-10), der auch als Spezialfall eines *Mediators* aufgefasst werden kann. Der Föderierungsdienst ist die einzige Komponente, die mit Blick auf einen gegebenen Ist-Zustand für die Realisierung eines FDBS hinzuzufügen ist. Das Informationsmodell stellt also mit dem Entitätstyp „Mediator" eine ausreichende Möglichkeit zur Verfügung, um auch ein FDBS abbilden zu können.

Zusammenfassende Bewertung des Informationsmodells

In den vorangegangenen Absätzen konnte gezeigt werden, dass sich die in der Literatur erörterten Integrationsarchitekturen mit Hilfe des Informationsmodells beschreiben lassen. Das Informationsmodell ist also bezogen auf diese Architekturen valide.

4.3 Typisierung von Integrationsarchitekturen

4.3.1 Identifikation von Konstruktionsmerkmalen einer Integrationsarchitektur

Die Ausführungen in Abschnitt 4.2 zeigen, dass sich die Integrationstechnologien nicht überschneidungsfrei voneinander abgrenzen lassen. Darüber hinaus finden sich Integrationsarchitekturen, in denen Integrationstechnologien in verschiedenen Kombinationen zum Einsatz kommen. Aus diesen Gründen wird hier in einem weiteren Schritt eine Menge disjunkter Merkmale erarbeitet, mit deren Hilfe die Beschreibung von Integrationsarchitekturen möglich ist. Zur Überprüfung der Validität der Merkmalsmenge werden am Ende des Kapitels die oben vorgestellten Integrationsarchitekturen aus Literatur und Praxis sowie die Vorschläge aus den verwandten Arbeiten anhand dieser Merkmale beschrieben und eingeordnet[330].

Im Sinne des weiter vorne vorgestellten und modifizierten Informationsmodells handelt es sich bei den hier untersuchten Merkmalen um Merkmale, mit deren Hilfe eine Integrationsarchitektur aus Innensicht beschrieben werden kann. Die Innensicht fokussiert darauf, wie die Integrationsarchitektur (intern) konstruiert ist.

4.3.1.1 Überprüfung einer Ausgangshypothese mit Hilfe von explorativen Interviews

Im Rahmen von fünf explorativen Interviews im Zeitraum zwischen 4. und 30. Oktober 2001 wurde überprüft, ob eine aus dem Ansatz der „Integrierten Informationsverarbeitung" abgeleitete Merkmalsmenge[331] zur Beschreibung von Integrationsarchitekturen ausreichend ist. Die Interviews wurden mit Mitarbeitern von fünf deutschen und schweizerischen Unternehmen

---

330 Vgl. Abschnitt 4.3.3, S. 202 ff.
331 Vgl. dazu Abbildung 2-2, S. 18; die Merkmalsmenge aus dem Vorschlag von *Mertens* wurde für die Interviews um die Merkmale „Datenflussrichtung", „Datenbereitstellung" und „Quellen-Ziel-Synchronisierung" ergänzt.

durchgeführt. Die Interviews zeigten, dass sich nicht alle in der Praxis verwendeten Integrationsarchitekturen mit der verwendeten Merkmalsmenge abbilden lassen. Folgende Schwierigkeiten traten auf:

- Beschränkung auf das Verhalten: Die Merkmale beschreiben eine Integrationsarchitektur ausschliesslich aus einer verhaltensorientierten Perspektive. Unterschiede hinsichtlich der Struktur von Integrationsarchitekturen, wie sie beispielsweise zwischen Data-Warehouse-Systemen und ERP-Systemen gegeben sind, lassen sich hingegen nicht abbilden.

- Fehlende Unterscheidung hinsichtlich der Art der Datennutzung: Mit Hilfe der Merkmale ist es beispielsweise nicht möglich, den reinen Bezug von Datenelementen bei einem Data-Warehouse-System (lesende Zugriffe) von einer manipulierenden Nutzung (schreibende Zugriffe) abzugrenzen.

- Unvollständige Darstellung der Synchronisierung: Bei physischer Integration (redundanter Datenhaltung) und schreibenden Zugriffen sind abhängig vom Ort des schreibenden Zugriffs Aktualisierungen an verschiedenen „Orten" (lokale Schemata und globales Schema) zu unterscheiden. Das Merkmal „Quellen-Ziel-Synchronisierung" nimmt aber nur auf Aktualisierungen Bezug, die durch schreibende Zugriffe auf lokale Schemata ausgelöst werden.

Die Identifikation von Konstruktionsmerkmalen von Integrationsarchitekturen wurde deshalb auf Basis eines umfangreichen Literaturstudiums wiederholt und vertieft (vgl. dazu den folgenden Abschnitt).

4.3.1.2 Durchführung einer vertieften Analyse

Ein Ausgangspunkt zur Identifikation von Merkmalen ist die von *Domenig und Dittrich* vorgeschlagene Klassifikation von Systemen zur Abfrage heterogener Datenquellen (vgl. Abbildung 4-12). Ein erstes Gliederungskriterium ist dort die Materialisierung der integrierten Datenelemente mit den Ausprägungen „materialisiert" und „virtuell". Auf einer zweiten Stufe wird dann nach der Beschaffenheit der integrierten Daten hinsichtlich Strukturierung und Modifikation gegenüber den Primärdaten unterschieden. Obwohl dieses zweite Merkmal für die Beschreibung einer Integrationsarchitektur nicht wesentlich ist, führen die resultierenden Ausprägungen zur Identifikation eines weiteren wichtigen Merkmals, nämlich der Architekturtopologie.

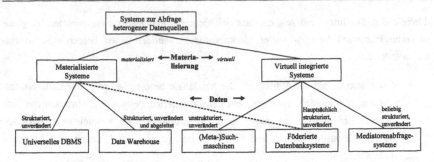

Abbildung 4-12: Klassifikation von Systemen zur Abfrage heterogener Datenquellen
nach *Domenig* und *Dittrich*[332]

4.3.1.2.1 Architekturtopologie

Bezogen auf das Kriterium der zugrunde zu legenden Architekturtopologie lassen sich prinzipiell drei Formen unterscheiden, die Föderation, die multilaterale Kopplung sowie die Fusion. Die Unterscheidung fokussiert insbesondere darauf, wie zentral oder dezentral bestimmte Aufgaben innerhalb der Architektur organisiert sind. Zur Veranschaulichung dieser drei Formen wird im Folgenden angenommen, dass drei daten-bereitstellende Komponenten und zwei daten-nachfragende Komponenten vorhanden sind.

Multilaterale Kopplung (Peer-to-peer)

Das entscheidende Merkmal der multilateralen Kopplung liegt darin, dass Komponenten eines betrachteten Systems mit allen übrigen Komponenten des Systems verbunden werden (können). Eng verbunden mit der Idee der Kopplung ist der Begriff „Peer-to-peer", der im Sinne eines Netzwerks aus Komponenten (Peers) wie folgt charakterisiert wird[333]:

- Jede Komponente kann Server- und Client-Funktionalität aufweisen, d.h. Anfragen sowohl stellen als auch beantworten.
- Die Kommunikation zwischen den Komponenten erfolgt direkt, d.h. ohne Zwischenschaltung einer zentralen Instanz.
- Die Komponenten behalten vollständig ihre Autonomie.

Die Autonomie der Komponenten und das Fehlen einer zusätzlichen Komponente bringen es mit sich, dass Erweiterungen oder Modifikationen der zu koppelnden Komponenten erforderlich werden. So ist insbesondere die Transaktionsverwaltung von den zu koppelnden Kompo-

---

332 Vgl. Domenig, Dittrich (1999), S. 65.
333 Vgl. Kalogeraki et al. (2002), S. 300, Schoder, Fischbach (2002), S. 587.

nenten zusätzlich durchzuführen. Dabei ist festzulegen, ob die Komponenten die Transaktionen auf dem eigenen Datenbestand überwachen, oder ob diejenige Komponente die Überwachungsfunktion übernimmt, welche die Transaktion ausgelöst hat.

Eine weitere Aufgabe bei der Integration der zu koppelnden Komponenten ist die Datenformatkonvertierung. Von angekoppelten Komponenten empfangene Datenelemente sind mit Blick auf die eigenen Datenelementtypen zu konvertieren. Dabei können Sprachen wir beispielsweise die Extensible Markup Language (XML)[334] zum Einsatz kommen, um Metadaten und Datenelemente gemeinsam zu übertragen. Gelangt ein entsprechender Integrations-Broker zum Einsatz, wird die Datenformatkonvertierung von diesem übernommen.

Mit Blick auf die oben dargestellten Basistechnologien kann festgehalten werden, dass eine multilaterale Kopplung unter Verwendung von Kommunikations-Middleware oder durch eine direkte Verbindung der beteiligten Systeme zu erreichen ist.

Föderation

Der Begriff „Föderation" hat seinen Ursprung in der Politik, wo er eine spezifische Ordnung eines Staatenverbunds bezeichnet. Das zentrale Merkmal einer politischen Föderation ist, dass bestimmte, für alle Staaten relevante Aufgaben und Kompetenzen einer zentralen Institution zugewiesen werden. Entsprechend lässt sich im Kontext der vorliegenden Arbeit der Begriff „Föderation" verwenden. Unter einer Föderation wird eine Architekturtopologie verstanden, in der bestimmte Aufgaben im Zusammenhang mit der Datenintegration von einer zentralen, koordinierenden Komponente wahrgenommen werden.

Die oben beschriebenen Föderierten Datenbanksysteme basieren auf dem Prinzip der Föderation, da die Komponentendatenbanksysteme erhalten bleiben und lediglich der globale Datenzugriff zentral von einem Föderierungsdienst gewährleistet wird.

Im Rahmen einer Föderation können auch Mediatoren und Wrapper zum Einsatz kommen, nämlich um einerseits den die Föderation nutzenden Komponenten einen einheitlichen Zugang zu ermöglichen (durch Mediatoren) und andererseits die Heterogenität der Komponentendatenbanksysteme transparent zu machen (durch Wrapper). Um tatsächlich eine Föderation zu bilden, muss den Mediatoren und Wrappern allerdings eine zentrale, koordinierende Komponente hinzugefügt werden (beispielsweise zur Transaktionsüberwachung).

---

334 Vgl. May (2003), Böhnlein, Ulbrich vom Ende (1999).

Fusion

Bei der Fusion existiert eine zentrale Komponente, die alle daten-nachfragenden Komponenten bedient und dabei eine vollständige Kontrolle über die involvierten Datenbestände ausübt. Dies kann durch zwei Varianten erreicht werden:

- Faktische Fusion: Alle Datenobjekt- und -elementtypen werden in ein globales Schema integriert, und die entsprechenden Datenobjekte und -elemente werden in die zentrale Komponente migriert; nachfolgend werden die ursprünglichen, datenbereitstellenden Komponenten ausser Betrieb gesetzt.

- Virtuelle Fusion: Die daten-nachfragenden Komponenten werden in ein (nicht föderiertes) Multidatenbanksystem unter Kontrolle einer zentralen Komponente eingebunden, wobei sie ihre Autonomie vollständig verlieren. Auch hier ist ein globales Schema zu erstellen.

Die Architekturtopologie „Fusion" entspricht der von *Domenig* und *Dittrich* (vgl. Abbildung 4-12) als „Universelles DBMS" bezeichneten Variante. In Abbildung 4-13 sind die drei möglichen Architekturtopologien grafisch veranschaulicht. Bei der dritten Variante sind die datenbereitstellenden Komponenten nur grau dargestellt, weil sie bei der faktischen Fusion entfallen.

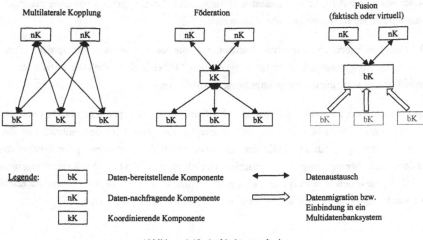

Abbildung 4-13: Architekturtopologien

4.3.1.2.2 Replikation

Das Kriterium der Replikation bezieht sich auf die Frage, ob die zur Deckung des Informationsbedarf erforderlichen Datenelemente in einer integrierten Form (repliziert) vorgehalten werden oder aber erst zum Zeitpunkt der Anfrage (virtuell) konsolidiert und weitergegeben werden. Im ersten Fall spricht man auch von „Integrieren durch Kopieren"[335] oder von materialisierten Sichten[336], im zweiten von virtuellen Sichten. Eine direkte Konsequenz der Materialisierung ist die Redundanz, da es sich bei den integrierten Datenelementen um Kopien oder um abgeleitete Daten handelt. Alternativ wird bei materialisierten Sichten auch der Begriff „Warehouse-Ansatz" oder „Materialisierungsansatz" und bei virtuellen Sichten der Begriff „virtueller Ansatz" verwendet"[337]. Mit Blick auf den Zeitpunkt des Zugriffs auf die Primärdaten findet sich in der Literatur für materialisierte Sichten auch der Begriff „fetch in advance" (Vorabzugriff) und für virtuelle Sichten der Begriff „fetch on demand" (Zugriff bei Bedarf)[338].

Replikation ist bei den Architekturtopologien „Föderation" und „multilaterale Kopplung" möglich. Im ersten Fall beinhaltet der Föderierungsdienst eine zentrale Datenbasis, welche die Replikate aufnimmt. Im zweiten Fall werden bei jeder Komponente zusätzlich zu den „eigenen" Datenelementen Replikate abgelegt, die von anderen Komponenten benötigt werden.

Eine Replikation ggfs. sogar in Form mehrerer materialisierter Sichten bringt Vorteile mit sich, da ein Datenzugriff dann unabhängig von einer eingeschränkten Verfügbarkeit der Kommunikationsverbindungen und der Komponente erfolgen kann, welche die Primärdaten führt. Gleichzeitig entstehen aber auch Nachteile (vgl. Abbildung 4-14). Beispielsweise ist die Sicherung der Konsistenz zwischen mehreren Replikaten problematisch, weil sich nach der Änderung eines Replikats die Aktualisierung der anderen Replikate bei Nicht-Verfügbarkeit der zugrunde liegenden Systeme oder der Kommunikationsverbindungen zu diesen Systemen verzögern kann. Replikation führt damit potentiell zu einer zumindest temporären Inkonsistenz des Gesamtdatenbestands. Darüber hinaus sind die dann erforderlichen verteilten Aktualisierungen der Replikate wesentlich aufwändiger und beeinträchtigen damit die Performanz.

Ein Spezialfall ergibt sich, wenn bestimmte Datenelemente in eine separate Datenbank migriert werden. *Britton* nennt diesen Fall „Shared data solution"[339]: Datenelemente, die von mehreren Komponenten benötigt werden, werden in eine zentrale Datenbank migriert; die üb-

---

335 Lehner, Bauer (2002), S. 76.
336 Vgl. Zhuge et al. (1995), S. 316.
337 Vgl. Sattler, Leymann (2003), S. 5.
338 Vgl. Stonebraker, Hellerstein (2001), S. 556.
339 Vgl. Britton (2001), S. 220 f.

rigen (lokalen) Datenelemente verbleiben bei den jeweiligen Komponenten. Da mit der zentralen Datenbank auch eine koordinierende Komponente in Form eines zugehörigen Datenbankmanagementsystems erforderlich wird, ist diese Variante nur auf Basis der Architekturtopologie „Föderation" möglich.

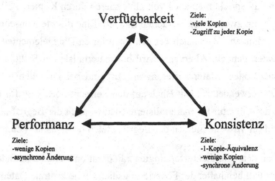

Abbildung 4-14: Zielkonflikte bei der Datenreplikation[340]

Es ergeben sich die drei folgenden Merkmalsausprägungen für das Merkmal Replikation: „repliziert", „virtuell" und „teilweise migriert". Die Ausprägung „repliziert" bezieht sich auf den Ansatz der materialisierten Sichten, die Ausprägung „virtuell" auf virtuelle Sichten. Die Ausprägung „teilweise migriert" repräsentiert den von *Britton* beschriebenen Ansatz.

4.3.1.2.3 Transaktionstyp

Einen weiteren Hinweis auf ein Merkmal, das zur Unterscheidung von Architekturen zur Datenintegration geeignet ist, liefert *Stonebraker* (vgl. auch Abbildung 4-15), der zwischen aktualisierenden und lesenden Zugriffen unterscheidet.

Als Merkmal einer Integrationsarchitektur wird in diesem Zusammenhang im Folgenden von dem Transaktionstyp gesprochen, der innerhalb der Architektur auf globalen Daten zulässig ist. Unterschieden werden typischerweise – wie auch bei verteilten Datenbanksystemen[341] – Architekturen, die ausschliesslich auf lesende Zugriffe auf globale Datenelemente ausgerichtet sind, und solche, die zusätzlich auch schreibende Zugriffe auf diese Datenelemente ermöglichen. Ein schreibender Zugriff ist dabei ein Zugriff, der Datenelemente erzeugt, verändert oder löscht.

---

340 Niemann et al. (2002), S. 431; vgl. auch Beuter, Dadam (1996), S. 204.
341 Vgl. Calvanese et al. (1998), S. 280, Hull (1997), S. 52 ff.

Daten	• Transaktionsmonitor • Applikations-Server	• Datenföderierungssystem • Data Warehouse/Mart
Ereignisse	• Message-oriented- Middleware(MOM)	• Publish/Subscribe
	Aktualisierung (systemübergreifende Konsistenz)	Lesen (vereinheitlichte Sichten)

Abbildung 4-15: Technologieklassifikation nach *Stonebraker*[342]

Zu beachten ist, dass der mögliche Transaktionstyp neben technischen Aspekten auch durch die Attributwertäquivalenz mitbestimmt wird. Wenn schwache Attributwertäquivalenz vorliegt[343], sind schreibende Transaktionen auf den globalen Datenelementen nicht möglich, da nicht eindeutig bestimmbar wäre, welche Änderungen sich daraus für die lokalen Datenelemente ergeben.

4.3.1.2.4 Synchronisierungskontrolle

Die zu Beginn dieses Kapitels formulierte Definition für technische Datenintegration fordert, dass Daten, die aus einer oder mehreren Quellen stammen, transparent genutzt werden können. Zwischen lokalen Daten und dem Ort des Datenzugriffs (globale Daten), bei dem es sich im Fall der Replikation um eine dedizierte Datenbank handeln kann, ergeben sich zwei Synchronisierungsperspektiven (vgl. auch Abbildung 4-16):

- *Synchronisierungskontrolle lokal-zu-global*: Im Fall von materialisierten Sichten, also bei replizierten Datenelementen, kommt es häufig vor, dass die lokalen Datenelemente nach der Replikation modifiziert werden. Es stellt sich daher die Frage, nach welchen Regeln und in welchem Zeitrahmen die Synchronisierung (Aktualisierung) zwischen lokalen und globalen Datenelementen erfolgen soll. Die folgenden Varianten sind möglich:

  - *Synchron*: Wenn lokale Datenelemente modifiziert werden, sind unmittelbar auch die zugehörigen globalen Datenelemente zu aktualisieren.

---

342 Vgl. Stonebraker (1999), S. 2.
343 Vgl. Abschnitt 4.1.3, S. 161 ff.

- *Asynchron*: Die Aktualisierung der globalen Datenelemente wird nicht unmittelbar durchgeführt. Dieser Modus beinhaltet wiederum verschiedene Varianten, die nach den auslösenden Ereignissen unterschieden werden:

  - Zeitorientiert: Aktualisierungen werden bei Erreichen von Zeitpunkten oder nach Ablauf von Zeitintervallen durchgeführt.
  - Benutzerinitiiert: Die Intervention eines Benutzers löst die Aktualisierung aus.
  - Anwendungsinitiiert: Die Intervention einer Anwendung löst die Aktualisierung aus.
  - Opportunistisch: Die Aktualisierung erfolgt zum (aus technischer Sicht) frühest möglichen Zeitpunkt. Bei dieser Variante ist das auslösende Ereignis in der technischen Durchführbarkeit zu sehen.

- *Synchronisierungskontrolle global-zu-lokal*: Bei dieser Synchronisierungsperspektive wird davon ausgegangen, dass globale Datenelemente verändert wurden; bei diesen Datenelementen kann es sich entweder um Replikate in einer materialisierten Sicht oder aber – man denke beispielsweise an ein FDBS – um virtuell vorhandene globale Datenelemente handeln; daher findet sich in der Abbildung sowohl das typische Datenbanksymbol (für den Fall einer materialisierte Sicht) als auch das Rechteck als Symbol für einen Mediator, der virtuelle globale Datenelemente bereit stellt. Auch hier stellt sich die Frage, wie die Synchronisation der (lokalen) Datenelemente entsprechend der Modifikation globaler Datenelemente erfolgen soll; es ergeben sich wiederum die oben beschriebenen Möglichkeiten einer synchronen oder asynchronen Aktualisierung.

Die Replikation sowie insbesondere die Synchronisierung der Replikate sind wichtige Teilgebiete innerhalb des Forschungsbereichs „verteilte Datenbanken", die dort unter dem Begriff „Replikationskontrolle" untersucht werden[344]. Dort erfolgt allerdings eine wesentlich differenziertere Betrachtung, da bei einer verteilten Datenbank beispielsweise bereits der Ort der primären Datenänderung Gegenstand von Optimierungsüberlegungen ist. Im vorliegenden Kontext stellt sich eine solche Frage nicht, da der Ort der primären Datenänderung vorgegeben ist und lediglich die sich daraus ergebende Synchronisierungskontrolle festzulegen ist.

---

344 Einen Überblick geben *Beuter und Dadam*, vgl. Beuter, Dadam (1996).

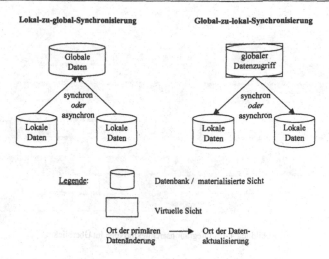

Abbildung 4-16: Varianten der Synchronisierungskontrolle

4.3.2 Identifikation von Integrationsarchitekturtypen

Um Integrationsarchitekturtypen identifizieren zu können, sind die Konstruktionsmerkmale zunächst in eine Reihenfolge zu bringen, welche die wechselseitigen Abhängigkeiten berücksichtigt. Einige Beispiele dazu sind nachfolgend aufgeführt:

- Die Global-zu-lokal-Synchronisierung ist nur relevant, wenn auf die (materialisierten oder virtuellen) globalen Datenelemente lesend und schreibend zugegriffen wird.

- Die Lokal-zu-global-Synchronisierung ist nur dann erforderlich, wenn eine Replikation erfolgt, die globalen Datenelemente also materialisiert vorliegen.

- Wird als Architekturtopologie die Fusion gewählt, dann sind das Merkmal „Replikation" sowie die davon abhängigen Merkmale irrelevant.

Aus den Abhängigkeiten lässt sich eine baumförmige Strukturierung der Merkmalsausprägungen ableiten. Innerhalb dieser Baumstruktur ist jede Merkmalsausprägung auf einer Ebene mit den möglichen Merkmalsausprägungen der darunter liegenden Ebene verbunden (vgl. Abbildung 4-17). Durch diese Anordnung entstehen Pfade von der Wurzel des Baums („Architekturtypen") bis zu den verschiedenen Blattelementen, so dass jeder Pfad einen von insgesamt 22 möglichen Integrationsarchitekturtypen repräsentiert.

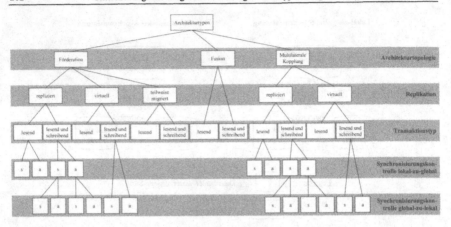

Abbildung 4-17: Integrationsarchitekturtypen im Überblick

4.3.3 Überprüfung der identifizierten Integrationsarchitekturtypen

In diesem Abschnitt erfolgt eine Überprüfung der zuvor identifizierten Integrationsarchitekturtypen und ihrer Merkmale und Eigenschaften (Merkmalsausprägungen). Zu diesem Zweck werden zum einen in Abschnitt 4.3.3.1 die Integrationsarchitekturtypen aus dem OASYS-Projekt sowie in Abschnitt 4.3.3.2 die Architekturtypen nach *Vogler* und zum anderen in Abschnitt 4.3.3.3 die in der Literatur allgemein bekannten Integrationsarchitekturen anhand der hier erarbeiteten Merkmale und Eigenschaften beschrieben. Der Fokus liegt dabei aufgrund der hier im Vordergrund stehenden Problemstellung auf den Daten. Von einer gelungenen Überprüfung kann gesprochen werden, wenn es gelingt, die auf die Datenintegration bezogenen Charakteristika der verschiedenen Architekturtypen mit Hilfe der in Abschnitt 4.3.1 identifizierten Merkmale und Merkmalsausprägungen hinreichend zu beschreiben. Neben den im Folgenden beschriebenen Überprüfungen anhand der Literaturbasis wurden die Konstruktionsmerkmale auch mit Hilfe von zwei konfirmatorischen Experteninterviews überprüft, die am 4. und 13. Januar 2004 stattfanden. Die beiden befragten Experten bestätigten dabei sowohl die Vollständigkeit als auch die Plausibilität der hier erarbeiteten Merkmale und Merkmalsausprägungen.

4.3.3.1 Überprüfung anhand der Integrationsarchitekturtypen aus dem OASYS-Projekt

Zur Überprüfung der identifizierten Integrationsarchitekturtypen erfolgt in diesem Abschnitt eine Beschreibung der Integrationsarchitekturtypen aus dem OASYS-Projekt[345] mit Hilfe der weiter oben genannten Merkmale und Eigenschaften (Merkmalsausprägungen). Diese Integrationsarchitekturtypen dienen der Verbindung mehrerer Anwendungen. Aussagen darüber, welche Arten von Transaktionen konkret unterstützt werden, finden sich nicht. Daher sind die Integrationsarchitekturtypen nicht nach dem Merkmal „Transaktionstyp" und den damit verbundenen Merkmalen zur Sychronisierungskontrolle zu unterscheiden, sondern lediglich nach den Merkmalen „Architekturtopologie" und „Replikation" (vgl. auch Tabelle 4-1):

- Bei einem *ereignisorientierten Integrationsarchitekturtyp* wird ein Quell-AwS mit mehreren Ziel-AwS verbunden. Da es sich bei dem Quell-AwS nicht um eine koordinierende Komponente handelt (in diesem Fall wäre von einer föderierten Architekturtopologie auszugehen), weist das Merkmal „Architekturtopologie" die Ausprägung „multilaterale Kopplung" auf. In den Publikationen der OASYS-Gruppe findet sich kein Hinweis darauf, ob dieser Integrationsarchitekturtyp Datenredundanz aufweisen kann; das Merkmal „Replikation" ist daher als „unbestimmt" ausgeprägt.

- Der *datenorientierte Integrationsarchitekturtyp mit redundanter Datenhaltung* entspricht strukturell der vorgenannten Architektur, so dass auch hier eine „multilaterale Kopplung" (Merkmal „Architekturtopologie") vorliegt. Da die Datenredundanz bereits in der Bezeichnung des Integrationsarchitekturtyps genannt wird, ist das Merkmal „Replikation" ausgeprägt mit „repliziert".

- Da bei dem *datenorientierten Integrationsarchitekturtyp mit nicht redundanter Datenhaltung* die von mehreren AwS benutzen Datenobjekte in einer gemeinsamen Datenverwaltung abgelegt werden, handelt es sich um eine Architekturtopologie „Föderation", wobei das Merkmal „Replikation" mit „teilweise migriert" ausgeprägt ist.

- Da es sich bei dem *funktionsorientierten Integrationsarchitekturtyp mit redundanter Modulhaltung, separaten Prozessen und redundanter Datenhaltung* um eine Erweiterung des zweitgenannten Architekturtyps handelt, liegt eine Entsprechung vor, die an identischen Merkmalsausprägungen („multilaterale Kopplung" und „repliziert") erkennbar ist.

- Ebenfalls eine Entsprechung liegt vor zwischen dem *funktionsorientierten Integrationsarchitekturtyp mit nicht redundanter Modulhaltung, gemeinsamem Prozess und nicht redundanter Datenhaltung* und dem drittgenannten Architekturtyp, so dass das Merkmal „Architekturtopologie" auch hier die Ausprägung „Föderation" aufweist und das Merkmal „Replikation" die Ausprägung „teilweise migriert".

Merkmal Integrationsarchitekturtyp (OASYS)	Architekturtopologie	Replikation
Ereignisorientierter Integrationsarchitekturtyp	Multilaterale Kopplung	unbestimmt
Datenorientierter Integrationsarchitekturtyp mit redundanter Datenhaltung	Multilaterale Kopplung	repliziert
Datenorientierter Integrationsarchitekturtyp mit nicht redundanter Datenhaltung	Föderation	teilweise migriert
Funktionsorientierter Integrationsarchitekturtyp mit redundanter Modulhaltung, separaten Prozessen und redundanter Datenhaltung	Multilaterale Kopplung	repliziert
Funktionsorientierter Integrationsarchitekturtyp mit nicht redundanter Modulhaltung, gemeinsamem Prozess und nicht redundanter Datenhaltung	Föderation	teilweise migriert

Tabelle 4-1: Klassifikation der Integrationsarchitekturtypen aus dem OASYS-Projekt

Die Beschreibung der Integrationsarchitekturtypen gemäss dem Vorschlag der OASYS-Gruppe gelingt grundsätzlich mit Hilfe der beiden Merkmale „Architekturtopologie" und „Replikation". Es zeigt sich allerdings, dass jeweils zwei Integrationsarchitekturtypen identische Merkmalsausprägungen aufweisen. Die Erklärung liegt darin, dass die OASYS-Gruppe mit der Funktionsredundanz, die sich nicht ausschliesslich auf Funktionen zur Verwaltung der Datenelemente bezieht, einen Aspekt betrachtet, der für die vorliegende Arbeit keine Relevanz besitzt.

4.3.3.2 Überprüfung anhand der Architekturtypen nach Vogler

In diesem Abschnitt erfolgt eine Überprüfung der oben hergeleiteten Integrationsarchitekturtypen, in dem die von *Vogler* genannten Architekturtypen[346] entsprechend klassifiziert werden. Die Überprüfung unterliegt der Einschränkung, dass *Voglers* Architekturtypen prinzipiell

---

346 Vgl. Abschnitt 2.6.1.2.1, S. 91 ff.

nur den bilateralen Fall, d.h. die Verbindung von zwei Anwendungen abdecken; insofern berücksichtigen die hier betrachteten Integrationsarchitekturtypen einen allgemeineren Fall. Ferner finden sich bei *Vogler* keine Aussagen zum Transaktionstyp und folglich auch nicht zur Synchronisierungskontrolle, so dass sich die Klassifikation hier auf die Merkmale „Architekturtopologie" und „Replikation" beschränken muss:

- Die *Frontend-Integration* lässt sich nicht sinnvoll als Integrationsarchitekturtyp klassifizieren, da sie den Integrationsvorgang auf den (menschlichen) Aufgabenträger verlagert.

- Der *Anwendungsintegration* liegt die Architekturtopologie „Fusion" zugrunde, da dabei eine Anwendung um die Datenobjekttypen und zugehörigen Datenobjekte (und weitere Komponenten) der zweiten Anwendung ergänzt wird. Für diese Architekturtopologie ist das Merkmal „Replikation" nicht relevant[347], so dass diesbezüglich keine Klassifikation erforderlich ist.

- Auch die *Variante A des Architekturtyps „Integration der Daten"* ist der Architekturtopologie „Fusion" zuzuordnen, da hier die Datenbestände der beiden zu verbindenden Anwendungen vollständig miteinander verschmolzen werden. Bei dieser Architekturtopologie ist das Merkmal „Replikation" nicht anwendbar.

- Bei *Variante B des Architekturtyps „Integration der Daten"* werden die gemeinsam verwendeten Datenelemente in eine zusätzliche gemeinsame Datenbasis migriert, sodass die Variante mit der Architekturtopologie „Föderation" und der Materialisierung „teilweise migriert" zu beschreiben ist. Diese Variante entspricht dem *datenorientierten Integrationsarchitekturtyp mit nicht redundanter Datenhaltung* gemäss der Klassifikation der OASYS-Gruppe.

- Die *Variante C des Architekturtyps „Integration der Daten"* weist hinsichtlich des Merkmals „Architekturtopologie" die Eigenschaft „multilaterale Kopplung" auf, weil bei dieser Variante eine Anwendung auf die Datenbasis einer anderen Anwendung zugreift. *Vogler* führt nicht aus, ob bei dieser Variante Datenredundanz vorliegen kann. en kann, wird aus den Ausführungen von *Vogler* nicht ersichtlich, so dass für das Merkmal „Replikation" die Ausprägungen „unbestimmt" anzugeben ist.

- Der Architekturtyp *„Integration über Replikation"* ist der Architekturtopologie „multilaterale Kopplung" zuzuordnen, weil die Datenbasen der beiden beteiligten Anwen-

---

347 Vgl. Abbildung 4-17, S. 202ff.

dungen miteinander verbunden werden. Da eine Propagierung von Datenänderungen in der einen Datenbasis in die andere Datenbasis erfolgt, liegt redundante Datenhaltung vor; die Ausprägung des Merkmals „Replikation" ist folglich „repliziert".

- Beim Architekturtyp „*Integration über Methodenaufruf*" greift eine Anwendung mittels der entsprechenden Datenzugriffsfunktionalität (z.B. über ein API) auf die Datenelemente einer anderen Anwendung zu. Die Anwendungen werden also miteinander verbunden, so dass von „multilateraler Kopplung" gesprochen werden kann. Da *Vogler* auch bei diesem Architekturtyp keine Aussage dazu trifft, ob Datenredundanz vorliegen kann, wird für das Merkmal „Replikation" in der Tabelle „unbestimmt" angegeben.

- Da beim Architekturtyp „*eigenständige Integrationsanwendung*" eine zusätzliche (koordinierende) Instanz implementiert wird, ist dieser Architekturtyp der Architekturtopologie „Föderation" zuzuordnen. *Vogler* führt zu diesem Architekturtyp aus, dass diese Instanz eine eigene Datenbasis beinhalten *kann*. Trifft dies zu, so wäre das Merkmal „Replikation" als „repliziert" ausgeprägt, andernfalls als „virtuell".

Eine Zusammenfassung der Klassifikation von *Voglers* Architekturtypen als Integrationsarchitekturtypen im Sinne der vorliegenden Arbeit gibt Tabelle 4-2. Die Anwendung der beiden Merkmale „Architekturtopologie" und „Replikation" zur Beschreibung der Architekturtypen nach *Vogler* gelingt; aufgrund der Beschränkung von *Vogler* auf bilaterale Architekturen (Verbindung von zwei Anwendungen) ist allerdings auch hier – wie bei den Integrationsarchitekturtypen der OASYS-Gruppe – keine vollständige Überprüfung der Merkmale möglich.

Merkmal Architekturtypen	Architekturtopologie	Replikation
Frontend-Integration	nicht anwendbar	nicht anwendbar
Anwendungsintegration	Fusion	nicht anwendbar
Integration der Daten (Variante A)	Fusion	nicht anwendbar
Integration der Daten (Variante B)	Föderation	teilweise migriert
Integration der Daten (Variante C)	Multilaterale Kopplung	unbestimmt
Integration über Replikation	Multilaterale Kopplung	repliziert
Integration über Methodenaufruf	Multilaterale Kopplung	unbestimmt
Eigenständige Integrationsanwendung	Föderation	repliziert oder virtuell

Tabelle 4-2: Klassifikation von *Voglers* Architekturtypen

4.3.3.3 Überprüfung anhand von Integrationsarchitekturen aus anderen Literaturquellen

In Abschnitt 4.2.2 wurde eine Reihe von Integrationsarchitekturen vorgestellt. Hier wird nun überprüft, ob und wie sich diese Integrationsarchitekturen mit Hilfe der identifizierten Merkmale und Merkmalsausprägungen beschreiben lassen. Die Merkmalsausprägungen für die folgenden Integrationsarchitekturen sind jeweils in einem morphologischen Kasten grau hinterlegt dargestellt:

- *Data-Warehouse-System*: Ein Data-Warehouse-System weist als Architekturtopologie die „Föderation" auf, denn das Data Warehouse ist als zusätzliche koordinierende Komponente dieser Integrationsarchitektur anzusehen, wobei die vorhandenen Systeme erhalten bleiben. Da die Datenelemente im Data Warehouse Replikate der Datenelemente aus den operativen Systemen sind, ist das Merkmal „Replikation" mit „repliziert" ausgeprägt. Da lediglich lesende Transaktionen vorgesehen sind (Transaktionstyp „lesend"), ist das Merkmal „Synchronisierungskontrolle global-zu-lokal" nicht anwendbar. Das Merkmal „Synchronisierungskontrolle lokal-zu-global" ist bei einem Data-Warehouse-System als „asynchron" ausgeprägt, denn die Replikate im Data Warehouse werden typischerweise in regelmässigen Zeitintervallen aktualisiert, auf keinen Fall jedoch synchron.

Architekturtopologie	Föderation	Fusion	Multilaterale Kopplung
Replikation	repliziert	virtuell	teilweise migriert
Transaktionstyp	lesend	lesend und schreibend	
Synchronisierungskontrolle lokal-zu-global	synchron	asynchron	
Synchronisierungskontrolle global-zu-lokal	synchron	asynchron	

Abbildung 4-18: Merkmalsausprägungen eines Data-Warehouse-Systems

- *Operational Data Store (ODS)*: Ein ODS weist starke Ähnlichkeiten mit einem Data-Warehouse-System auf, so dass die Merkmale ähnlich ausgeprägt sind. Allerdings unterscheidet sich ein ODS dadurch, dass das Merkmal „Transaktionstyp" als „lesend und schreibend" ausgeprägt ist. Entsprechend sind beide Merkmale zur Synchronisierungskontrolle anwendbar. Abhängig von den technischen Möglichkeiten ist jeweils eine synchrone oder asynchrone Synchronisierung möglich. Erstrebenswert ist jeweils

„synchron", da auf diese Weise grösstmögliche Datenkonsistenz und -aktualität erreicht wird.

Architekturtopologie	Föderation	Fusion	Multilaterale Kopplung
Replikation	repliziert	virtuell	teilweise migriert
Transaktionstyp	lesend	lesend und schreibend	
Synchronisierungskontrolle lokal-zu-global	synchron	asynchron	
Synchronisierungskontrolle global-zu-lokal	synchron	asynchron	

Abbildung 4-19: Merkmalsausprägungen eines Operational Data Store

- *Enterprise-Resource-Planning-System*: Diese Integrationsarchitektur basiert auf dem Prinzip der „Fusion" (Merkmal „Architekturtopologie"), so dass als weiteres Merkmal lediglich „Transaktionstyp" relevant ist. Da ein ERP-System beispielsweise auch eine Modifikation von Stamm- und Bestandsdaten sowie ein Erzeugen von Bewegungsdaten zulassen muss, ist das Merkmal „Transaktionstyp" ausgeprägt als „lesend und schreibend".

Architekturtopologie	Föderation	Fusion	Multilaterale Kopplung
Replikation	repliziert	virtuell	teilweise migriert
Transaktionstyp	lesend	lesend und schreibend	
Synchronisierungskontrolle lokal-zu-global	synchron	asynchron	
Synchronisierungskontrolle global-zu-lokal	synchron	asynchron	

Abbildung 4-20: Merkmalsausprägungen eines Enterprise-Resource-Planning-Systems

- *Föderierte Datenbanksysteme (FDBS)*: Ein FDBS besitzt mit dem Föderierungsdienst eine zusätzliche zentrale, koordinierende Komponente, so dass das Merkmal „Architekturtopologie" die Ausprägung „Föderation" aufweist. Im Gegensatz zum Data-Warehouse-System und zum ODS liegen die Datenelemente allerdings nicht in replizierter Form vor; statt dessen werden integrierte (und damit redundante) Datenelemente auf Anfrage erzeugt und nicht persistent gespeichert; das Merkmal „Replikation" ist folglich mit „virtuell" ausgeprägt. In Abhängigkeit vom Verwendungszweck des

FDBS kann das Merkmal „Transaktionstyp" die Ausprägungen „lesend" oder „lesend und schreibend" aufweisen. Die erste Ausprägung ist beispielsweise denkbar, falls die Integrationsarchitektur als virtuelles Data-Warehouse-System genutzt wird. Da die integrierten Datenelemente nicht materialisiert werden (virtuelle Replikation), ist das Merkmal „Synchronisierungskontrolle lokal-zu-global" nicht anwendbar. Das zweite Merkmal zur Synchronisierungskontrolle („global-zu-lokal") kann in Abhängigkeit von den Anforderungen und den technischen Möglichkeiten der angeschlossenen Komponenten sowohl als „synchron" als auch als „asynchron" ausgeprägt sein.

Architekturtopologie	Föderation	Fusion	Multilaterale Kopplung
Replikation	repliziert	virtuell	teilweise migriert
Transaktionstyp	lesend		lesend und schreibend
Synchronisierungskontrolle lokal-zu-global	synchron		asynchron
Synchronisierungskontrolle global-zu-lokal	synchron		asynchron

Abbildung 4-21: Merkmalsausprägungen eines Föderierten Datenbanksystems

In diesem Abschnitt konnte gezeigt werden, dass sich die aus der Literatur bekannten Integrationsarchitekturen mit Hilfe der identifizierten Merkmale und Merkmalsausprägungen beschreiben lassen. Da keine Kombination von Merkmalsausprägungen mehrfach vorkommt, kann davon ausgegangen werden, dass sich die Merkmale zur Unterscheidung der Integrationsarchitekturen eignen.

4.4 Zusammenfassung

Ein Ziel dieses Kapitels lag darin, die zentralen methodischen Aspekte für den Entwurf einer Integrationsarchitektur herauszuarbeiten. In Abschnitt 4.1 konnte gezeigt werden, welche methodischen Schwierigkeiten nachträgliche Integrationsmassnahmen aufwerfen können und welche Beschränkungen vorhandene Anwendungen und Datenverwaltungssysteme mit Blick auf einen gegebenen Informationsbedarf bedingen können (Stichwort Schemaintegration).

Ein zweites Ziel des Kapitels lag darin, die Vielfalt im Bereich der Integrationstechnologien mit Blick auf die Ziele der vorliegenden Arbeit zu strukturieren und sie zu typisieren. In Abschnitt 4.2 wurden zu diesem Zweck zunächst die vorhandenen Integrationstechnologien und Integrationsarchitekturen dargestellt und grob voneinander abgegrenzt. Da sich teilweise erhebliche Überschneidungen zwischen den Konzepten zeigten, wurden in Abschnitt 4.3 Merkmale und Merkmalsausprägungen erarbeitet, die eine überschneidungsfreie Beschreibung und eine Typisierung von Integrationsarchitekturen ermöglichen. Die Überprüfung der Validität der Merkmale und Merkmalsausprägungen wurde einerseits durch Experteninterviews und andererseits anhand der Integrationsarchitekturen aus verwandten Arbeiten und der übrigen Literatur durchgeführt.

5 Bewertung der Integrationsarchitekturtypen

Dieses Kapitel widmet sich der Bewertung der einzelnen Integrationsarchitekturtypen mit Blick auf den qualitativen Informationsbedarf (vgl. Abbildung 5-1). Dabei wird hier zunächst eine idealisierte Betrachtung der Integrationsarchitekturtypen vorgenommen, d.h., der Einfluss der vorgegebenen Anwendungsarchitektur wird ausgeklammert. Dieser Aspekt wird später (in Kapitel 6) in die Betrachtung einbezogen.

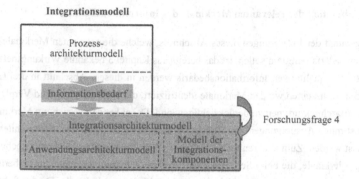

Abbildung 5-1: Einordnung des fünften Kapitels anhand des Integrationsmodells

Damit steht nun die Beantwortung von Forschungsfrage 4 im Vordergrund. Im Einzelnen sind zu diesem Zweck in drei Schritten die folgenden Detailaspekte zu analysieren:

1. In Abschnitt 5.1 wird untersucht, welche Merkmale des qualitativen Informationsbedarfs relevant sind. Konkret stellt sich die Frage, welche Merkmale bei gegebener Beschaffenheit der Anwendungsarchitektur durch die Konstruktion der Integrationsarchitektur[348] beeinflusst werden.

2. Eine Integrationsarchitektur ist ein verteiltes System. In Abschnitt 5.2 wird – zur Vorbereitung des darauf folgenden Abschnitts – analysiert, welche Bewertung sich bei isolierter Betrachtung der Konstruktionsmerkmale der Integrationsarchitektur bezüg-

---

348 Grundsätzlich werden in diesem Kapitel Integrationsarchitektur*typen* betrachtet. Bei Gegenüberstellungen mit konkreten Gegebenheiten (bspw. einer Anwendungsarchitektur) ist mit Blick auf das richtige Abstraktionsniveau aber von Integrationsarchitekturen zu sprechen.

lich der Kriterien ergibt, an denen verteilte Systeme typischerweise gemessen werden[349].

3. In Abschnitt 5.3 wird schliesslich dargestellt, welches Ergebnis eine spezifische Bewertung der Integrationsarchitekturtypen mit Blick auf die in Schritt 1 als relevant identifizierten Merkmale des qualitativen Informationsbedarfs ergibt.

5.1 Identifikation der relevanten Merkmale des Informationsbedarfs

Ausgangspunkt der Erörterungen dieses Abschnitts, welche die relevanten Merkmale des Informationsbedarfs ermitteln sollen, ist das bereits aus Kapitel 3 bekannte Wirkungsnetz[350]. Die Merkmale des qualitativen Informationsbedarfs werden in diesem Abschnitt in drei Gruppen klassifiziert. Zum einen werden Merkmale identifiziert, die bei Bewertung und Vergleich von Integrationsarchitekturtypen zu berücksichtigen sind. Dabei handelt es sich um Merkmale, die durch bestimmte Ausprägungen von Konstruktionsmerkmalen des Integrationsarchitekturtyps beeinflusst werden. Zum anderen wird die Gruppe der verbleibenden Merkmale nochmals unterteilt in Merkmale, die beim Schemaentwurf für eine Integrationsarchitektur zu berücksichtigen sind, und alle übrigen, d.h. nicht bereits klassifizierten Merkmale. Da der Schemaentwurf für eine Integrationsarchitektur nicht Betrachtungsgegenstand der vorliegenden Arbeit ist, liegt der Fokus auf der erstgenannten Merkmalsgruppe. In Tabelle 5-1 ist die Zuordnung der Merkmale zu den drei Gruppen zusammenfassend dargestellt; eine Erläuterung findet sich im nachfolgenden Text.

Die *Zugreifbarkeit* kann in einer Anwendungsarchitektur durch die Autonomie eines Datenverwaltungssystems eingeschränkt sein[351]. Eine entsprechend konstruierte Integrationsarchitektur (Konstruktionsmerkmal „Replikation", Ausprägung „repliziert") kann diese Einschränkung kompensieren, so dass die Zugreifbarkeit der ersten Merkmalsgruppe zuzuordnen ist.

Die *Antwortzeit* kann ebenfalls durch die Wahl des Integrationsarchitekturtyps beeinflusst werden und ist deshalb für die vorliegende Arbeit ein relevantes Merkmal. Der Grund für die Relevanz liegt darin, dass die Beschaffenheit einer Integrationsarchitektur Auswirkungen darauf hat, wie schnell der Datenintegrations- bzw. -veredelungsvorgang zwischen Extraktion aus den Datenquellen bis zur Bereitstellung der Informationsobjekte beim Aufgabenträger

---

349 Lediglich die beiden Integrationsarchitekturtypen mit der Architekturtopologie „Fusion" sind nicht notwendigerweise als verteilte Systeme einzustufen; eine Bewertung anhand der Kriterien kann trotzdem erfolgen.
350 Vgl. Abbildung 3-9, S. 151.
351 Vgl. Abschnitt 3.2.1.6.3, S. 138 ff.

durchgeführt werden kann. Beispielsweise ist es durch Replikation sowie durch die Speicherung (Materialisierung) antizipierter Informationsobjekte möglich, die Antwortzeit deutlich zu reduzieren.

Die *Periodizität* wird nur indirekt – nämlich über das Merkmal „Antwortzeit" – von den Anwendungsarchitekturkomponenten beeinflusst bzw. eingeschränkt, so dass auch die Integrationskomponenten nur einen indirekten Einfluss auf sie ausüben. Da die Periodizität ausserdem für den Schemaentwurf keine Bedeutung besitzt, wird sie der dritten Merkmalsgruppe zugeordnet und später nicht weiter berücksichtigt.

Merkmale des qualitativen Informationsbedarfs	zu berücksichtigen bei der Bewertung von Integrationsarchitekturtypen		
	Ja	Nein	
		zu berücksichtigen beim Schemaentwurf für eine Integrationsarchitektur	
		Ja	Nein
Zugreifbarkeit	x		
Antwortzeit	x		
Periodizität			x
Aktualität	x		
Verwendungsform	x		
Granularität		x	
Genauigkeit		x	
Zugriffsschutz		x	
Vollständigkeit	x		
Fehlerfreiheit		x	
Glaubwürdigkeit	x		
Relevanz			x

Tabelle 5-1: Relevante und nicht relevante Merkmale des qualitativen Informationsbedarfs

Die *Aktualität* ist ein Merkmal, das von den Konstruktionsmerkmalen der Integrationsarchitektur stark beeinflusst wird. Bei redundanter Datenhaltung durch eine Integrationskomponente (typischerweise eine Datenbasis) ist die Aktualität davon abhängig, in welcher Form die Synchronisierungskontrolle lokal-zu-global durchgeführt werden kann. Eine asynchrone Synchronisierung beeinträchtigt tendenziell die Aktualität, eine synchrone Synchronisierung erhält hingegen die Aktualität der in den Datenquellen vorhandenen Datenelemente.

Die *Verwendungsform* ist ebenfalls ein Merkmal der ersten Merkmalsgruppe, denn mit dem Transaktionstyp existiert ein Konstruktionsmerkmal, das direkt auf die Verwendungsform Bezug nimmt. In einigen Integrationsarchitekturtypen sind beispielsweise schreibende Transaktionen möglich, in anderen nicht.

Die *Granularität* ist der zweiten Merkmalsgruppe zuzuordnen, weil die erreichbare Granularität von Informationselementen nicht durch die Struktur einer Integrationsarchitektur beeinflusst werden kann. Das ist darauf zurückzuführen, dass die Granularität durch die vorhandenen Datenelementtypen quasi vorgegeben wird und folglich nicht verfeinert werden kann[352]. Eine Vergröberung der Granularität im Sinne einer Aggregation ist aber durchaus möglich und wäre im Rahmen des Datenschemaentwurfs zu definieren. Die *Genauigkeit* ist ein weiteres Merkmal der zweiten Gruppe. Einerseits ist der Spielraum zur Verbesserung der Genauigkeit zwar durch die Definition der Datenelementtypen begrenzt. Andererseits ergibt sich innerhalb einer Integrationsarchitektur die Möglichkeit, logisch zusammengehörige Datenelementtypen in einen Informationsobjekttyp zu integrieren, der dann eine hohe Genauigkeit aufweist. Eine solche Massnahme müsste im Rahmen des Datenschemaentwurfs durchgeführt werden.

Der *Zugriffsschutz* ist ein Merkmal der zweiten Merkmalsgruppe, denn die Konstruktionsmerkmale einer Integrationsarchitektur haben allenfalls darauf einen Einfluss, wie aufwändig die Implementierung des Zugriffsschutzes ist. Unterschiedliche Einschränkungen ergeben sich aber nicht aus dem Integrationsarchitekturtyp. Letztlich ist der Zugriffsschutz auf Ebene der Datenelementtypen im Rahmen des Datenschemaentwurfs zu definieren. Hinsichtlich der Datenelemente sind zwei grundsätzliche Fälle zu unterscheiden: Wenn es sich bei einzelnen Integrationskomponenten um Datenbasen handelt, kann der Zugriffsschutz für Tupel oder einzelne Attributwerte in diesen Datenbasen festgelegt werden. Andernfalls (beispielsweise bei virtueller Replikation) müssen Regeln definiert werden, welche den Zugriffsschutz aus den entsprechenden Festlegungen für die Primärdaten ableiten.

Die *Vollständigkeit* kann nicht in jedem Fall durch eine bestimmte Konstruktion der Integrationsarchitektur positiv beeinflusst werden. Es ist beispielsweise mit keiner Integrationsarchitektur möglich, Datenelemente bereitzustellen, die selbst in den operativen Datenquellen nicht mehr oder sogar nie vorhanden waren, beispielsweise Produktumsätze, die versehentlich nicht erfasst wurden. Allerdings lassen sich für den Spezialfall von historischen Daten geeignete Integrationsarchitekturen konfigurieren. Bereits weiter vorne wurde ausgeführt, warum Datenelemente mit einem Bezugszeitraum oder -zeitpunkt in der Vergangenheit (historische Daten) in einem typischen Szenario nicht über einen längeren Zeitraum in den operativen Anwendungen eines Unternehmens vorgehalten werden[353]. Integrationsarchitekturen, die als Integrationskomponenten auch Datenverwaltungssysteme beinhalten, können diese Datenelemente

---

352 Ausgehend von deren Granularität kann eine Verfeinerung nur noch künstlich oder aber durch Erweiterung des Integrationsbereichs erreicht werden (vgl. Abschnitt 3.2.2.3, S. 141 ff.).
353 Vgl. Abschnitt 4.2.2.1.1, S. 177 ff.

(ggfs. ergänzt um explizite Zeitbezüge) aufzeichnen, bevor sie aus dem operativen Datenbestand entfernt werden, und in der Folge für Zwecke der Aufgabenträger bereithalten. Die Vollständigkeit ist daher der ersten Merkmalsgruppe zuzuordnen.

Ein Merkmal, welches der zweiten Merkmalsgruppe zuzuordnen ist, ist die *Fehlerfreiheit* der Informationselemente innerhalb eines Informationsobjekts. Die diesbezügliche Beschaffenheit der zugrunde liegenden Datenelemente innerhalb der Anwendungsarchitektur kann durch eine Integrationsarchitektur grundsätzlich nicht verbessert werden. Es ist lediglich ein Abgleich von logisch identischen Datenelementen zu einem Realweltobjekt möglich[354]. Die Beseitigung von derartigen Widersprüchen müsste im Rahmen der Schemaintegration berücksichtigt[355] und durch Konsolidierungsprozesse operationalisiert werden.

Die *Glaubwürdigkeit* von Informationsobjekten wird – selbst bei grundsätzlich unterstellter Verfügbarkeit entsprechender Metadaten[356] – von den verschiedenen Integrationsarchitekturtypen unterschiedlich stark beeinflusst; daher gehört die Glaubwürdigkeit zu der ersten Merkmalsgruppe. Erfahrungen des Verfassers in verschiedenen Data-Warehouse-Projekten zeigen, dass der erwähnte Zusammenhang zumindest für die Einführungsphase einer Integrationsarchitektur angenommen werden kann, denn in dieser Phase vergleichen die Aufgabenträger die auf neue Art und Weise bereitgestellten Informationsobjekte mit den „gewohnten" Datenlieferungen oder sogar mit selbst vorgenommenen Konsolidierungen. Folglich werden Integrationsarchitekturen, die sehr direkt auf die operativen Datenquellen zugreifen und die extrahierten Daten direkt als Informationsobjekte an den Aufgabenträger weitergeben, tendenziell als glaubwürdiger empfunden. Als weniger glaubwürdig werden hingegen Architekturen mit Zugriff auf viele Datenquellen und aufwändigen Konsolidierungsoperationen eingestuft.

Da die *Relevanz* das übergeordnete Merkmal ist, auf das alle anderen Merkmale mit ihren Ausprägungen Einfluss ausüben, wird es der dritten Gruppe zugeordnet. Es wird damit nicht explizit, wohl aber implizit bei der Bewertung von Integrationsarchitekturtypen berücksichtigt.

Die relevanten Merkmale sind in dem Wirkungsnetz in Abbildung 5-2 durch gestrichelte Rechtecke hervorgehoben.

---

354 Vgl. Abschnitt 3.2.2.6, S. 143 ff.
355 Vgl. Abschnitte 4.1.2 und 4.1.3, S. 157 ff.
356 Vgl. Abschnitt 3.2.2.7, S. 144 ff.

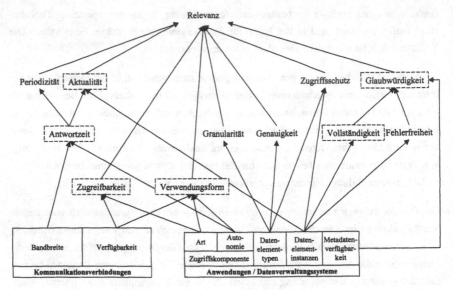

Abbildung 5-2: Relevante Merkmale im Wirkungsnetz

5.2 Wirkung der Konstruktionsmerkmale aus Verteilungssicht

In diesem Abschnitt werden die Ausprägungen der Konstruktionsmerkmale von Integrationsarchitekturen daraufhin untersucht, wie sie sich einzeln betrachtet auf das Verhalten einer Integrationsarchitektur als Ganzes auswirken. Dabei werden erneut die oben verwendeten Kriterien zur Bewertung der Datenreplikation[357] angewendet:

- *Verfügbarkeit*: Die Verfügbarkeit einer Integrationsarchitektur lässt sich daran messen,
  ob eine Anfrage nach einem Informationsobjekt – unter allen denkbaren Umständen
  (z.B. Ausfall von Kommunikationsverbindungen, Ausfall oder Nicht-Reagieren einer
  Schnittstelle für den Fremddatenzugriff oder einer Datenbasis) – ausgeführt werden
  kann (hohe Verfügbarkeit) oder nicht (eingeschränkte Verfügbarkeit).

- *Performanz*: Als Performanz wird die Länge der Zeitspanne bezeichnet, die für die
  Bereitstellung von Informationsobjekten erforderlich ist. Bei einer kurzen Zeitspanne
  wird von einer hohen Performanz, sonst von einer niedrigen Performanz gesprochen.

---

357 Vgl. Abschnitt 4.3.1.2.2, S. 197 ff.

- *Konsistenz*: Die Frage nach der Konsistenz der Daten- und Informationselemente stellt sich bei einer Integrationsarchitektur immer dann, wenn Redundanz vorliegt. Konkret ist unter der Konsistenz zu verstehen, inwieweit sich verschiedene Daten- und Informationselemente, die sich auf ein Merkmal eines bestimmten Realweltobjekts beziehen (Duplikate), entsprechen. Die Konsistenz kann aus zwei Perspektiven betrachtet werden: lesende Transaktionen und schreibende Transaktionen. Im ersten Fall stellt sich die Frage nach der vorhandenen Konsistenz, d.h., ob und inwieweit das verwendete Informationselement demjenigen Datenelement entspricht, das als aktuell einzustufen ist. Im zweiten Fall hingegen stellt sich die Frage nach der Konsistenzerhaltung, d.h., ob und wie schnell nach der Modifikation eines Informations- oder Datenelements die übrigen Elemente auf denselben Stand gebracht (aktualisiert) werden können.

Im Folgenden wird untersucht, welche Eigenschaften einer Integrationsarchitektur sich jeweils aus einer isolierten Betrachtung einzelner Konstruktionsmerkmalsausprägungen ableiten lassen.

5.2.1 Architekturtopologie

In diesem Abschnitt werden die Ausprägungen des Konstruktionsmerkmals „Architekturtopologie" untersucht: „Föderation", „Fusion" und „multilaterale Kopplung".

Föderation: Eine Föderation ist ein Kompromiss, bei dem angestrebt wird, die Autonomie der Komponentensysteme zu erhalten und für Zwecke der Datenintegration keine Modifikationen dieser Systeme vorzunehmen. Durch das Zusammenwirken der beteiligten Subsysteme und insbesondere durch deren Autonomie (Kommunikations-Autonomie) ist die Verfügbarkeit der Föderation nur als eingeschränkt einzustufen. Hinsichtlich der Performanz ist keine isolierte Beurteilung möglich, da die Ausprägungen anderer Merkmale mit zu berücksichtigen sind (insbesondere die Replikation). Wie auch die Verfügbarkeit ist die Konsistenz in einer Föderation aufgrund der Autonomie (hier: Ausführungs-Autonomie) nur als eingeschränkt einzustufen, denn die erforderliche Aktualisierung von Replikaten kann in einer föderierten Architektur nicht immer sofort durchgeführt werden.

Fusion: Die Fusion ist eine Extremlösung, die zunächst eine sehr umfangreiche Datenmigration in eine zentrale Datenbasis und in der Folge auch umfangreiche Änderungen an den Anwendungen[358] oder den Einsatz von Standardsoftware erforderlich macht. Auf diese Weise

---

358 Vgl. Domenig, Dittrich (1999), S. 66.

kann aber – zumindest mittelfristig – eine hohe Verfügbarkeit, Performanz und Konsistenz erreicht werden. Aus langfristiger Perspektive ist einschränkend anzumerken, dass durch kurzfristig zu realisierende Anwendungen immer wieder Dateninseln entstehen, welche diese Architekturtopologie „verwässern".

Multilaterale Kopplung: Bei der multilateralen Kopplung ergibt sich ein mit der Föderation vergleichbares Bild. Auch hier resultiert aus der (Kommunikations-)Autonomie der beteiligten Anwendungen eine nur eingeschränkte Verfügbarkeit. Ebenso schränkt die zu erwartende Redundanz in Kombination mit der Ausführungs-Autonomie der Anwendungen die Konsistenz ein. Schliesslich ist es auch hier nur dann möglich, die Performanz zu beurteilen, wenn die Replikation mit in Betracht gezogen wird. Die Eigenschaften, die mit den einzelnen Architekturtopologien in Verbindung stehen, sind in Tabelle 5-2 zusammenfassend dargestellt.

Topologie Merkmal	Föderation	Fusion	Multilaterale Kopplung
Verfügbarkeit	Eingeschränkt	hoch	eingeschränkt
Performanz	abhängig von weiteren Merkmalsausprägungen	hoch	abhängig von weiteren Merkmalsausprägungen
Konsistenz	Eingeschränkt	hoch	eingeschränkt

Tabelle 5-2: Einfluss der Architekturtopologie auf die Eigenschaften
der Integrationsarchitektur

5.2.2 Replikation

In diesem Abschnitt werden die Ausprägungen des Konstruktionsmerkmals „Replikation" untersucht: „repliziert", „virtuell" und „teilweise migriert" (vgl. Tabelle 5-3).

Repliziert: Replizierte Datenbestände haben insbesondere den Vorteil, dass ein integrierter Datenzugriff auch bei Nicht-Zugreifbarkeit der lokalen Datenelemente möglich ist; folglich ist die Verfügbarkeit als hoch einzustufen. Allerdings bringt die Replikation in der Regel auch die Anforderung mit sich, die Replikate aktualisieren zu müssen. Die Konsequenz ist, dass die Konsistenz zumindest zeitweise eingeschränkt ist und dass die Performanz eingeschränkt sein kann.

Virtuell: Der Verzicht auf eine Replikation umgeht einerseits die Schwierigkeiten der Aktualisierung von Replikaten; die Konsistenz ist folglich hoch. Andererseits ergibt sich das Problem, dass Datenzugriffe bei Nicht-Verfügbarkeit der lokalen Datenelemente nicht sofort beantwortet werden können; die Verfügbarkeit ist also eingeschränkt. Die Performanz ist ebenfalls eingeschränkt, weil die Informationsobjekte durch unter Umständen zeitaufwändige Operationen erst ermittelt werden müssen.

Replikation Merkmal	Repliziert	Virtuell	Teilweise migriert
Verfügbarkeit	hoch	eingeschränkt	leicht eingeschränkt
Performanz	eingeschränkt	eingeschränkt	leicht eingeschränkt
Konsistenz	eingeschränkt	hoch	hoch

Tabelle 5-3: Einfluss der Replikation auf die Eigenschaften
der Integrationsarchitektur

Teilweise migriert: Zunächst erscheint diese Variante äusserst vorteilhaft, da einerseits durch die Vermeidung von Redundanz Konsistenzprobleme verhindert werden und andererseits durch die nicht erforderlichen verteilten Aktualisierungen auch keine Performanzprobleme entstehen. Demgegenüber steht allerdings der Nachteil, dass durch Kommunikationsverbindungen zwischen Anwendungen und zusätzlicher Datenbank Engpässe entstehen[359]. Darüber hinaus sind umfangreiche Datenmigrationen und Änderungen an den beteiligten Anwendungen durchzuführen. Die Variante „teilweise migriert" ist aus den genannten Gründen wie folgt einzustufen: Durch den Engpass, den die zusätzliche zentrale Datenbank darstellen kann, sind einerseits die Verfügbarkeit und die Performanz als leicht eingeschränkt zu bezeichnen. Die Konsistenz andererseits ist hoch, da bei dieser Variante Redundanz vermieden wird.

5.2.3 Transaktionstyp

Der Transaktionstyp („lesend" oder „lesend und schreibend") kann in seinen Auswirkungen auf die Merkmale Verfügbarkeit und Performanz nur in Verbindung mit weiteren Merkmalen beurteilt werden; insbesondere sind dabei die Merkmale „Architekturtopologie" und „Replikation" relevant. Je nach Ausprägung ergeben sich verteilte Transaktionen, die aufgrund der Ausführungs-Autonomie der beteiligten Anwendungen zu einer eingeschränkten Verfügbarkeit und Performanz führen können. Ähnliches gilt für die Konsistenz, wobei hier Tendenzaussagen möglich sind: Nur lesende Transaktionen einerseits wirken sich neutral auf die Konsistenz aus, sobald auch schreibende Transaktionen zugelassen werden, gewinnt der Aspekt der Aktualisierung an Bedeutung. In diesem Fall ist die Konsistenz in Abhängigkeit von den oben genannten weiteren Merkmalen tendenziell als eingeschränkt einzustufen (vgl. zu den Ausführungen in diesem Absatz auch die zusammenfassende Darstellung in Tabelle 5-4).

---

359 Vgl. Britton (2001), S. 221.

Transaktionstyp Merkmal	lesend	lesend und schreibend
Verfügbarkeit	abhängig von weiteren Merk- malsausprägungen	abhängig von weiteren Merk- malsausprägungen
Performanz	abhängig von weiteren Merkmalsausprägungen	abhängig von weiteren Merkmalsausprägungen
Konsistenz	abhängig von weiteren Merkmalsausprägungen Tendenz: neutral	abhängig von weiteren Merkmalsausprägungen Tendenz: einschränkend

Tabelle 5-4: Einfluss des Transaktionstyps auf die Eigenschaften
der Integrationsarchitektur

5.2.4 Synchronisierungskontrolle

Die beiden Merkmale „Synchronisierungskontrolle lokal-zu-global" und „Synchronisierungs-kontrolle global-zu-lokal" können gemeinsam betrachtet werden, da sich keine voneinander abweichenden Bewertungen ergeben. Die Verfügbarkeit und die Performanz beim Zugriff auf Informationsobjekte werden von der konkreten Ausgestaltung der Synchronisierungskontrolle nicht beeinflusst. Hinsichtlich des Merkmals Konsistenz ergeben sich hingegen signifikante Unterschiede zwischen den beiden Merkmalsausprägungen:

- *Synchron*: Eine synchrone Aktualisierung von Informationselementen einerseits und Datenelementen andererseits bedingt eine hohe Konsistenz.

- *Asynchron*: Eine asynchrone Aktualisierung der Informations- und Datenelemente be-dingt hingegen eine eingeschränkte Konsistenz, denn es wird in Kauf genommen, dass sich die Elemente in einem gewissen Zeitraum widersprechen.

Synchronisierungs- Kontrolle Merkmal	synchron	asynchron
Verfügbarkeit	neutral	neutral
Performanz	neutral	neutral
Konsistenz	hoch	eingeschränkt

Tabelle 5-5: Einfluss der Synchronisationskontrolle
auf die Eigenschaften der Integrationsarchitektur

5.2.5 Kombinierte Betrachtung der Merkmale „Replikation", „Transaktionstyp" und „Synchronisierungskontrolle"

Eine kombinierte Betrachtung der Merkmale „Replikation", „Transaktionstyp" und „Synchronisierungskontrolle" nehmen *Niemann et al.* vor (vgl. Tabelle 5-6). Die Bewertung hinsichtlich der drei Merkmale „Konsistenz", „Verfügbarkeit" und „Performanz" erfolgt relativ, nämlich im Vergleich zu einem Zustand mit Unikaten; übertragen auf die hier vorgestellten Merkmalsausprägungen entspricht der Zustand mit Unikaten der Variante „teilweise migriert".

	Konsistenz	Verfügbarkeit		Performanz	
		Lesezugriff	Schreibzugriff	Lesezugriff	Schreibzugriff
Asynchrone Replikation	reduziert, wird automatisch hergestellt	hoch	hoch, geringe Einschränkung	hoch	hoch, geringe Einschränkung
Synchrone Replikation	hoch, aber Probleme bei Knotenausfall	hoch	reduziert	hoch	reduziert
Unikate	hoch	reduziert, abhängig von der Lage der Unikate	reduziert, abhängig von der Lage der Unikate	reduziert, abhängig von der Lage der Unikate	reduziert, abhängig von der Lage der Unikate

Tabelle 5-6: Bewertung von Replikationsverfahren nach *Niemann et al.*[360]

5.3 Spezifische Bewertung der Integrationsarchitekturtypen

Ziel dieses Abschnitts ist es, die verschiedenen Integrationsarchitekturtypen zu bewerten. Zu diesem Zweck werden die Merkmale des qualitativen Informationsbedarfs verwendet, die in Abschnitt 5.1 als für diese Bewertung relevant identifiziert wurden. Der inhaltliche Informationsbedarf ist hingegen hier nicht relevant, weil seine Betrachtung nur beim Datenschemaentwurf für eine Integrationsarchitektur eine Rolle spielt. Bei der Bewertung werden auch die Eigenschaften hinzugezogen, die im vorangegangenen Abschnitt aus den einzelnen Ausprägungen der Konstruktionsmerkmale abgeleitet wurden[361].

Eine detaillierte Bewertung der Integrationsarchitekturtypen auf Basis von Wirtschaftlichkeitsaspekten kann nicht durchgeführt, weil dieser Aspekt über den gesteckten Rahmen der vorliegenden Arbeit hinausgeht. Zu diesem Zweck müsste beispielsweise zuvor erhoben wer-

---

360 Niemann (2002), S. 431.
361 Vgl. Abschnitt 5.1, S. 212 ff.

den, welchen wirtschaftlichen Nutzen die Verfügbarkeit bestimmter Informationsobjekte stiften wird und welche Kosten mit der Nutzung eines bestimmten Architekturtyps kurzfristig (in der Implementierungsphase) und langfristig (in der Betriebsphase) verbunden sein werden; es wird im Einzelfall lediglich diskutiert, ob die Umsetzung eines bestimmten Architekturtyps grundsätzlich, d.h. in einem typischen Szenario, realistisch und sinnvoll ist.

Die Detailbewertung wird anhand der Anforderungen vorgenommen, die im Rahmen des Informationsbedarfs spezifizierbar sind und die grundsätzliche Relevanz besitzen. Zusätzlich wird dazu Stellung genommen, welche Wechselwirkungen sich mit den Eigenschaften der Anwendungsarchitektur ergeben. Insgesamt wird eine Bewertung nur für realistische Architekturtypen durchgeführt, andernfalls wird dargestellt, aus welchen Gründen eine Umsetzung als nicht realistisch einzustufen ist.

In Abbildung 5-3 wird eine bereits weiter vorne erläuterte Darstellung[362] mit einer Ergänzung versehen: Um die Bewertung sprachlich kompakt darstellen zu können, wurden zur Identifikation der Integrationsarchitekturtypen die Blattelemente des Baums fortlaufend durchnummeriert.

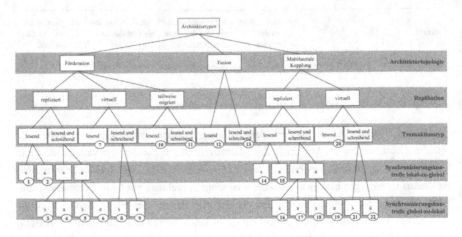

Abbildung 5-3: Nummerierte Integrationsarchitekturtypen

Integrationsarchitekturtypen 1 und 2

Die Architekturtypen 1 und 2 entsprechen mit replizierten Daten und nur lesenden Transaktionen dem Architekturmuster von Data-Warehouse-Systemen, wobei Architekturtyp 2 mit a-

---

362 Vgl. Abbildung 4-17, S. 202.

synchroner Lokal-zu-global-Synchronisierung die typischere Variante ist; bei Architekturtyp 1 wird hingegen unterstellt, dass jede lokale Datenänderung synchron in der replizierten Datenbasis aktualisiert wird. Im Folgenden werden die beiden Architekturtypen hinsichtlich der relevanten Merkmale des qualitativen Informationsbedarfs bewertet:

- Zugreifbarkeit: Die Zugreifbarkeit ist aufgrund der Replikation permanent gegeben. Nur in Ausnahmefällen (Nicht-Verfügbarkeit der Integrationskomponenten oder der Kommunikationsverbindung zwischen Integrationskomponenten und Aufgabenträger) ist die Zugreifbarkeit eingeschränkt oder nicht gegeben.

- Antwortzeit: Durch die Verfügbarkeit der erforderlichen Daten in replizierter Form kann mit einer kurzen Erhebungsdauer gerechnet werden, so dass eine kurze Antwortzeit und damit eine pünktliche Bereitstellung der Informationsobjekte realistisch erscheint.

- Aktualität: Die Aktualität der Daten (Informationsobjekte) ist bei Architekturtyp 2 aufgrund der Synchronisierungskontrolle lokal-zu-global (asynchron) eingeschränkt, denn Änderungen an den lokalen Datenelementen stehen nur mit zeitlicher Verzögerung global zur Verfügung. Bei Architekturtyp 1 kann hingegen von aktuellen Informationsobjekten ausgegangen werden.

- Verwendungsform: Beide Architekturtypen sind aufgrund des Transaktionstyps „lesend" nicht geeignet, wenn Daten erzeugt, modifiziert oder gelöscht werden sollen.

- Vollständigkeit: Da beide Architekturtypen eine dedizierte, mit Replikaten gefüllte Datenbasis vorsehen, ist die Bereitstellung von Informationsobjekten mit Bezugszeiträumen in der Vergangenheit durchaus möglich.

- Glaubwürdigkeit: Die Glaubwürdigkeit ist aufgrund der Replikation (Ausprägung „repliziert") eingeschränkt, denn die Aufgabenträger haben bei dieser Form keinen Direktzugriff auf die operativen Datenquellen.

Die Eigenschaften der Anwendungsarchitekturkomponenten wirken sich bei den beiden Architekturtypen unterschiedlich aus. Die Nicht-Verfügbarkeit einer Kommunikationsverbindung oder eine ausgeprägte Autonomie einer Zugriffskomponente mit in der Folge verlangsamtem Antwortzeitverhalten hat folgende Wirkungen:

- Architekturtyp 1: Die Aktualität der Informationsobjekte wird beeinträchtigt, weil die Replikate (Informationselemente) nicht wie vorgesehen unmittelbar mit den lokalen Datenelementen synchronisiert werden können.

- Architekturtyp 2: Da ohnehin eine asynchrone Synchronisierungskontrolle vorgesehen ist, sind die Auswirkungen weniger gravierend. Wenn die genannten Schwierigkeiten allerdings zu einem der (asynchronen) Aktualisierungszeitpunkte auftreten, kann die Aktualität der replizierten Daten (Informationsobjekte) anschliessend unter das geforderte Niveau sinken.

Integrationsarchitekturtypen 3 bis 6

Bei den Architekturtypen 3 bis 6 handelt es sich aufgrund der Datenreplizierung und der sowohl lesenden als auch schreibenden Transaktionen um Konstrukte, die in ihrer Charakteristik einem ODS ähneln. Die Bewertung anhand der relevanten Merkmale des qualitativen Informationsbedarfs ergibt folgendes Bild:

- Zugreifbarkeit: Die Zugreifbarkeit ist – wie bei den Architekturtypen 1 und 2 – aufgrund der Replikation der Daten als uneingeschränkt positiv zu bewerten.

- Antwortzeit: Wie bei den Integrationsarchitekturtypen 1 und 2 kann auch hier aufgrund der Verfügbarkeit replizierter Daten mit einer kurzen Antwortzeit gerechnet werden, so dass die Pünktlichkeit der Datenbereitstellung als gesichert einzustufen ist.

- Aktualität: Die Aktualität der Informationsobjekte ist bei den Architekturtypen 3 und 4 aufgrund der Synchronisierungskontrolle lokal-zu-global (synchron) sichergestellt. Bei den Architekturtypen 5 und 6 führt die asynchrone Synchronisierungskontrolle hingegen zu replizierten Daten mit eingeschränkter Aktualität.

- Verwendungsform: Alle vier Architekturtypen sind aufgrund des Transaktionstyps „lesend und schreibend" grundsätzlich für die Modifikation der Informationsobjekte geeignet. Gut geeignet ist allerdings nur Architekturtyp 3, weil dort die Synchronisierung in beiden Richtungen synchron erfolgt. Bei den anderen drei Architekturtypen findet sich jeweils mindestens in einer Richtung eine asynchrone Synchronisierung, die bei den zu erwartenden verteilten Transaktionen zu Problemen für die Konsistenzsicherung führen kann. Aus diesem Grund sind die Architekturtypen 4 bis 6 hinsichtlich der Verwendungsform als suboptimal einzustufen.

- Vollständigkeit: Auch hinsichtlich dieses Merkmals ist eine identische Bewertung wie bei den Architekturtypen 1 und 2 vorzunehmen. Durch eine dedizierte, mit Replikaten gefüllte Datenbasis ist die Bereitstellung von historischen Daten problemlos möglich.

- Glaubwürdigkeit: Schliesslich ist auch die Glaubwürdigkeit wie bei den Architekturtypen 1 und 2 zu bewerten, also als eingeschränkt.

Die Eigenschaften der Anwendungsarchitekturkomponenten wirken sich hier in gravierenderer Form aus als bei den beiden zuvor untersuchten Architekturtypen, da hier zusätzlich Schreibvorgänge sichergestellt werden müssen. Die Nicht-Verfügbarkeit einer Kommunikationsverbindung oder ein verlangsamtes Antwortzeitverhalten einer Zugriffskomponente aufgrund von Autonomie behindert die hier zusätzlich erforderliche Verwaltung von verteilten Transaktionen.

Integrationsarchitekturtypen 7 bis 9

Architekturtyp 7 repräsentiert mit nur lesenden Transaktionen und ohne Replikation den weiter vorne beschriebenen Fall eines virtuellen Data-Warehouse-Systems. Bei den Architekturen 8 und 9 handelt es sich um zwei Varianten, die in ihrer Funktionsweise einem föderierten Datenbanksystem ähneln; dieselbe Funktionalität kann aber auch auf Basis von Middleware-Technologien erreicht werden. Aufgrund der Konstruktionsmerkmalsausprägungen ergeben sich folgende Bewertungen[363]:

- Zugreifbarkeit: Die Zugreifbarkeit wird durch diese Architekturtypen nicht verbessert, weil keine Replikation der Daten vorgesehen ist.

- Antwortzeit: Da die Informationsobjekte nicht materialisiert, sondern lediglich virtuell vorliegen, können die erforderlichen Extraktions- und Konsolidierungsvorgänge erst nach Anfrage durch einen Aufgabenträger ausgeführt werden. Durch die damit verbundenen Verzögerungen kann es zu längeren Antwortzeiten und damit zu einer unpünktlichen Bereitstellung der Informationsobjekte kommen.

- Aktualität: Die Aktualität der Daten ist bei allen drei Architekturtypen als hoch einzustufen, da keine Zwischenspeicherung und Synchronisierung von Replikaten erfolgt.

- Verwendungsform: Während Architekturtyp 7 ohnehin nur lesende Transaktionen ermöglicht, sind bei den beiden anderen Architekturtypen prinzipiell auch schreibende Transaktionen ausführbar. Architekturtyp 8 ist dafür aufgrund der synchronen Synchronisierung gut geeignet, Architekturtyp 9 hingegen aufgrund der asynchronen Synchronisierung nicht.

- Vollständigkeit: Aufgrund der nur virtuellen Replikation können historische Daten nicht durch eine der Integrationskomponenten aufgezeichnet werden. Da historische Daten in den lokalen Datenbasen gemäss der weiter vorne gegebenen Begründung in

---

363 Vgl. auch Dessloch (2003), S. 10.

der Regel ebenfalls nicht verfügbar sind, sind die Architekturtypen 7 bis 9 hinsichtlich der Vollständigkeit nicht optimal geeignet.

■ Glaubwürdigkeit: Die Glaubwürdigkeit ist gegenüber den Architekturtypen 1 bis 6 nur dann positiver ausgeprägt, wenn keine oder nur wenige Konsolidierungen durchgeführt werden. Ansonsten besteht auch hier die Gefahr, dass die Aufgabenträger die Informationsobjekte nicht „wieder erkennen" und ihre Glaubwürdigkeit anzweifeln.

Die Eigenschaften der Anwendungsarchitekturkomponenten sind bei diesen drei Architekturtypen als besonders kritisch einzustufen, denn eine Nicht-Verfügbarkeit einer Kommunikationsverbindung oder ein verlangsamtes Antwortzeitverhalten einer Zugriffskomponente führt unmittelbar dazu, dass keine Informationsobjekte bereitgestellt werden können.

Integrationsarchitekturtypen 10 und 11

Die Architekturtypen 10 und 11 stellen einen Kompromiss dar. Datenelementtypen, die zuvor in verschiedenen lokalen Datenbasen verwaltet wurden, werden in einer zusätzlichen Datenbasis zentralisiert. Die vorhandenen Anwendungen verwalten weiterhin lediglich solche Datenelementtypen, die nur sie selbst benötigen; Redundanz von Datenelementen wird auf diese Weise vermieden.

Architekturtyp 10 unterstellt, dass auf die zusätzliche, zentrale Datenbasis lediglich lesend zugegriffen werden muss. Diese Annahme ist in der Praxis kaum haltbar, denn selbst Stammdaten sind – wenn auch selten – zu modifizieren. Architektur 11 weist diese unrealistische Einschränkung nicht auf und kann deshalb im Folgenden einer Bewertung unterzogen werden:

■ Zugreifbarkeit: Durch die Migration der gemeinsam benötigten Datenelemente in eine dedizierte Datenbasis ergibt sich eine (hohe) Zugreifbarkeit, die den Architekturtypen mit der Merkmalsausprägung „repliziert" (Merkmal „Replikation") entspricht.

■ Antwortzeit: Durch die zusätzliche, zentrale Datenbasis kann trotz fehlender Redundanz in Form von Replikaten eine kurze Antwortzeit und damit eine hohe Pünktlichkeit sichergestellt werden, da die entsprechenden Datenelemente sowohl für die vorhandenen Anwendungen als auch für die Zwecke der Integrationsarchitektur mit gleicher Priorität bereit stehen.

■ Aktualität: Die Aktualität ist aufgrund der fehlenden Redundanz und der damit nicht erforderlichen Synchronisierung hoch.

- Verwendungsform: Architekturtyp 11 weist bzgl. der Verwendungsform positive Eigenschaften auf. Da die migrierten Datenelemente ausschliesslich zentral und damit nicht redundant vorliegen, sind schreibende Zugriffe problemlos zu implementieren. Darüber hinaus bleiben Transaktionen auf den lokalen Datenelementen unverändert möglich.

- Vollständigkeit: Eine Datenhistorie könnte – wie beispielsweise in einem Data Warehouse – in der zentralen Datenbasis mitgeführt werden, so dass diese Anforderung erfüllbar ist.

- Glaubwürdigkeit: Die Glaubwürdigkeit ist während und unmittelbar nach der erforderlichen Datenmigration in die gemeinsame Datenbasis eingeschränkt. Da diese Datenbasis allerdings sowohl operativen als auch integrativen Zwecken dient, wird die Glaubwürdigkeit nach der Einführungsphase rasch steigen, denn ein (Alt-)System, mit dem die Aufgabenträger die Qualität der Datenlieferungen vergleichen könnten, existiert dann nicht mehr.

Die Eigenschaften der Kommunikationsverbindungen wirken sich hier nicht in besonderer Weise aus. Gleiches gilt für die Zugriffskomponenten, da sie durch die Migration in die zentrale Datenbasis weitgehend aus dem verteilten System „Integrationsarchitektur" eliminiert wurden.

Der wesentliche Nachteil von Architekturtyp 11 liegt darin, dass zu seiner Umsetzung weit reichende, kosten- und risikoträchtige Modifikationen an den vorhandenen Anwendungen vorgenommen werden müssen. Aus diesem Grund ist davon auszugehen, dass dieser Architekturtyp in der Regel nicht als Handlungsalternative in Betracht gezogen wird.

Eine Bewertung von Architekturtyp 10 ergibt prinzipiell dasselbe Bild. Lediglich die Betrachtung der Verwendungsform führt entsprechend der oben genannten Einschränkungen zu einer nachteiligen Gesamtbewertung dieses Typs.

Integrationsarchitekturtypen 12 und 13

Da bei der Fusion davon ausgegangen wird, dass alle Datenobjekttypen in einer zentralen Datenbank zusammengeführt werden, kann zunächst Architekturtyp 12 als völlig unrealistisch ausgeschlossen werden, denn sie unterstellt mit einem Transaktionstyp „lesend", dass Datenänderungen grundsätzlich nicht erforderlich sind.

Architekturtyp 13 weist typische Eigenschaften eines Enterprise-Resource-Planning(ERP)-Systems auf, da allen durch die Integration betroffenen Anwendungen eine zentrale Datenbank mit lesendem und schreibendem Zugriff zugrunde gelegt wird. Die Anwendungen „verlieren" also ihre eigenen Datenbasen und arbeiten nur noch auf der zentralen Datenbank. Die Bewertung von Architekturtyp 13 ergibt folgendes Bild:

- Zugreifbarkeit: Aufgrund der Einfachheit der entstehenden Integrationsarchitektur, insbesondere aufgrund der drastischen Reduktion der Datenquellenanzahl, verbunden mit der Reduktion der Anzahl von kritischen Kommunikationsverbindungen, ist von einer sehr hohen Zugreifbarkeit auszugehen.

- Antwortzeit: Da alle Datenelemente in integrierter und damit redundanzfreier Form in einer zentralen Datenbasis vorliegen, können Anfragen unmittelbar beantwortet werden (kurze Antwortzeit), so dass die Pünktlichkeit als gegeben angenommen werden kann.

- Aktualität: Die Aktualität ist aufgrund der fehlenden Redundanz als hoch einzustufen.

- Verwendungsform: Alle Verwendungsformen lassen sich auf Basis der zentralen Datenbank realisieren.

- Vollständigkeit: Eine Datenhistorie könnte in der zentralen Datenbasis mitgeführt werden, so dass diese Anforderung erfüllbar erscheint. Es ist allerdings zu bedenken, dass die grosse Datenmenge, die durch Mitführung historischer Daten entsteht, die Performanz der auch operativen Zwecken dienenden Datenbank beeinträchtigen kann. Insofern ist die Eignung von Architekturtyp 13 hinsichtlich Vollständigkeit nicht abschliessend bewertbar.

- Glaubwürdigkeit: Die Glaubwürdigkeit ist während und unmittelbar nach der erforderlichen, umfangreichen Datenmigration in das zentrale System sicherlich eingeschränkt, weil die Anwendungsarchitektur erheblich verändert wird. Da der Integrationsarchitekturtyp ohne Redundanz arbeitet, kann davon ausgegangen werden, dass die Aufgabenträger die Glaubwürdigkeit im späteren Betrieb positiv einschätzen werden.

Aufgrund der genannten, sehr gut ausgeprägten Eigenschaften erscheint Architekturtyp 13 prinzipiell vorziehenswürdig zu sein. Berücksichtigt man allerdings die mit der Umsetzung voraussichtlich verbundenen Kosten, so ist diese Einschätzung zu relativieren. Die Inbetriebnahme einer zentralen Datenbasis erfordert entweder umfangreiche Anpassungen der Anwendungsarchitektur (insbesondere der vorhandenen Anwendungen) oder die Beschaffung einer Standardsoftware-Lösung. Beiden Varianten ist gemeinsam, dass sie aufgrund der geringen Anzahl unverändert übernehmbarer Komponenten hohe Kosten verursachen werden.

Integrationsarchitekturtypen 14 bis 22

Die multilaterale Kopplung ist aus theoretischer Sicht in vielen Varianten denkbar (Architekturtypen 14 bis 22). Das gemeinsame Merkmal dieser Typen ist, dass eine Anwendung jeweils mit allen Anwendungen gekoppelt wird, von denen sie Datenelemente benötigt.

Auch hier lassen sich die Architekturtypen gemeinsam bewerten, wobei im Einzelfall auf die voneinander abweichenden Bewertungen von Typengruppen eingegangen wird:

- Zugreifbarkeit: Die Zugreifbarkeit ist bei den Architekturtypen mit Replikation (Typen 14 bis 19) hoch, bei den übrigen Architekturtypen (Typen 20 bis 22) hingegen eingeschränkt, da sich hier die Autonomie der beteiligten Datenquellen negativ auswirken kann.

- Antwortzeit: Bei den Typen mit replizierten Datenelementen (Architekturtypen 14 bis 19) kann eine kurze Antwortzeit angenommen und die Pünktlichkeit als hoch eingestuft werden, da jede Anwendung die benötigten fremden Datenelemente in redundanter Form selbst zur Verfügung hat. Bei den Architekturtypen ohne replizierte Datenelemente („virtuell"; Architekturtypen 20 bis 22) hingegen werden die erforderlichen Anfragen an andere Anwendungen wegen deren Autonomie vielfach nicht unmittelbar zu Ergebnissen führen, so dass längere Antwortzeiten zu erwarten sind. Hinzu kommt der zu erwartende Zeitaufwand für die Konsolidierung und Bereinigung der Datenelemente, der eine längere Erhebungsdauer bedingt.

- Aktualität: Die Aktualität ist bei den Architekturtypen mit replizierten Datenelementen – aus den bereits bei anderen Architekturtypen (z.B. Architekturtyp 2) beschriebenen Gründen – als gering einzustufen; eine Ausnahme bilden die Architekturtypen, die eine synchrone Synchronisierungskontrolle lokal-zu-global vorsehen (Architekturtypen 14, 16 und 17). Bei den Architekturtypen ohne replizierte Datenelemente ist die Aktualität grundsätzlich als hoch einzustufen.

- Verwendungsform: Bei den Architekturtypen 14, 15 und 20 ist die Verwendungsform durch die Merkmalsausprägung für „Transaktionstyp" („lesend") auf lesende Datenmanipulationsereignisse beschränkt. Aus der Menge der übrigen Architekturtypen sind lediglich die Architekturtypen 16 und 21 hinsichtlich der Verwendungsform gut geeignet, da eine vollständig synchrone Synchronisierung vorgesehen ist. Die übrigen Architekturtypen (17 bis 19 und 22) sind nicht gut geeignet, da mindestens in einer Richtung eine asynchrone Synchronisierung vorgesehen ist, was für verteilte Transaktionen eine ungünstige Voraussetzung darstellt.

- Vollständigkeit: Eine Datenhistorie ist auch hier nur bei den Architekturtypen realisierbar, die replizierte Datenelemente vorsehen (Architekturtypen 14 bis 19).

- Glaubwürdigkeit: Die Glaubwürdigkeit ist bei allen hier betrachteten Architekturtypen problematisch, da ein nur schwierig zu übersehendes System miteinander gekoppelter Komponenten entsteht. Im Einzelfall ist es für den Aufgabenträger kaum einzuschätzen, anhand welcher Quellen die präsentierten Informationsobjekte ermittelt wurden und welche Datenqualität den dabei verwendeten Primärdaten beizumessen ist.

Aus betriebswirtschaftlicher Sicht sind die Architekturtypen mit multilateraler Kopplung als kritisch einzustufen, da eine hohe Anzahl von Schnittstellen zwischen den Anwendungen zu entwickeln und zu pflegen ist. Ebenfalls aufgrund der hohen Anzahl von Beziehungen zwischen den Anwendungen entsteht darüber hinaus in Abhängigkeit von der beabsichtigen Verwendungsform eine hohe Komplexität durch die verteilten Transaktionen. Die hohe Anzahl der dabei beteiligten Anwendungsarchitekturkomponenten macht das Gesamtsystem anfällig für Ausfälle, so dass die Versorgung mit Integrationsobjekten zeitweise eingeschränkt sein kann.

5.4 Zusammenfassung

Die Bewertung der einzelnen Integrationsarchitekturtypen zeigt, dass kurze Antwortzeiten und hohe Pünktlichkeit (der Datenlieferungen) in der Regel mit einer geringeren Aktualität verbunden sind. Der Grund liegt darin, dass eine hohe Pünktlichkeit (kurze Antwortzeit) beim Konstruktionsmerkmal „Replikation" die Ausprägung „repliziert" voraussetzt und die damit erforderliche Synchronisierung lokal-zu-global dann typischerweise asynchron erfolgt. Aus demselben Grund kann umgekehrt eine hohe Aktualität nur mit einer niedrigen Pünktlichkeit „erkauft" werden. Die einzige Ausnahme stellen in beiden Fällen die Architekturtypen der Architekturtopologie Föderation dar, die aber einen besonders hohen Realisierungsaufwand verursachen. Falls die Anwendungsarchitekturkomponenten eine nur eingeschränkte Verfügbarkeit aufweisen, ist selbst bei einer Föderation aufgrund der längeren Antwortzeiten nur eine eingeschränkte Pünktlichkeit erreichbar.

Sobald als Verwendungsform auch schreibende Zugriffe (Erzeugen, Modifizieren, Löschen) gefordert werden, sind verteilte Transaktionen nötig, die insbesondere bei einer nicht synchronen Synchronisierungskontrolle technisch kaum befriedigend umsetzbar sind. Ausnahmen stellen hier Typen dar, die Redundanz und damit verteilte Transaktionen umgehen, also die Typen der Architekturtopologie „Fusion" und die Typen, die beim Merkmal „Replikation" die Ausprägung „teilweise migriert" aufweisen.

Schliesslich ist die insbesondere in dispositiven Anwendungsszenarien wichtige Verfügbarkeit von historischen Daten nur durch Architekturtypen realisierbar, die replizierte Informationselemente vorhalten.

In Tabelle 5-7 findet sich eine zusammenfassende Bewertung der einzelnen Integrationsarchitekturtypen anhand der relevanten Merkmale des qualitativen Informationsbedarfs (Bewertungsmerkmale). Die als unrealistisch eingestuften Integrationsarchitekturtypen 10 und 12 sind grau markiert. Für die Bewertungsmerkmale werden die folgenden Ausprägungen mit den genannten Bedeutungen verwendet:

- „+": Der Integrationsarchitekturtyp begünstigt restriktive Anforderungen bzgl. des Bewertungsmerkmals.

- „-": Der Integrationsarchitekturtyp ist bei restriktiven Anforderungen bzgl. des Bewertungsmerkmals nicht vorziehenswürdig.

- „0": Diese Bewertung findet sich ausschliesslich beim Merkmal „Verwendungsform". Sie wird bei Integrationsarchitekturtypen genutzt, die bzgl. des Konstruktionsmerkmals „Transaktionstyp" die Ausprägung „lesend" aufweisen, und deshalb nur für entsprechende Verwendungsformen geeignet sind.

- „?": Diese Bewertung findet sich bei Fällen, in denen eine isolierte Bewertung bezüglich des jeweiligen Merkmals nicht sinnvoll erscheint.

Zusammenfassend kann festgehalten werden, dass keiner der Architekturtypen als grundsätzlich inferior zu betrachten ist. Abgesehen von den beiden als unrealistisch eingestuften Architekturtypen (Typen 10 und 12), weisen alle Integrationsarchitekturtypen spezifische Eigenschaften auf, die in bestimmten Szenarien geeignet erscheinen. Selbst beispielsweise die Integrationsarchitekturtypen 7 bis 9 (Merkmalsausprägung „föderiert" und „virtuell" bei den Merkmalen „Architekturtopologie" und „Replikation"), die insgesamt nicht positiv zu bewerten sind, erscheinen bei kleinen Budgets erwägenswert, denn sie sind ohne weit reichende Veränderungen an den Anwendungsarchitekturkomponenten realisierbar. Im Einzelfall ist ein sorgfältiger Abgleich der Anforderungen mit den Eigenschaften der verschiedenen Integrationsarchitekturtypen durchzuführen.

Bewertungsmerkmal Integrations- architekturtyp(en)	Zugreifbarkeit	Antwortzeit	Aktualität	Verwendungsform	Vollständigkeit	Glaubwürdigkeit
1	+	+	+	0	+	-
2	+	+	-	0	+	-
3	+	+	+	+	+	-
4	+	+	+	-	+	-
5	+	+	-	-	+	-
6	+	+	-	-	+	-
7	-	-	+	0	-	?
8	-	-	+	+	-	?
9	-	-	+	-	-	?
10	+	+	+	0	+	+
11	+	+	+	+	+	+
12	+	+	+	0	+	+
13	+	+	+	+	?	+
14	+	+	+	0	+	-
15	+	+	-	0	+	-
16	+	+	+	+	+	-
17	+	+	+	-	+	-
18	+	+	-	-	+	-
19	+	+	-	-	+	-
20	-	-	+	0	-	-
21	-	-	+	+	-	-
22	-	-	+	-	-	-

Tabelle 5-7: Zusammenfassende Bewertung der Integrationsarchitekturtypen

6 Entwicklung und Überprüfung eines Methodenvorschlags

Ein Integrationsvorhaben, das auf die Befriedigung eines neuen oder veränderten Informationsbedarfs gerichtet ist, kann – da eine computergestützte Lösung im Vordergrund steht – grundsätzlich als Systementwicklung aufgefasst werden. Systementwicklungsprojekte werden allgemein mit Hilfe von Vorgehensmodellen strukturiert[364].

Den Kern dieses Kapitels bildet ein Methodenvorschlag für die Initialphasen eines Integrationsvorhabens, d.h. die Durchführung einer qualitativen Informationsbedarfsanalyse und einer sich anschliessenden Vorstudie, welcher die Ergebnisse aus den Kapiteln 3 bis 5 zur Verwendung in einem Vorgehensmodell aufbereitet. Die Bezeichnung „Vorstudie" wurde gewählt, weil die Ermittlung von grundsätzlich geeigneten Integrationsarchitekturtypen innerhalb eines Integrationsvorhabens in etwa dem typischen Projektfortschritt am Ende einer Vorstudie (in der Systementwicklung) entspricht.

Abschnitt 6.1 beschreibt zunächst die formalen Grundlagen und inhaltlichen Prämissen, auf denen die Ausführungen dieses Kapitels basieren. In Abschnitt 6.2 wird dann ein Methodenvorschlag für die Initialphasen eines Integrationsvorhabens entwickelt und in Abschnitt 6.3 anhand von Fallstudien hinsichtlich seiner Validität überprüft. In Abschnitt 6.4 wird schliesslich ein Vorgehensmodell für Integrationsvorhaben skizziert, um den Rahmen darzustellen, in den sich der Methodenvorschlag einordnet.

In Abbildung 6-1 ist schematisch dargestellt, was der Gestaltungsgegenstand eines Integrationsvorhabens im Sinne dieser Arbeit und damit das ultimative Ergebnis der Anwendung des Vorgehensmodells ist.

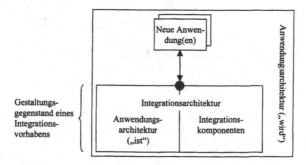

Abbildung 6-1: Gestaltungsgegenstand eines Integrationsvorhabens in einer schematischen Abgrenzung

---

364 Vgl. z.B. Alpar et al. (2000), S. 212, Balzert (2000), S. 54.

6.1 Formale Grundlagen und inhaltliche Prämissen

Vorgehensmodelle dienen dazu, im Allgemeinen einen Problemlösungsprozess oder im Speziellen einen Softwareentwicklungsprozess als zeitlich-logisch geordnete Abfolge voneinander abgegrenzter *Phasen* (Makrosicht) zu strukturieren, wobei innerhalb einer Phase in *Aktivitäten* (Mikrosicht) untergliedert wird. In der einschlägigen Literatur wird darauf hingewiesen, dass eine streng lineare Abfolge von Phasen und Aktivitäten nicht realistisch ist und dass stattdessen Rücksprünge zuzulassen sind. Eine *Methode* ist eine Handlungsanweisung für eine oder mehrere Aktivitäten einschliesslich einer Vorgabe, wie die Ergebnisse darzustellen sind.[365] Die zeitlich-logische Abfolge der Aktivitäten ergibt sich aus dem Zusammenhang zwischen den jeweiligen Ergebnissen: Die Ergebnisse einer Aktivität gehen als Input in nachfolgende Aktivitäten ein, wobei die Verfügbarkeit der Ergebnisse gleichzeitig der Auslöser für die Ausführung der nachfolgenden Aktivitäten ist.

Da in diesem Kapitel ein Methodenvorschlag erarbeitet werden soll, stellt sich die Frage, aus welchen abstrakten Komponenten eine Methode grundsätzlich besteht. Bei einer Methode handelt es sich um ein Modell, so dass die Frage durch ein Metamodell zur Beschreibung von Methoden zu beantworten ist, denn ein Metamodell definiert allgemein „die verfügbaren Arten von Modellbausteinen, die Arten von Beziehungen zwischen Modellbausteinen, die Regeln für die Verknüpfung von Modellbausteinen durch Beziehungen sowie die Bedeutung (Semantik) der Modellbausteine und Beziehungen"[366]. Verwendbar ist das bereits im Grundlagenkapitel vorgestellte Metamodell des Methoden-Engineering nach *Gutzwiller*[367] (vgl. Abbildung 6-2).

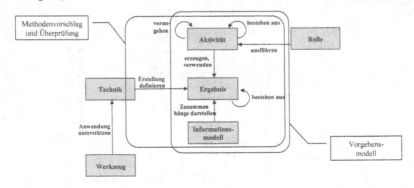

Abbildung 6-2: Fokus des Methodenentwurfs

365 Vgl. z.B. Alpar et al. (2000), S. 212 ff., Heinrich (1999), S. 141, Pomberger (1990), S. 218.
366 Ferstl, Sinz (2001), S. 122.
367 Vgl. Gutzwiller (1994), S. 13.

Dabei wird in dieser Arbeit auf die in der Abbildung durch abgerundete Rechtecke einge-schlossenen Komponenten des Metamodells fokussiert:

- *Aktivitäten* und *Ergebnisse*: In dem Methodenvorschlag wird zu jeder Aktivität ange-geben, welche Ergebnisse verwendet und welche erzeugt werden. Für das Vorgehens-modell, das nur grob spezifiziert wird, erfolgt eine Zusammenfassung der Aktivitäten nach Phasen; entsprechend werden auch die Ergebnisse auf dem Aggregationsniveau „Phasen" erläutert.

- *Informationsmodell:* Zur Darstellung der Ergebnisse und ihrer Zusammenhänge wird für den Methodenvorschlag ein Informationsmodell entwickelt, das für das Vorge-hensmodell weiter verfeinert wird.

- *Techniken* und *Werkzeuge*: In den Kapiteln 3 bis 5 wurde eine Hypothese über den Zusammenhang zwischen Informationsbedarf und Zustand der Anwendungsarchitek-tur einerseits und geeigneten Integrationsarchitekturtypen andererseits entwickelt. Ü-bertragen auf das dargestellte Metamodell des Methoden-Engineering ist der genannte Zusammenhang (zwischen Ergebnissen vorhergehender Aktivitäten) durch Anwen-dung einer Technik herzustellen. Der Methodenvorschlag enthält eine solche Technik. Da die Erhebung des qualitativen Informationsbedarfs und des Zustands der Anwen-dungsarchitektur in den genannten Kapiteln nur hinsichtlich der erforderlichen Ergeb-nisse untersucht wurde, wird das Rechteck „Technik" in der Abbildung nur teilweise in den Methodenvorschlag und die Überprüfung einbezogen. Die Spezifikation des Vorgehensmodells klammert Techniken vollständig aus. Aus den genannten Gründen werden auch die zur Unterstützung von Techniken einsetzbaren Werkzeuge nicht nä-her betrachtet.

- *Rollen*: Die Rollen, d.h. die Zuständigkeit bestimmter Personen(gruppen) für die Durchführung von Aktivitäten, werden hier ebenfalls ausgeklammert. Der Grund liegt darin, dass auch dieser Aspekt nicht durch die Zielsetzung dieser Arbeit eingeschlos-sen wird und folglich keine verwendbaren Ergebnisse aus den vorhergehenden Kapi-teln zur Verfügung stehen.

6.2 Methodenvorschlag für die Durchführung der Vorstudie eines Integrationsvorhabens

In diesem Abschnitt wird der Methodenvorschlag für die Vorstudie entwickelt. Zu diesem Zweck werden zunächst einige Überlegungen angestellt, die der Vereinfachung der Aktivitä-ten dienen (Abschnitte 6.2.1 und 6.2.2). Danach wird in Abschnitt 6.2.3 ein Informationsmodell für diese Phase vorgestellt, um schliesslich in Abschnitt 6.2.4 ihre einzelnen Aktivitäten darstellen zu können.

6.2.1 Bestimmung der überlagernden Merkmalsausprägungen des qualitativen Informationsbedarfs

Bei den Ausprägungen der verschiedenen Merkmale des qualitativen Informationsbedarfs handelt es sich um mögliche, konkrete Anforderungen an einen Integrationsarchitekturtyp. Es ist davon auszugehen, dass eine Informationsbedarfsanalyse bezüglich der Informationsobjekt- und -elementtypen zumindest teilweise heterogene Anforderungen im Sinne unterschiedlicher Merkmalsausprägungen für jeweils ein Merkmal ergeben wird. Aus diesem Sachverhalt lassen sich zwei Fragestellungen ableiten:

- Lässt sich aus einer gegebenen Menge mehrerer Merkmalsausprägungen eines Merkmals eine Ausprägung auswählen, die bei der Bewertung von Integrationsarchitekturtypen überlagernd ist, d.h. deren Berücksichtigung als Anforderung gleichzeitig zur Berücksichtigung der anderen Ausprägungen führt? In diesem Fall könnte die Bewertung von Integrationsarchitekturtypen im konkreten Fall ausschliesslich auf Basis von überlagernden Merkmalsausprägungen durchgeführt werden.

- Falls die erste Frage positiv beantwortet werden kann: Welche Ordnung liegt den Ausprägungen jedes einzelnen Merkmals mit Blick auf die Überlagerung zugrunde? Anhand dieser Ordnung könnte eine überlagernde Merkmalsausprägung erkannt werden.

Die folgenden Ausführungen widmen sich – jeweils für die relevanten Merkmale – diesen beiden Fragestellungen. Zu jedem Merkmal wird jeweils die gewählte Skalierung erläutert und die Überlagerungsbedingung begründet (vgl. auch Tabelle 6-1).

Merkmal	Skalierung	Wertebereich			Überlagerungsbedingung
Zugreifbarkeit	nominal	"zugreifbar"		"nicht zugreifbar"	"zugreifbar"
Antwortzeit [Sekunden]	rational	0	...	∞	kleinster Wert
Aktualität [Sekunden]	rational	0	...	∞	kleinster Wert
Verwendungsform	nominal	"lesend und schreibend"		"lesend"	"lesend und schreibend"
Vollständigkeit	ordinal	hoch	...	...	niedrig	höchster Wert
Glaubwürdigkeit	ordinal	hoch	...	...	niedrig	höchster Wert

Tabelle 6-1: Beispielhafte Wertebereiche der relevanten Merkmale und Überlagerungsbedingungen

Zugreifbarkeit: Eine Integrationsarchitektur, welche die Zugreifbarkeit für alle Informationsobjekte und -elemente sicherstellt („zugreifbar"), lässt sich im Einzelfall auch so verwenden, dass einzelne Objekte und Elemente nicht abgerufen werden können („nicht zugreifbar"), beispielsweise durch Implementierung von Zugriffsschutzmechanismen. Die Umkehrung dieser Aussage ist nicht möglich. Die Merkmalsausprägung „zugreifbar" überlagert folglich die Merkmalsausprägung „nicht zugreifbar".

Antwortzeit: Die Antwortzeit wird hier operationalisiert durch die in Sekunden gemessene Zeitspanne zwischen der Anforderung eines Informationsobjekts und dessen Eintreffen beim Aufgabenträger. Überlagerung ist durch den kleinsten, in der Informationsbedarfsanalyse erhobenen Wert für die Antwortzeit gegeben. Denn eine Integrationsarchitektur, welche eine schnelle Bereitstellung von Informationsobjekten sicherstellt (kurze Antwortzeit), kann weniger restriktive Anforderungen an die Antwortzeit bei anderen Informationsobjekten ebenfalls erfüllen. Auch hier ist eine Umkehrung der Aussage nicht möglich.

Aktualität: Im Vergleich zu der weiter oben angegebenen Operationalisierung anhand zweier diskreter Werte („Echtzeit" und „Nicht Echtzeit")[368] stellt die folgende Messvorschrift eine Konkretisierung dar: Eine Merkmalsausprägung von x Sekunden drückt aus, dass Informationselemente akzeptabel sind, die im Bereitstellungszeitpunkt beim Aufgabenträger den Zustand des zugrunde liegenden Realweltobjekts vor maximal x Sekunden widerspiegeln. Damit entspricht der Wert „0 Sekunden" der Forderung „Echtzeit", alle übrigen Werte der Skala stellen eine Verfeinerung der Forderung „Nicht Echtzeit" dar. Bei diesem Merkmal ist offensichtlich, dass der jeweils kleinste Wert andere Merkmalsausprägungen überlagert. Umgekehrt ist eine Integrationsarchitektur, die nur zur Bereitstellung besonders inaktueller Informationselemente in der Lage ist, nicht geeignet, um Echtzeitanforderungen zu genügen.

Verwendungsform: Bei der Verwendungsform ist es besonders offensichtlich, dass die Merkmalsausprägung „lesend und schreibend" die Merkmalsausprägung „lesend" überlagert, denn letztere ist bereits begrifflich in der ersteren eingeschlossen.

Vollständigkeit: Die Vollständigkeit ist ein Mass dafür, in welchem Umfang dem Aufgabenträger die zu einem Informationsobjekt gehörenden Informationselemente zur Verfügung gestellt werden können. Ein hoher Wert (als Merkmalsausprägung) überlagert kleinere Werte, weil beispielsweise durch eine Integrationsarchitektur mit einer dedizierten Datenbasis zur Sammlung von Datenelementen aus den übrigen Datenbasen (über einen längeren Zeitraum)

---

368 Vgl. Abschnitt 3.1.2.4, S. 111 ff.

gleichzeitig auch weniger anspruchsvolle Vollständigkeitsanforderungen erfüllt werden können.

Glaubwürdigkeit: Integrationsarchitekturen, die Informationsobjekte mit hoher Glaubwürdigkeit bereitstellen, erfüllen damit auch weniger restriktive Anforderungen an die Glaubwürdigkeit. Auch hier überlagern also hohe Werte (Merkmalsausprägungen) kleinere Werte.

Die Ausführungen dieses Abschnitts rechtfertigen es, die Bewertung von Integrationsarchitekturtypen auf Basis von überlagernden Merkmalsausprägungen durchzuführen.

6.2.2 Bestimmung der überlagernden Merkmalsausprägungen der Anwendungsarchitektur

Das im vorhergehenden Abschnitt dargestellte Konzept der überlagernden Merkmalsausprägungen – im Sinne einer Fokussierung auf die jeweils mit Blick auf die Architekturgestaltung „anspruchsvollste" Merkmalsausprägung – lässt sich auf die Merkmale der Anwendungsarchitektur übertragen. Es kann davon ausgegangen werden, dass die besonders ungünstigen Merkmalsausprägungen das Gesamtverhalten der Anwendungsarchitektur bestimmen und damit für die Auswahl geeigneter Integrationsarchitekturtypen bestimmend sind. Die in Tabelle 6-2 dargestellten Überlagerungsbedingungen leiten sich direkt aus den weiter oben beschriebenen Zusammenhängen ab[369]. Eine Kommunikationsverbindung mit einer niedrigen Bandbreite und einer ebenfalls niedrigen Verfügbarkeit stellt beispielsweise innerhalb einer Anwendungsarchitektur einen „Flaschenhals" dar und bestimmt damit wesentlich das Systemverhalten. Ein weiteres Beispiel ist eine autonome Zugriffskomponente, welche die Ausführung verteilter Transaktionen blockieren kann und damit für das Systemverhalten (im Gegensatz zu günstiger beschaffenen Zugriffskomponenten) bestimmend ist.

Merkmal	Skalierung	Wertebereich		Überlagerungsbedingung
Bandbreite der Kommunikationsverbindung	ordinal	niedrig	... hoch	kleinster Wert
Verfügbarkeit der Kommunikationsverbindung [%]	rational	0	... 100	kleinster Wert
Art der verfügbaren Zugriffskomponenten	ordinal	Protokollierungs- informationen	... DBMS mit API/CLI	die am weitesten links auf der Skala gelegene Ausprägung
Autonomie der verfügbaren Zugriffskomponenten	ordinal	autonom	nicht autonom	"autonom"

Tabelle 6-2: Beispielhafte Wertebereiche für die Merkmale der Anwendungsarchitektur und Überlagerungsbedingungen

---

369 Vgl. Abschnitt 3.2.1.6.3, S. 138 ff.

6.2.3 Informationsmodell

Das Informationsmodell für die Vorstudie (vgl. Abbildung 6-3) leitet sich aus den Ausführungen in den Kapiteln 2 bis 5 ab. Für die Darstellung wird als Metamodell das bereits weiter vorne vorgestellte modifizierte Entity-Relationship-Modell (ERM) verwendet[370]. Die einzelnen Entitäts- und Beziehungstypen werden im Zusammenhang mit den Aktivitäten der Vorstudie im nächsten Abschnitt erläutert.

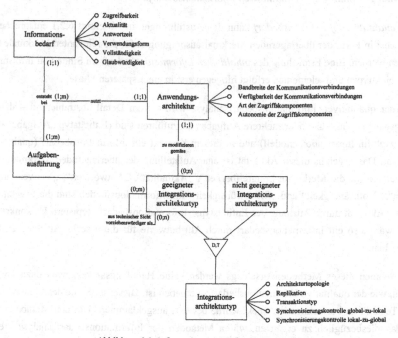

Abbildung 6-3: Informationsmodell für die Vorstudie

6.2.4 Aktivitäten

Wie bei klassischen Systementwicklungsprojekten, sind auch hier im Rahmen der Vorstudie einerseits Anforderungen und andererseits der Ist-Zustand zu erheben. Darauf aufbauend können mögliche Handlungsalternativen ermittelt werden. Als Handlungsalternative im Sinne der vorliegenden Arbeit kann die Implementierung eines Integrationsarchitekturtyps aufgefasst werden. Im Rahmen der Vorstudie sind daher zunächst alle Informationen (Anforderungen,

---

370 Vgl. Abschnitt 2.1.1, S. 12 f.

Zustand der Anwendungsarchitektur) zu erheben, welche für die Prüfung der grundsätzlichen Eignung eines Integrationsarchitekturtyps erforderlich sind. Anschliessend sind aus der Menge der insgesamt möglichen Integrationsarchitekturtypen diejenigen zu selektieren, welche mit Blick auf die Anforderungen und den Ist-Zustand grundsätzlich geeignet sind. Die hier vorgeschlagene Reihenfolge der Aktivitäten ist einem Vorschlag aus der Literatur sehr ähnlich, der sich allerdings auf den speziellen Fall „Data-Warehouse-System" bezieht[371].

Aktivität 1: Ermittlung des qualitativen Informationsbedarfs

Der *qualitative Informationsbedarf* kann den Ausführungen in Abschnitt 6.2.1 entsprechend zunächst in Form der überlagernden Merkmalsausprägungen für die relevanten Merkmale erhoben werden. Eine Ermittlung des *inhaltlichen Informationsbedarfs* im Sinne von Informationsobjekttypen und -elementen erfolgt hingegen erst in einer späteren Phase.

Bei der qualitativen Informationsbedarfsanalyse wird – vom Detail abstrahierend – davon ausgegangen, dass eine oder mehrere Aufgaben auszuführen sind (Entitätstyp „Aufgabenausführung" im Informationsmodell) und in diesem Kontext ein Informationsbedarf (qualitativ) besteht. Das Ergebnis dieser Aktivität ist eine Aufstellung der überlagernden Merkmalsausprägungen für die Merkmale „Zugreifbarkeit", „Aktualität", „Antwortzeit", „Verwendungsform", „Vollständigkeit" und „Glaubwürdigkeit". Im Informationsmodell sind die Ergebnisse dieser Aktivität durch Attribute des Entitätstyps „Informationsbedarf" typisiert. Im konkreten Fall wäre also ein Informationsbedarf durch Attributwerte für diese sechs Attribute zu beschreiben.

Im Rahmen dieses Methodenvorschlags werden keine Handlungsanweisungen dazu vorgestellt, wie der qualitative Informationsbedarf zu erheben ist. Dieser im Sinne des Metamodells als Technik zu bezeichnende Aspekt wurde bewusst ausgeklammert. Um den Methodenvorschlag diesbezüglich zu ergänzen, wären Methoden der Informationsbedarfsanalyse[372] entsprechend anzupassen und zu erweitern.

Aktivität 2: Bewertung der Anwendungsarchitektur „ist"

Im Sinne einer Ist-Analyse ist davon auszugehen, dass der im Rahmen der Aufgabenausführung existierende Informationsbedarf durch Nutzung der Anwendungsarchitektur zu befriedigen ist. Im Informationsmodell wird dieser Zusammenhang durch den Beziehungstyp zwi-

371 Vgl. Ammann, Lehmann (2000), S. 173 f.
372 Vgl. Abschnitt 3.1.1, S. 102 ff.

schen dem Beziehungstyp „entsteht bei" und dem Entitätstyp „Anwendungsarchitektur" ausgedrückt.

Analog zu Aktivität 1 ist hier der Zustand der vorhandenen Anwendungsarchitektur (Anwendungsarchitektur „ist") anhand von überlagernden Merkmalsausprägungen für die in Kapitel 5 identifizierten Merkmale zu bewerten:

- Bandbreite der Kommunikationsverbindungen,
- Verfügbarkeit der Kommunikationsverbindungen,
- Art der Zugriffskomponenten und
- Autonomie der Zugriffskomponenten.

Im Informationsmodell sind die Merkmale durch Attribute des Entitätstyps „Anwendungsarchitektur" abgebildet, d.h. die Bewertung einer Anwendungsarchitektur mit Hilfe von überlagernden Merkmalsausprägungen führt zu einer Instanz dieses Entitätstyps. Auch bei dieser Aktivität wird aus den oben genannten Gründen keine Aussage zur Technik gemacht, die zur Erhebung der Merkmalsausprägungen anzuwenden ist.

Aktivität 3: Auswahl geeigneter Integrationsarchitekturtypen

In dem Informationsmodell aus Abbildung 6-3 wird der Entitätstyp „Integrationsarchitekturtyp" durch eine disjunkte, totale Spezialisierung verfeinert in die beiden Entitätstypen „geeigneter Integrationsarchitekturtyp" und „nicht geeigneter Integrationsarchitekturtyp". Ziel dieser Aktivität ist es, aus der Menge aller möglichen Integrationsarchitekturtypen diejenigen herauszufiltern, die in einer vorliegenden Situation als geeignet erscheinen, um den Informationsbedarf zu befriedigen.

Der Entitätstyp „Integrationsarchitekturtyp" ist für den genannten Zweck grundsätzlich durch alle 22 theoretisch denkbaren Integrationsarchitekturtypen instanziiert, die Attribute „Architekturtopologie", „Replikation", „Transaktionstyp", „Synchronisierungskontrolle global-zu-lokal" und „Synchronisierungskontrolle lokal-zu-global" werden dazu mit den entsprechenden Kombinationen von Merkmalsausprägungen belegt.

Bei dieser Aktivität handelt es sich um eine Anwendung der in Kapitel 5 beschriebenen Bewertung von Integrationsarchitekturtypen. Aufbauend auf den überlagernden Merkmalsausprägungen des qualitativen Informationsbedarfs (Ergebnis von Aktivität 1, dokumentiert als Attributwerte einer Entität zum Entitätstyp „Informationsbedarf (qualitativ)") und den überlagernden Merkmalsausprägungen für die Anwendungsarchitektur (Ergebnis von Aktivität 2, dokumentiert als Attributwerte einer Entität zum Entitätstyp „Anwendungsarchitektur") werden schrittweise Integrationsarchitekturtypen als „nicht geeignet" klassifiziert und eliminiert.

Die folgenden Ausführungen beziehen sich auf die weiter vorne vorgeschlagene Typisierung von Integrationsarchitekturen und deren Darstellung als Baumstruktur[373].

In Abbildung 6-4 ist eine Regelbasis zur Eliminierung von nicht geeigneten Integrationsarchitekturtypen dargestellt, wobei sich die Regeln auf den qualitativen Informationsbedarf beziehen. Jede Regel hat einen Bedingungsteil (Prämissen), der mit „Wenn ..." und gegebenenfalls „und ..." überschrieben ist, sowie einen Aktionsteil (Konklusion), der mit „dann ..." überschrieben ist. Die auszuführende Aktion ist jeweils in einem grau schattierten Rechteck dargestellt. Die Zweiteilung des Bedingungsteils (jeweils dargestellt in einem Rechteck) dient der Abgrenzung von Bedingungen, die sich einerseits auf den qualitativen Informationsbedarf beziehen (dargestellt links vom Aktionsteil) und andererseits auf die Anwendungsarchitektur oder den Integrationsarchitekturtyp (dargestellt oberhalb vom Aktionsteil).

Die Eliminierung im Aktionsteil bezieht sich jeweils auf Merkmalsausprägungen (des Integrationsarchitekturtyps), beispielsweise die Merkmalsausprägung „virtuell". Bezogen auf die Darstellung der Integrationsarchitekturtypen als Baum entspricht dies der Eliminierung aller entsprechend beschrifteten Knoten in dem Baum. Implizit eingeschlossen ist damit auch die Eliminierung der jeweils vollständigen Teilbäume unterhalb dieser Knoten, also aller Integrationsarchitekturtypen, die diese Merkmalsausprägung aufweisen. Im Folgenden findet sich zu den einzelnen Regeln jeweils eine kurze Erläuterung:

Die *Regeln 1 bis 4* schliessen jeweils abhängig von einer Merkmalsausprägung des qualitativen Informationsbedarfs und einem autonomen Verhalten der Anwendungsarchitektur bestimmte Merkmalsausprägungen für das Merkmal „Replikation" und damit bestimmte Integrationsarchitekturtypen aus. Auf ein autonomes Verhalten der Anwendungsarchitektur wird dann geschlossen, wenn mindestens eine der Anwendungsarchitekturkomponenten ein autonomes Verhalten aufweist; in den Regeln erfolgt die Repräsentation dieses Zusammenhangs durch einen boole'schen Ausdruck, der mit Hilfe eines ODER-Operators die entsprechenden Bedingungen verknüpft.

Regel 5 eliminiert bei geforderter Verwendungsform „lesend" für das Merkmal „Transaktionstyp" die Ausprägung „lesend und schreibend", dies allerdings nur, sofern weder die Architekturtopologie „Fusion" noch für das Merkmal „Replikation" die Ausprägung „teilweise migriert" vorliegt. Der Grund für diese Einschränkung liegt darin, dass in diesen Fällen eine Migration von Datenelementen in eine neue Datenbasis stattfindet, auf die bereits vorhandene Anwendungen weiterhin schreibenden Zugriff benötigen.

---

373 Vgl. Abschnitt 4.3.2, S. 201 ff., und Abbildung 5-3, S. 222.

Regel 1	Wenn ...	und ...
		[(Autonomie der Zugriffskomponenten = "autonom")
		oder (Art der Zugriffskomponenten = "Protokollierungsinformationen" | "Bildschirmdialog")
		oder (Verfügbarkeit der Kommunikationsverbindungen = 0)
		oder (Bandbreite der Kommunikationsverbindungen = "niedrig")]
	Zugreifbarkeit = "zugreifbar"	dann ...
		eliminiere Replikation = "virtuell"

Regel 2	Wenn ...	und ...
		[(Autonomie der Zugriffskomponenten = "autonom")
		oder (Art der Zugriffskomponenten = "Protokollierungsinformationen" | "Bildschirmdialog")
		oder (Verfügbarkeit der Kommunikationsverbindungen = 0)
		oder (Bandbreite der Kommunikationsverbindungen = "niedrig")]
	Aktualität = 0	dann ...
		eliminiere Replikation = "virtuell" und Replikation = "repliziert"

Regel 3	Wenn ...	und ...
		[(Autonomie der Zugriffskomponenten = "autonom")
		oder (Art der Zugriffskomponenten = "Protokollierungsinformationen" | "Bildschirmdialog")
		oder (Verfügbarkeit der Kommunikationsverbindungen = 0)
		oder (Bandbreite der Kommunikationsverbindungen = "niedrig")]
	Antwortzeit = 0	dann ...
		eliminiere Replikation = "virtuell"

Regel 4	Wenn ...	und ...
		[(Autonomie der Zugriffskomponenten = "autonom")
		oder (Art der Zugriffskomponenten = "Protokollierungsinformationen" | "Bildschirmdialog")
		oder (Verfügbarkeit der Kommunikationsverbindungen = 0)
		oder (Bandbreite der Kommunikationsverbindungen = "niedrig")]
	Verwendungsform = "lesend und schreibend"	dann ...
		eliminiere Replikation = "virtuell" und Replikation = "repliziert"

Regel 5	Wenn ...	und ...
		[(Architekturtopologie <> "Fusion")
		und (Replikation <> "teilweise migriert")]
	Verwendungsform = "lesend"	dann ...
		eliminiere Transaktionstyp = "lesend und schreibend"

Regel 6	Wenn ...	dann ...
	Verwendungsform = "lesend und schreibend"	eliminiere Transaktionstyp = "lesend"

Regel 7	Wenn ...	dann ...
	Vollständigkeit = "hoch"	eliminiere Replikation = "virtuell"
	Regel nur anzuwenden, wenn in den vorhandenen Datenbanken keine Datenhistorisierung durchgeführt wird.	

Regel 8	Wenn ...	und ...
		Replikation = "repliziert"
	Aktualität = 0	dann ...
		eliminiere Synchronisierungskontrolle lokal-zu-global = "asynchron"

Abbildung 6-4: Regelbasis zur Eliminierung von nicht geeigneten
Integrationsarchitekturtypen mit Bezug zum qualitativen Informationsbedarf

Die *Regel 6* schliesst bei einer geforderten Verwendungsform „lesend und schreibend" für das Merkmal „Transaktionstyp" die Merkmalsausprägung „lesend" aus.

Regel 7 eliminiert bei einer geforderten hohen Vollständigkeit (der Informationselemente) Integrationsarchitekturtypen aus, die bezüglich des Merkmals „Replikation" die Ausprägung „virtuell" aufweisen. Falls die lokalen Datenbanken eine Datenhistorisierung durchführen, ist diese Regel nicht anzuwenden. Der Grund liegt darin, dass in diesem Spezialfall die Vollständigkeit der Daten auch durch einen virtuell integrierenden Integrationsarchitekturtyp erreichbar ist.

Die *Regel 8* eliminiert bei Vorliegen der Ausprägung „repliziert" des Merkmals „Replikation" eine asynchrone Synchronisierungskontrolle lokal-zu-global, sofern eine hohe Aktualität der Datenelemente gefordert wird. Der Grund liegt darin, dass replizierte Informationselemente nur dann die Aktualitätsanforderungen erfüllen können, wenn sie synchron aktualisiert werden.

Teilbedingungen im Bedingungteil, welche Merkmale mit einer Rationalskala enthalten, sind unscharf anzuwenden, d.h. sie sind auch bei einer Merkmalsausprägung „in der Nähe" des angegebenen Werts „0" als erfüllt anzusehen.

Zwei weitere Regeln beziehen sich ausschliesslich auf die Anwendungsarchitektur und den Integrationsarchitekturtyp; sie werden deshalb in einer separaten Abbildung dargestellt (vgl. Abbildung 6-5). Die Anwendung von *Regel 9* sorgt dafür, dass bei einer Anwendungsarchitektur mit autonomem Verhalten und Integrationsarchitekturtypen mit Replikation „repliziert" oder „virtuell" die technisch dann nicht umsetzbare Synchronisierungskontrolle global-zu-lokal „synchron" eliminiert wird. *Regel 10* schliesslich eliminiert bei Anwendungsarchitekturen mit autonomem Verhalten und Integrationsarchitekturtypen mit Replikation „repliziert" die technisch dann nicht umsetzbare Synchronisierungskontrolle lokal-zu-global „synchron".

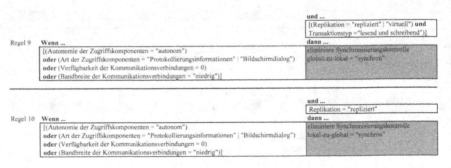

Abbildung 6-5: Regelbasis zur Eliminierung von nicht geeigneten
Integrationsarchitekturtypen ohne Bezug zum qualitativen Informationsbedarf

Neben den oben genannten Regeln, die zum Ausschluss von ungeeigneten Integrationsarchitekturtypen anzuwenden sind, lassen sich aus den Ausführungen in Kapitel 5 auch Regeln ableiten, welche die grundsätzlich geeigneten Integrationsarchitekturtypen in eine Rangfolge bezüglich der aus technischer Sicht gegebenen Vorziehenswürdigkeit bringen. Der rekursive Beziehungstyp des Entitätstyps „geeigneter Integrationsarchitekturtyp" in Abbildung 6-3 dient der Darstellung derartiger Zusammenhänge. Auch diese Regeln werden hier kurz beschrieben.

Zunächst ist das Merkmal „Glaubwürdigkeit" zu betrachten. Wenn der qualitative Informationsbedarf eine hohe Glaubwürdigkeit vorgibt, so sind grundsätzlich Integrationsarchitekturtypen vorzuziehen, die einen unmittelbaren Zugriff auf die vorhandenen Datenbasen gewährleisten. Dabei handelt es sich um Integrationsarchitekturtypen mit einer der folgenden Merkmalsausprägungen:

- Replikation "virtuell",
- Replikation „teilweise migriert",
- Architekturtopologie „Fusion".

Die vorziehenswürdigsten Integrationsarchitekturtypen liegen bei der ersten Merkmalsausprägung vor, da in diesen Fällen ein Zugriff weiterhin unmittelbar auf die „gewohnten" und damit bekannten Datenbasen erfolgt. In den beiden anderen Fällen ergibt sich aus Sicht der Aufgabenträger aufgrund der Datenmigration eine Veränderung, so dass die Glaubwürdigkeit zumindest in einer Übergangsphase eingeschränkt ist. Nicht umfassend gewährleistet werden kann eine hohe Glaubwürdigkeit hingegen bei Integrationsarchitekturtypen, bei denen das Merkmal „Replikation" mit „repliziert" ausgeprägt ist.

Ausserdem sind auch Integrationsarchitekturen mit einer hohen Anzahl an Datenbasen weniger glaubwürdig, insbesondere wenn ein hoher Grad an Datenredundanz vorliegt. In einem solchen Fall ist aufgrund der Konsolidierungsoperationen für einen Aufgabenträger in der Regel nicht mehr nachvollziehbar, aus welcher Quelle die ihm zur Verfügung gestellten Informationsobjekte stammen. Mit Blick auf diesen Aspekt sind die Integrationsarchitekturtypen mit „teilweise migriert" und „Fusion" als glaubwürdiger einzustufen.

Abschliessende Überlegungen zur Vorziehenswürdigkeit ergeben sich bei Betrachtung der Integrationsarchitekturtypen, welche eine Synchronisierungskontrolle global-zu-lokal aufweisen (Typen 3 bis 9 und 16 bis 22) und bei denen jeweils beide Merkmalsausprägungen („synchron" und „asynchron") technisch möglich sind (vgl. dazu Regel 9). Alle genannten Architekturtypen weisen potenziell Datenredundanz auf, so dass sich die Frage stellt, wie die zeitliche Abstimmung bei schreibenden Transaktionen auf globaler Ebene erfolgen soll, denn bei diesen Transaktionen handelt es sich (bei Datenredundanz) um verteilte Transaktionen, d.h. um Transaktionen, bei denen mehrere Systeme involviert sind. Die Vorteilhaftigkeit einer der beiden Merkmalsausprägung lässt sich aus der Datenbanktheorie und dort insbesondere aus dem Teilgebiet Nebenläufigkeitskontrolle ableiten.

Sobald bei Replikation „repliziert" eines der beiden Merkmale der Synchronisierungskontrolle die Merkmalsausprägung „asynchron" aufweist oder bei Replikation „virtuell" das Merkmal Synchronisierungskontrolle global-zu-lokal, kann es bei schreibenden Transaktionen zu so genannten Nebenläufigkeitsanomalien[374] kommen (Beispiele):

- Da das Lesen eines Datenelements (Operation 1) und seine Mutation (Operation 2) zeitlich auseinander fallen, können die beiden Operationen nicht zu einer Transaktion zusammengefasst werden. Folglich wird das Datenelement beim Lesen nicht gesperrt und kann damit durch eine andere Transaktion (Operation 3) vor Ausführung von Operation 2 verändert werden. Bei der späteren Ausführung von Operation 2 geht dann das Ergebnis von Operation 3 verloren, da das Datenelement unabhängig davon verändert wird. In diesem Fall wird von einem „lost update" gesprochen.

- Asynchrone Aktualisierungen führen bei Datenredundanz zeitweise zu Inkonsistenz zwischen den betroffenen Datenelementen. Finden während dieser temporären Inkonsistenz andere Aktualisierungen auf einzelnen dieser Datenelemente statt, kann die globale Integrität beeinträchtigt sein.

Gray et al. diskutieren die Vor- und Nachteile der synchronen und asynchronen Synchronisierung, die sie als „eager replication" und „lazy replication" bezeichnen[375]: Die „eager replication" vermeidet einerseits Nebenläufigkeitsanomalien, die bei „lazy replication" (asynchrone Aktualisierung) durchaus auftreten können; andererseits besitzt die „eager replication" beispielsweise den Nachteil, dass es beim Schreiben zu Blockaden („Deadlocks") kommen kann und dass bereits der Ausfall einer beteiligten Komponente die Durchführung der Transaktion unmöglich macht.

Da – in Übereinstimmung mit der in diesem Abschnitt zitierten Literatur – keine eindeutige Aussage über die Vorziehenswürdigkeit der synchronen und asynchronen Synchronisierung getroffen werden kann, muss im Einzelfall eine Abwägung der Vor- und Nachteile durchgeführt werden. Gegebenenfalls sind auch einzelne Techniken der Nebenläufigkeitskontrolle einsetzbar, wie zum Beispiel die Primärkopietechnik[376]. Bei dieser Technik existiert für jedes Datenobjekt eine Komponente der Anwendungsarchitektur, die bei einer schreibenden Transaktion auf diesem Objekt angesprochen werden muss. Alle weiteren zu diesem Datenobjekt (Primärkopie) redundanten Datenobjekte bei anderen Komponenten werden anhand der Primärkopie synchronisiert, bei Bedarf auch zu einem späteren Zeitpunkt und damit asynchron.

---

374 Vgl. dazu z.B. Elmasri, Navathe (2002), S. 679 ff. und S. 843 ff., und Bernstein, Goodman (1981).
375 Vgl. Gray et al. (1996).
376 Vgl. z.B. Elmasri, Navathe (2002), S. 845.

Da die Primärkopien innerhalb der Anwendungsarchitektur verteilt bestimmt werden können, ist es möglich, die Auswirkungen des Ausfalls einer einzelnen Komponente (oder ihr autonomes Verhalten) zu begrenzen: Lediglich die schreibenden Transaktionen auf Datenobjekten, deren Primärkopien dieser Komponente zugeordnet sind, können dann nicht ausgeführt werden.

6.3 Überprüfung des Methodenvorschlags durch Fallstudien

Ziel dieses Abschnitts ist es, den Methodenvorschlag für die Durchführung der Vorstudie anhand von Praxisfällen zu überprüfen. Konkret soll überprüft werden, ob die Anwendung der Methode zu einem korrekten Ergebnis führt.

6.3.1 Grundlagen der Überprüfung

In diesem Abschnitt werden allgemein die zur Anwendung gebrachten Prinzipien sowie das Vorgehen bei den Fallstudien beschrieben. Die folgenden Auswahlprinzipien wurden berücksichtigt:

- *Auswahl der Fallstudien*: Dem Methodenvorschlag liegt die in dieser Arbeit entwickelte Hypothese zum Zusammenhang zwischen qualitativem Informationsbedarf und Anwendungsarchitektur einerseits und der Auswahl von Integrationsarchitekturtypen andererseits zugrunde. Im Rahmen der Überprüfung ihrer Validität ist diese Hypothese durch das Anstreben einer Falsifizierung zu testen. Sofern die Falsifizierung nicht gelingt, kann die Hypothese aufrechterhalten werden, ansonsten ist sie zu verwerfen. Jede Fallstudie stellt entsprechend einen Versuch dar, die Hypothese zu falsifizieren. Aus diesem Grund ist bei der Auswahl der Fallstudien darauf zu achten, dass sie hinsichtlich der Ausgangssituation (auf diese wird die Methode und damit die Hypothese angewandt) möglichst divers sind. Um eine korrekte Überprüfung sicherstellen zu können, sind Fallstudien auszuwählen, bei denen die tatsächlich implementierte Integrationsarchitektur die gestellten Anforderungen vollständig erfüllt. Nur dann ist es sinnvoll, einen Vergleich zwischen der implementierten Integrationsarchitektur mit dem Ergebnis der Methodenanwendung anzustellen.

- *Auswahl der befragten Personen*: Um alle wesentlichen Informationen erheben zu können, sind Personen für die Befragung auszuwählen, die einen möglichst vollständigen Überblick über das jeweilige Integrationsvorhaben besitzen. Dies bezieht sich sowohl auf die Anforderungen (Informationsbedarf) als auch auf die Anwendungsarchitektur.

Die Erhebung, Analyse, Dokumentation und Sicherstellung der korrekten Erfassung der Fallstudien wurde nach einem einheitlichen Vorgehen durchgeführt. Im Rahmen der *Erhebung* wurden den Befragten die Grundzüge der Hypothese erläutert. Dabei wurde insbesondere auf die Merkmale und Merkmalsausprägungen fokussiert, um anschliessend für den konkreten Fall die überlagernden Merkmalsausprägungen (qualitativer Informationsbedarf, Anwendungsarchitektur) erheben zu können. Zusätzlich wurden die Befragten gebeten, die tatsächlich implementierte Integrationsarchitektur im Detail zu beschreiben.

Bei der *Analyse* wurde zunächst die tatsächlich implementierte Integrationsarchitektur anhand der Typologie aus Abschnitt eingeordnet (klassifiziert), d.h. zu einem Integrationsarchitekturtyp abstrahiert. Darüber hinaus wurde auf Basis der erhobenen Merkmalsausprägungen unter Anwendung von Aktivität 3 des Methodenvorschlags ermittelt, welche Integrationsarchitekturtypen aus theoretischer Sicht geeignet sind. Die Überprüfung der Hypothese erfolgte schliesslich durch einen Vergleich der zu einem Integrationsarchitekturtyp abstrahierten, tatsächlich implementierten Integrationsarchitektur mit den gemäss der Hypothese vorgeschlagenen (geeigneten) Integrationsarchitekturtypen. Von einer Falsifizierung ist zu sprechen, wenn der erstere Typ nicht in der Menge der vorgeschlagenen Typen enthalten ist, andernfalls kann die Hypothese aufrechterhalten werden.

Abschliessende Schritte waren jeweils die Erstellung einer *Dokumentation* sowie die *Sicherstellung der Korrektheit*. Zu diesem Zweck wurden die Ergebnisse der Erhebung und der Analyse dokumentiert und dem Befragten zur kritischen Durchsicht und Stellungnahme zur Verfügung gestellt. Sofern der Befragte einzelnen Teilen der Dokumentation widersprach, wurde die Fallbeschreibung entsprechend angepasst.

Das Vorgehen wurde in der beschriebenen Form für Fallstudien[377] angewendet, die eine bereits erfolgte Implementierung einer Integrationsarchitektur zum Gegenstand haben (Ex-Post-Betrachtung). Bei einer der Fallstudien wurde eine Ex-ante-Betrachtung durchgeführt (Fallstudie „A-Unternehmen II"), so dass kein Abgleich mit einer implementierten Integrationsarchitektur vorgenommen werden konnte. Dort wurde stattdessen eine Menge von theoretisch geeigneten Integrationsarchitekturtypen durch Anwendung der Aktivität 3 des Methodenvorschlags ermittelt und dem Befragten vorgelegt. Von einer Falsifizierung wäre in diesem Fall zu sprechen, wenn der Befragte die vorgeschlagenen Integrationsarchitekturtypen als untauglich einstuft.

---

[377] Die in den folgenden Abschnitten dargestellen Fallstudien wurden auf Wunsch der beiden beteiligten Unternehmen anonymisiert. Sie werden als „A-Unternehmen" und „B-Unternehmen" bezeichnet.

6.3.2 Fallstudie „A-Unternehmen I"

Ausgangslage

Die Fallstudie „A-Unternehmen I" bezieht sich auf eine bereits implementierte Integrationsarchitektur und die Situation, die zum Planungszeitpunkt vorlag. Es handelt sich bei dieser Fallstudie also um eine Ex-post-Betrachtung. Das ultimative Ziel des mit der Integrationsarchitektur verbundenen Vorhabens war die zentrale Bereitstellung von beliebigen Informationsobjekten aus und für alle Unternehmensbereiche.

Überlagernde Merkmalsausprägungen des qualitativen Informationsbedarfs

Folgende Merkmalsausprägungen wurden erhoben:

- Zugreifbarkeit: zugreifbar
- Aktualität: „tagesaktuell", d.h. die Informationsobjekte sollten zumindest den Zustand des vorhergehenden Tages wiedergeben.
- Antwortzeiten: kurz
- Verwendungsform: lesend
- Vollständigkeit: Gefordert waren Informationsobjekte mit Bezugszeiträumen sowohl in der Vergangenheit als auch in der Gegenwart.
- Glaubwürdigkeit: hoch

Überlagernde Merkmalsausprägungen der Anwendungsarchitektur

Folgende Merkmalsausprägungen wurden erhoben:

- Art der verfügbaren Zugriffskomponenten: Die vorhandenen Anwendungen weisen keine von aussen verwendbare Schnittstelle auf, exportieren aber einmal täglich Datenelemente in eine ASCII[378]-Datei.

- Autonomie der Zugriffskomponenten: Der vorgenannte Export der Daten wird durch eine Job-Steuerung kontrolliert. Mithin ist ein wahlfreier Zugriff auf die Daten von aussen nicht möglich, so dass von einer hohen Autonomie der Anwendungen auszugehen ist.

---

378 Das Akronym steht für „American Standard Code for Information Interchange".

- Bandbreite und Verfügbarkeit der Kommunikationsverbindungen: Es kann von einer hohen Bandbreite und einer hohen Verfügbarkeit ausgegangen werden, da Inhouse-Netzwerke zum Einsatz kommen.

Implementierte Integrationsarchitektur

Um die genannten Anforderungen befriedigen zu können, wurde ein Data-Warehouse-System implementiert. Bei dem Data-Warehouse-System (vgl. Abbildung 6-6) handelt es sich um Integrationsarchitekturtyp 2 (Merkmalsausprägungen „Föderation", „repliziert", „lesend" und Synchronisierungskontrolle lokal-zu-global „asynchron").

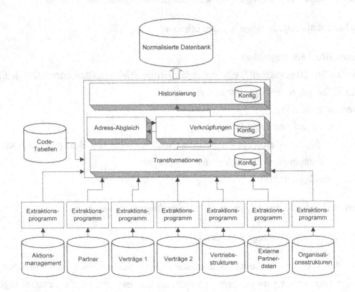

Abbildung 6-6: Data-Warehouse-System von „A-Unternehmen" (Stand im Jahr 2000)[379]

Analyse

Im nächsten Schritt waren die oben definierten Regeln zur Eliminierung von ungeeigneten Integrationsarchitekturtypen anzuwenden. Die Regelanwendung wird im Folgenden kurz dargestellt. Da ein autonomes Verhalten der Anwendungsarchitektur vorliegt und die entsprechenden Merkmalsausprägungen des qualitativen Informationsbedarfs gegeben sind, führen die Regeln 1 und 3 zur Eliminierung der Integrationsarchitekturtypen 7 bis 9 und 20 bis 22. Der

---

379 Die Quellenangabe zur Abbildung wurde zum Zweck der Anonymisierung entfernt.

Bedingungsteil der Regeln 2 und 4 ist hingegen nicht erfüllt, so dass keine Eliminierungen stattfinden. Da der Bedingungsteil von Regel 5 erfüllt ist, werden die Integrationsarchitekturtypen 3 bis 6 und 16 bis 19 eliminiert. Wiederum nicht erfüllt ist der Bedingungsteil von Regel 6. Bei Regel 7 ist zwar der Bedingungsteil erfüllt, der Aktionsteil bezieht sich allerdings auf Integrationsarchitekturtypen, die bereits durch Regel 1 eliminiert wurden. Bei den Regeln 8 und 9 ist jeweils der Bedingungsteil nicht vollständig erfüllt, so dass es hier zu keiner Eliminierung kommt. Schliesslich ist der Bedingungsteil von Regel 10 erfüllt, wodurch die Integrationsarchitekturtypen 1 und 14 eliminiert werden.

In Abbildung 6-7 sind durch Schattierung die Integrationsarchitekturtypen visualisiert, die nach Anwendung aller Regeln als geeignet verblieben sind, nämlich die Typen 2, 10 bis 13 und 15. Es ist anzumerken, dass die Integrationsarchitekturtypen 10 und 12 nur theoretische Bedeutung haben[380]. Bezüglich der geforderten hohen Glaubwürdigkeit der Informationsobjekte könnten die verbleibenden Integrationsarchitekturtypen nun noch in eine Rangfolge gebracht werden: Besonders vorziehenswürdig sind mit Blick auf die Effektivität (d.h. die Erfüllung der Anforderungen) die Typen 10 bis 13, da es sich bei ihnen nicht um Integrationsarchitekturtypen mit einer Merkmalsausprägung „repliziert" für das Merkmal „Replikation" handelt. Weniger vorziehenswürdig sind entsprechend die Integrationsarchitekturtypen 2 und 15.

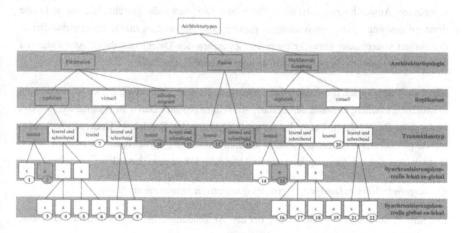

Abbildung 6-7: Grundsätzlich geeignete Integrationsarchitekturtypen
(Fallstudie „A-Unternehmen I")

---

380 Vgl. Abschnitte 5.3 und 5.4, S. 221 ff.

Ableitung einer Aussage zur Validität der Hypothese

Da die tatsächlich implementierte Integrationsarchitektur einem der als geeignet eingestuften Integrationsarchitekturtypen (Typ 2) entspricht, kann von einer nicht erfolgten Falsifizierung gesprochen werden, so dass die Hypothese aufrecht zu erhalten ist.

Abschliessend stellt sich die Frage, warum der Integrationsarchitekturtyp 2 gewählt wurde, obwohl er mit Blick auf die Effektivität (vgl. insbesondere die Ausführungen zur Glaubwürdigkeit) nicht als optimal eingestuft wurde. Die Antwort liegt wohl darin, dass die Implementierung gemäss der besonders effektiven Integrationsarchitekturtypen mit sehr hohen Kosten verbunden gewesen wäre, denn die bestehende Anwendungsarchitektur hätte weit reichend modifiziert werden müssen.

6.3.3 Fallstudie „B-Unternehmen"

Ausgangslage

Durch die dynamische Entwicklung der Unternehmensstruktur als Netzwerk aus nationalen und internationalen Abteilungen, Tochterunternehmen und Beteiligungen wurde die Grundlage für eine sehr diversifizierte Informationsverarbeitung gelegt, die als Konsequenz zu einer komplexen Anwendungsarchitektur geführt hat. Die Anwendungsarchitektur ist teilweise durch so genannte „Silo"-Anwendungen geprägt, also Anwendungen, die für einzelne Bereiche isoliert voneinander entwickelt wurden. Zwischen den Datenbasen dieser Anwendungen bestehen teilweise Überlappungen, d.h. es liegt Datenredundanz vor.

Mit dem Wunsch nach durchgehenden Prozessen, die eine Verbindung dieser Anwendungen erforderlich machen, entstand der Bedarf, Anwendungen und Daten zu integrieren. Konkret bestand der Bedarf darin, Daten der Anwendungen aus den Bereichen „Underwriting", „Accounting" und „Claims" für die jeweils anderen Anwendungen verfügbar zu machen. Schematisch lässt sich die Ausgangslage wie in Abbildung 6-8 gezeigt darstellen.

Überlagernde Merkmalsausprägungen des qualitativen Informationsbedarfs

Der Informationsbedarf besteht jeweils bei den Anwendungen der drei betroffenen Bereiche. Folgende Merkmalsausprägungen wurden erhoben:

- *Zugreifbarkeit*: erforderlich
- *Aktualität*: Nahe-Echtzeit; beispielsweise sollten die aktuellen Vertragsbedingungen aus der Underwriting-Anwendung möglichst unmittelbar der Accounting-Anwendung zur Verfügung stehen, damit Zahlungen korrekt verbucht werden können.

- *Antwortzeiten*: kurz
- *Verwendungsform*: lesend
- *Vollständigkeit*: hoch; es sind historische und aktuelle Informationsobjekte erforderlich.
- *Glaubwürdigkeit*: hoch

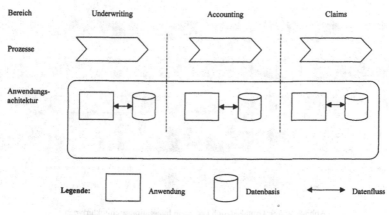

Abbildung 6-8: Ausgangslage

Überlagernde Merkmalsausprägungen der Anwendungsarchitektur

Folgende Merkmalsausprägungen wurden erhoben:

- *Art der verfügbaren Zugriffskomponenten*: Direkter Datenbankzugriff
- *Autonomie der Zugriffskomponenten*: niedrig
- *Bandbreite und Verfügbarkeit der Kommunikationsverbindungen*: Es kann von einer hohen Bandbreite und einer hohen Verfügbarkeit ausgegangen werden, da Inhouse-Netzwerke zum Einsatz kommen.

Analyse

Die Regeln 1 bis 4 sowie 9 und 10 führen hier nicht zu Eliminierungen von Integrationsarchitekturtypen, weil nicht von einem autonomen Verhalten der Anwendungsarchitektur auszugehen ist. Da als Verwendungsform „lesend" gefordert ist, werden durch Anwendung von Regel 5 die Integrationsarchitekturtypen 3 bis 6, 8, 9, 16 bis 19, 21 und 22 eliminiert. Regel 6 bedingt hingegen keine Eliminierungen. Da eine hohe Vollständigkeit der Informationsobjekte benötigt wird, führt die Anwendung von Regel 7 zum Ausschluss der Integrationsarchitekturtypen mit der Merkmalsausprägung „virtuell" für das Merkmal „Replikation", nämlich der

Typen 7 und 20. Die geforderte hohe Aktualität schliesslich führt bei Anwendung von Regel 8 zur Eliminierung der Integrationsarchitekturtypen 2 und 15. Nach Anwendung aller Regeln verbleiben die Integrationsarchitekturtypen 1 und 10 bis 14 als geeignete Integrationsarchitekturtypen (vgl. Abbildung 6-9).

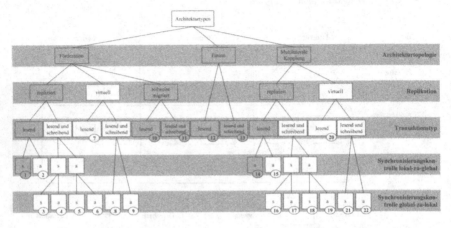

Abbildung 6-9: Grundsätzlich geeignete Integrationsarchitekturtypen
(Fallstudie „B-Unternehmen")

Implementierte Integrationsarchitektur

Tatsächlich implementiert wurde die in Abbildung 6-10 dargestellte Integrationsarchitektur. Die jeweils lokalen Datenobjekttypen, die auch für andere Anwendungen Relevanz besitzen, wurden in ein globales Schema integriert; die entsprechenden Datenobjekte werden in einer anhand dieses Schemas strukturierten, zusätzlichen Datenbasis (als „Operational Data Store (ODS)" bezeichnet) redundant abgelegt. Zu diesem Zweck werden Änderungen der Datenobjekte der Underwriting-Anwendung und der Claims-Anwendung mit Hilfe eines EAI-Werkzeugs direkt im ODS nachgeführt. Da es sich bei der Accounting-Anwendung um eine Fremdanwendung (Standardsoftware) handelt, ist ein direkter Zugriff auf deren Datenbasis durch das EAI-Werkzeug nicht praktikabel. Stattdessen werden die relevanten Teile der Accounting-Datenbasis zunächst in eine weitere Datenbasis (in der Abb. mit „DB'" beschriftet) gespiegelt. Von dort aus werden die Datenobjekte dann via Datenreplikation (Batch) in den ODS integriert. Die drei Anwendungen nutzen in der Folge den ODS für lesende Zugriffe auf die integrierten Daten.

Die Implementierung einer Architektur mit einer zusätzlichen Datenbasis, die replizierte Datenelemente enthält, wurde vom Interviewpartner wie folgt begründet: Nach der Extraktion der Datenelemente aus den lokalen Datenbasen sind mit Blick auf das – im Vergleich zu den lokalen Schemata – allgemeinere und strukturell abweichende globale Schema des ODS Konvertierungen erforderlich. Obwohl dieser Vorgang automatisiert ist, beansprucht er einen gewissen Zeitraum. Um dennoch kurze Antwortzeiten gewährleisten zu können, wurde der Materialisierung (replizierte Datenelemente) gegenüber einer Virtualisierung (Replikation „virtuell") der Vorzug gegeben.

Die implementierte Integrationsarchitektur entspricht dem Integrationsarchitekturtyp 1, der gemäss den Ausführungen in Kapitel 4 aufgrund der nicht vorgesehenen schreibenden Transaktionen nicht als ODS zu bezeichnen ist. Es handelt sich eher um eine untypische Variante eines Data-Warehouse-Systems, untypisch deshalb, weil eine synchrone Synchronisierung der zusätzlichen Datenbasis erfolgt.

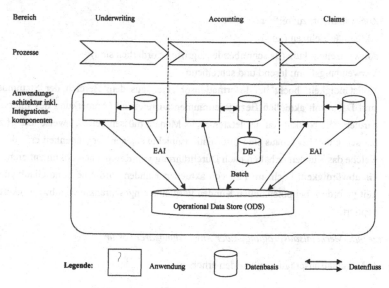

Abbildung 6-10: Implementierte Integrationsarchitektur

Ableitung einer Aussage zur Validität der Hypothese

Die tatsächlich gewählte Architektur entspricht dem Integrationsarchitekturtyp 1, welcher zu der Menge der aus theoretischer Sicht vorgeschlagenen Typen gehört. Insofern kann auch hier keine Falsifizierung vorgenommen werden, so dass die Hypothese aufrecht zu erhalten ist.

6.3.4 Fallstudie „A-Unternehmen II"

Ausgangslage

Die Fallstudie „A-Unternehmen II" bezieht sich auf eine in Planung befindliche Anwendung, mit der aktuelle und potenzielle Kunden im Rahmen von Kampagnen zielgerichtet beworben werden sollen. Die Kampagnen sollen auf Basis verfügbarer Daten durchgeführt werden, wobei die Reaktionen der kontaktierten Personen in den Datenbestand aufgenommen werden sollen, um eine Optimierung späterer Kampagnen vorzubereiten. Bei dieser Fallstudie handelt es sich um eine Ex-ante-Betrachtung.

Überlagernde Merkmalsausprägungen des qualitativen Informationsbedarfs

Folgende Merkmalsausprägungen wurden erhoben:

- Zugreifbarkeit: zugreifbar
- Aktualität: Echtzeit (hoch)
- Antwortzeiten: kurz (da schreibende Zugriffe erforderlich sind)
- Verwendungsform: lesend und schreibend
- Vollständigkeit: hoch; bei Informationsobjekten aus dem Bereich der Stammdaten sind Daten mit aktuellen Bezugszeiträumen ausreichend (Anmerkung des Interviewpartners: die Neukunden der letzten sechs Monate müssen beispielsweise identifizierbar sein); darüber hinaus sind Informationsobjekte aus der Vergangenheit erforderlich, welche das Kundenverhalten nach Durchführung von Kampagnen dokumentieren.
- Glaubwürdigkeit: hoch; im Fall von aktuellen Kunden wird eine hohe Glaubwürdigkeit gefordert, bei potenziellen Kunden wird eine eingeschränkte Glaubwürdigkeit akzeptiert.

Überlagernde Merkmalsausprägungen der Anwendungsarchitektur

Folgende Merkmalsausprägungen wurden erhoben:

- Art der verfügbaren Zugriffskomponenten: APIs
- Autonomie der Zugriffskomponenten: niedrig, d.h., dass beispielsweise Ad-hoc-Anfragen an die Anwendungen/Datenverwaltungssysteme möglich sind.
- Bandbreite und Verfügbarkeit der Kommunikationsverbindungen: Es kann von einer hohen Bandbreite und einer hohen Verfügbarkeit ausgegangen werden, da Inhouse-Netzwerke zum Einsatz kommen.

Analyse

Auch bei dieser Fallstudie sind die oben dargestellten Regeln anzuwenden. Einer der wesentlichen Unterschiede zur Fallstudie „A-Unternehmen I" besteht darin, dass hier nicht von einem autonomen Verhalten der Anwendungsarchitektur ausgegangen werden muss. Dadurch ist der Bedingungsteil der Regeln 1 bis 4 nicht erfüllt, so dass zunächst keine Integrationsarchitekturtypen zu eliminieren sind. Der Aktionsteil von Regel 5 ist ebenfalls nicht relevant, da als Verwendungsform „lesend und schreibend" vorgesehen ist. Erst mit Regel 6 werden die ersten Integrationsarchitekturtypen eliminiert, nämlich jene, die nur lesende Transaktionen zulassen. Es handelt sich dabei um die Typen 1, 2, 7, 10, 12, 14, 15 und 20. Aufgrund der geforderten hohen Vollständigkeit werden durch Regel 7 die Integrationsarchitekturtypen mit Replikation „virtuell" eliminiert, also die Typen 8, 9, 21 und 22. Wegen der Forderung nach Informationsobjekten mit Echtzeit-Charakteristik (Aktualität „hoch") werden durch Regel 8 alle Integrationsarchitekturtypen mit Replikation „repliziert" und asynchroner Synchronisierungskontrolle lokal-zu-global eliminiert. Dabei handelt es sich um die Integrationsarchitekturtypen 5, 6, 18 und 19. Aufgrund des nicht autonomen Verhaltens der Anwendungsarchitektur führen die Regeln 9 und 10 zu keiner weiteren Eliminierung, so dass als geeignet die Integrationsarchitekturtypen 3, 4, 11, 13, 16 und 17 verbleiben (vgl. Abbildung 6-11).

Sofern die Anforderung nach hoher Glaubwürdigkeit mit in die Betrachtung einbezogen wird, sind die Integrationsarchitekturtypen 11 und 13 besonders vorziehenswürdig, die Typen 3, 4, 16 und 17 hingegen weniger vorziehenswürdig.

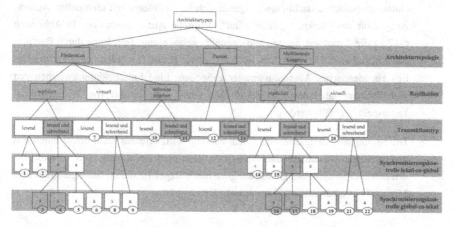

Abbildung 6-11: Grundsätzlich geeignete Integrationsarchitekturtypen
(Fallstudie „A-Unternehmen II")

Ableitung einer Aussage zur Validität der Hypothese

Auch bei dieser Fallstudie erfolgte keine Falsifizierung, denn der Interviewpartner stufte die vorgeschlagenen Integrationsarchitekturtypen als technisch geeignet ein.

6.3.5 Resümee zu den Fallstudien

Die Analyse der Fallstudien hat nicht zu einer Falsifizierung geführt, so dass die Hypothese aufrechterhalten werden kann. Die Anwendung der theoretischen Ergebnisse, d.h. der Methode zeigen einige interessante Charakteristika, die hier kurz dargestellt und kommentiert werden:

- Von den Integrationsarchitekturtypen 10 bis 13 werden in Abhängigkeit vom qualitativen Informationsbedarf und den Eigenschaften der Anwendungsarchitektur allenfalls die Typen 10 und 12 ausgeschlossen, d.h. die Typen 11 und 13 verbleiben immer in der Menge der geeigneten Integrationsarchitekturtypen. Offenbar weisen diese beiden Typen Eigenschaften auf, die sie besonders universell einsetzbar machen[381]. Die Fallstudien und die Gespräche mit den befragten Personen haben allerdings gezeigt, dass diese beiden Typen von vornherein nicht als Bestandteil des Lösungsraums gesehen werden. Der Grund liegt vermutlich darin, dass der zeitliche und finanzielle Aufwand für ihre Implementierung als prohibitiv eingeschätzt wird.

- Da die ermittelten Regeln keine Integrationsarchitekturtypen allein aufgrund ihrer Architekturtopologie ausschliessen, ergeben sich für Teilbäume mit identischen Ausprägungen für das Merkmal „Replikation" identische Ausschlussmuster. In Abbildung 6-12 ist die Typologie nochmals dargestellt, wobei einige Teilbäume durch Buchstaben benannt sind. Die Teilbäume A und C sowie B und D werden jeweils grundsätzlich ein identisches Ausschlussmuster aufweisen. Eine Entscheidung zwischen den verbleibenden Integrationsarchitekturtypen muss dann anhand von Wirtschaftlichkeitsaspekten gefällt werden.

- Die Synchronisierungskontrolle global-zu-lokal wird offenbar nicht direkt durch den qualitativen Informationsbedarf beeinflusst, denn die Eliminierung einer entsprechenden Merkmalsausprägung erfolgt lediglich durch Regel 10, die im Bedingungsteil kein Merkmal des qualitativen Informationsbedarfs enthält.

---

381 Vgl. dazu Tabelle 5-7, S. 232.

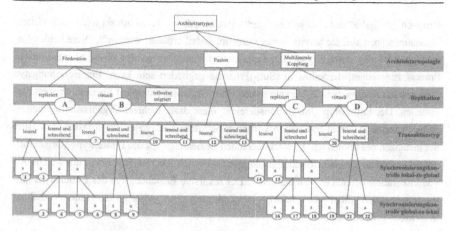

Abbildung 6-12: Betrachtung von Teilbäumen innerhalb der Typologie

6.4 Einordnung des Methodenvorschlags in ein Vorgehensmodell zur Durchführung von Integrationsvorhaben

Gegenstand dieses Abschnitts ist ein Vorgehensmodell, welches die Durchführung eines Integrationsvorhabens in mehrere Phasen gliedert. Es schliesst die oben dargestellte Phase „Vorstudie" ein und soll zeigen, wie das weitere Vorgehen unter Verwendung der in dieser Phase erzielten Ergebnisse aussehen *könnte*. Eine Validierung ist hier nicht vorzusehen, da das Vorgehensmodell nicht zur Beantwortung einer der Forschungsfragen dient.

Auch die Konstruktion des Vorgehensmodells basiert – wie die Konstruktion der Phase „Vorstudie" – auf Überlegungen aus den Kapiteln 2 bis 5.

6.4.1 Informationsmodell

Das Informationsmodell für das Vorgehensmodell (vgl.) lässt sich durch Verfeinerung des Informationsmodells für die Vorstudie herleiten. Einzelne, dafür geeignete Modellkomponenten wurden bereits in den Kapiteln 2 und 4 vorgestellt.

Zunächst ist der Entitätstyp „Informationsbedarf" zu verfeinern in die Entitätstypen „Informationsobjekttyp" und „Informationselementtyp"[382]. Anschliessend ist der Entitätstyp „Aufgabenausführung" zu konkretisieren, so dass die über einen Beziehungstyp verbundenen Enti-

---

382 Vgl. Abbildung 2-13, S. 53.

tätstypen „Aufgabe" und „Aufgabenträger" entstehen; dieses Teilkonstrukt weist noch weitere Beziehungstypen auf, die bereits weiter vorne im Detail erläutert wurden[383]. Diese beiden Entitätstypen werden durch Ergänzungen eingebettet: Aufgaben werden einem übergeordneten Prozess zugeordnet, der selbst in (Sub-)Prozesse gegliedert sein kann. Ein Beziehungstyp kann genutzt werden, um die Verantwortung einer Organisationseinheit für einen Prozess darzustellen. Der Entitätstyp „Integrationsbereich" dient dazu, mehrere Organisationseinheiten, deren Prozesse in einem Integrationsvorhaben betroffen sind, zusammenzufassen. Mit Hilfe der Instanzen des rekursiven, hierarchisierenden Beziehungstyps des Entitätstyps „Organisationseinheit" kann für einen konkreten Integrationsbereich festgestellt werden, um welche Art von Integrationsbereich es sich handelt[384]. Der rekursive Beziehungstyp des Entitätstyps „Integrationsbereich" dient – bei Bedarf – der Zerlegung eines grösseren Integrationsvorhabens in mehrere Teilvorhaben.

Aus dem relativ groben Informationsmodell für die Vorstudie ist nun noch der Entitätstyp „Anwendungsarchitektur" zu konkretisieren, d.h. zu verfeinern. Ein dafür geeignetes Teilinformationsmodell wurde in Kapitel 4 entwickelt[385] und kann hier unverändert übernommen werden. Das Teilinformationsmodell „Anwendungsarchitektur", das in der Abbildung durch eine graue Fläche hinterlegt ist, wird wie folgt „angebunden":

- Zwischen den Entitätstypen „Informationselementtyp" und „Datenelementtyp" wird der Beziehungstyp „ist zugeordnet" eingefügt[386].

- Der Entitätstyp „Aufgabenträger" wird, wie im Grundlagenkapitel (Kapitel 2) hergeleitet[387], durch eine disjunkte, totale Spezialisierung in die Entitätstypen „Anwendung" und „Person" ergänzt. Dabei entfällt die Spezialisierung durch den Entitätstyp „Kommunikationssystem", da dieser Aspekt bereits bei der Verfeinerung des Entitätstyps „Anwendungsarchitektur" im Detail berücksichtigt wurde (durch die Entitätstypen „Zugriffskomponente", „Komponente" und „Kommunikationsverbindung").

Der „ursprüngliche" Beziehungstyp „nutzt" aus dem groben Informationsmodell wird hier nur zur Verdeutlichung des Zusammenhangs nochmals dargestellt; der Beziehungstyp ist durch eine dickere Linie hervorgehoben.

---

383 Vgl. Abbildung 2-1, S. 15.
384 Vgl. Abschnitt 2.2.1, S. 28 ff.
385 Vgl. Abbildung 4-11, S. 189
386 Vgl. dazu nochmals Abbildung 2-13, S. 53.
387 Vgl. Abbildung 2-1, S. 15.

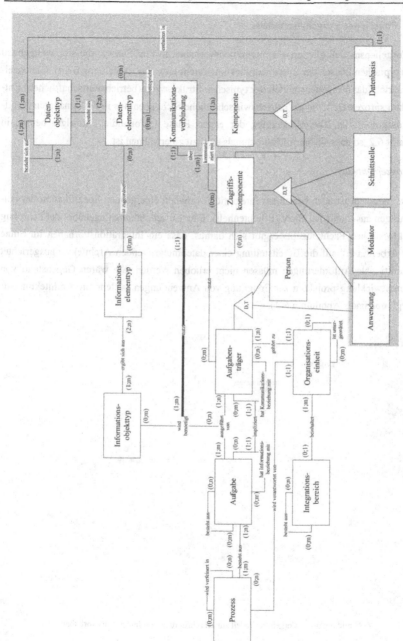

Abbildung 6-13: Informationsmodell für das Vorgehensmodell

6.4.2 Phasen des Vorgehensmodells

Das Vorgehensmodell gliedert ein Integrationsvorhaben in fünf Phasen, die sich weitgehend an den typischen Phasen der Systementwicklung orientieren (vgl. Abbildung 6-14). Gleichzeitig entspricht das Vorgehensmodell der typischen Struktur von (betriebswirtschaftlichen) Entscheidungsprozessen[388], die als betriebswirtschaftliche Sicht ebenfalls in der genannten Abbildung dargestellt ist. Die Vorstellung der ersten Phase („Vorstudie") erfolgte bereits in Abschnitt 6.2, so dass sie hier nicht nochmals explizit zu erwähnen ist.

Fachkonzeptentwurf

Das Fachkonzept ist auch bei einem Integrationsvorhaben eine genaue Spezifikation der Anforderungen aus fachlicher Sicht (Pflichtenheft). Eine Einschränkung gegenüber dem Umfang eines klassischen Fachkonzepts ergibt sich daraus, dass ein Integrationsvorhaben im Sinne dieser Arbeit „nur" auf die Bereitstellung einer datenintegrierenden Architektur ausgerichtet ist: Funktionale Anforderungen müssen nicht erhoben werden. Sie wären Gegenstand von Systementwicklungsprojekten zur Erstellung von Anwendungen, welche die Architektur nutzen (vgl. nochmals Abbildung 6-1).

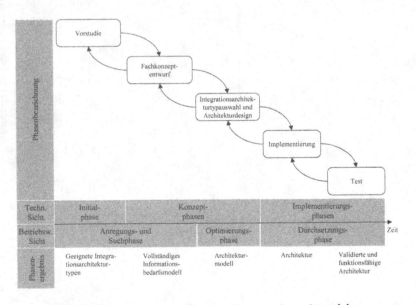

Abbildung 6-14: Vorgehensmodell zur Durchführung von Integrationsvorhaben

---

388 Vgl. Abschnitt 2.4.5, S. 65 ff.

Das zentrale Ergebnis des Fachkonzeptentwurfs ist ein vollständiges Modell des Informationsbedarfs (Informationsbedarfsmodell). Zu diesem Zweck sind die benötigten Informationsobjekttypen mit ihren Informationselementtypen zu definieren, und die Verbindung zur Aufbau- und Ablauforganisation ist herzustellen. Sofern nicht vorab genau festgelegt werden kann, welche Informationsobjekttypen benötigt werden (z.B. bei späterem Ad-hoc-Informationsbedarf), ist eine Menge von Informationselementtypen zu spezifizieren, die zur Befriedigung aller absehbaren Informationsbedarfe mit hoher Wahrscheinlichkeit ausreichend sind und bei Bedarf (ad hoc) zu Informationsobjekttypen kombiniert werden können.

Für eine detaillierte Informationsbedarfsanalyse sind verschiedene Ausgangspunkte denkbar (vgl. dazu das oben dargestellte Informationsmodell). Erstens kann ausgehend von einer bestimmten *Aufgabe* der zugehörige Aufgabenträger (oder die Aufgabenträger) ermittelt werden, welcher dann den Informationsbedarf für diese Aufgabe zu spezifizieren hat. Zweitens ist es denkbar, von einem *Prozess* auszugehen und über die Aufgabe und die Aufgabenträger den Informationsbedarf für den gesamten Prozess zu ermitteln[389]. Drittens kann als Ausgangspunkt auch eine *Organisationseinheit* gewählt werden, um für alle in ihrer Verantwortung liegenden Prozesse den Informationsbedarf zu erheben. Schliesslich könnte viertens auch ein *Integrationsbereich* zur Abgrenzung verwendet werden. Auf diese Weise wäre es auch möglich, den Informationsbedarf bei der Kooperation von Organisationseinheiten aus unterschiedlichen Unternehmen zu erheben.

Integrationsarchitekturtypauswahl und Architekturdesign

Aus der Menge der in der Vorstudie als geeignet eingestuften Integrationsarchitekturtypen ist hier anhand von wirtschaftlichen Kriterien (Effizienz) der optimale Typ auszuwählen und durch ein Design auszugestalten. Ergebnis dieser Phase ist ein Architekturmodell, d.h. ein Modell der zu realisierenden Integrationsarchitektur (Anwendungsarchitektur „wird"). Bei diesem Architekturmodell handelt es sich um eine Instanziierung des grau hinterlegten Teilinformationsmodells aus .

Um zu einer Auswahlentscheidung bezüglich der Menge geeigneter Integrationsarchitekturtypen zu kommen, ist der relevante Teil der vorhandenen Anwendungsarchitektur (Anwendungsarchitektur „ist") zu analysieren und zu dokumentieren; anschliessend kann ein Kostenvergleich mit nachfolgender Auswahl durchgeführt werden:

---

389 *Lam* und *Shankararaman* halten die Fokussierung der Geschäftsprozesse für einen zentralen Erfolgsfaktor im Rahmen von Vorgehensmodellen für Integrationsvorhaben, vgl. Lam, Shankararaman (2004), S. 41 f.

- *Analyse und Dokumentation der Anwendungsarchitektur „ist"*: Zunächst sind zu allen geforderten Informationselementtypen die zugehörigen Datenelementtypen zu identifizieren und mit Hilfe des Informationsmodells zu dokumentieren. Darauf aufbauend muss geklärt werden, in welchen Datenbasen die zugehörigen Datenobjekttypen verfügbar sind[390] und mit welchen Zugriffskomponenten diese Datenbasen ausgestattet sind. Schliesslich ist zu klären, welche Kommunikationsverbindungen für die Realisierung der Integrationsarchitektur zur Verfügung stehen.

- *Kostenschätzung*: Auf Basis des vollständigen Informationsbedarfsmodells und der im vorhergehenden Schritt genau analysierten Anwendungsarchitektur „ist", kann eine grobe Kostenschätzung für jeden der als geeignet eingestuften Integrationsarchitekturtypen vorgenommen werden. Durch einen Kostenvergleich (oder auf Basis anderer Verfahren) kann eine Auswahlentscheidung für einen der Integrationsarchitekturtypen getroffen werden.

Nachdem der zu realisierende Integrationsarchitekturtyp feststeht, sind im Rahmen des *Architekturdesigns* die Integrationskomponenten zu spezifizieren, welche der Anwendungsarchitektur „ist" hinzuzufügen sind. Im Sinne des Informationsmodells werden zu diesem Zweck zusätzliche Instanzen der Entitäts- und Beziehungstypen erzeugt, die zum Teilmodell „Anwendungsarchitektur" gehören. Soll beispielsweise der Integrationsarchitektur 2 (Data-Warehouse-System) implementiert werden, sind unter anderem eine zusätzliche Datenbasis für replizierte Datenobjekte zu modellieren sowie ein Mediator, mit dessen Hilfe später die Extraktion der Datenelemente aus den vorhandenen Datenbasen gesteuert und die Konsolidierung und Speicherung im Data Warehouse durchgeführt werden kann.

Implementierung und Test

Schliesslich ist die Anwendungsarchitektur „wird" in der modellierten Form zu implementieren und anschliessend gegen die spezifizierten Anforderungen (Informationsbedarfsmodell) zu testen. Die Implementierung besteht dabei nicht nur aus der Modifikation der vorhandenen Architekturkomponenten und der Erstellung der Integrationskomponenten, sondern ggfs. (abhängig vom gewählten Integrationsarchitekturtyp) auch aus der durchzuführenden Datenmigration und -konsolidierung.

---

390 In dieser Phase sind die Techniken aus dem Gebiet „Schemaintegration" verwendbar, die bereits in Abschnitt 4.1, S. 153 ff., erörtert wurden.

6.5 Zusammenfassung

In diesem Kapitel wurde mit dem Methodenvorschlag für die Vorstudie und insbesondere mit den Regeln zur Eliminierung von ungeeigneten Integrationsarchitekturtypen ein wissenschaftliches Modell erarbeitet, wobei auf den Ergebnissen der vorhergehenden Kapitel aufgebaut wurde. Die erfolgreiche Überprüfung des Methodenvorschlags für die Vorstudie *stützt die Gültigkeit* der in Form von Regeln angegebenen Hypothesen aus Abschnitt 6.2.4 und damit auch die Aussagen und Ergebnisse aus Kapitel 5. Als Beweis für die Gültigkeit des aufgestellten wissenschaftlichen Modells ist dies nicht anzusehen, denn eine nicht erfolgte Falsifikation kann lediglich als Begründung genutzt werden, um die Hypothese und damit das Modell aufrecht zu erhalten.

7 Schlussbetrachtung

In diesem letzten Kapitel werden zunächst die wichtigsten Ergebnisse der Arbeit in zusammengefasster Form dargestellt (Abschnitt 7.1). Daran anschliessend werden in Abschnitt 7.2 die Ergebnisse einer kritischen Bewertung unterzogen, und zwar sowohl aus wissenschaftlicher Sicht (Abschnitt 7.2.1) als auch aus Anwendungssicht (Abschnitt 7.2.2). In Abschnitt 7.3 findet sich eine Erörterung des weiteren Forschungsbedarfs, der sich aus den hier erzielten Ergebnissen ableiten lässt. Den Abschluss bildet ein Ausblick (Abschnitt 7.4), der sich insbesondere der weiteren, mutmasslichen Entwicklung der Integrationstechnologien und der Integrationsforschung widmet.

7.1 Zusammenfassung der wichtigsten Ergebnisse

Ziel der Arbeit war es, eine Hypothese zu entwickeln und zu überprüfen, die den Zusammenhang zwischen Informationsbedarf und Zustand der Anwendungsarchitektur einerseits und der Auswahl geeigneter Integrationsarchitekturtypen andererseits erklärt. Dieses Ziel wurde durch Beantwortung von vier Forschungsfragen erreicht. Die Grundlagen (für den Forschungsprozess) wurden im zweiten Kapitel erarbeitet. Die zentralen Ergebnisse dieses Kapitels sind der Bezugsrahmen, das daraus abgeleitete Integrationsmodell, das in den sich anschliessenden Kapiteln zur Einordnung der erzielten Ergebnisse verwendet wurde, sowie der für die Arbeit gültige Begriffsapparat.

Im dritten Kapitel wurde zunächst untersucht, welche qualitativen Merkmale des Informationsbedarfs aus Sicht eines Aufgabenträgers grundsätzliche Bedeutung besitzen (vgl. Forschungsfrage 1). Das Ergebnis waren zwölf Merkmale: Periodizität, Genauigkeit, Pünktlichkeit, Aktualität, Relevanz, Fehlerfreiheit, Glaubwürdigkeit, Granularität, Vollständigkeit, Zugreifbarkeit, Verwendungsform und Zugriffsschutz. Die genannten Merkmale wurden durch einen Vergleich mit Vorschlägen aus der Literatur und Befragung von zwei Experten erfolgreich überprüft.

Ebenfalls in Kapitel 3 wurden die Komponenten der Anwendungsarchitektur (Anwendungen, Datenverwaltungssysteme und Kommunikationsverbindungen) daraufhin untersucht, welche ihrer Merkmale einen Einfluss auf die Erfüllbarkeit der qualitativen Merkmale des Informationsbedarfs besitzen (vgl. Forschungsfrage 2). Zu diesem Zweck wurden in einem ersten Schritt die Merkmale des qualitativen Informationsbedarfs, die ja eine fachliche Perspektive repräsentieren, aus einer technisch geprägten Sichtweise analysiert. Die Aktualität eines Informationsobjekts beispielsweise, die ein Aufgabenträger typischerweise anhand seiner Einschätzung über die Realwelt beurteilt, ist aus technischer Perspektive nur in engen Grenzen beeinflussbar und auch beurteilbar. Die bestenfalls erreichbare Aktualität bemisst sich dabei anhand der Aktualität der zur Erzeugung des Informationsobjekts verfügbaren Datenelemente (Primärdaten). Da letztere nicht unbedingt den aktuellen Zustand des betreffenden Realweltobjekts widerspiegeln, kann die Aktualität aus technischer Perspektive lediglich anhand der Konsistenz der Primärdaten mit den bereitgestellten Informationsobjekten beurteilt werden.

In einem zweiten Schritt wurde analysiert, welche Merkmale der Anwendungsarchitekturkomponenten in welcher Art und Weise auf Merkmale des qualitativen Informationsbedarfs einwirken. Als Merkmale wurden identifiziert: Bandbreite und Verfügbarkeit der Kommunikationsverbindungen, Art und Autonomie der Zugriffskomponenten sowie die Verfügbarkeit von Datenelementtypen, Datenelementinstanzen und Metadaten.

Gegenstand des vierten Kapitels waren zunächst die methodischen Grundlagen der Datenintegration, die hauptsächlich der Informatik entstammen. Durch eine zielgerichtete Darstellung des State-of-the-Art im Bereich der Schemaintegration konnte gezeigt werden, dass bereits die Integration der Datenschemata der beteiligten lokalen Systeme zu Einschränkungen führen kann, welche die Befriedigung des Informationsbedarfs beeinträchtigen. Beispiele sind fehlende Datenelementtypen, die zu einer zumindest partiellen Nicht-Erfüllbarkeit des inhaltlichen Informationsbedarfs führen, und eine schwache Attributwertäquivalenz, welche die möglichen Operationen auf integrierten Daten auf lesende Transaktionen einschränkt. Im zweiten Teil des vierten Kapitels wurde die technische Vielfalt im Bereich der Integrationstechnologien zunächst dargestellt und anschliessend auf Basis von vier identifizierten Konstruktionsmerkmalen (Architekturtopologie, Replikation, Transaktionstyp und Synchronisierungskontrolle) zu insgesamt 22 Integrationsarchitekturtypen abstrahiert (vgl. Forschungsfrage 3). Die Typisierung wurde vorgenommen, um in späteren Kapiteln eine Bewertung von Integrationstechnologien durchführen zu können.

Im fünften Kapitel stand die Frage im Vordergrund, welche Eigenschaften verschiedene Integrationsarchitekturtypen besitzen (vgl. Forschungsfrage 4). Um diese Frage beantworten zu können, wurden zunächst die relevanten, d.h. von einem Integrationsarchitekturtyp beeinflussbaren Merkmale des qualitativen Informationsbedarfs identifiziert: Zugreifbarkeit, Pünktlichkeit, Aktualität, Verwendungsform, Vollständigkeit und Glaubwürdigkeit. Anschliessend wurden die 22 Integrationsarchitekturtypen mit Blick auf diese Merkmale bewertet.

In Kapitel 6 wurden die in den Kapiteln 3 bis 5 erzielten Ergebnisse in einen Methodenvorschlag für die Vorstudie eines Integrationsvorhabens eingebettet. Ferner wurde dieser Methodenvorschlag anhand von Fallstudien überprüft. Als Ergänzung wurde schliesslich ein Vorgehensmodell skizziert, das eine Strukturierung eines Integrationsvorhabens von der Vorstudie bis zur Inbetriebnahme aufzeigt.

7.2 Bewertung der Ergebnisse

Die Ergebnisse der vorliegenden Arbeit sind zum einen aus wissenschaftlicher Sicht zu bewerten und zum anderen aus der Perspektive der Praxis (Anwendungssicht).

7.2.1 Kritische Würdigung aus wissenschaftlicher Sicht

Aus wissenschaftlicher Sicht gilt es, die Ergebnisse hinsichtlich zweier Dimensionen zu bewerten. Einerseits stellt sich die Frage nach der *Qualität der Forschungsergebnisse*. Andererseits ist die *Adäquanz des Forschungsansatzes* zu hinterfragen.

Bewertung der Forschungsergebnisse

Zunächst stellt sich die Frage, ob die Forschungsergebnisse Relevanz besitzen. In den Kapiteln 2 und 3 wurde anhand von Beispielen aus der Praxis und der Literatur gezeigt, dass Veränderungen der Prozessarchitektur als Auslöser von Integrationsvorhaben angesehen werden können. Da sich in der Literatur keine vollständige Systematik zur Ableitung von geeigneten Integrationsarchitekturen aus derartigen Veränderungen findet, kann die entwickelte Hypothese als relevant betrachtet werden.

Eine weitere Frage besteht darin, ob die hier erarbeiteten Ergebnisse einen Erkenntnisfortschritt liefern, also einen Beitrag zur Forschungsdisziplin „Wirtschaftsinformatik" und damit ihren Mutterdisziplinen. Diese Frage kann unter dem Vorbehalt einer späteren Falsifizierung positiv beantwortet werden, denn die Ergebnisse gehen über die Ergebnisse aus den beiden verwandten Arbeiten von *Vogler* und der *OASYS-Gruppe* sowie aus dem Schrifttum hinaus. Im Detail sind insbesondere die folgenden Ergebnisbausteine der vorliegenden Arbeit zu nennen, zu denen kein Äquivalent in den verwandten Arbeiten und in der übrigen Literatur existiert[391]:

- Identifikation von Merkmalen des Informationsbedarfs und der Anwendungsarchitektur, die bei der Auswahl eines Integrationsarchitekturtyps relevant sind,

- Typisierung von Integrationsarchitekturen und

- Bewertung von Integrationsarchitekturtypen mit Blick auf die (gewünschten) Eigenschaften des Informationsbedarfs und die (gegebenen) Eigenschaften der Anwendungsarchitektur.

---

[391] Diese Auflistung darf nicht als Bewertung der anderen Arbeiten interpretiert werden, denn diesen liegen abweichende Forschungsziele und -fragen zugrunde.

Insgesamt betrachtet stellen die hier erarbeiteten Ergebnisse eine Verbindung von grundlegenden betriebswirtschaftlichen Forschungsergebnissen (unternehmerische Entscheidungsprozesse, beispielsweise nach *Heinen*) und zentralen Forschungsergebnissen zum Thema Integration aus der Wirtschaftsinformatik (exemplarisch seien genannt das „Kölner Integrationsmodell" nach *Grochla* und die „Integrierte Informationsverarbeitung" nach *Mertens*) und deren Übertragung und Weiterentwicklung bezogen auf ein aktuelles Thema (Architekturen) dar.

Bewertung des Forschungsansatzes

Die zweite Bewertungsdimension ist die Adäquanz des Forschungsansatzes. Um diese Bewertung durchführen zu können, wird zunächst das Vorgehen aus wissenschaftlicher Perspektive auf einer Metaebene dargestellt.

Das entwickelte wissenschaftliche Modell (vgl. Abbildung 7-1) ist eine Hypothese über den Zusammenhang zwischen einerseits dem qualitativen Informationsbedarf und der Beschaffenheit der Anwendungsarchitektur und andererseits den geeigneten Integrationsarchitekturtypen. Es handelt sich dabei um eine Hypothese auf abstraktem Niveau, d.h., dass sie allgemein formuliert ist, um auf verschiedene konkrete Situationen anwendbar zu sein. In Anlehnung an *Popper*[392] können Hypothesen auf abstraktem Niveau als Universalien bezeichnet werden, und solche, die sich auf konkrete Situationen (konstituiert durch Einzelbeobachtungen) beziehen, als Individualien.

Das Modell kam auf Basis verschiedener Quellen zustande. Zum einen sind die Quellen zu nennen, die sich auf Einzelbeobachtungen beziehen:

- Explorative Interviews,
- Literaturbasis, soweit sie sich auf die Beschreibung von Einzelbeobachtungen (Individualien) bezieht, und
- Erfahrungen des Verfassers aus einem grossen Forschungsprojekt und einer Studie;

Die genannten Quellen wurden genutzt, um durch Induktion zu allgemeinen Zusammenhangsvermutungen (insgesamt eine Hypothese) zu kommen. Darüber hinaus wurden bei der Hypothesenbildung auch Literaturquellen genutzt, die Universalien beinhalten; derartige Quellen entstammen in der Regel der Wissenschaft.

---

392 *Vgl.* Popper (1994), S. 35 ff.

Einzelne Bestandteile der Hypothese wurden dann zunächst durch konfirmatorische Interviews überprüft. Schliesslich wurde die Hypothese und damit das wissenschaftliche Modell insgesamt überprüft, indem es auf drei verschiedene Fälle angewendet wurde. Es wurden also aus der allgemein formulierten Hypothese Handlungsempfehlungen für konkrete Situationen (Fälle) abgeleitet, die dann mit Hilfe der Experten überprüft werden konnten.

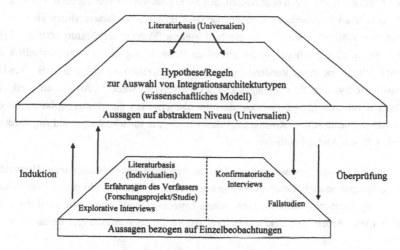

Abbildung 7-1: Erzeugung und Überprüfung des wissenschaftlichen Modells

Der gewählte Forschungsansatz kann als adäquat bezeichnet werden, denn die aufgeworfenen Forschungsfragen konnten durch das erarbeitete wissenschaftliche Modell (vorläufig) beantwortet werden. Eine weitere Frage, die sich stellt, ist die nach der intersubjektiven Nachprüfbarkeit der Ergebnisse. Obwohl mit der induktiven Ableitung einer Hypothese und ihrer nachfolgenden Überprüfung eine durchaus übliche Forschungsmethode zum Einsatz kam, ist die externe Überprüfung durch eine unumgängliche Eigenschaft dieser Arbeit (und vieler anderer wirtschaftswissenschaftlicher Arbeiten) zumindest erschwert. Die Realwelt wird durch den Forschenden beobachtet und über den Zwischenschritt eines mentalen Modells in ein wissenschaftliches Modell transformiert. Für diese Transformation war ein Bezugsrahmen und ein Begriffsapparat zu entwickeln, so dass das Problem in einer konsistenten Begriffswelt beschrieben und bearbeitet werden konnte. Diese Begriffswelt ist damit einerseits nicht standardisiert, so dass andere Forscher eine Überprüfung entweder in dieser Begriffswelt durchführen oder zuvor eine vollständige und konsistente Übertragung in eine andere (ihre) Begriffswelt durchführen müssen. Andererseits entziehen sich die hier erarbeiteten Ergebnisse einer formalen Überprüfung wie sie etwa in den formalen Wissenschaften (z.B. Mathematik, Physik) möglich ist. Durch die Explizierung des Begriffsapparats und die genaue Spezifikation der Hypothese wurden durch den Verfasser allerdings die wesentlichen Voraussetzungen für eine Überprüfung der Ergebnisse durch Andere geschaffen.

7.2.2 Kritische Würdigung aus Anwendungssicht

Dieser Abschnitt widmet sich dem Nutzen, den die Ergebnisse der vorliegenden Arbeit für die Praxis mutmasslich aufweisen. Nach Praxiserfahrungen des Verfassers stehen viele Unternehmen regelmässig vor Entscheidungen bzgl. einer effektiven Architekturgestaltung. Typische Problemstellungen liegen in der effektiven Befriedigung des Informationsbedarfs der Geschäftsleitung und in der Verwendung bestimmter Integrationsarchitekturen (z.B. eines Data-Warehouse-Systems) für ursprünglich nicht vorgesehene Zwecke[393]. Aus diesem Blickwinkel kann davon ausgegangen werden, dass die hier erzielten Forschungsergebnisse für die Praxis einen Nutzen stiften. Konkret liegt dieser Nutzen in Entscheidungs- und Argumentationshilfen für das Architekturdesign.

Eine Einschränkung ergibt sich daraus, dass die vorgeschlagene Methode unter Umständen mehrere Integrationsarchitekturtypen als geeignet einstuft. Eine Entscheidung in einem konkreten Integrationsvorhaben setzt dann weitere Untersuchungen voraus, die nicht durch Ergebnisse dieser Arbeit abgedeckt werden (vgl. dazu auch die Ausführungen im nächsten Abschnitt).

7.3 Weiterer Forschungsbedarf

Weitere Optionen bezüglich der hier vorgestellten Ergebnisse ergeben sich in zwei Dimensionen: *fortgesetzte Überprüfung* und *Erweiterung* des wissenschaftlichen Modells.

Da eine Verifizierung aus forschungsökonomischen und pragmatischen Gründen unrealistisch erscheint, ist das aufgestellte wissenschaftliche Modell weiteren Falsifizierungsversuchen zu unterwerfen. Ferner ist es beispielsweise denkbar, die Vollständigkeit der betrachteten Merkmalsmenge zum qualitativen Informationsbedarf entweder durch eine erfolglose Falsifizierung zu erhärten oder aber diese Menge durch weitere Merkmale zu ergänzen. Im zweiten Fall wäre der hier beschriebene Forschungsprozess erneut durchzuführen.

Ein weiterer zu untersuchender Aspekt ist die Wirtschaftlichkeit von Integrationsmassnahmen, die in der vorliegenden Arbeit weitgehend ausgeklammert wurde. Konkret wäre zu untersuchen, welche ökonomischen Folgen im Sinne von Leistungen und Kosten mit einzelnen

---

393 Einer vom Verfasser angefertigten Studie (Jung (2001a)) lag eine derartige Problemstellung zugrunde.

Integrationsmassnahmen und Integrationsarchitekturtypen verbunden sind. Derartige Ergebnisse könnten als Entscheidungsgrundlage dienen, wenn mehrere Integrationsarchitekturtypen als effektiv eingestuft werden.

7.4 Ausblick

Mit dem Fokus auf Integrationsarchitekturen verfolgt diese Arbeit einen Ansatz, der auf eine kurzfristige Befriedigung von neuen Informationsbedarfen bei gleichzeitiger Wiederverwendung bestehender Anwendungsarchitekturen gerichtet ist. Prinzipiell muss aber auch die Frage gestellt werden, ob „Integration" eine dauerhafte Herausforderung für die Unternehmen ist und ob eine grundsätzliche Lösung des Integrationsproblems möglich ist. Aus ökonomischer Sicht wäre eine solche Lösung langfristig betrachtet sicherlich vorziehenswürdig.

Ex-post- vs. Ex-ante-Integration

Die im vorhergehenden Abschnitt angedeutete Unterscheidung lässt sich konkretisieren, in dem die zeitliche Integrationsperspektive unterschieden wird in Ex-post- und Ex-ante-Integration.

- Von einer *Ex-post-Integration* wäre zu sprechen, wenn ein konkreter Auslöser oder Anlass vorliegt, bevor die Integrationsmassnahme geplant und durchgeführt wird. Diese Arbeit basiert auf der Annahme einer Ex-post-Integration, so dass sich entsprechende Beispiele an verschiedenen Stellen (insbesondere in den Kapiteln 1 und 2) finden.

- Als *Ex-ante-Integration* hingegen wäre ein Vorgehen zu bezeichnen, bei dem Integrationsmassnahmen geplant und durchgeführt werden, noch bevor ein Auslöser erkennbar ist. Im Kontext von Fusionen und Akquisitionen beispielsweise werden infrastrukturelle Vorarbeiten – neben organisatorischen Vorkehrungen – als kritischer Erfolgsfaktor betrachtet, der insbesondere zu einer Beschleunigung der (Unternehmens-)Integration führt[394]. Infrastrukturelle Massnahmen, die in Form von Vorleistungen erbracht werden, bewirken eine grössere Flexibilität, die ihrerseits später zu zeitlichen Vorteilen bei der Umsetzung unternehmerischer Konzepte führen kann. *Ellinger* spricht bei einem vergleichbaren Ansatz aus dem Fertigungsbereich vom „Gesetz der zeitlich optimalen Vorleistung"[395]. Er bezeichnet die Zeit, die bei einem neuen Fertigungsverfahren zur Vorbereitung der Produktionsmittel erforderlich ist, als Vorberei-

---

394 Vgl. Meier, Spang (2000), S. 8.
395 Ellinger (1959), S. 106.

tungszeit und zeigt, dass es für diese Zeit ein Optimum gibt, das die Gesamtzeit (des gesamten Prozesses) minimiert.

Die Unterscheidung in die beiden zeitlichen Integrationsperspektiven lässt sich deutlicher veranschaulichen, wenn man zunächst die Messbarkeit eines Integrationsgrads unterstellt, also eines Gütemasses für die Integration des betrieblichen Informationssystems. *Scheer* hat bereits 1990 in seinem Standardwerk „EDV-orientierte Betriebswirtschaftslehre" einen solchen (optimalen) Integrationsgrad postuliert, der sich bei einer Maximierung der Differenz von Integrationsnutzen und Integrationskosten ergibt (vgl. Abbildung 7-2).

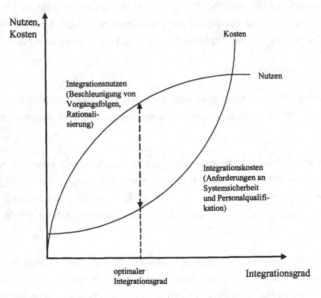

Abbildung 7-2: Optimaler Integrationsgrad nach *Scheer*[396]

Betrachtet man den Integrationsgrad allgemein oder speziell den *Daten*integrationsgrad im Zeitablauf für den Fall der Ex-post-Integration, so ergibt sich die in Abbildung 7-3 schematisch dargestellte Entwicklung. Auf der Abszisse ist der Zeitablauf abgetragen, und die Ordinate dient der Darstellung des im Untersuchungsbereich beobachtbaren Datenintegrationsgrads. Für diese Darstellung wird davon ausgegangen, dass der Datenintegrationsgrad zwischen den Extremwerten „nicht integriert" und „hoch integriert" zumindest ordinal abgeschätzt werden kann.

---

396 Scheer (1990a), S. 46.

Ein in der Praxis zu beobachtendes Phänomen ist, dass Anwendungsarchitekturen häufig um Komponenten erweitert werden, die mit ihrem Umfeld nicht oder nur unzureichend verbunden sind (Insellösungen). Derartige Entwicklungen sind dadurch zu erklären, dass häufig insbesondere wettbewerbskritische Anwendungen unter hohem Zeitdruck zu implementieren sind und deshalb zunächst nicht in optimaler Weise in die bestehende Umgebung eingebettet werden können[397]. Die Folge ist ein abnehmender Datenintegrationsgrad. Erst später wird eine Anwendungsarchitektur dann beispielsweise aufgrund von zu hohen Koordinationskosten einer nachträglichen Integrationsmassnahme unterzogen (Ex-post-Integration), die wiederum zu einem steigenden Datenintegrationsgrad führt. Phasen sinkenden und steigenden Datenintegrationsgrads wechseln einander also ab.

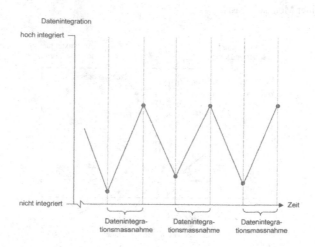

Abbildung 7-3: Schematische Entwicklung des Datenintegrationsgrads
bei Ex-post-Integration

In den Phasen eines sinkenden Datenintegrationsgrads ist auch von einer sinkenden Effektivität des betrieblichen Informationssystems auszugehen, denn die Qualität der Informationsversorgung wird durch eine abnehmende Datenintegration zwangsläufig beeinträchtigt. Diese Ineffektivität und gegebenenfalls auch die damit verbundene Ineffizienz lassen sich durch Ex-ante-Integration vermeiden. Es müssten also Integrationsinfrastrukturen geschaffen werden, welche die kurzfristige Einbindung zusätzlicher Komponenten ermöglichen, um so ein Absinken des (Daten-)Integrationsgrads weitgehend zu verhindern.

---

397 Vgl. Mertens (2000), S. 11.

Prinzipiell sind zwei Arten von Integrationsinfrastrukturen denkbar: wiederverwendungsorientierte Integrationsinfrastrukturen, die eine Weiternutzung vorhandener Architekturkomponenten ermöglichen, und serviceorientierte Integrationsinfrastrukturen, die nur durch einen weit reichenden Umbau der Anwendungsarchitektur erreichbar sind. Eine detaillierte Darstellung der beiden Arten findet sich in den beiden folgenden Abschnitten.

Wiederverwendungsorientierte Integrationsinfrastrukturen

Ein Vorschlag für eine wiederverwendungsorientierte Integrationsinfrastruktur ist in Abbildung 7-4 dargestellt. Die eigentliche Infrastruktur besteht dabei aus einer EAI-Komponente als Kernstück sowie aus einem Data Warehouse (DW), einem Operational Data Store (ODS) und einer Metadatenbasis.

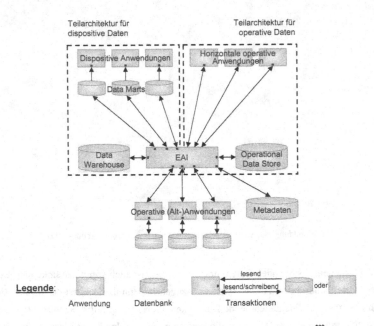

Abbildung 7-4: Wiederverwendungsorientierte Integrationsinfrastruktur[398]

Die Infrastruktur beruht auf der Überlegung, dass neue Anwendungen entweder operativen oder dispositiven Charakter mit entsprechenden qualitativen Informationsbedarfen aufweisen. Das DW dient mit Blick auf die Limitationen der Alt-Anwendungen der Abdeckung von In-

---

398 Vgl. Jung (2001b), S. 35; bei den Datenflüssen ist jeweils durch ein schwarzes Rechteck markiert, welche der beteiligten Komponenten den Datenfluss steuert bzw. auslöst.

formationsbedarfen im dispositiven Bereich, der ODS hingegen von Informationsbedarfen im operativen Bereich. Bei entsprechender Eignung der Alt-Anwendungen ist es der EAI-Komponente möglich, eine direkte Verbindung zwischen den neuen Anwendungen und den Datenbasen der Alt-Anwendungen herzustellen.

Neben der EAI-Komponente stellt die Metadatenbasis die wichtigste Komponente der Infrastruktur dar. In ihr finden sich Informationen über Datenquellen, Informationsbedarfe, Konsolidierungsoperationen usw. Nur auf dieser Basis ist es möglich, kurzfristig und effizient weitere Anwendungen zu integrieren und zusätzliche Informationsbedarfe abzudecken.

Eine Einschränkung der beschriebenen Infrastruktur ist darin zu sehen, dass durch die Entkopplung von neuen Anwendungen und vorhandenen Datenbeständen (in den Datenbasen der Alt-Anwendungen) zeitliche Friktionen in der Datenlogistik entstehen können, die für bestimmte Anwendungsszenarien zu einschränkend sind[399]. Eine sinnvolle Lösung sind serviceorientierte Integrationsinfrastrukturen, die Gegenstand der folgenden Ausführungen sind.

Serviceorientierte Integrationsinfrastrukturen

In den beiden durchgeführten konfirmatorischen Interviews konnte (quasi als Kuppelprodukt) die Erkenntnis gewonnen werden, dass verschiedene Unternehmen ihre Anwendungsarchitekturen bereits mit Blick auf serviceorientierte Integrationsinfrastrukturen umbauen. In Abbildung 7-5 ist eine solche Infrastruktur schematisch dargestellt. Das Grundprinzip liegt darin, eine konsequente Trennung der Infrastruktur in verschiedene Schichten vorzunehmen[400], die kleine und logisch stark zusammenhängende Bausteine aufweisen, die wiederum flexibel kombiniert werden können:

- Schicht „Geschäftsobjekte": Datenobjekttypen und die auf ihnen ausführbaren Operationen werden zu so genannten Geschäftsobjekten (z.B. „Kunde", „Versicherungsvertrag") zusammengefasst. Der Vorteil liegt darin, dass Datenredundanz vollständig ausgeschlossen wird und dass die Geschäftsobjekte für beliebige Verwendungen genutzt werden können. Aufgrund der stark objektorientierten Ausrichtung der Schicht „Geschäftsobjekte" bietet sich der CORBA-Ansatz für die Implementierung an.

- Schicht „Anwendungslogik": In dieser Schicht werden elementare Funktionen bzw. Aufgaben (z.B. „Vertragsauflösung") unter Verwendung der Geschäftsobjekte automatisiert und bereitgestellt. Logisch zusammengehörige Funktionen werden zu Struk-

---

399 Vgl. dazu auch Fleisch, Österle (2004), S. 8.
400 Zu einem ähnlichen Vorschlag vgl. Winter (2003).

turierungszwecken in so genannten „Anwendungsdomänen" zusammengefasst. Die Zusammenfassung und Steuerung mehrerer Funktionen in Form von Abläufen bzw. Prozessen kann auf dieser Schicht durch Workflow-Management-Systeme operationalisiert werden.

* Schicht „Präsentation": Diese Schicht stellt einen individualisierten Zugriff auf die Anwendungslogik für die unterschiedlichen Benutzergruppen (z.B. „Sachbearbeiter") bereit.

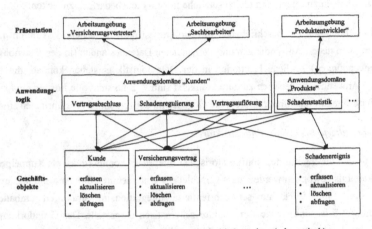

Abbildung 7-5: Serviceorientierte Integrationsinfrastruktur (schematisch)
eines Versicherungsunternehmens

Als Integrationsinfrastruktur ist die dargestellte Konzeption deshalb zu bezeichnen, weil das Hinzufügen neuer Komponenten (Anwendergruppen, Funktionen, Geschäftsobjekte) bei gleichzeitiger Verwendung bereits vorhandener Komponenten einfach durchgeführt werden kann. Der wesentliche Nachteil dieser Konzeption ist in den hohen Anfangsinvestitionen zu sehen. Das Isolieren von Geschäftsobjekten und der damit verbundene Umbau der bestehenden Anwendungen sind aufwändig und nur mittelfristig umsetzbar.

Mit Blick auf die kommenden Jahre lässt sich das folgende Resümee formulieren. Die zentralen Herausforderungen im Bereich der Integration des betrieblichen Informationssystems liegen zum einen in kurzfristigen Integrationsmassnahmen, für welche die vorliegende Arbeit wesentliche Grundlagen schafft. Zum anderen ist die Integration aber auch langfristig zu betrachten: Es sind infrastrukturelle Voraussetzungen zu schaffen, um in der Folge Anwendungen schnell und effizient integrieren, aber auch desintegrieren zu können.

Die Integration wird auch in Zukunft eine zentrale unternehmerische Aufgabe bleiben, denn Veränderungen mit Auswirkungen auf die Prozesse und das betriebliche Informationssystem gehören zum geschäftlichen Alltag. Das Ziel muss daher aus betriebswirtschaftlicher Sicht in einer optimalen Vorbereitung des betrieblichen Informationssystems auf diese Veränderungen liegen, so dass Anpassungsfähigkeit und Flexibilität gegeben sind.

Literaturverzeichnis

Ahlemann (2002)
Ahlemann, F.: Das M-Modell – Eine konzeptionelle Informationssystemarchitektur für die Planung, Kontrolle und Koordination von Projekten (Projekt-Controlling); Arbeitsbericht des Fachgebiets Betriebswirtschaftslehre/Organisation und Wirtschaftsinformatik; Universität Osnabrück 2002.

Aiken et al. (1999)
Aiken, P., Yoon, Y., Leong-Hong, B.: Requirements-driven data engineering; Information & Management 35 (1999), S. 155-168.

Alpar et al. (2000)
Alpar, P., Grob, H.L., Weimann, P., Winter, R.: Anwendungsorientierte Wirtschaftsinformatik – Eine Einführung in die strategische Planung, Entwicklung und Nutzung von Informations- und Kommunikationssystemen, 2. Aufl.; Braunschweig, Wiesbaden: Vieweg 2000.

Ammann, Lehmann (2000)
Ammann, R., Lehmann, P.: Weshalb eine Vorstudie zu einem unternehmensweiten Data Warehouse; in: Jung, Winter (2000b), S. 169-179.

Arndt, Gersten (2001)
Arndt, D., Gersten, W.: Data Management in Analytical Customer Relationship Management; in: Gersten, W., Vanhoof, K. (Hrsg.): Data Mining for Marketing Applications, 12th European Conference on Machine Learning (ECML'01) and 5th European Conference on Principles and Practice of Knowledge Discovery in Databases (PKDD'01), S. 25-38,
http://www.informatik.uni-freiburg.de/~ml/ecmlpkdd/WS-Proceedings/w10/workshop_notes.pdf, Abruf am 2002-10-30.

Bach, Österle (2000)
Bach, V., Österle, H. (Hrsg.): Customer Relationship Management in der Praxis – Erfolgreiche Wege zu kundenzentrierten Lösungen; Berlin et al.: Springer 2000.

Balzert (2000)
Balzert, H.: Lehrbuch der Software-Technik, Bd. 1: Softwareentwicklung, 2. Aufl; Heidelberg, Berlin: 2000.

Bange (2003)
Bange, C.:Von ETL zur Datenintegration; IT Fokus (2004) 3/4, S. 12-16.

Bank for International Settlements (2001)
Bank for International Settlements (Hrsg.): The New Basel Capital Accord; Basel 2001, http://www.bis.org/ publ/ bcbsca03.pdf, Abruf am 2003-04-25.

Barja et al. (1998)
Barja, M.L., Bratvold, T., Myllymaki, J., Sonnenberger, G.: Informia: a Mediator for Integrated Access to Heterogeneous Information Sources; in: Makki, K., Bouganim, L. (Hrsg.): Proceedings of the seventh international conference on Information and knowledge management; New York: ACM Press 1998, S. 234-241.

Batini et al. (1986)
Batini, C., Lenzerini, M., Navathe, S.B.: A Comparative Analysis of Methodologies for Database Schema Integration; ACM Computing Surveys 18 (1986) 4, S. 323-364.

Bauer (1997)
Bauer, S.: Auswirkungen der Informationstechnologie auf die vertikale Integration von Unternehmen; Frankfurt/M. et al.: Lang 1997.

Bauer, Günzel (2001)
Bauer, A., Günzel, H. (Hrsg.): Data Warehouse Systeme – Architektur, Entwicklung, Anwendung; Heidelberg: dpunkt-Verlag 2001.

Baumöl (2003)
Baumöl, U.: Business Engineering – Ein ganzheitlicher Ansatz für einen erfolgreichen Integrationsprozess im Rahmen von Unternehmensakquisitionen; in: Wurl, H.-J. (Hrsg.): Industrielles Beteiligungscontrolling; Stuttgart: Schäffer Poeschel 2003, S. 241-260.

Baumöl (1998)
Baumöl, U.: Die (R-)Evolution im Informationsmanagement; Wiesbaden: Gabler 1998.

Becker (2001)
Becker, J.: Integrationsorientierte Wirtschaftsinformatik – Auf dem Weg zu einer Theorie der Integration; in: Website "Wissensmanagement" anlässlich des 60. Geburtstags von Prof. Dr. Dr. h.c. August-Wilhelm Scheer, http://www.aws60.de; Abruf am 2001-08-06.

Benetti et al. (2002)
Benetti, I., Beneventano, D., Bergamaschi, S., Guerra, F., Vincini, M.: An Information Integration Framework for E-Commerce; IEEE Intelligent Systems 17 (2002) 1, S. 18-25.

Bernstein (1996)
Bernstein, P.A.: Middleware – A Model for Distributed System Services; Communications of the ACM 39 (1996) 2, S. 86-98.

Bernstein, Goodman (1981)
Bernstein, P.A., Goodman, N.: Concurrency Control in Distributed Database Systems; ACM Computing Surveys 13 (1981) 2, S. 185-221.

Berry, Linoff (2000)
Berry, M.J.A., Linoff, G.S.: Mastering Data Mining – The Art and Science of Customer Relationship Management; New York et al.: Wiley 2000.

Beuter, Dadam (1996)
Beuter, T., Dadam, P.: Prinzipien der Replikationskontrolle in verteilten Datenbanksystemen; Informatik – Forschung und Entwicklung 11 (1996), S. 203-212.

Bhaskaran, Schmidt (2004)
Bhaskaran, K., Schmidt, M.-T.: WebSphere Business Integration: An architectural overview; IBM Systems Journal 43 (2004) 2, S. 238-254.

Blattmann, Schmitz (2001)
Blattmann, A., Schmitz, H.: Multidimensionale Auswertungen im Controlling – Die Verbindung von fachlichen Grundlagen und praktischen Anforderungen für Business Intelligence Werkzeuge; Kostenrechnungspraxis 45 (2001) 1, S. 13-21.

Bleicher (1991)
Bleicher, K.: Das Konzept Integriertes Management; Frankfurt, New York: Campus 1991.

Böhnlein, Ulbirch vom Ende (1999)
Böhlein, M., Ulbrich vom Ende, A.: XML – Extensible Markup Language; Wirtschaftsinformatik 41 (1999) 3, S. 274-276.

Bon et al. (2003)
Bon, M, Ritter, N., Steiert, H.-P.: Modellierung und Abwicklung von Datenflüssen in unternehmensübergreifenden Prozessen; in: Weikum, G., Schöning, H., Rahm, E. (Hrsg.): BTW 2003: Datenbanksysteme für Business, Technologie und Web; Bonn, Berlin: Bonner Köllen Verlag 2003, S. .433-442.

Bouguettaya et al. (1999)
Bouguettaya, A., Benatallah, B., Elmagarmid, A.: An Overview of Multidatabase Systems: Past and Present; in: Elmagarmid, A., Rusinkiewicz, M., Sheth, A. (Hrsg.): Heterogeneous Autonomous Database Systems; San Francisco: Morgan Kaufman Publishers 1999, S. 1-32.

Brenner (1995)
Brenner, C.: Techniken und Metamodell des Business Engineering, Dissertationsschrift; Bamberg: Difo-Druck 1995.

Brenner (1994)
Brenner, W.: Grundzüge des Informationsmanagements; Berlin, Heidelberg: Springer 1994.

Brenner (1993)
Brenner, W.: Konzepte des Informationssystem-Managements, Habilitationsschrift; Universität St.Gallen 1993.

Britton (2001)
Britton, C.: IT Architectures and Middleware – Strategies for Building Large, Integrated Systems; Boston et al.: Addison-Wesley 2001.

Brohmann et al. (2003)
Brohmann, M.K., Watson, R.T., Piccoli, G., Parasuraman, A.: Data Completeness: A key to effective net-based customer service systems; Communications of the ACM 46 (2003) 6, S. 47-51.

Bunjes et al. (2002)
Bunjes, B., Friebe, J., Götze, R., Harren, A.: Integration von Daten, Anwendungen und Prozessen am Beispiel des Telekommunikationsunternehmens EWE TEL; Wirtschaftsinformatik 44 (2002) 5, S. 415-423.

Burkert (2000)
    Burkert, H.: Datenschutz; in: Jung, Winter (2000b), S. 117-125.

Calvanese et al. (2000)
    Calvanese, D., De Giacomo, G., Lenzerini, M., Nardi, D., Rosati, R.: Source Integration;
    in: Jarke, M., Lenzerini, M., Vassiliou, Y., Vassiliadis, P. (Hrsg): Fundamentals of Data
    Warehouses; Berlin et al.: Springer 2000, S. 27-45.

Calvanese et al. (1998)
    Calvanese, D., De Giacomo, G., Lenzerini, M., Nardi, D., Rosati, R.: Information Inte-
    gration: Conceptual Modeling and Reasoning Support; in: Halper, M. (Hrsg.): Proceed-
    ings of the 6th International Conference on Cooperative Information Systems
    (CoopIS'98), New York: IEEE Computer Society 1998, S. 280-291.

Castano et al. (2001)
    Castano, S., De Antonellis, V., De Capitani di Vimercati, S.: Global Viewing of Hetero-
    geneous Data Sources; IEEE Transactions on Knowledge and Data Engineering 13
    (2001) 2, S. 277-297.

Chakravarthy, Lorange (1991)
    Chakravarthy, B.S., Lorange, P.: Managing the Strategy Process – A Framework for a
    Multibusiness Firm; Englewood Cliffs: Prentice Hall 1991.

Chen (1976)
    Chen, P.P.-S.: The Entity-Relationship Model - Toward a Unified View of Data; ACM
    Transactions on Database Systems 1 (1976) 1, S. 9-36.

Cody et al. (2002)
    Code, W.F., Kreulen, J.T., Krishna, V., Spangler, W.S.: The integration of business intel-
    ligence and knowledge management; IBM Systems Journal 41 (2002) 4, S. 697-713.

Cohen (1998)
    Cohen, W.W.: Integration of Heterogeneous Databases Without Common Domains Us-
    ing Queries Based on Textual Similarity; in: Haas, L.M., Tiwary, A. (Hrsg.): SIGMOD
    1998, Proceedings ACM SIGMOD International Conference on Management of Data;
    New York: ACM Press 1998, S. 201-212.

Conrad (2002)
    Conrad, S.: Schemaintegration – Integrationskonflikte, Lösungsansätze, aktuelle Heraus-
    forderungen; Informatik – Forschung und Entwicklung 17 (2001) 3, S. 101-111.

Conrad (1997)
    Conrad, S.: Föderierte Datenbanksysteme – Konzepte der Datenintegration; Berlin et al.:
    Springer 1997.

Cummins (2002)
    Cummins, F.A.: Enterprise Integration – An Architecture for Enterprise Application and
    Systems Integration; New York et al.: Wiley 2002.

Dangelmaier et al. (2002)
    Dangelmaier, W., Lessing, H., Pape, U., Rüther, M.: Klassifikation von EAI-Systemen;
    HMD – Praxis der Wirtschaftsinformatik (2002) 225, S. 61-71.

Dempsey, Heery (1998)
Dempsey, L., Heery, R.: Metadata: A current view of practice and issues; Journal of Documentation 54 (1998) 2, S. 145-172.

Dessloch et al. (2003)
Dessloch, S., Maier, A., Mattos, N., Wolfson, D.: Information Integratoin – Goals and Challenges; Datenbank-Spektrum 3 (2003) 6, S. 7-13.

Dippold et al. (2001)
Dippold, R., Meier, A., Ringgenberg, A., Schnider, W, Schwinn, K.: Unternehmensweites Datenmanagement – Von der Datenbankadministration bis zum modernen Informationsmanagement, 3. Aufl.; Braunschweig, Wiesbaden: Vieweg 2001.

Domenig, Dittrich (1999)
Domenig, R., Dittrich, K.R.: An Overview and Classification of Mediated Query Systems; ACM SIGMOD Record 28 (1999) 3, S. 63-72.

Eicker (2001)
Eicker, S.: Stichwort „Repository"; in: Mertens, P. et al. (Hrsg.): Lexikon der Wirtschaftsinformatik, 4. Aufl.; Berlin et al.: Springer 2001, S. 401-402.

Eicker (1996)
Eicker, S.: Management der Ressource „Daten" im Unternehmen - Aufgaben des Datenmanagements unter besonderer Berücksichtigung der integrationsorientierten Datendokumentation, Habilitationsschrift; Frankfurt (Oder) 1996.

Eicker (1994)
Eicker, S.: IV-Dictionary - Konzepte zur Verwaltung betrieblicher Metadaten; Berlin et al.: de Gruyter 1994.

Ehrenberg, Heine (1998)
Ehrenberg, D., Heine, P.: Konzept zur Datenintegration für Management Support Systeme auf der Basis uniformer Datenstrukturen; Wirtschaftsinformatik 40 (1998) 6, S. 503-512.

El Himer et al. (2001)
El Himer, K., Klem, C., Mock, P.: Marketing Intelligence – Lösungen für Kunden- und Kampagnenmanagement, Bonn: Galileo Press 2001.

Ellinger (1959)
Ellinger, Th.: Ablaufplanung; Stuttgart: Poeschel 1959.

Elmagarmid et al. (1999)
Elmagarmid, A., Du, W., Ahmed, R. : Local Autonomy and Its Effects on Multidatabase Systems; in: Elmagarmid, A., Rusinkiewicz, M., Sheth, A. (Hrsg.): Heterogeneous Autonomous Database Systems; San Francisco: Morgan Kaufman Publishers 1999, S. 33-55.

Elmasri, Navathe (2002)
Elmasri, R., Navathe, S.B.: Grundlagen von Datenbanksystemen, 3. Aufl.; München: Pearson 2002.

Exner (2000)
Exner, A.: Erfahrungen beim Aufbau eines Data Warehouses im Controlling; in: Muksch, H, Behme, W. (Hrsg.): Das Data Warehouse-Konzept – Architektur, Datenmodelle, Anwendungen, 4. Aufl.; Wiesbaden: Gabler 2000, S. 469-483.

Ferstl, Sinz (2001)
Ferstl, O.K., Sinz, E.J.: Grundlagen der Wirtschaftsinformatik, Band 1, 4. Aufl.; München, Wien: Oldenbourg 2001.

Fleisch (2001)
Fleisch, E.: Das Netzwerkunternehmen – Strategien und Prozesse zur Steigerung der Wettbewerbsfähigkeit in der „Networked Economy"; Berlin et al.: Springer 2001.

Fleisch, Österle (2004)
Fleisch, E., Österle, H.: Auf dem Weg zum Echtzeit-Unternehmen; in: Alt, R., Österle, H. (Hrsg.): Real-time Business – Lösungen, Bausteine und Potenziale des Business Networking; Berlin et al.: Springer 2004, S. 3-17.

Foegen, Battenfeld (2001)
Foegen, M., Battenfeld, J.: Die Rolle der Architektur in der Anwendungsentwicklung; Informatik Spektrum 24 (2001) 5, S. 290-301.

Fong, Zeng (1997)
Fong, J., Zeng, X.: Data Warehouse for Decision Support; in: Fong, J. (Hrsg.): Data Mining, Data Warehousing & Client/Server Databases, Proceedings of the 8th International Database Workshop; Singapore : Springer 1997, S. 195-207.

Forrester (1972)
Forrester, J.W.: Grundzüge der Systemtheorie; Wiesbaden: Gabler 1972.

Foster, Grossmann (2003)
Foster, I., Grossmann, R.L.: Data Integration in a Bandwidth-Rich World; Communications of the ACM 46 (2003) 11, S. 51-57.

Frese (2000)
Frese, E.: Grundlagen der Organisation – Konzept, Prinzipien, Strukturen 8. Aufl.; Wiesbaden: Gabler 2000.

Garzotto (2000)
Garzotto, A.: MASY – Ein Erfahrungsbericht zum Thema Data Warehouse; in: Jung, Winter (2000b), S. 161-167.

Genesereth (o.J.)
Genesereth, M.R.: Infomation Integration Using Infomaster; Stanford University, http://infomaster.stanford.edu/infomaster-info.html, Abruf am 2004-11-22.

Genesereth et al. (1997)
Genesereth, M.R., Keller, A.M., Duschka, O.M.: Infomaster: An Information Integration System, in: Peckham, J. (Hrsg.): SIGMOD 1997, Proceedings ACM SIGMOD International Conference on Management of Data; New York: ACM Press 1997, S. 539-542.

Gerard (1998)
Gerard, P.: Standardsoftware in Banken – Grenzen und Alternativen aus Sicht der Deutschen Bank; Wirtschaftsinformatik 40 (1998) 5, S. 464-465.

Gerth (2001)
Gerth, N.: Zur Bedeutung eines neuen Informationsmanagements für den CRM-Erfolg; in: Link, J. (Hrsg.): Customer Relationship Management – Erfolgreiche Kundenbeziehungen durch integrierte Informationssysteme; Berlin et al.: Springer 2001, S. 103-116.

Gertz et al. (2004)
Gertz, M., Özsu, M.T., Saake, G., Sattler, K.-U.: Report on the Dagstuhl Seminar „Data Quality on the Web"; SIGMOD Record 33 (2004) 1, S. 127-132.

Gluchowski (2001)
Gluchowski, P.: Business Intelligence – Konzepte, Technologien und Einsatzbereiche; HMD – Praxis der Wirtschaftsinformatik 38 (2001) 222, S. 5-15.

Goodhue, Wybo (1992)
Goodhue, D.L., Wybo, M.D.: The impact of data integration on the costs and benefits of information systems; MIS Quarterly 16 (1992) 3, S. 293-311.

Goodhue et al. (1988)
Goodhue, D.L., Quillard, J.A., Rockart, J.F.: Managing The Data Resource: A Contingency Perspective; MIS Quarterly 12 (1988) 3, S. 372-392.

Gray et al. (1996)
Gray, J., Helland, P., O'Neil, P., Shasha, D.: The Dangers of Replication and a Solution; in: Widom, J. (Hrsg.): Proceedings of the 1996 ACM SIGMOD international conference on Management of data, New York: ACM Press, S. 173-182.

Gronover et al. (2003)
Gronover, S., Riempp, G., Gebert, H., Bach, V.: Customer Relationship Management – Ausrichtung von Marketing, Verkauf und Service am Kunden; in: Österle, H., Winter, R. (Hrsg.): Business Engineering – Auf dem Weg zum Unternehmen des Informationszeitalters, 2. Aufl.; Berlin et al.: Springer 2003, S. 267-287.

Gutzwiller (1994)
Gutzwiller, Th.: Das CC RIM-Referenzmodell für den Entwurf von betrieblichen, transaktionsorientierten Informationssystemen, Heidelberg: Physica1994.

Haas et al. (2002)
Haas, L.M., Lin, E.T., Roth, M.A.: Data integration through database federation; IBM Systems Journal 41 (2002) 4, S. 578-596.

Haas et al. (2001)
Haas, L.M., Schwarz, P.M., Kodali, P., Kotlar, E., Rice, J.E., Swope, W.C.: DiscoveryLink: A system for integrated access to life science data sources; IBM Systems Journal 40 (2001) 2, S. 490-510.

Haas et al. (1999)
Haas, L.M., Miller, R.J., Niswonger, B., Roth, M.T., Schwarz, P.M., Wimmers, E.L.: Transforming heterogeneous data with database middleware: Beyond integration; IEEE Data Engineering Bulletin 22 (1999) 1, S. 31-36.

Hahn, Hungenberg (2001)
Hahn, D., Hungenberg, H.: PuK – Controlling-Konzepte, 6. Aufl.; Wiesbaden: Gabler 2001.

Halevy (2001)
Halevy, A.Y.: Answering queries using views: A survey; The VLDB Journal (2001) 10, S. 270–294.

Hammer, McLeod (1993)
Hammer, J., McLeod, D.: An Approach to Resolving Semantic Heterogeneity in a Federation of Autonomous, Heterogeneous Database Systems; International Journal of Intelligent & Cooperative Information Systems 2 (1993) 1, S. 51-83.

Hammer, McLeod (1979)
Hammer, M., McLeod, D.: On Database Management System Architecture; Technical Report MIT/LCS/TM-141, Cambridge: Massachusetts Institute of Technology 1979.

Hansen, Neumann (2001)
Hansen, H.R., Neumann, G.: Wirtschaftsinformatik I – Grundlagen betrieblicher Informationsverarbeitung, 8. Aufl.; Stuttgart: Lucius & Lucius 2001.

Hasselbring (2002)
Hasselbring, W.: Web Data Integration for E-Commerce Applications; IEEE Multimedia 9 (2002) 1, S. 16-25.

Hatch (1997)
Hatch, M.J.: Organization Theory – Modern Symbolic and Postmodern Perspectives; New York: Oxford University Press 1997.

Heilmann (1989)
Heilmann, H.: Integration: Ein zentraler Begriff der Wirtschaftsinformatik im Wandel der Zeit; HMD – Praxis der Wirtschaftsinformatik 26(1989) 150, S. 46-58.

Heimbinger, McLeod (1985)
Heimbinger, D., McLeod, D.: A Federated Architecture for Information Management; ACM Transactions on Office Information Systems 3 (1985) 3, S. 253-278.

Heine (1999)
Heine, P.: Unternehmensweite Datenintegration – Modular-integrierte Datenlogistik in betrieblichen Informationssystemen; Stuttgart, Leipzig: B.G. Teubner 1999.

Heinen (1976)
Heinen, E.: Grundlagen betriebswirtschaftlicher Entscheidungen – Das Zielsystem der Unternehmung; Wiesbaden: Gabler 1976.

Heinrich (1999)
Heinrich, L.J.: Informationsmanagement, 6. Aufl.; München, Wien: Oldenbourg 1999.

Heinzl et al. (2001)
    Heinzl, A., König, W., Hack, J.: Erkenntnisziele der Wirtschaftsinformatik in den nächs-
    ten zehn Jahren; Wirtschaftsinformatik 43 (2001) 3, S. 223-233.

Helfert (2002)
    Helfert, M.: Planung und Messung der Datenqualität in Data-Warehouse-Systemen, Dis-
    sertationsschrift; Bamberg: Difo-Druck 002.

Hergula, Härder (1999)
    Hergula, K, Härder, T.: Eine Abbildungsbeschreibung zur Funktionsintegration in hete-
    rogenen Anwendungssystemen; in: Proceedings 4. Workshop "Föderierte Datenbanken",
    Integration heterogener Informationsquellen; TU Berlin 1999, http://cis.cs.tu-
    berlin.de/Forschung/FDBS-99/hergula_final.ps, Abruf am 2003-05-21.

Hesse et al. (1994)
    Hesse, W., Barkow, G., von Braun, H., Kittlaus, H.-B., Scheschonk, G.: Terminologie
    der Softwaretechnik, Ein Begriffssystem für die Analyse und Modellierung von Anwen-
    dungssystemen, Teil 1: Begriffssystematk und Grundbegriffe; Informatik Spektrum 17
    (1994) 1, S. 39-46.

Hildebrand (1992)
    Hildebrand, K.: Ein Referenzmodell für Informationssystem-Architekturen; Information
    Management 7 (1992) 3, S. 6-12.

Holl (1999)
    Holl, A.: Empirische Wirtschaftsinformatik und Erkenntnistheorie; in: Becker, J., Schüt-
    te, R., Wendt, O., Zelewski, S. (Hrsg.): Wirtschaftsinformatik und Wissenschaftstheorie –
    Bestandsaufnahme und Perspektiven; Gabler: Wiesbaden 1999, S. 163-207.

Holten (2001)
    Holten, R.: Stichwort „Metamodell"; in: Mertens, P. et al. (Hrsg.): Lexikon der Wirt-
    schaftsinformatik, 4. Aufl.; Berlin et al.: Springer 2001, S. 300-301.

Holten (2003)
    Holten, R.: Integration von Informationssystemen; Wirtschaftsinformatik 45 (2003) 1,
    S. 41-52.

Holten et al. (2001)
    Holten R., Knackstedt, R., Becker, J.: Betriebswirtschaftliche Herausforderungen durch
    Data-Warehouse-Technologien; in: Schütte, R., Rotthowe, Th., Holten R. (Hrsg.): Data
    Warehouse Managementhandbuch – Konzepte, Software, Erfahrungen; Berlin et al.:
    Springer 2001, S. 41-64.

Holthuis (2000)
    Holthuis, J.: Grundüberlegungen für die Modellierung einer Data Warehouse-Datenbasis;
    in: Muksch, H, Behme, W. (Hrsg.): Das Data Warehouse-Konzept – Architektur, Daten-
    modelle, Anwendungen, 4. Aufl.; Wiesbaden: Gabler 2000, S. 149-188.

Horváth (1996)
    Horváth, P.: Controlling, 6. Aufl.; München: Vahlen 1996.

House of Representatives (2002)
House of Representatives of the United States of America: Sarbanes-Oxley Act of 2002, Washington 2002; http://www.law.uc.edu/CCL/SOact/soact.pdf, Abruf am 2004-09-04.

Hull (1997)
Hull, R.: Managing Semantic Heterogeneity in Databases: A Theoretical Perspective; in: Mendelzon, A., Özsoyoglu, Z.M. (Hrsg.): Proceedings of the sixteenth ACM SIGACT-SIGMOD-SIGART symposium on Principles of database systems; New York: ACM Press 1997, S. 51-61.

IBM (1984)
IBM Corporation: Business Systems Planning - Information Systems Planning Guide, 4. Aufl., IBM-Form GE20-0527-4, Atlanta: IBM Corp. 1984.

Inmon (1992)
Inmon, W.H.: Building the Data Warehouse; New York et al.: Wiley 1992.

ISO (1988)
ISO: Information Processing, Text and Office Systems - Office Document Architecture (ODA) and Interchange Format (ODIF), ISO 8613; Genf: International Organization for Standardization 1988.

ISO TC 154 (1988)
ISO Technical Committee (TC) 154: Electronic data interchange for administration, commerce and transport (EDIFACT) - Application level syntax rules, ISO 9735; Genf: International Organization for Standardization 1988.

Ives et al. (1999)
Ives, Z.G., Florescu, D., Friedman, M., Levy, A., Weld, D.S.: An Adaptive Query Execution System for Data Integration; in: Delis, A., Faloutsos, C., Ghandeharizadeh, S. (Hrsg.): SIGMOD 1999, Proceedings ACM SIGMOD International Conference on Management of Data; New York: ACM Press 1999, S. 299-310.

Jablonski (1991)
Jablonski, S.: Konzepte der verteilten Datenverwaltung; HMD – Handbuch der modernen Datenverarbeitung 28 (1991) 157, S. 3-21.

Jaeger et al. (2000)
Jaeger, G., Auer, E., Luef, W.: Customer Relationship Management bei der Credit Suisse am Beispiel des Projektes Customer Management – Processes and Systems (CM-PS) ; in: Bach, Österle (2000), S. 87-107.

Jung (2001a)
Jung, R.: Studie "Strategische unternehmensweite Sicht bzgl. Datenintegration (Datenmanagement/Data Warehousing)", unveröffentlicht; Frankfurt/Main 2001.

Jung (2001b)
Jung, R.: Gestaltung einer datenintegrierenden Architektur für dispositive und operative Zwecke; HMD – Praxis der Wirtschaftsinformatik 38 (2001) 222, S. 29-37.

Jung (1998)
Jung, R.: Reverse Engineering konzeptioneller Datenschemata – Vorgehensweisen und Rekonstruierbarkeit für Cobol-Programme; Wiesbaden: Deutscher Universitäts-Verlag 1998.

Jung, Winter (2000a)
Jung, R., Winter, R.: Data Warehousing – Nutzungsaspekte, Referenzarchitektur und Vorgehensmodell; in: Jung, Winter (2000b), S. 3-20.

Jung, Winter (2000b)
Jung, R., Winter, R. (Hrsg.): Data Warehousing Strategie – Erfahrungen, Methoden, Visionen; Berlin et al.: Springer 2000.

Jung, Winter (2000c)
Jung, R., Winter, R. (Hrsg.): Data Warehousing 2000 – Methoden, Anwendungen, Strategien, Proceedings der Konferenz „Data Warehousing 2000"; Heidelberg: Physica2000

Kachur (2000)
Kachur, R.: Data Warehouse Management Handbook; Paramus: Prentice Hall 2000.

Kalogeraki et al. (2002)
Kalogeraki, V., Gunpulos, D., Zeinalipour-Yazti, D.: A Local Search Mechanism for Peer-to-Peer Networks; in: Nicholas, C. (Hrsg.): Proceedings of the eleventh international conference on Information and knowledge management; New York: ACM Press 2002, S. 300-307.

Kehl, Rudolph (2001)
Kehl, R.E., Rudolph, B.J.: Warum CRM-Projekte scheitern; in: Link, J. (Hrsg.): Customer Relationship Management – Erfolgreiche Kundenbeziehungen durch integrierte Informationssysteme; Berlin et al.: Springer 2001, S. 253-273.

Keller (2002)
Keller, W.: Enterprise Application Integration – Erfahrungen aus der Praxis; Heidelberg: Dpunkt 2002.

Kemper (1999)
Kemper, H.-G.: Architektur und Gestaltung von Management-Unterstützungs-Systemen – Von isolierten Einzelsystemen zum integrierten Gesamtansatz; Stuttgart, Leipzig: B.G. Teubner 1999.

Kirsch, Klein (1977)
Kirsch, W., Klein H.K.: Management-Informationssysteme I – Wege zur Rationalisierung der Führung; Stuttgart et al.: Kohlhammer 1977.

Knolmayer, Myrach (1997)
Knolmayer, G., Myrach, Th.: Die Berücksichtigung fehlerhafter Daten durch historisierende Datenhaltung; in: Fischer, Th.R., Hömberg, R. (Hrsg.): Jahresabschluß und Jahresabschlußprüfung – Probleme, Perspektiven, internationale Einflüsse; Düsseldorf: IDW-Verlag 1997, S. 863-905.

Knolmayer, Myrach (1996)
Knolmayer, G., Myrach, Th.: Zur Abbildung zeitbezogener Daten in betrieblichen Informationssystemen; Wirtschaftsinformatik 38 (1996) 1, S. 63-74.

Koch (2001)
Koch, C.: Data Integration against Multiple Evolving Autonomous Schemata, Dissertationsschrift; Technische Universität Wien 2001.

Kolbe (2003)
Kolbe, L.M.: Grundelemente erfolgreichen Customer Knowledge Management; in: Kolbe, L.M., Österle, H., Brenner, W. (Hrsg.): Customer Knowledge Management; Berlin et al.: Springer 2003, S. 255-263.

Krcmar (1990)
Krcmar, H.: Bedeutung und Ziele von Informationssystem-Architekturen; Wirtschaftsinformatik 32 (1990) 5, S. 396-402.

Kromer (2001)
Kromer, G.: Integration der Informationsverarbeitung in Mergers & Acquisitions; Lohmar, Köln: Josef Eul Verlag 2001.

Küpper (2001)
Küpper, H.-U.: Controlling, 3. Aufl.; Stuttgart: Schäffer Poeschel 2001.

Kurbel, Rautenstrauch (1996)
Kurbel, K., Rautenstrauch, C.: Integration Engineering: Konkurrenz oder Komplement zum Information Engineering? – Methodische Ansätze zur Integration von Informationssystemen; in: Heilmann, H., Heinrich, L.J., Roithmayr, F. (Hrsg.), Information Engineering – Wirtschaftsinformatik im Schnittpunkt von Wirtschafts-, Sozial- und Ingenieurwissenschaften; München, Wien: Oldenbourg 1996, S. 167-191.

Lam, Shankararaman (2004)
Lam, W., Shankararaman, V.: An Enterprise Integration Methodology; IEEE IT Pro 6 (2004) 2, S. 40-48.

Larson et al. (1989)
Larson, J.A., Navathe, S.B., Elmasri, R.: A Theory of Attribute Equivalence in Databases with Application to Schema Integration; IEEE Transactions on Software Engineering 15 (1989) 4, S. 449-463.

Lee et al. (1997)
Lee, H.L., Padmanabhan, V., Whang, S.: The bullwhip effect in supply chains; in: MIT Sloan Management Review, 38 (1997) 3, S. 93-102.

Lehmann, Ortner (2000)
Lehmann, P., Ortner, E.: Entwurf einer Beschreibungskomponente für fachliche (Meta-) Daten; in: Jung, Winter (2000b), S. 367-393.

Lehner (2003)
Lehner, W.: Datenbanktechnologie für Data-Warehouse-Systeme; Heidelberg: dpunkt 2003.

Lehner, Bauer (2002)
Lehner, W., Bauer, A.: Data-Warehouse-Systeme – derzeitiger Stand und aktuelle Entwicklungen; Datenbank-Spektrum 2 (2002) 4, S. 76-78.

Lehner et al. (1995)
Lehner, F., Hildebrand, K., Maier, R.: Wirtschaftsinformatik – Theoretische Grundlagen; München, Wien: Hanser 1995.

Lenzerini (2002)
Lenzerini, M.: Data Integration: A Theoretical Perspective; in: Popa, L. (Hrsg.): Proceedings of the Twenty-first ACM SIGACT-SIGMOD-SIGART Symposium on Principles of Database Systems; New York: ACM Press 2002, S. 233-246.

Leymann, Roller (2002)
Leymann, F., Roller, D.: Using flows in information integration; IBM Systems Journal 41 (2002) 4, S. 732-742.

Liessmann et al. (1999)
Liessmann, H., Kaufmann, T., Schmitzer, B.: Bussysteme als Schlüssel zur betriebswirtschaftlich-semantischen Kopplung von Anwendungssystemen; Wirtschaftsinformatik 41 (1999) 1, S. 12-19.

Lim, Hurson (2002)
Lim, J.B., Hurson, A.R.: Transaction Processing in Mobile, Heterogeneous Database Systems; IEEE Transactions on Knowledge and Data Engineering 14 (2002) 6, S. 1330-1346.

Lim et al. (1996)
Lim, E.-P., Srivastava, J., Shekhar, S.: An Evidential Reasoning Approach to Attribute Value Conflict Resolution in Database Integration; IEEE Transactions on Knowledge and Data Engineering 8 (1996) 5, S. 707-723.

Link (2001)
Link, J.: Grundlagen und Perspektiven des Customer Relationship Management; in: Link, J. (Hrsg.): Customer Relationship Management – Erfolgreiche Kundenbeziehungen durch integrierte Informationssysteme; Berlin et al.: Springer 2001, S. 1-34.

Linthicum (2000)
Linthicum, D.S.: Enterprise Application Integration; Reading: Addison-Wesley 2000.

Lüders (2003)
Lüders, J.: Die Integratoren kommen; IT Fokus (2003) 4, S. 18-22.

Lusti (1999)
Lusti, M.: Data Warehousing und Data Mining – Eine Einführung in entscheidungsunterstützende Systeme; Berlin et al.: Springer 1999.

Maier, Hank (2004)
Maier, A., Hank, R.: Interview mit Thomas Middelhoff; in: Frankfurter Allgemeine Sonntagszeitung vom 29. Februar 2004, S. 33.

Mantel et al. (2000)
Mantel, S., Knobloch, B., Rüffer, T., Schissler, M., Schmitz, K., Ferstl, O.K., Sinz, E.J.: Analyse der Integrationspotenziale von Kommunikationsplattformen für verteilte Anwendungssysteme ; FORWIN-Bericht FWN-2000-009, Bamberg et al.: FORWIN-Bayerischer Forschungsverbund Wirtschaftsinformatik 2000.

Mantel et al. (2002)
Mantel, S., Eckert, S., Schissler, M., Ferstl, O.K., Sinz, E.J.: Entwicklungsmethodik für überbetriebliche Kopplungsarchitekturen von Anwendungssystemen; FORWIN-Bericht FWN-2002-009, Bamberg et al.: FORWIN-Bayerischer Forschungsverbund Wirtschaftsinformatik 2002.

Marco (2000)
Marco, D.: Building and Managing the Meta Data Repository – A Full Lifecycle Guide; New York et al.: Wiley 2000

Marti (2003)
Marti, R.: Information Integration in a Global Enterprise – Some Experiences from a Financial Services Company; in: Weikum, G., Schöning, H., Rahm, E. (Hrsg.): BTW 2003 – Datenbanksysteme für Business, Technologie und Web, Tagungsband der 10. BTW-Konferenz; Bonn, Berlin: Bonner Köllen Verlag 2003, S. 558-567.

May (2003)
May, W: Datenintegration in XML – ein regelbasierter Ansatz; Datenbank-Spektrum 3 (2003) 6, S. 23-32.

McKinley et al. (2004)
McKinley, P.K., Sadjadi, S.M., Kasten, E.P., Cheng, B.H.: Composing Adaptive Software; Computer 37 (2004) 7, S. 56-64.

Mecella, Pernici (2001)
Mecella, M., Pernici, B.: Designing wrapper components for e-services in integrating heterogeneous systems; The VLDB Journal 10 (2001), S. 2-15.

Meier, Spang (2000)
Meier, A., Spang, S.: Merger Readiness als Erfolgsfaktor in der New Economy; Information Management & Consulting 15 (2000) 3, S. 7-11.

Mertens (2001a)
Mertens, P.: Integrierte Informationsverarbeitung 1 – Administrations- und Dispositionssysteme in der Industrie, 13. Aufl.; Wiesbaden: Gabler 2001.

Mertens (2001b)
Mertens, P.: Stichwort „Enterprise Resource Planning (ERP)" ; in: Mertens, P. et al. (Hrsg.): Lexikon der Wirtschaftsinformatik, 4. Aufl.; Berlin et al.: Springer 2001, S. 183.

Mertens (2000)
Mertens, P.: Integrierte Informationsverarbeitung 1 – Administrations- und Dispositionssysteme in der Industrie, 12. Aufl.; Wiesbaden: Gabler 2000.

Mertens (1995)
Mertens, P.: Supply Chain Management (SCM); Wirtschaftsinformatik 37 (1995) 2, S. 177-179.

Mertens (1994)
Mertens, P.: Virtuelle Unternehmen; Wirtschaftsinformatik 36 (1994) 2, S. 169-172.

Mertens et al. (1998)
Mertens, P., Griese, J., Ehrenberg, D. (Hrsg.): Virtuelle Unternehmen und Informationsverarbeitung; Berlin et al.: Springer 1998.

Mertens et al. (2000)
Mertens, P., Bodendorf, F., König, W., Picot, A., Schumann, M.: Grundzüge der Wirtschaftsinformatik, 6. Aufl.; Berlin et al.: Springer 2000.

Mertens, Griese (2000)
Mertens, P., Griese, J.: Integrierte Informationsverarbeitung 2 – Planungs- und Kontrollsysteme in der Industrie, 8. Aufl.; Wiesbaden: Gabler 2000.

Mertens, Holzner (1992)
Mertens, P. Holzner, J.: Eine Gegenüberstellung von Integrationsansätzen der Wirtschaftsinformatik; Wirtschaftsinformatik 34 (1992) 1, S. 5-25.

Meyer et al. (2001)
Meyer, M., Weingärtner, S., Döring, F.: Kundenmanagement in der Network Economy; Braunschweig, Wiesbaden: Vieweg 2001.

Michalski (2002)
Michalski, S.: Kundenabwanderungs- und Rückgewinnungsprozesse – Eine theoretische und empirische Untersuchung am Beispiel von Banken; Wiesbaden: Gabler 2002.

Miville, Gustke (1994)
Miville, F.P., Gustke, R. von: Was ist Qualität, und wie sollte man Qualität verstehen, um erfolgreiches Qualitätsmanagement zu betreiben; HMD – Theorie und Praxis der Wirtschaftsinformatik 31(1994), S. 8-19.

Muksch, Behme (2000)
Muksch, H., Behme, W. (Hrsg.): Das Data Warehouse Konzept – Architektur, Datenmodelle, Anwendungen, 4. Aufl.; Wiesbaden: Gabler 2000.

Myrach (1995)
Konzeption und Stand des Einsatzes von Data Dictionaries; Heidelberg: Physica1995.

Niemann et al. (2002)
Niemann, H., Hasselbring, W., Wendt, T., Winter; A., Meierhofer, M.: Kopplungsstrategien für Anwendungssysteme im Krankenhaus; Wirtschaftsinformatik 44 (2002) 5, S. 425-434.

OMG (2004)
OMG (Hrsg.): Common Object Request Broker Architecture: Core Specification, March 2004 Version 3.0.3 - Editorial changes formal/04-03-12;
http://www.omg.org/docs/formal/04-03-12.pdf, Abruf am 2004-12-13.

Österle (1995)
Österle, H.: Business Engineering – Prozeß- und Systementwicklung, Band 1: Entwurfstechniken; Berlin et al.: Springer 1995.

Österle (1990)
Österle, H.: Computer aided software engineering; in: Kurbel, K., Strunz, H. (Hrsg.): Handbuch Wirtschaftsinformatik; Stuttgart: Schäffer Poeschel 1990, S. 345-361.

Österle, Blessing (2003)
Österle, H., Blessing, D.: Business Engineering Modell; in: Österle, H., Winter, R. (Hrsg.): Business Engineering – Auf dem Weg zum Unternehmen des Informationszeitalters, 2. Aufl.; Berlin et al.: Springer 2003, S. 65-85.

Österle, Winter (2003)
Österle, H., Winter, R.: Business Engineering; in: Österle, H., Winter, R. (Hrsg.): Business Engineering – Auf dem Weg zum Unternehmen des Informationszeitalters, 2. Aufl.; Berlin et al.: Springer 2003, S. 3-19.

Papakonstantinou, Vassalos (2001)
Papakonstantinou, Y., Vassalos, V.: The Enosys Markets Data Integration Platform: Lessons from the Trenches; in: Paques, H., Liu, L., Grossman, D. (Hrsg.): Proceedings of the tenth international conference on Information and knowledge management; New York: ACM Press 2001, S. 538-540.

Papazoglou, Russell (1995)
Papazoglou, M., Russell, N.: A Semantic Meta-Modelling Approach to Schema Transformation; in: Pissinou, N., Silberschatz, A., Park, E. K., Makki, K. (Hrsg.): Proceedings of the fourth international conference on Information and knowledge management; New York: ACM Press 1995, S. 113-121.

Penzel (1999)
Penzel, H.-G.: Post Merger Management in Banken – und die Konsequenzen für das IT-Management; Wirtschaftsinformatik 41 (1999) 2, S. 105-115.

Pernul, Unland (2001)
Pernul, G., Unland, R.: Datenbanken im Unternehmen – Analyse, Modellbildung und Einsatz; München, Wien: Oldenbourg 2001.

Peters, Waterman (1982)
Peters, T., Waterman, R.H.: In Search of Excellence; New York et al.: Warner Books 1982.

Phillips, Lerer (2002)
Phillips, S., Lerer, L.: Customer Relationship Management in Life Sciences – Cracking the Code: Unlocking New Value in Customer Relationships; o.O.: Cap Gemini, Ernest & Young 2002,
http://www.de.capgemini.com/servlet/PB/show/1004577/VisionAndReality2002.pdf, Abruf am 2004-12-20.

Picot et al. (2001)
Picot, A., Reichwald, R., Wigand, R.T.: Die grenzenlose Unternehmung – Information, Organisation und Management, 4. Aufl.; Wiesbaden: Gabler 2001.

Picot et al. (1999)
Picot, A., Dietl, H., Franck, E.: Organisation – Eine ökonomische Perspektive; Stuttgart: Schäffer Poeschel 1999.

Pipino et al. (2002)
Pipino, L.L., Lee, Y.W., Wang, R.Y.: Data Quality Assessment; Communications of the ACM 45 (2002) 4 virtual extension, S. 211-218.

Pomberger (1990)
Pomberger, G.: Methodik der Softwareentwicklung; in: Kurbel, K., Strunz, H. (Hrsg.): Handbuch Wirtschaftsinformatik; Stuttgart: Schäffer Poeschel 1990, S. 215-236.

Popper (1994)
Popper, K.: Logik der Forschung, 10. Aufl.; Mohr: Tübingen 1994.

Potthof (1998)
Potthof, I.: Kosten und Nutzen der Informationsverarbeitung – Analyse und Beurteilung von Investitionsentscheidungen; Wiesbaden: Deutscher Universitäts-Verlag 1998.

Prestwich, Bressan (2002)
Prestwich, S.D., Bressan, S.: A SAT Approach to Query Optimization in Mediator Systems; in: Fifth International Symposium on the Theory and Applications of Satisfiability Testing, Cincinnatti: University of Cincinnatti 2002, S. 252-259.

Rapp (2000)
Rapp, R.: Customer Relationship Management – Das neue Konzept zur Revolutionierung der Kundenbeziehungen; Frankfurt a.M.: Campus 2000.

Reichmann (2001)
Reichmann, Th.: Controlling mit Kennzahlen und Managementberichten – Grundlagen einer systemgestützten Controlling-Konzeption, 6. Aufl.; München: Vahlen 2001.

Riehm (1997)
Riehm, R.: Integration von heterogenen Applikationen, Dissertationsschrift; Bamberg: Difo-Druck 1997.

Riehm, Vogler (1996)
Riehm, R., Vogler, P.: Middleware: Infrastruktur für die Integration; in: Österle, H., Riehm, R., Vogler, P. (Hrsg.): Middleware – Grundlagen, Produkte und Anwendungsbeispiele für die Integration heterogener Welten; Braunschweig, Wiesbaden: Vieweg 1996, S. 25-135.

Rockart (1979)
Rockart, J.F.: Chief Executives Define Their Own Data Needs; Harvard Business Review 57 (1979) 2, S. 81-92.

Rosemann (1999)
    Rosemann, M.: Gegenstand und Aufgaben des Integrationsmanagements; in: Scheer, A.-
    W., Rosemann, M., Schütte, R. (Hrsg.): Integrationsmanagement, Arbeitsbericht Nr.
    65; Münster: Institut für Wirtschaftsinformatik der Westf. Wilhelms-Universität Münster
    1999, S. 5-18.

Roth et al. (2002)
    Roth, M.A., Wolfson, D.C., Kleewein, J.C., Nelin, C.J.: Information Integration: A new
    generation of information technology; IBM Systems Journal 41 (2002) 4, S. 563-577.

Rüegg-Stürm (2002)
    Rüegg-Stürm, J.: Das neue St. Galler Management-Modell; Bern et al.: Haupt 2002.

Ruh et al. (2001)
    Ruh, W.A., Maginnis, F.X., Brown, W.J.: Enterprise Application Integration – A Wiley
    Tech Brief; New York et al.: Wiley 2001.

Samos et al. (1998)
    Samos, J., Saltor, F., Sistac, J., Bard'es, A.: Database architecture for data warehousing:
    An evolutionary approach; in: Wagner, R. (Hrsg.): Proceedings of 9th Int. Conf. on Data-
    base and Expert Systems Applications (DEXA'98); Berlin et al.: Springer 1998, S. 746-
    756.

Sapia et al. (1999)
    Sapia, C., Blaschka, M., Höfling, G., Dinter, B.: Extending the E/R Model for the Multi-
    dimensional Paradigm, in: Lee, D., Lim, E.-P., Mohania, M.K., Masunaga, Y. (Hrsg.):
    Advances in Database Technologies, ER '98 Workshops on Data Warehousing and Data
    Mining, Mobile Data Access, and Collaborative Work Support and Spatio-Temporal Data
    Management; Berlin et al.: Springer 1999, S. 105-116.

Sarstedt et al. (1999)
    Sarstedt, S., Sauter, G., Sellentin, J., Mitschang, B.: Integrationskonzepte für heterogene
    Anwendungssysteme bei DaimlerChrysler auf Basis internationaler Standards, in: Buch-
    mann, A. (Hrsg.): Datenbanksysteme in Büro, Technik und Wissenschaft, GI-Fachtagung
    BTW 99, Berlin et al.: Springer 1999, S. 317-327.

Sattler, Leymann (2003)
    Sattler, K.-U., Leymann, F.: Schwerpunktthema: Information Integration & Semantic
    Web; Datenbank-Spektrum 3 (2003) 6, S. 5-6.

Schäfer (2001)
    Schäfer, M.: Integrationscontrolling – Bausteine zur Beobachtung der Integration von
    Akquisitionen, Dissertationsschrift; Bamberg: Difo-Druck 2001.

Schallehn et al. (2001)
    Schallehn, E., Sattler, K.-U., Saake, G.: Advanced Grouping and Aggregation for Data
    Integration; in: Paques, H., Liu, L., Grossman, D. (Hrsg.): Proceedings of the tenth inter-
    national conference on Information and knowledge management; New York: ACM Press
    2001, S. 547-549.

Scheer (2001)
Scheer, A.-W.: ARIS – Modellierungsmethoden, Metamodelle, Anwendungen, 4. Aufl.;
Berlin et al.: Springer 2001.

Scheer (1995)
Scheer, A.-W.: Wirtschaftsinformatik: Referenzmodelle für industrielle Geschäftsprozesse, 6. Aufl.; Berlin et al.: Springer 1995.

Scheer (1990a)
Scheer, A.-W.: EDV-orientierte Betriebswirtschaftslehre, 4. Aufl.; Berlin et al.: Springer 1990.

Scheer (1990b)
Scheer, A.W.: Computer integrated manufacturing (CIM) ; in: Kurbel, K., Strunz, H. (Hrsg.): Handbuch Wirtschaftsinformatik; Stuttgart: Schäffer Poeschel 1990, S. 47-68.

Schierenbeck (2000)
Schierenbeck, H.: Grundzüge der Betriebswirtschaftslehre; München, Wien: Oldenbourg 2000.

Schirp (2001)
Schirp, G.: Anforderungsanalyse im Data-Warehouse-Projekt: Ein Erfahrungsbericht aus der Praxis; HMD – Praxis der Wirtschaftsinformatik 38 (2001) 222, S. 81-87.

Schissler et al. (2002)
Schissler, M., Mantel, S., Ferstl, O.K., Sinz, E.J.: Kopplungsarchitekturen zur überbetrieblichen Integration von Anwendungssystemen und ihre Realisierung mit SAP R/3; Wirtschaftsinformatik 44 (2002) 5, S. 459-468.

Schmid et al. (2000)
Schmid, R., Bach, V., Österle, H.: Mit Customer Relationship Management zum Prozessportal; in: Bach, Österle (2000), S. 3-55.

Schmidt, Gellersen (2001)
Schmidt, A., Gellersen, H.-W.: Modell, Architektur und Plattform für Informationssysteme mit Kontextbezug; Informatik Forschung und Entwicklung 16 (2001), S. 213-224.

Schoder, Fischbach (2002)
Schoder, D., Fischbach, K.: Peer-to-Peer; Wirtschaftsinformatik 44 (2002) 6, S. 587-589.

Schrader (2001)
Schrader, G.: Stichwort „Local Area Network (LAN)"; in: Mertens, P. et al. (Hrsg.): Lexikon der Wirtschaftsinformatik, 4. Aufl.; Berlin et al.: Springer 2001, S. 285.

Schulze (2000)
Schulze, J.: Prozessorientierte Einführungsmethode für das Customer Relationship Management, Dissertationsschrift; Bamberg: Difo-Druck 2000.

Schwarz (2001)
Schwarz, S.: Architektur, Entwicklungstendenzen und Potenzialbewertung des Data Warehousing im Dienstleistungsbereich, Dissertationsschrift; Bamberg: Difo-Druck 2001.

Seibt (2001)
    Seibt, D.: Stichwort „Anwendungssystem"; in: Mertens, P. et al. (Hrsg.): Lexikon der
    Wirtschaftsinformatik, 4. Aufl.; Berlin et al.: Springer 2001, S. 401-402.

Shan (1993)
    Shan, M.-C.: Pegasus Architecture and Design Principles; ACM SIGMOD Record 22
    (1993) 2, S. 422-425.

Sheth, Larson (1990)
    Sheth, A., Larson, J.: Federated Database Systems for Managing Distributed, Heteroge-
    neous, and Autonomous Databases; ACM Computing Surveys 22 (1990) 3, S. 183-236.

Simon, Shaffer (2001)
    Simon, A.R., Shaffer, S.L.: Data Warehousing and Business Intelligence for E-
    Commerce; San Francisco et al.: Morgan Kaufman Publishers 2001.

Sinz (2001)
    Sinz, E.J.: Stichwort „Modell"; in: Mertens, P. et al. (Hrsg.): Lexikon der Wirtschaftsin-
    formatik, 4. Aufl.; Berlin et al.: Springer 2001, S. 311-312.

Sinz (1999a)
    Sinz, E. J.: Architektur von Informationssystemen; in: Rechenberg, P., Pomberger, G.
    (Hrsg.): Informatik-Handbuch, München, Wien: Hanser 1999, S. 1035-1046.

Sinz (1999b)
    Sinz E.J.: Konstruktion von Informationssystemen; Bamberger Beiträge zur Wirtschafts-
    informatik Nr. 53; Bamberg: Universität Bamberg 1999.

Sinz et al. (1999)
    Sinz, E.J., Böhnlein, M., Ulbrich-vom Ende, A.: Konzeption eines Data-Warehouse-
    Systems für Hochschulen; Bamberger Beiträge zur Wirtschaftsinformatik Nr. 52; Bam-
    berg: Universität Bamberg 1999.

Soeffky (2001)
    Soeffky, M.: Stichwort „Middleware"; in: Mertens, P. et al. (Hrsg.):Lexikon der Wirt-
    schaftsinformatik; Berlin et al.: Springer 2001, S. 303-306.

Sonntag (2001)
    Sonntag, S.: Kundenbindung im neuen Jahrtausend – Multi-Channel-Management im
    Rahmen von CRM als Differenziator am Markt; in: Link, J. (Hrsg.): Customer Relations-
    hip Management – Erfolgreiche Kundenbeziehungen durch integrierte Informationssys-
    teme; Berlin et al.: Springer 2001, S. 59-73.

Spahni et al. (2001)
    Spahni, S., Scherrer, J.-R., Sauquet, D., Sottile, P.-A.: Consensual Trends for Optimizing
    the Constitution of Middleware; ACM SIGCOMM Computer Communication Review 28
    (1998) 5, S. 76-90.

Spitta, Werner (2000)
    Spitta, Th., Werner, F.: Die Wiederverwendung von Daten in SAP R/3; Information Ma-
    nagement & Consulting 15 (2000) 2, S. 51-56.

Spruth, Franz (2003)
Spruth, W.G., Franz, J.: Reengineering von Kernanwendungen auf Grossrechnern; Informatik Spektrum 26 (2003) 2, S. 83-93.

Srivastava, Chen (1999)
Srivastava, J., Chen, P.-Y.: Warehouse Creation – A Potential Roadblock to Data Warehousing; IEEE Transactions on Knowledge and Data Engineering 11 (1999) 1, S. 118-126.

Stickel (2001)
Stickel, E.: Informationsmanagement; München, Wien: Oldenbourg 2001.

Stickel et al. (1997)
Stickel, E., Groffmann, H.-D., Rau, K.-H. (Hrsg.): Gabler-Wirtschaftsinformatik-Lexikon; Wiesbaden: Gabler 1997.

Stock (2001)
Stock, S.: Stichwort „Customer Relationship Management (CRM)"; in: Mertens, P. et al. (Hrsg.): Lexikon der Wirtschaftsinformatik, 4. Aufl.; Berlin et al.: Springer 2001, S. 125-126.

Stonebraker (2002)
Stonebraker, M.: Too much Middleware; ACM SIGMOD Record 31 (2002) 1, S. 97-106.

Stonebraker (1999)
Stonebraker, M.: Integrating Islands of Information; EAI Journal (1999) September/October, S. 1-5.

Stonebraker, Hellerstein (2001)
Stonebraker, M., Hellerstein, J.M.: Content Integration for E-Business; in: Sellis, T. (Hrsg.): Proceedings of the 2001 ACM SIGMOD international conference on Management of data; New York: ACM Press 2001, S. 552-560.

Strauch (2002)
Strauch, B.: Entwicklung einer Methode für die Informationsbedarfsanalyse im Data Warehousing, Dissertationsschrift; Bamberg: Difo-Druck 2002.

Strong et al. (1997)
Strong, D.M., Lee, Y.W., Wang, R.Y.: Data Quality in Context; Communications of the ACM 49 (1997) 5, S. 103-110.

Stucky, Krieger (1990)
Stucky, W., Krieger, R.: Datenbanksysteme; in: Kurbel, K., Strunz, H. (Hrsg.): Handbuch Wirtschaftsinformatik; Stuttgart: Schäffer Poeschel 1990, S. 837-856.

Thierauf (1988)
Thierauf, R.J.: User-oriented Decision Support Systems – Accent on problem finding; Englewood Cliffs: Prentice-Hall 1988.

Totok (2000)
    Totok, A.: Grafische Notationen für die semantische multidimensionale Modellierung; in: Muksch, H, Behme, W. (Hrsg.): Das Data Warehouse-Konzept – Architektur, Datenmodelle, Anwendungen, 4. Aufl.; Wiesbaden: Gabler 2000, S. 189-214.

Trauth, Kwan (1984)
    Trauth, E.M., Kwan, S.K.: Channel Selection and Effective Communication for Managerial Decision Making; ACM Transactions on Office Information Systems 2 (1984) 2, S. 123-140.

Tresch (1996)
    Tresch, M.: Middleware: Schlüsseltechnologie zur Entwicklung verteilter Informationssysteme; Informatik-Spektrum 19 (1996), S. 249-256.

Turowski (2001)
    Turowski, K.: Spezifikation und Standardisierung von Fachkomponenten; Wirtschaftsinformatik 43 (2001) 3, S. 269-281.

Turowski (1999)
    Turowski, K.: Zwischenbetriebliche Integration bei Mass Customization; in: Scheer, A.-W., Rosemann, M., Schütte, R. (Hrsg.): Integrationsmanagement, Arbeitsbericht Nr. 65; Münster: Institut für Wirtschaftsinformatik der Westf. Wilhelms-Universität Münster 1999, S. 72-83.

Ubilab Archive (2000)
    Ubilab Archive: An Eye On the Past; http://www.ubilab.org/index.html, Abruf am 2003-07-28.

Vervest, Dunn (2000)
    Vervest P., Dunn, A.: How to Win Customers in the Digital World – Total Action or Fatal Inaction; Berlin et al.: Springer 2000.

Vogler (2003)
    Vogler, P.: Prozess- und Systemintegration: Umsetzung des organisatorischen Wandels in Prozessen und Informationssystemen, Habilitationsschrift; St.Gallen: Universität St.Gallen 2003.

Voigtmann, Zeller (2003)
    Voigtmann, p., Zeller, T.: Enterprise Application Integration und B2B Integration im Kontext von Electronic Business und Elektronischen Marktplätzen; FORWIN-Bericht-Nr.: FWN-2003-001; Bamberg et al.: FORWIN-Bayerischer Forschungsverbund Wirtschaftsinformatik 2003.

von Maur, Winter (2003)
    von Maur, Winter, R. (Hrsg.): Data Warehouse Management – Das St.Galler Konzept zur ganzheitlichen Gestaltung der Informationslogistik; Berlin et al.: Springer 2003.

von Maur, Winter (2002)
    von Maur, Winter, R. (Hrsg.): Vom Data Warehouse zum Corporate Knowledge Center, Proceedings der Konferenz „Data Warehousing 2002"; Heidelberg: Physica2002.

Voß, Gutenschwager (2001)
  Voß, S., Gutenschwager, K.: Informationsmanagement; Berlin et al.: Springer 2001.

Walpoth (1992)
  Walpoth, G.: Computergestützte Informationsbedarfsanalyse – Strategische Planung und Durchführung von Informatikprojekten; Heidelberg: Physica1992.

Wand, Wang (1996)
  Wand, Y., Wang, R.Y.: Anchoring Data Quality Dimensions in Ontological Foundations; Communications of the ACM 39 (1996) 11, S. 86-95.

Wang (1998)
  Wang, R.Y.: A Product Perspective on Total Data Quality Management; Communications of the ACM 41 (1998) 2, S. 58-65.

Wang et al. (1994)
  Wang, R., Strong, D., Guarascio, L.: Beyond Accuracy: What Data Quality Means to Data Consumers, Working paper TDQM-94-10; Massachusetts Institute of Technology: 1994, http://web.mit.edu/tdqm/www/papers/94/94-10.html; Abruf am 2002-02-15.

Wells et al. (1999)
  Wells, J.D., Fuerst, W.L., Choobineh, J.: Managing information technology (IT) for one-to-one customer interaction; Information & Management 35 (1999), S. 53-62.

Welte (1995)
  Welte, G.: Holistische Rahmenkonzeption zur Datenintegration – Organisatorische Implikationen und Planung der Integration von Informations- und Produktionstechnologien in Industriebetrieben, Dissertationsschrift; Berlin 1995.

Wiederhold (1992)
  Wiederhold, G.: Mediators in the Architecture of Future Information Systems; IEEE Computer 25 (1992) 2, S. 39-49.

Winter (2003)
  Winter, R.: An Architecture Model for Supporting Application Integration Decisions; in: Proc. 11th European Conference on Information Systems; Neapel 2003 (CD-ROM), 13. Seiten.

Winter (2002)
  Winter, R.: Retail Banking im Informationszeitalter – Trends, Geschäftsarchitektur und erste Beispiele; in: Leist, S., Winter, R. (Hrsg.): Retail Banking im Informationszeitalter; Berlin et al.: Springer 2002, S. 29-50.

Winter (2000)
  Winter, R.: Zur Positionierung und Weiterentwicklung des Data Warehousing in der betrieblichen Applikationsarchitektur; in: Jung, Winter (2000b), S. 127-139.

Winter et al. (2002)
  Winter, M., Helfert, M., Herrmann, C.: Daten metadatenbasierte Datenqualitätssystem der Credit Suisse; in: von Maur, E., Winter, R. (Hrsg.): Vom Data Warehouse zum Corporate Knowledge Center, Proceedings zur Konferenz „Data Warehousing 2000"; Heidelberg: Physica 2002, S. 161-171.

Winter, Strauch (2004)
Winter, R., Strauch, B.: Information Requirements Engineering for Data Warehouse Systems; in: Haddad, H. (Hrsg.): Applied Computing 2004, Proceedings of the 2004 ACM Symposion on Applied Computing, New York: ACM Press 2004, S. 1359-1365.

Wittkötter, Steffen (2002)
Wittkötter, M, Steffen, M.: Customer Value als Basis des CRM; in: Ahlert, D., Becker, J., Knackstedt, R., Wunderlich, M.: Customer Relationship Management im Handel – Strategien, Konzepte, Erfahrungen; Berlin et al.: Springer 2002, S. 73-83.

Wodtke (2003)
Wodtke, E.: Erdrutsch in der Integrationslandschaft; ITProduktion 4 (2003) II, S. 14-15.

Wöhe (1990)
Wöhe, G.: Einführung in die Allgemeine Betriebswirtschaftlehre, 17. Aufl.; München: Vahlen 1990.

Yee, Apte (2001)
Yee, A., Apte, A.: Integrating Your e-Business Enterprise; Indianapolis: SAMS 2001.

Zachman (1987)
Zachman, J.A.: A framework for information systems architecture; IBM Systems Journal 26 (1987) 3, S. 276-292.

Zeh (2003)
Zeh, T.: Data Warehousing als Organisationskonzept des Datenmanagements – Eine kritische Betrachtung der Data-Warehouse-Definition von Inmon; Informatik – Forschung und Entwicklung 18 (2003), S. 32-38.

Zehnder (1989)
Zehnder, C.A.: Informationssysteme und Datenbanken, 5. Aufl.; Stuttgart: Teubner 1989.

Zhuge et al. (1995)
Zhuge, Y., Garcia-Molina, H., Hammer, J., Widom, J.: View Maintenance in a Warehousing Environment; in: Carey, M., Schneider, D. (Hrsg.): Proceedings of the 1995 ACM SIGMOD international conference on Management of data; New York: ACM Press 1995, S. 316-327.

Deutscher Universitäts-Verlag

Ihr Weg in die Wissenschaft

Der Deutsche Universitäts-Verlag ist ein Unternehmen der GWV Fachverlage, zu denen auch der Gabler Verlag und der Vieweg Verlag gehören. Wir publizieren ein umfangreiches wirtschaftswissenschaftliches Monografien-Programm aus den Fachgebieten

✓ Betriebswirtschaftslehre
✓ Volkswirtschaftslehre
✓ Wirtschaftsrecht
✓ Wirtschaftspädagogik und
✓ Wirtschaftsinformatik

In enger Kooperation mit unseren Schwesterverlagen wird das Programm kontinuierlich ausgebaut und um aktuelle Forschungsarbeiten erweitert. Dabei wollen wir vor allem jüngeren Wissenschaftlern ein Forum bieten, ihre Forschungsergebnisse der interessierten Fachöffentlichkeit vorzustellen. Unser Verlagsprogramm steht solchen Arbeiten offen, deren Qualität durch eine sehr gute Note ausgewiesen ist. Jedes Manuskript wird vom Verlag zusätzlich auf seine Vermarktungschancen hin geprüft.

Durch die umfassenden Vertriebs- und Marketingaktivitäten einer großen Verlagsgruppe erreichen wir die breite Information aller Fachinstitute, -bibliotheken und -zeitschriften. Den Autoren bieten wir dabei attraktive Konditionen, die jeweils individuell vertraglich vereinbart werden.

Besuchen Sie unsere Homepage: *www.duv.de*

Deutscher Universitäts-Verlag
Abraham-Lincoln-Str. 46
D-65189 Wiesbaden

Printed in the United States
By Bookmasters